Egon Kapellari / Herbert Schambeck (Hg.)

DONATUS SQUICCIARINI

DIALOG IN WAHRHEIT UND LIEBE

Egon Kapellari / Herbert Schambeck (Hg.)

DONATUS SQUICCIARINI

DIALOG IN WAHRHEIT UND LIEBE

Der Apostolische Nuntius in Österreich
zu aktuellen Fragen in Kirche und Welt
(1989–1996)

Die Deutsche Bibliothek – CIP-Einheitsaufnahme

Squicciarini, Donato:
Dialog in Wahrheit und Liebe / Donatus Squicciarini.
Egon Kapellari / Herbert Schambeck (Hg.). –
Graz ; Wien ; Köln : Verl. Styria, 1997
ISBN 3-222-12546-5

Printed in Austria
Umschlaggestaltung: Peter Salmutter, Graz
Satz: Kathpress, Wien
Druck und Bindung: Wiener Verlag, Himberg
ISBN 3-222-12546-5

Inhaltsverzeichnis

Das Zweite Vatikanische Konzil und das kirchliche Gesandtschaftswesen

Zum 70. Geburtstag des Apostolischen Nuntius, Dr. Donato Squicciarini, 88. in der Reihe der Wiener Nuntien seit dem Jahr 1529

Von Kardinal Dr. Franz König

Aus Anlaß des 70. Geburtstags des Apostolischen Nuntius in Österreich, Erzbischof Dr. Donato Squicciarini, möchte ich einige grundsätzliche Erwägungen über den Dienst der päpstlichen Gesandten in der Zeit nach dem Zweiten Vatikanischen Konzil anstellen:

Johannes Paul II. machte in seinem Apostolischen Schreiben an die Bischöfe, Priester und Gläubigen zur Vorbereitung auf das Jahr 2000 (Tertio millenio adveniente) folgende beachtliche Feststellung: Das Zweite Vatikanische Konzil „ist ein Ereignis der Vorsehung ..., durch das die Kirche die unmittelbare Vorbereitung auf das Jubiläum des Jahres 2000 in Gang gesetzt hat". Und er fährt dann fort: „Denn es handelt sich um ein Konzil, das zwar den früheren Konzilien ähnlich und doch sehr andersartig ist, ein Konzil, das sich auf das Geheimnis Christi und seiner Kirche konzentriert und zugleich offen ist für die Welt" (nr. 18).

Zu einem solchen „Ereignis der Vorsehung" hat ohne Zweifel das neue Bewußtsein der Konzilsväter, Vertreter der Gesamtkirche zu sein, beigetragen, die „Weltkirche" geworden ist. Die Vielfalt der Sprachen, der Rassen und Kulturen, wie sie auf dem Konzil sichtbar und hörbar in Erscheinung trat, war dafür ein eindrucksvoller Beweis. Das gemeinsame Bemühen der Konzilsväter, an der Erneuerung der Kirche – „ecclesia semper reformanda" – als Weltkirche mitzuwirken, hat sich - inspiriert durch die Dogmatische Konstitution über die Kirche „Lumen Gentium", - in den Konzilstexten sichtbar niedergeschlagen. So heißt es etwa gleich in der Einleitung der Dogmatischen Konstitution über die Kirche „Lumen Gentium": Deshalb möchte die Kirche „ihr Wesen und ihre universale Sendung ihren Gläubigen und aller Welt eingehender erklären. Die gegenwärtigen Zeitverhältnisse geben dieser Aufgabe der Kirche eine besondere Dringlichkeit" (LG, 1).

Dieser indirekte Hinweis auf das Gespräch (Dialog) der Kirche mit der Welt von heute ist im Horizont der wieder rezipierten Communio-Ekklesiologie des Volkes Gottes als Wesensgestalt der Kirche (Bischof Kasper) zu verstehen. Darin, so möchte ich sagen, sieht der Heilige

Vater in Rom die Zurüstung der Weltkirche als wanderndes Gottesvolk in Richtung auf das dritte Millenium.

Aus einer solchen – doppelten – Sicht einer zu erneuernden Kirche, als Weltkirche und als „wanderndes Gottesvolk", haben die Bischöfe dem Papst des Konzils, Paul VI., ihre Wünsche und Anliegen vorgetragen. Sie finden sich im Dekret „Über die Hirtenaufgabe der Bischöfe in der Kirche" (nr. 9, 10). Hier heißt es im Bezug auf die römische Kurie: „Die Väter des heiligen Konzils wünschen, ... daß diese Behörden, die zwar dem Papst und den Hirten der Kirche eine vorzügliche Hilfe geleistet haben, eine neue Ordnung erhalten, die den Erfordernissen der Zeit, der Gegenden und der Riten stärker angepaßt ist. ... Desgleichen wünschen sie, daß unter Berücksichtigung des den Bischöfen eigenen Hirtenamtes das Amt der päpstlichen Legaten genauer abgegrenzt werde". Und in Nummer 10 heißt es dann weiter: „Diese Behörden sind zum Wohl der ganzen Kirche geschaffen. Daher wird weiter gewünscht, daß ihre Mitglieder, Beamten und Berater, sowie die päpstlichen Legaten, soweit es geschehen kann, mehr aus den verschiedenen Gebieten der Kirche genommen werden, sodaß die Zentralbehörden und Organe der katholichen Kirche eine wahrhaft weltweite Prägung erfahren." Einem solchen Wunsche nach einer Internationalisierung der römischen Kurie, sowie nach einer Abgrenzung des Amtes der päpstlichen Legaten hat Papst Paul VI., wie wir wissen, kurzfristig entsprochen.

Wenn auf dem Konzil gelegentlich die Frage auftauchte, ob in unserer Zeit der raschen und leichten Möglichkeit eines Informationsaustausches das Amt eines päpstlichen Legaten, eines Nuntius, noch notwendig sei, so setzte sich sehr rasch die Erkenntnis durch, daß gerade eine „Weltkirche" als „wanderndes Gottesvolk" in Richtung auf das neue Millenium, mehr denn je einen neu geordneten Dienst eines solchen Legaten, eines päpstlichen Nuntius, benötige. Und zwar gerade deswegen, um in der möglichen Vielfalt die notwendige Einheit der großen Kirche Gottes zu bewahren.

Papst Paul VI. hat diese Konzilsanliegen aufgegriffen und mit einem Motu Proprio „Sollicitudo omnium ecclesiarum" (24.VI.1969) die gewünschte, der Zeit entsprechende Neuordnung des päpstlichen Gesandtenwesens in Angriff genommen. Er tat dies in einer zweifachen Richtung. Einerseits sollte die innere kirchliche Dienstfunktion näher bestimmt und der Zeit entsprechend neu gefaßt werden. Zweitens sollte der diplomatische Status des päpstlichen Gesandten, des Nuntius, dem internationalen Recht entsprechend, neu bedacht werden. Das neue Kirchenrecht hat in seinen cc. 363–367 die Ausführungen dieser Neuordnung rechtlich gefaßt.

Daß mit einer solchen Neuordnung der Aufgabenbereiche eines päpstlichen Nuntius auch neue und große Anforderungen an die persönliche Eignung, an die theologische und kirchenrechtliche Ausbildung gestellt werden, liegt wohl auf der Hand. In der „Herder-Korrespondenz" (März 1997) wurde, meines Wissens zum ersten Mal, von einem päpstlicher Nuntius zu diesen neuen Aufgaben Stellung bezogen.

Er gibt zu verstehen, daß die auf dem Konzil betonte Kollegialität der Bischöfe die Verbindung von Gesamtkirche und Teilkirche beeinflußt. Während der Bischof bzw. der Ordinarius nur für eine eigene Teilkirche zuständig und verantwortlich ist, gilt es jedoch zu bedenken - wie es in „Lumen Gentium" (Nr. 23) zum Ausdruck kommt -, daß sie „als Glieder des Bischofskollegiums und rechtmäßige Nachfolger der Apostel aufgrund von Christi Stiftung und Vorschrift auch zur Sorge für die Gesamtkirche gehalten sind". Solches kann zwar nicht durch einen hoheitlichen Akt wahrgenommen werden, „trägt aber doch in höchstem Maße zum Wohl der Gesamtkirche bei. Alle Bischöfe müssen nämlich die Glaubenseinheit und die der ganzen Kirche gemeinsame Disziplin fördern und schützen". Damit, so würde ich sagen, wird die Einheit der Kirche in ihrer Vielfalt besonders unterstrichen, ohne den Inhaber des Petrusamtes in seiner Sorge für die Gesamtkirche zu beeinträchtigen. Daß dies alles auch die Stellung und den Aufgabenbereich des Nuntius berührt, ist klar.

In diesem Zusammenhang ergibt sich auch der Hinweis auf die neue Bedeutung der Bischofskonferenz, (LG, a.a.O.): „In ähnlicher Weise können in unserer Zeit die Bischofskonferenzen vielfältige und fruchtbare Hilfe leisten, um die kollegiale Gesinnung zu konkreter Verwirklichung zu führen".

Die katholische Kirche wird als Weltkirche von immer größerem internatiolen Ansehen, immer mehr auch als Werkzeug der Einheit und des Friedens in der Welt gesehen. In Verbindung mit dem letzten Konzil und aufgrund der großen Aufmerksamkeit, mit der die Weltöffentlichkeit dem Anliegen des Konzils folgte, gibt dies der Kirche heute besondere Chancen und Möglichkeiten, die auch in dieser Hinsicht zu sehen und zu werten sind.

Damit versuche ich eine kurze Zusammenfassung der vielfältigen Aufgaben eines päpstlichen Legaten wie sie sich aus der Sicht des Zweiten Vatikanischen Konzils sowohl innerkirchlich wie in diplomatischer Hinsicht ergeben und von Paul VI. neu geordnet wurden.

Die diplomatische Anerkennung – und dies ist heute zu beachten – erfolgt heute sowohl im Namen der Kirche, als auch kraft des völkerrechtlichen Status, wie er dem Heiligen Stuhl zuerkannt ist.

Im Sinne des Motu Proprio und des neuen Kirchenrechtes ist es die besondere Aufgabe des päpstlichen Gesandten oder Nuntius, „die Bande der Einheit" zwischen dem Heiligen Stuhl und den Ortskirchen zu stärken und wirksamer zu gestalten.

Im Sinne Pauls VI. gehört die Sorge um die Teilkirchen in der großen Weltkirche zu den besonderen Aufgaben des Nuntius. Dazu sei daran erinnert, daß das große Gottesvolk der katholischen Kirche aus vielen „Teilkirchen" besteht, jeweils mit einem Ordinarius an der Spitze, mit seiner kirchlichen Infrastruktur. Das heißt, mit Teilkirche meint man nicht nur Diözesen, sondern auch ähnliche Gebiete wie Apostolische Vikariate oder Präfekturen oder Apostolische Administraturen. Wenn die Sorge um die Teilkirchen ein besonderes Anliegen Pauls VI. war, so ist damit zu erkennen, daß die Kirche in der Dritten Welt, im missionarischen Aufgabengebiet, für ihn im Vordergrund stand. Hier ist der päpstliche Legat besonders gefordert, um bei aller Eigenständigkeit und eigenen Prägung einer Teilkirche den großen Zusammenhang mit der Gesamtkirche bewußt zu machen und zu fördern. Im päpstlichen Dokument findet sich aber ausdrücklich ein Hinweis, daß der Nuntius die eigenständige Leitungsgewalt des Diözesanbischofs zu beachten hat, und daß er nicht Mitglied der betreffenden Bischofskonferenz sein kann (vgl. c. 450,2). Ungeachtet dessen solle er aber engen Kontakt pflegen mit den Bischofskonferenzen und vor allem bemüht sein, bei der Ernennung neuer Bischöfe die entsprechenden sachlichen Informationen weiterzuleiten.

Paul VI. hatte mit seinem Dokument besonders auch die unsicheren politischen Verhältnisse vieler Staaten in der Dritten Welt vor Augen, wenn er feststellte: „Auftrag des päpstlichen Legaten ist es vor allem, den Bischöfen, Priestern, Ordensleuten und allen Christgläubigen zu helfen; auf eine solche Weise erhalten diese Stütze und Schutz durch den päpstlichen Legaten, weil er jene höhere Autorität repräsentiert, die allen zum Guten dienen soll".

Dieser allgemein gefaßte Auftrag wird unter anderem so präzisiert: Der Nuntius soll dem Papst und der römischen Kurie „Nachrichten über den Stand der Teilkirchen und über alles, was das Leben der Kirche und das Seelenheil betrifft", übermitteln. Damit hat auch der päpstliche Gesandte zunächst das zu tun, was Aufgabe jedes anderen Botschafters ist, der einem Außenministerium in der Heimat sachkundige Berichte, Analysen und Hintergrundmaterialien zu liefern hat. Diese Berichte werden umso zutreffender sein, je mehr der betreffende Botschafter das Gespräch mit den Repräsentaten aller entsprechenden Strömungen sucht.

Paul VI. hat in seinem Motu Proprio ausdrücklich davon geschrieben, daß die „regelmäßige Berichterstattung, Information und Beurteilung in Wahrheit und Billigkeit der Verhältnisse der Kirche in dem Lande" entsprechen soll, in das der Nuntius entsandt wurde.

Als eine besonders heikle Aufgabe wird es heute angesehen, daß es nicht zuletzt Aufgabe des Nuntius ist, die Ernennung eines neuen Bischofs vorzubereiten, und die entsprechenden Entscheidungsgrundlagen zu liefern. Was das Verhältnis zu den örtlichen Bischöfen angeht, hat Paul VI. eindeutige Festlegungen getroffen: „Das Amt des Legaten steht nicht über der Vollmacht des Bischofs, noch ersetzt oder beeinträchtigt es diese, im Gegenteil, es schützt und stärkt sie durch brüderlichen, klugen Rat".

So ist der Nuntius im Idealfall ein effizienter Vermittler zwischen dem Zentrum der Weltkirche und der Ortskirche. Er macht die Auffassungen Roms bei den örtlichen Bischöfen deutlich, soll aber umgekehrt auch die Anliegen der Ortsbischöfe in Rom vertreten. So dient er auch dem Ausgleich eines manchmal schwierigen Spannungsverhältnisses zwischen der notwendigen Einheit und der möglichen Vielfalt.

Gerade aus einer solchen Sicht wird von uns allen, die wir in geordneten Verhältnissen Europas oder auch Nordamerikas leben, oft übersehen, was der Dienst des Nuntius bedeutet, wenn er den bedrängten Ortskirchen in der Dritten Welt beratend und helfend zur Seite stehen soll.

Welche Bedeutung konkret dieser Dienst des Nuntius in den jungen Kirchen hat, zeigt die langjährige Tätigkeit von Erzbischof Squicciarini in Afrika, die bleibende Früchte für die betreffenden Ortskirchen gebracht hat.

Andererseits geht es aber auch um besondere diplomatische Aufgaben, die einem päpstlichen Gesandten immer dann zufallen, wenn er die völkerrechtliche Vertretung des Apostolischen Stuhles ausübt. Ein Nuntius wird beim betreffenden Staatsoberhaupt durch die Überreichung des Beglaubigungsschreibens akkreditiert. Damit gehört es zu den Aufgabenbereichen eines Nuntius, die Beziehungen zwischen Kirche und Staat durch Abschluß entsprechender Verträge zu pflegen und zu fördern. Dazu aber soll er die Ortsbischöfe um ihren Rat fragen und sie über den Stand der laufenden Verhandlungen informieren.

Die Vertretung des Apostolischen Stuhles bei den Internationalen Organisationen bzw. die Mitarbeit dabei erfolgt aufgrund der gegeben Usancen.

Von den innerkirchlichen Aufgaben abgesehen, ist also der Nuntius auch Vertreter des Heiligen Stuhles gegenüber dem jeweiligen Staat, bei dem er akkreditiert ist. Obwohl Kirche und Staat „voneinander unabhängig und autonom“ sind, dienen sie doch denselben Menschen. Je besser Kirche und Staat zusammenarbeiten, umso mehr können sie dem Menschen, seiner persönlichen und gesellschaftlichen Berufung helfen. So steht der Nuntius auch im Dienste des Gespräches zwischen Kirche und Staat, gleichgültig ob das Verhältnis durch ein Konkordat geregelt ist oder nicht. Darüber hinaus trachtet der Nuntius den Einsatz der Kirche, der Christen, für den Frieden, - der ja zu einem Schwerpunkt des Pontifikates der letzten Päpste geworden ist – wirksam zu vertreten.

Auch aus einer solchen Sicht werden heute Kontakte und Gespräche für einen Nuntius von besonderer Bedeutung und Wichtigkeit sein.

Ich freue mich, daß Nuntius Squicciarini seinen Dienst als „Dialog in Wahrheit und Liebe“ auffaßt. Im aufrichtigen Dialog können viele Spannungen gelöst werden, die Kirche kann wachsen und wahrhaft „Zeichen des Heils“ sein.

Am 26. Novermber 1978 konnte ich Donato Squicciarini in seiner Heimatstadt Altamura bei der Bischofsweihe die Hände auflegen. Damals war es mir ein Anliegen, darauf hinzuweisen, daß der Weihekandidat mit der Ernennung zum Erzbischof gleichzeitig vom Hl. Vater den Auftrag erhalten hatte, als Nuntius sein Vertreter bei anderen Völkern zu sein und durch seine Mission zum Ausdruck zu bringen, daß die Kirche durch die Verkündigung des Evangeliums dem Frieden und Fortschritt, der Zusammenarbeit unter den Völkern dienen will.
Berufung des Nuntius ist es, die Gegenwart Christi und seiner Kirche spürbar werden zu lassen – Christus heilt die verwundeten Herzen, er beruhigt die Verängstigten, sein Geist flößt den Verzagten neuen Mut ein. Diese Worte haben auch heute Gültigkeit. Ad multos annos!

Zum Geleit

In Österreich, wohin sein Weg als Priester und Diplomat im Dienst der Kirche ihn 1989 ein zweites Mal geführt hat, feierte der Apostolische Nuntius Donato Squicciarini seinen 70. Geburtstag. Der in der apulischen Stauferstadt Altamura Geborene wollte nach eigenem Zeugnis ein Priester werden wie sein Heimatpfarrer es war – eifrig in der Seelsorge, ständig im Gespräch mit Menschen aller sozialen Verhältnisse und tief eingewurzelt in Gebet und Sakrament. Donato Squicciarini ist Diplomat der Kirche geworden und ein eifriger Seelsorger geblieben. Besonders in den Jahren seines Wirkens in Afrika als Nuntius in Burundi und nachher in Kamerun, Gabun und Äquatorial-Guinea ist beides zu einer glückhaften Synthese gediehen, die auch sein Wirken in Österreich prägt.

Aus Wien, wo er als Nuntiaturrat tätig gewesen war, wurde er nach Afrika berufen und zugleich zum Titularerzbischof von Tiburnia, einem antiken Bischofssitz in Kärnten, ernannt. Dies ist ein schönes Symbol für seine starke Verbindung mit Österreich, wohin er nach elfjährigem Wirken auf dem afrikanischen Kontinent neuerlich entsandt wurde, diesmal als Apostolischer Nuntius und Doyen des Diplomatischen Corps.

Als seinen Wappenspruch hat der Nuntius die Worte „Veritas et caritas" gewählt. Beidem will er in geduldigem Dialog dienen. Es ist die Wahrheit des Evangeliums, zumal in der Auslegung durch das Zweite Vatikanische Konzil und durch das Lehramt des Papstes, die Nuntius Squicciarini „in caritate" zu vekünden unablässig bemüht ist. In allen Diözesen und Bundesländern Österreichs hat er dazu Kontakt gesucht, Hilfen angeboten und Wege gewiesen. Kein Weg war ihm zu weit und keine Stunde zu früh oder zu spät, um seinen Beitrag zu dem zu leisten, was das Konzil in seiner Pastoralkonstitution „Gaudium et spes" für die Kirche in der Welt von heute zu tun aufträgt. Mit Klugheit, Takt und Noblesse hat er auch seine vielfältigen Aufgaben als Gesandter des Papstes bei verschiedenen Regierungen und internationalen Organisationen erfüllt.

Mit Österreich ist Erzbischof Squicciarini durch sein Wirken in diesem Land von 1975 bis 1978 und neuerlich seit 1989 besonders verbunden. Kardinal König hat ihn am 26. November 1978 in der Kathedrale von Altamura zum Bischof geweiht. Der Bischof jener österreichischen Diözese, in deren Bereich Tiburnia, der Titularbischofssitz des Apostolischen Nuntius liegt, und - im Hinblick auf sein pastorales Wirken in allen Bundesländern Österreichs - der Präsident des

Österreichischen Bundesrates, präsentieren als Gabe zu seinem 70. Geburtstag eine Auswahl aus Texten, die der Jubilar als Seelsorger und als Diplomat verfaßt hat, und wünschen ihm viele weitere Jahre eines wie bisher gesegneten Wirkens.

Egon Kapellari
Diözesanbischof von Gurk
in Klagenfurt

Herbert Schambeck
o. Professor an der Universität Linz
Präsident des Österr. Bundesrates

Klagenfurt-Wien im April 1997

Curriculum Vitae

DDr. Donato Squicciarini, Titularerzbischof von Tiburnia

24.4.1927	geboren in Altamura (Bari), Italien
12.4.1952	Priesterweihe (Diözese Altamura)
	Nach Abschluß seiner Studien an der Päpstlichen Lateran-Universität in Rom Erwerb der Doktorgrade in Theologie sowie in „utroque iure".
1958	Eintritt in den Diplomatischen Dienst des Heiligen Stuhls. In dieser Funktion Tätigkeit in Panama (1958-1960), Kolumbien (1960-1961), Bundesrepublik Deutschland (1961-1966), Türkei (1966-1967), im Staatssekretariat in Rom (1967-1975), und in Wien als Nuntiaturrat und Ständiger Vertreter bei der IAEA und Ständiger Beobachter bei der UNIDO (1975-1978)
31.8.1978	Ernennung zum Titularerzbischof von Tiburnia
26.11.1978	Bischofsweihe
1978-1981	Apostolischer Nuntius in Burundi
1981-1989	Apostolischer Pro-Nuntius in Kamerun, Gabun und Äquatorial-Guinea
seit 1.7.1989	Apostolischer Nuntius in Österreich
1990-1994	auch Ständiger Vertreter des Heiligen Stuhls bei den internationalen Organisationen in Wien: -Ständiger Vertreter bei der Internationalen Atomenergie-Organisation (IAEA) -Ständiger Beobachter bei der Organisation der Vereinten Nationen für Industrielle Entwicklung (UNIDO) -Ständiger Beobachter beim Büro der Vereinten Nationen in Wien (UNOV)
seit 1.1.1993	Vertreter des Heiligen Stuhls bei der Stiftung zur Förderung der Sozialwissenschaften

"Einander anzuhören, ist Bereicherung"

Interview mit Pia Maria Plechl für "Die Presse", 18. September 1989

Exzellenz, das Amt eines Apostolischen Nuntius ist vielfältig. Wo liegen für Sie die Schwerpunkte?

NUNTIUS SQUICCIARINI: Die Aufgaben sind durch das Motuproprio Papst Pauls VI. und das Kirchenrecht genau bestimmt. Drei Punkte möchte ich kurz hervorheben.

Erstens: Der Vertreter des Papstes in jeder Nation hat die Aufgabe, die Einheit der Kirche - auch in der Ortskirche - zu fördern, in Wahrheit und Liebe. Daran ist mein Wahlspruch ausgerichtet: In veritate et caritate.

Zweitens: Er soll die Kommunikation unter den Katholiken, zwischen den Katholiken und den getrennten Brüdern und Schwestern sowie zwischen ihnen und allen anderen Menschen fördern.

Drittens: Der Nuntius ist dazu da, die Zusammenarbeit aller Kräfte zu unterstützen.

Das bedeutet Dienst an der Kirche und an der Gesellschaft?

Ja, das ist die Bemühung um eine bessere Kirche und eine bessere Gesellschaft, um das Ziel der Heilsgeschichte.

Ein solches theologisch fundiertes Amtsverständnis stützt sich auch auf das II. Vaticanum.

Es folgt der Idee, die in der Dogmatischen Konstitution über die Kirche ("Lumen Gentium") ausgeführt ist. Ziel des Heilswirkens in der Geschichte gemäß dem Willen Gottes des Vaters, der den Menschen geschaffen hat, Gottes des Sohnes, der sein Leben für die Menschen gegeben hat, und Gottes des Heiligen Geistes, der die Kirche leitet, ist es, die Einheit der Menschen zu schaffen. Diese Aufgabe ist der Kirche anvertraut, und dafür müssen alle tätig sein: Papst, Bischöfe, Priester, Ordensleute und alle, die bewußt Christen sind.

Welche praktischen Konsequenzen hat das für den Nuntius in der gegenwärtigen Situation der katholischen Kirche in Österreich?

Der Nuntius soll möglichst alles sehen, alles hören, alle Elemente zu einer guten, richtigen Kenntnis der Situation sammeln. Je größer sein Wissen ist, je besser seine Urteilsfähigkeit, desto eher kann er Grundlagen für Entscheidungen geben - aber die Entscheidungen trifft nicht er. Der Nuntius kann nur die Verantwortlichen in Rom richtig informieren und dazu beitragen, daß der Heilige Vater gute Entscheidungen trifft.

Ein Nuntius kann dies auf unterschiedliche Weise tun. Er kann dynamisch agieren oder zurückhaltend. Eine Nuntiatur kann für ausgewählte Informanten offenstehen oder für alle Katholiken.

Die Nuntiatur ist das Haus des Heiligen Vaters. In Lateinamerika sagt man "das Haus des gemeinsamen Vaters". Das heißt: In ihr sollen alle sich zu Hause fühlen, hier wird jeder gern empfangen und kann jeder seine Meinung ausdrücken. Das war immer auch meine persönliche Auffassung. Kinder können untereinander sehr verschieden sein, aber sie sind doch die Kinder eines Vaters, und wenn man das weiß, hört man ihnen auch lieber zu, "in Wahrheit und Liebe", ohne die es auch keine echte Einheit gibt. Wahrheit und Liebe sind wie die zwei Geleise eines Verschubbahnhofes. Beide sind nötig.

Was aber, wenn zwischen Wahrheit und Liebe ein Konflikt zu bestehen scheint?

Dann muß man überlegen und beten. Bleiben wir beim Bild der Bahn: Man kann manchmal in einem Tunnel sein, doch das Licht kommt irgendwann; gerade im Dunkel aber muß man eine gute Orientierung haben.

Der Katholik muß sich dazu an der kirchlichen Lehre ausrichten. Der verstorbene Nuntius hat zu schnellerem Gehorsam gemahnt.

Christlicher Gehorsam ist die Bereitschaft, auf die Stimme Gottes zu hören. Aber dazu gehört auch, um Gründe zu bitten. Maria hat bei der Verkündigung gefragt: "Wie soll dies geschehen?" Sie erhielt eine Antwort auf diese Frage, dann sagte sie: "Mir geschehe nach deinem Wort!" Und Maria ist uns als Vorbild und Beispiel gegeben.

Zu fragen, Erklärungen zu erbitten, ist also durchaus legitim?

Man darf immer nach Gründen fragen. Die Christen sollen nachdenken und Erklärung verlangen, wenn etwas unklar ist. Wenn die Antwort gegeben ist, sollen sie bereit sein, ihr Ja zu sagen. Das bringt manchmal Schwierigkeiten, erfordert Anstrengung, verlangt Opfer. Aber wo Sehnsucht nach Einheit besteht, sollte man dafür auch manchmal ein Opfer bringen. Das ist im allgemeinen ein guter Beitrag.

Exzellenz. können Sie persönlich sich vorstellen, jedem Katholiken Gründe für diese oder jene Entscheidung zu nennen?

Der Vertreter des Papstes ist dazu da, Antwort zu geben. Alles weitere hängt von der Bereitschaft des Fragenden ab, die Antwort anzunehmen oder doch verstehen zu wollen. Aber der Nuntius wird nie urteilen oder gar verurteilen - das steht allein Gott dem Herrn zu! -, er soll nur Elemente für die Einheit anbieten.

Schon aus Zeitgründen ist unmöglich, daß tatsächlich jeder hierher kommt. Aber im Prinzip steht der Zugang jedem frei?

Ja, natürlich. Es ist nur wirklich eine Frage der zeitlichen Begrenzung. Aber ich will mit vielen sprechen. Einander anzuhören ist immer eine Bereicherung, miteinander zu reden stets eine gute Sache. Es gibt immer wieder neue Aspekte der Realität, die einem dabei klar werden.

Einer Ihrer Vorgänger hat die Mitwirkung an der Bestellung von Bischöfen als seine wichtigste Aufgabe bezeichnet. Würden Sie das ebenso formulieren?

Die Rolle des Nuntius dabei ist in den Normen festgelegt. Ich glaube, wenn er sie genau einhält, können alle zufrieden sein. Jene Katholiken, die ihm Auskunft geben, haben dabei ihre Eigenverantwortlichkeit. Und wie jeder seine Verantwortlichkeit und seine Rechte hat, so hat der Papst das Recht, Bischöfe frei zu ernennen.

Kein Nuntius bisher ist mit einer so umfangreichen Kenntnis Österreichs nach Wien gekommen.

Ich schätze und liebe Österreich. Aber ich habe vieles neu oder näher kennenzulernen. Darum will ich alle Diözesen besuchen, mit allen Initiativen vertraut werden, mir der Wunder neu bewußt werden, die der liebe Gott in Österreich getan hat und noch tut. Denken wir nur an das, was für die Evangelisierung der Ostländer von Österreich ausgegangen ist, an die Reformationszeit und auch an die Gegenwart.

Die Wiener Nuntiatur war in den vergangenen Jahrzehnten auch ein wichtiger Platz in der Ostpolitik des Heiligen Stuhles. Wird sich das angesichts der neuen Gegebenheiten verändern?

Wien - das gilt keineswegs nur für die Nuntiatur, gar nicht für sie im besonderen - wird eine Drehscheibe in Europa bleiben, es ist wichtig für ganz Europa als Platz, an dem sich die Wege kreuzen. Hat man es früher ein Fenster zum Osten genannt, so ist es jetzt eine Tür. Österreich und jeder einzelne Österreicher haben da eine große Aufgabe, auch im Hinblick auf die christlichen Wurzeln Europas, von denen der Papst spricht.

Versteht sich der Nuntius in Wien als europäischer Bischof?

Das zu beanspruchen, wäre anmaßend. Aber er will mitarbeiten an der Schaffung eines"gemeinsamen Hauses Europa".

Wollen Sie, Exzellenz, pastoral aktiv werden?

Ich bin Priester. Wo ich eingesetzt war - Panama, Kolumbien, Bundesrepublik Deutschland, Türkei, Burundi, Kamerun, Gabun, Äquatorial-Guinea, auch Rom - war ich um pastorales Engagement bemüht. Das wird in Österreich nicht anders sein.

Und Ihre Hoffnungen, Exzellenz, für ihr Wirken in Wien?

Ich weiß, daß die österreichischen Katholiken immer gute Vermittler gewesen sind, und habe Vertrauen, daß sie diese Eigenschaft noch weiter entwickeln. Ich hoffe, daß sie bereit sind, zur Einheit beizutragen. Ich bin dazu da, ihnen dabei zu helfen: in Wahrheit und Liebe.

Es geht um bewußtes Christsein

Interview mit dem ORF, 20. September 1989

1. Sie sollen nach Ihrer Bischofsweihe gesagt haben, daß Sie "ein wenig auch ein österreichischer Bischof" sind. Was hat Ihre Sympathie für unser Land geweckt und gefördert?

Die Tatsache, daß ich den Titel von Tiburnia oder Teurnia trage, das ist heute Sankt Peter im Holz bei Spittal im Bundesland Kärnten, die ehemalige Hauptstadt von Norikum, schafft eine besondere Verbindung mit Österreich. Wie Sie wissen, wurde die Stadt Teurnia zur Zeit der Völkerwanderungen zerstört; später wurde auf den Ruinen dieser historischen Stadt das Dorf "St. Peter im Holz" gegründet. Ausgrabungs-Experten haben neulich den Boden der Kathedrale von Teurnia entdeckt. In der heutigen Kirche von St. Peter im Holz habe ich als Titularerzbischof von Teurnia mit dem verehrten heimgegangenen Bischof Josef Köstner eine heilige Messe am 8. Dezember 1978, zelebriert. Bei diesem Anlaß wurde die heutige Kirche zu klein, um alle Gläubigen aufzunehmen.

Diese Erlebnisse bewegen mich zu behaupten, daß ich ein wenig auch ein österreichischer Bischof bin und sie erklären meine herzliche Sympathie für Österreich, das einen sehr bedeutenden Platz in der Geschichte von Europa und in der Geschichte der Weltkirche hatte und noch heute hat.

2. Wenn Sie sich zurückerinnern, welchen Eindruck hat damals - 1975 bis 1978 - die Katholische Kirche Österreichs auf Sie gemacht?

In den Jahren, die Sie erwähnt haben: 1975-1978, habe ich bemerkt, wie die Kirche Österreichs nach einer Erneuerung strebte, um den Glauben der Katholiken zu befestigen und um die Einheit der Christen zu erreichen.

3. Sie haben Österreich sicher nicht aus dem Blick verloren und die Entwicklung hier - wenn auch aus Entfernung - mitverfolgt.
Was ist Ihnen an dieser Entwicklung aufgefallen? Wo spüren Sie Erfolge, wo wurden vielleicht Fehler gemacht?

Seit 1978, bin ich fast 11 Jahre in Afrika gewesen: d.h. in Burundi, Kamerun, Gabun, Äquatorial-Guinea. Dort habe ich das Wachstum der Kirche und die Entwicklung der Gesellschaft aufmerksam verfolgt. Oft habe ich dort, in den eben erwähnten Ländern, an die Geschichte, an das Wachstum der Kirche und der Gesellschaft in Europa und besonders auch an Österreich gedacht. Das hat mir die Möglichkeit gegeben, besser die Realitäten der dortigen jungen Kirchen zu deuten und zu verstehen.

Ich habe in den elf Jahren meiner afrikanischen Tätigkeit gesehen, daß alle Probleme durch den Dialog besser analysiert und einer Lösung zugeführt werden können; das gilt auch für Österreich.

4. Unübersehbar und unüberhörbar ist derzeit in vielen Kreisen der Katholiken Österreichs eine gewisse Unzufriedenheit, die Ihnen sicher zumindest ansatzweise bekannt sein wird. Können und wollen Sie dem persönlich und in Ihrer Funktion begegnen? Ihrer Person wird ja sehr viel Sympathie entgegengebracht; mit Ihrer Amtsübernahme wird sehr viel Hoffnung auf eine Verbesserung des Klimas gesetzt.

Anläßlich meiner Ernennung zum Apostolischen Nuntius in Österreich, am 1. Juli ds. J., habe ich viele Briefe von Österreichern erhalten. Ich weiß, daß die Österreicher an einen guten Einvernehmen mit dem Heiligen Stuhl interessiert sind. Ich bin hierher gekommen im Namen des Heiligen Vaters, dieses gute Einvernehmen mit allen Mitgliedern des Gottesvolkes zu verwirklichen: nach meinem Wahlspruch "In der Wahrheit und in der Liebe". Wie Sie wissen ist es meine Hauptaufgabe, die Bande der Einheit, welche zwischen dem Apostolischen Stuhl und den Teilkirchen bestehen, ständig zu stärken und wirksamer zu gestalten (can. 364). Dafür bin ich bereit - im Rahmen meiner Möglichkeiten -, alles zu sehen, alle zu hören, und den Bischöfen, Fundament der Teilkirchen, zu helfen, um dieses Ziel zu erreichen.

5. Vom Aufgabebereich eines Päpstlichen Legaten kennt man hauptsächlich die Berichterstattungspflicht beim Apostolischen Stuhl und die Einleitung des Informationsprozesses vor einer anstehenden Bischofsernennung.
Zur Berichterstattungspflicht: Wodurch wird sie bei Ihnen bestimmt sein? Durch eine Art Anwaltschaft für die Ortskirche, durch eine Vermittler- oder durch eine Überwachungsfunktion?
Zum sogenannten Informationsprozeß:
Zumindest eine Bischofsernennung steht demnächst an in Österreich, worauf werden Sie beim Informationsprozeß besonders achten?

Was die sogenannten Informationsprozesse über Bischofskandidaten betrifft, hat der Heilige Stuhl bestimmte Normen im Jahre 1972 veröffentlicht. Der Vertreter des Heiligen Vaters soll diese Normen vor Augen haben, um zu gleicher Zeit sowohl das Wohl der Teilkirchen als auch der Weltkirche zu fördern. Alle Teilkirchen bilden in der Tat die Weltkirche, die der eine Leib Christi ist.

6. Neben den beiden genannten gibt es noch eine Reihe anderer Aufgaben eines Päpstlichen Legaten. Dürfen wir Sie bitten, uns zu sagen, wie Sie einige dieser Aufgaben konkret verstehen, z.B.: die

Unterstützung der Bischöfe bei ihrem Hirtenamt oder: die Förderung der Ökumene?

Die Art und Weise, die Bischöfe seitens eines Päpstlichen Legaten zu unterstützen und die Ökumene zu fördern, wird in Can. 364 so formuliert:

Unterstützung der Bischöfe:

"den Bischöfen mit Rat und Tat beizustehen, wobei jedoch die Ausübung von deren rechtmäßiger Gewalt unberührt bleiben muß,-" (Can.364,2")

und 2. -Förderung der Ökumene:

"mit den Bischöfen zusammenzuarbeiten, damit günstige Beziehungen zwischen der katholischen Kirche und den anderen Kirchen und kirchlichen Gemeinschaften, aber auch den nichtchristlichen Religionen unterstützt werden;" (Can. 364, 6').

Das wird auch meine Aufgabe als Nuntius sein.

7. Ihre Funktion ist ja gleichsam eine doppelte: einerseits gegenüber dem Staat und der Republik Österreich, anderseits als Bindeglied und "Instrument der Einheit" zwischen der österreichischen Teilkirche und dem Apostolischen Stuhl. In welcher werden Sie sich mehr engagieren müssen ?

Wie Sie schon hervorgehoben haben, erstrecken sich die Aufgaben der Vertretungen des Heiligen Stuhles auf die Gebiete der Verhältnisse zwischen der Weltkirche und den Teilkirchen, dem spezifischen Wesen der Kirche gemäß, wie auch zwischen dem Heiligen Stuhl und den einzelnen Staaten, gemäß den Normen des internationalen Rechtes.

Ich werde mich bemühen, meine Aufgaben in beiden Bereichen entsprechend meinen Kräften zu erfüllen.

8. Worin sehen Sie die besondere Rolle und Herausforderung der Kirche Österreichs im Leben der Weltkirche, vor allem der jungen Kirchen z.B. Afrikas, die Sie ja sehr gut kennen?

Die Kirche in Österreich ist im Leben der Weltkirche schon gut engagiert durch die Päpstlichen Missionswerke und mit hervorragenden kirchlichen Persönlichkeiten:wie

I. Kard.Groer, der Mitglied von mehreren Kongregationen ist - und zwar für die Orientalischen Kirchen, für den Gottesdienst und die Sakramentenordnung, für die Institute des gottgeweihten Lebens und für die Gemeinschaften des apostolischen Lebens, und für das Katholische Bildungswesen;

II. war Kard. König der erste Präsident des päpstlichen Sekretariates für die Nichtglaubenden und Mitglied von verschiedenen Kongregationen gewesen; heute noch ist Kard. König Präsident der Internationalen Pax Christi Bewegung und übt auch andere besondere Tätigkeiten im Rahmen der Weltkirche aus;

III. ist Kard. Stickler Mitglied der Kongregationen für die Selig- und Heiligsprechungsprozesse, für die Institute des gottgeweihten Lebens und für die Gemeinschaften des apostolischen Lebens, der Apostolischen Signatur, der Päpstlichen Räte für die Interpretation von Gesetzestexten, für die sozialen Kommunikationsmittel, sowie der Verwaltung der Güter des Apostolischen Stuhles; und

IV. ist Bischof Wagner Vize-Präsident des Päpstlichen Rates "Cor Unum". Dazu könnte man noch eine Reihe anderer Persönlichkeiten hinzufügen.

Was die Päpstlichen Missionswerke betrifft, muß ich sagen, daß ich während meiner Tätigkeit in Afrika sehr wohl bemerkt habe, wieviel die Kirche von Österreich beitrage, um das Leben der Missionen zu unterstützen, um die Ausbildung der Priesterkandidaten zu sichern und auch um neue Kirchen zu bauen.

In Afrika habe ich oft von der Dynamik des "Gebens und Empfangen", gesprochen: das gilt im materiellen, spirituellen und personalen Bereich. Das ist eine Dynamik, die das Geheimnis der Kirche beseelt, die Vitalität der einzelnen Kirchen darstellt und den Glauben immer lebendiger Macht bei Gebern und Empfängern.

Diese Dynamik erinnert uns an die Geistesgaben und an das Leben der Christen, die alle zusammen in der Welt die vielen Glieder des einen Leibes Christi bilden. Der heilige Paulus hat wunderschöne Worte darüber geschrieben, die noch gültig für die in allen Kontinenten, in allen Nationen lebenden Christen sind.

Diese Dynamik des "Gebens und Empfangens" wovon die Apostelgeschichte spricht, wurde auch in den ersten Jahrhunderten der Geschichte der Kirche in Österreich praktiziert; z.B. auch in Teurnia, meinem Titularbischofssitz.

Heute wird dieselbe Dynamik von den einzelnen Diözesen der Welt durchgeführt: Es lohnt sich, diese Dynamik immer mehr zu fördern, um die Versuchungen des Nationalismus sowohl der alten wie der neuen Kirchen zu überwinden. In der Tat, diese weltweite Vision der Kirche ist sehr wirkungsvoll, sehr fruchtbar für die Vitalität der einzelnen Teilkirchen und der Weltkirche.

Diese Dynamik läßt leichter vergessen, was als Vergangenes zu vergessen ist, und macht jeden bereiter, die Zeit, die man zu Verfügung hat, zu nutzen: für eine Besserung und Vervollkommnung der Christen als Mitglieder der Kirche, das Heilswerk Gottes in der Welt.

Damit wird eine vorteilhafte Osmose zwischen den Kirchen, die schon eine wertvolle Tradition haben und den jungen Kirchen, die die Atmosphäre der wirklichen Befreiung erfahren, erzielt: die Befreiungsatmosphäre, die von der Verkündigung des Evangeliums ausstrahlt.

9. In letzter Zeit bekommt der Begriff Evangelisierung Europas großes Gewicht, manchmal ist auch von Neuevangelisierung die Rede; wie verstehen Sie - auch im Hinblick auf Österreich - diesen Begriff?

Die Verkündigung des Evangeliums ist die Aufgabe der Kirche überall auf der Welt zu gunsten jedes einzelnen Menschen und aller Generationen eines jeden Zeitalters.

Die Worte unseres Herrn Jesus Christus bleiben immer aktuell: "Darum geht zu allen Völkern, und macht alle Menschen zu meinen Jüngern; tauft sie auf den Namen des Vaters und des Sohnes und des Heiligen Geistes, und lehrt sie, alles zu befolgen, was ich euch geboten habe. Seid gewiß: ich bin bei euch alte Tage bis zum Ende der Welt" (Mt.28, 19-20).

Diese Worte bedeuten, daß jeder Mensch evangelisiert werden soll, daß jede Generation die "Gute Nachricht" Gottes empfangen und, daß jeder evangelisierte Mensch die Errungenschaft des Glaubens für sich selbst fördern soll.

Der Glaube, der von den Verwandten in unser Herz gesät wurde, soll in uns wachsen, mit uns reifen in einer ständigen Konfrontation mit dem Wort Gottes, in einer andauernden Ausbildung, mit steter Beherrschung unserer unüberlegten Antriebe.

Der Glaube, der nicht in jedem Christen heranwächst, kann dazu führen, unbewußte Christen zu werden, damit aber nicht mehr überzeugte Christen zu sein.

Deswegen sprechen Papst Johannes Paul II. wie auch Bischöfe und andere Verantwortliche in der Kirche von "Reevangelisierung" oder von "Neuevangelisierung". In der heutigen Welt braucht man Christen:

- die das Wesen und die Werte der Gottesbotschaft kennen,
- die fähig sind, den Plan Gottes zu verstehen, die Liebe Gottes für jeden Menschen zu widerstrahlen und,
- die handlungsfähig sind, eine bessere Welt zu bauen, wo Gerechtigkeit, Friede, Wahrheit, verantwortungsvolle Freiheit herschen, und wo die Rechte der Menschen mit den Rechten Gottes zusammen verbunden werden.

Was gesagt wurde, gilt für alle Kontinente, für alle Nationen und folgerichtig auch für Österreich.

Im Blick auf Tiburnia

Interview mit der "Kärntner Kirchenzeitung", 7. November 1989

KIRCHENZEITUNG: Exzellenz, Sie sind Titularerzbischof von Teurnia oder Tiburnia in Kärnten. Welche Beziehungen haben Sie zu Teurnia, welche zu Kärnten?

Squicciarini: Die Einrichtung von "Titularerzbischöfen" hat eine lange Vergangenheit in der kirchlichen Praxis. Schon am Konzil von Chalzedon im Jahre 451 treffen wir solche Bischöfe an. In der weiteren Entwicklung des kirchlichen Lebens verleiht der Heilige Vater den sogenannten "Titel" einer Diözese aus zwei Ursprüngen: Entweder hatte die Diözese einmal bestanden und war im Zuge von Eroberungen politischer Mächte untergegangen. Oder Diözesen waren einfach aus dem geopolitischen Umschichtungsprozeß und dem Gestaltungswandel von Religionen untergegangen. Dies gilt für den historischen Kärntner Metropolitan-Sitz von Tiburnia oder Teurnia, wo heute die Gemeinde von St. Peter in Holz liegt. Dieses Titularbistum ist ein bleibender Hinweis auf die Ursprünge der Evangelisierung Kärntens, schon in den ersten Jahrhunderten der Kirchengeschichte .

Als ich im August 1978 von Papst Johannes Paul I. zum Nuntius in Burundi bestellt wurde, wurde ich gleichzeitig zum Erzbischof mit diesem "Titel von Teurnia" ernannt.

Durch die Ernennung ist mir die Kirche in Kärnten in besonderer Weise lieb geworden. Seitdem war ich bereits verschiedene Male in der heutigen Gemeinde von St. Peter in Holz, um die Ausgrabungen der alten Kathedrale von Tiburnia zu sehen.

In der dortigen kleinen Kirche habe ich am 8. Dezember 1978 mit dem schon heimgegangenen Bischof Josef Köstner und zahlreichen Gläubigen eine Messe gefeiert. Das war nach meiner Bischofsweihe in meiner Heimat durch Kardinal Franz König und vor dem Beginn meiner elfjährigen Tätigkeit in Afrika; zuerst drei Jahre in Burundi und dann noch acht Jahre in Kamerun, Gabun und Äquatorialguinea.

Bald werde ich wieder die Freude haben, als Apostolischer Nuntius in Österreich am 10. Dezember eine zweite Eucharistie mit dem jetzigen Bischof von Gurk-Klagenfurt, S.E. Msgr. Egon Kapellari, zu feiern.

KIRCHENZEITUNG: Was ist Ihnen von der Kirche in Kärnten noch in Erinnerung?

Squicciarini: In lebhafter Erinnerung befinden sich der Dom der Diözese Gurk-Klagenfurt, der am Anfang der Kirche von Kärnten steht, nämlich das Gotteshaus der heiligen Hemma, aber auch die heutige Bischofskirche zu Klagenfurt, in einer Stadt, die mir sehr gut gefallen hat. Ich erinnere mich auch genau an das große Marienheiligtum zu Maria Saal, an das ehemalige Zisterzienserstift Viktring, in besonderer Weise aber an die Stadt Friesach. Mit Professor Robert Prantner habe ich die ganze Gegend besucht und gerade dort in feierlicher Weise das Meßopfer in der Stadtpfarr- und Propsteikirche St. Bartholomäus dargebracht, die Dominikanerkirche besucht, die vom polnischen Mendikantenmönch St. Hyazinth begründet worden war und in der vermutlich auch der heilige Thomas von Aquin gepredigt hatte. Das wunderschöne romanische Kruzifix in dieser ersten Dominikanerkirche auf deutschsprachigem Territorium ist mir noch lebendig vor Augen, ebenso wie das moderne Krankenhaus der Deutschordenschwestern mit einer besonders eindrucksvollen Kirche.

Den tiefsten Eindruck aber haben die Menschen in mir hinterlassen. Im Metnitztalerhof hatte ich gewohnt, der Kirchenchor mit bemerkenswerten Leistungen der Musikkultur und viele aktive Katholiken aus Friesach waren mit mir einen Abend lang zusammen. Damals fand ich sehr engen Kontakt zum Gottesvolk und habe die Charakterwerte der Kärntner kennen- und schätzengelernt.

KIRCHENZEITUNG: Teurnia ist ein Ort, der im besonderen auf die Geschichte des Christentums in Europa hinweist. Sehen Sie die lange christliche Tradition Europas als Hindernis der Glaubensverkündigung oder sehen Sie darin auch eine besondere Herausforderung?

Squicciarini: Ja, Teurnia ist wirklich ein Ort, wo die Wechselfälle der Völker und der Geschichte der Kirche besonders lehrreich erscheinen.

Die Gegensätze der verschiedenen Gruppen sind überwindbar durch die Verwirklichung der Ideen, die die Kirche immer verkündet hat: Alle Menschen haben als gemeinsamen Vater Gott, der alle seine Kinder liebt. Alle Menschen, zu welchem Volk, welcher Nation, Kontinent, Sprache, Farbe und Rasse sie auch immer gehören, sind daher einander Brüder und sie sollen sich als solche bekennen und handeln. Gott ist der Herr der Geschichte: Wer sich als Mitarbeiter Gottes fühlt, trägt wirksam zum Wachstum, zum Wohlstand, zum Fortschritt, zur Entwicklung, zur Verbesserung der menschlichen Beziehungen bei.

Die christliche Tradition ist immer ein Reichtum, ein Kapital, ein wertvolles Erbe der Vergangenheit, welches die Menschen den nachkommenden Generationen fruchtbar machen sollen.

Der Glaube ist eine Gabe Gottes, die im Herzen jedes Menschen heranwachsen muß; die Glaubenskenntnisse der Kindheit und der Jugendzeit sind nicht ausreichend für mündige Menschen, die verantwortlich in den verschiedenen Bereichen der Gesellschaft, der Wissenschaft, Politik, Kultur, Kunst und vielen anderen stehen.

Der Glaube braucht eine beständige Vertiefung, um lebendig zu sein, um Früchte zu bringen.

Um mehr Lebendigkeit und Fruchtbarkeit des Glaubens zu haben, bedarf Europa einer ständigen Evangelisierung.

Dabei ist die Tradition von Europa kein Hindernis, sondern vielmehr die Basis, auf der man aufbauen kann und soll.

KIRCHENZEITUNG: *Welche Rolle sollte Ihrer Meinung nach überhaupt die Tradition im Leben der Kirche spielen? Wie kann Bewährtes so verständlich gemacht werden, daß es der Glaubensvermittlung hilft, gleichzeitig aber auch Neues wachsen läßt?*

Squicciarini: Die Tradition hat in der Universalkirche einen hohen Stellenwert. Neben der Heiligen Schrift ist sie eine zweite Glaubensquelle, allerdings richtig verstanden: Zu bewahren sind die Wahrheiten der göttlichen Offenbarung, wie sie das ordentliche und außerordentliche Lehramt der Kirche vermittelt. Die Offenbarung war mit dem Tode des letzten Apostels abgeschlossen. Tradition bedeutet in diesem Sinne "Entfaltung" der im Kern schon vorhandenen Lehre (Dogmatische Konstitution des Zweiten Vatikanischen Konzils "Dei Verbum", Nummer 8).

Der Begriff "Tradition" hat allerdings noch eine zweite Bedeutung: nämlich die kontinuierliche Fortschreibung der Vergangenheit, ohne Wesentliches zu verändern. Was aber sehr wohl wie das Leben selbst wächst und sich auch verändert, sind die Formen, in deren Gestalt die Kirche, das Volk Gottes, sich entwickelt. Zuweilen sind es äußere Zeichen, ein andermal die Sprache, die Ausdrucksweise, die wechseln. Das ist notwendig, um sich bei der Glaubensvermittlung auch im Bewußtsein der Zeit und ihrer Menschen verständlich zu machen. Das ist Fortschreiten, Fortschritt. Daraus erwächst Neues im Wandelbaren, ohne daß das Unwandelbare über Bord geworfen wird.

KIRCHENZEITUNG: *Glaubensvemittlung ist auch eine Frage nach der Jugend in der Kirche. Was kann getan werden, um der kommenden Generation den Glauben als lebbares Modell vor Augen zu führen?*

Squicciarini: Die Kirche ist immer alte und zugleich junge Gemeinschaft. Sie entspricht dem Wandel und Wachstum der biologischen Generationen, ihrem Lebensprozeß, der stets aus der Vergangenheit über die Gegenwart in die Zukunft führt. Jeder Lebensabschnitt hat im Gottesvolk seine Eigenart. Junge, Reifere und Ältere wie Alte haben ihre natürlich vergleichbare Rolle.

Will die ältere Generation den Glauben als lebbares Modell vor Augen führen, so bedarf es zweierlei: Zunächst den Inhalt des Glaubens und des sittlichen Handelns glaubwürdig vorzuleben, dann aber so weise zu sein, nicht an Form und Gestalt um jeden Preis zu hängen, sondern der jungen Generation bei der Verwirklichung des Evangeliums in ihrer eigenen Zeit kreativ voranzuschreiten.

KIRCHENZEITUNG: Ein Problem in diesem Zusammenhang ist das oft fehlende Glaubenswissen. Es steht nun ein Weltkatechismus in Vorbereitung, der auch diesem Ziel dienen soll, Ist das ein richtiger Weg, was müßte seitens der Ortskirchen konkret geschehen ?

Squicciarini: Der Glaube kommt aus dem hören (Röm 10, 17). Das II Vatikanische Konzil („Lumen Gentium" 25) betont, daß die Bischöfe Glaubensboten sind... Sie verkündigen dem ihnen anvertrauten Volk die Botschaft zum Glauben und zur Anwendung auf das sittliche Leben und erklären sie im Licht des Heiligen Geistes, indem sie aus dem Schatz der Offenbarung Neues und Altes vorbringen (Mt. 13,52).

Der heilige Petrus, Haupt der Apostel, und sein Nachfolger, der Papst, sind für ein "immerwährendes und sichtbares Prinzip und Fundament der Glaubenseinheit und der Gemeinschaft eingesetzt" („Lumen Gentium" 18).

Ein globale Orientierung bietender Katechismus, ein sogenannter Weltkatechismus, könnte die vielfach vorhandene Unsicherheit über das Glaubensgut der Offenbarung überwinden und eine Ordnungshilfe bieten.

Die Ortskirchen allerdings, die ja gemäß der Eigenart ihre unverwechselbare "Inkulturation" aufweisen, sollten diese Orientierungshilfe in die Sprache, in die Ausdrucksweise und nicht zuletzt in das Lebensgefühl der Völker übertragen oder übersetzen.

Alle Mitglieder der Kirche haben die Aufgabe, den richtigen Glauben zu verkündigen und zu bekennen; (Lumen Gentium 17 und 11 und Christifideles Laici 33)

KIRCHENZEITUNG: Europa geht auf eine starke Integration zu, in welcher auch Osteuropa eine bedeutende Rolle spielen wird. Welche Aufgabe sehen Sie für die Kirche in dieser Integration und wie bewerten Sie die neuen Wege des Ostens ?

Squicciarini: Seit langen Jahren hat Papst Johannes Paul II. von den gemeinsamen Wurzeln von Europa - vom Atlantik bis zum Ural - gesprochen!

Das gemeinsame "europäische Haus", wovon in letzter Zeit auch bedeutende Staatsmänner immer wieder sprechen, umfaßt und beschließt den ganzen Kontinent. Es ist kein Zufall, wenn die Päpste gewissermaßen dem europäischen Kontinent eine Doppelpatronage vor Augen führen: dem westlichen kulturellen Denken entsprechen St. Benedikt von Nursia, der Vater des abendländischen Mönchtums, recht verstanden aber auch der römisch-lateinischen, westlichen Kultur. Und dann die beiden Slawenapostel St. Cyrill und St. Method, die den Osten als leuchtende Schutzheilige und Pioniere der literarischen Kultur patronieren. Sowohl die Kirchen Westeuropas als auch jene in den östlich gelegenen Staaten haben eine wechselseitige, eine gegenseitige Verpflichtung, ihre verwirklichten christlichen Werte auszutauschen.

Die Kirchen des Westens sollen unter sich wandelnden politischen Bedingungen den Kirchen des Ostens jede mögliche und denkbare geistige und irdische Hilfe angedeihen lassen, jene Kirchen der Staaten, die Jahrzehnte sich in den Ländern mit einer atheistischen Ideologie zu bewähren hatten, müssen das Zeugnis ihrer Beharrlichkeit und Treue den Brüdern im Westen vermitteln.

Papst Johannes Paul II. hat im Apostolischen Schreiben "Euntes in mundum" vom 25. Jänner 1988, die Kirche in West und Ost als die "beiden Lungen eines Organismus" bezeichnet (N. 12).

Was die Ausweitung der Menschenrechte, also die Verbreitung des Freiheitsraumes betrifft, so erblicke ich darin eine Frucht des Dialoges über die Beschlüsse der Helsinki-Konferenz, aber auch im geistlichen Sinne des Gebetes und beharrlichen Standhaltens im Glauben.

Die Ereignisse in Polen, in Ungarn, in der DDR, in der Sowjetunion und anderen Ost-Ländern scheinen mir ein wiederholter Aufruf zu sein, die gemeinsamen christlichen Wurzeln zu entdecken und eine Neue Evangelisierung durchzuführen.

KIRCHENZEITUNG: Das Konzil fordert von der Kirche eine missionarische Zuwendung zur Welt, gleichzeitig gibt es aber das Bestreben, sich in einer komplex gewordenen Welt in den inneren Raum zurückzuziehen. Welche Haltungen werden von den Christen in dieser Situation erwartet?

Squiciarini: Von der missionarischen Zuwendung der Kirche zur Welt wird in verschiedenen Dokumenten des II. Vatikanischen Konzils gesprochen, besonders in der Dogmatischen Konstitution über die Kirche (Nummern 1,5,17,20,65), in der pastoralen Konstitution über die Kirche in der Welt von heute (Nummern 41,42,76,89,92), im Dekret über die Missionstätigkeit in der Kirche. Aus dem Studium dieser Dokumente kann jeder Christ schließen, daß es keinen Platz für Resignation, für Zurückziehung gibt: "Weh mir, wenn ich das Evangelium nicht verkünde" (1 Kor 9,16).

Das nachsynodale apostolische Schreiben" Christifideles Laici" von Papst Johannes Paul II. über die Berufung und Sendung der Laien in Kirche und Welt sagt allen, was für Haltungen man von den Christen in der heutigen Situation erwartet! Dieses Dokument, das an Bischöfe, Priester, Diakone, Ordensleute und an alle Laien gerichtet ist spricht von den folgenden sehr aktuellen Themen: Die Würde der Laien im Geheimnis der Kirche; die Teilhabe der Laien in der Communio der Kirche; die Mitverantwortung der Laien für die Kirche in ihrer missionarischen Sendung; die gute Verwaltung der vielfältigen Gnade Gottes seitens der Jugendlichen, Kinder, Frauen und Männer, Kranken und Leidenden, Intellektuellen und anderen Berufstätigen; die Erziehung und ständige Ausbildung der Laien.

KIRCHENZEITUNG: Die Verunsicherung des Menschen hat natürlich auch sehr konkrete Ursachen: Gesellschaftliche Strukturen sind heute stärker denn je in Frage geraten, wenn ich etwa an Familie und Ehe denke. Wie sollen Christen "alternativ leben" ?

Squicciarini: Gewiß nicht, indem sie die alten, ewig gültigen, bleibenden Wert-Tafeln vom Berge Sinai zerbrechen. Schon vor dem Offenbarungsgeschehen der Heilsgeschichte wurden Gebote und sittliche Werte in die Natur des Menschen und der Gesellschaft von ihrem Schöpfer eingestiftet. Davon ist aber der Strukturwandel zu unterscheiden, der in den einzelnen Kulturkreisen in sehr verschiedener Weise einem lebendigen, fortdauernden Prozeß der Umgestaltung und des Neuwerdens unterworfen ist. Die Kirche, das Gottesvolk, ist von keinem überkommenen System der gesellschaftspolitischen Ordnungsmodelle abhängig, sondern nur vom Evangelium, von der Botschaft Gottes an die Menschen.

Wollte man allerdings eine Alternative zur Ehe als zeitgemäße Notwendigkeit proklamieren, so liegt hier eben ein Irrtum vor, der die Natur der personalen Ganzhingabe auf Dauer verneint. In ähnlicher Weise gilt das für die Familie.

Dennoch behaupte ich: Christen müssen immer, also auch in unserer Zeit, "ganz anders" leben und dies glaubwürdig bezeugen. Die "christliche Alternative" weist auf die Transzendenz des Menschen zu Gott hin und auf das ewige Heil, das alle irdischen, konsumierbaren Errungenschaften des Fortschritts überhöht.

Um besser das Gesagte zu verstehen, lohnt es, das Evangelium zu lesen: über die Frage der Ehescheidung (Mt. 19,1-12; Mk. 10, 1-12). In einem Wort - für die Christen besteht die christliche Alternative gegenüber jeder permissiven und nicht wertorientierten moralischen Haltung.

KIRCHENZEITUNG: Die neue soziale Frage wird in diesem Zusammenhang auch die Kirche betreffen: Ich nenne den Begriff "Zwei-Drittel-Gesellschaft". Welchen Auftrag hat die Kirche nach "Rerum novarum"?

Squicciarini: Das Kreuz kennt zwei Balken: einen horizontalen und einen vertikalen. Der vertikale Balken wächst aus der Erde zum Himmel. Er betrifft die Erlösungssehnsucht des Menschen und den Vollzug des Erlösungswerkes durch die Menschwerdung, den Kreuzestod und die Himmelfahrt Jesu nach seiner Auferstehung. Damit ist der Mensch erlöst und gerettet und vermag sich sein ewiges Heil anzueignen. Der horizontale Balken betrifft die Pilgerschaft des Gottesvolkes in diesem seinem Leben auf dieser unserer Welt. Die Kirche hat niemals diese zweite Ebene, den Zeitläufen und der gesellschaftlichen Entwicklung entsprechend, aus dem Auge verloren. Es geht darum, die Menschenwürde in sozialer Gerechtigkeit abzusichern oder wiederherzustellen, um den Verlauf der "Vertikalen" des Kreuzes glaubhaft zu machen und abzustützen.

Papst Johannes Paul II. hat dieser Tage von einer neuen, unabdingbaren "Kultur der Solidarität" gesprochen und seine Option für die Armen, für die Hungernden, Kranken, in Nöten Befindlichen, vor allem in der Dritten Welt bekräftigt. Darin sind selbstverständlich auch die Menschen, die in "neuer Armut" leben - und dies in der Welt der Reichen unter den Staaten -, die Angehörigen der Problem- und Randgruppen miteinbezogen. Sie führen ja zur zitierten "neuen sozialen Frage". Ich meine, daß knappe 17 Monate vor der Jahrhundertfeier des Weltrundschreibens Papst Leo XIII. "Rerum novarum" der Auftrag der Kirche besonders wirkungsvoll zum Tragen kommen sollte. Diesem Bereich der Soziologie, der eine beständige Umgestaltung der sozialen Strukturen verlangt, folgt die Kirche mit besonderer Aufmerksamkeit.

Auf der Ebene der Weltkirche hat Papst Johannes Paul II. im Jahre 1987 die Enzyklika"Sollicitudo Rei Socialis" veröffentlicht. Einzelne Bischöfe oder Bischofskonferenzen behandeln dieses wichtige Thema. Auch die Bischofskonferenz von Österreich hat einen Sozialhirtenbrief für das Jahr 1990 angekündigt, um an das erste Jahrhundert der Enzyklika "Rerum novarum" zu erinnern.

KIRCHENZEITUNG: In diesem Zusammenhang stellt sich auch die Frage nach dem Verhältnis der Kirche, der Christen zur Politik. Wie wäre das Ihrer Meinung nach zu gestalten?

Squicciarini: Christen sind immer Bürger zweier Welten. Sie zählen zum Gottesvolk, zur Kirche ohne Grenze, und zumeist zu einem bestimmten Staatsvolk, zu einer Nation. Im Sinne der Beantwortung Ihrer letzten Frage trägt jeder einzelne Christ eine gesellschaftspolitische Verantwortung.

Zu dieser spezifischen Frage erlauben Sie mir nochmals, das postsynodale apostolische Schreiben "Christifideles Laici" zu erwähnen. Dieses Dokument behandelt ausdrücklich dieses Thema unter dem Titel "Alle Christen sind Adressaten und Protagonisten der Politik" (Nummer 42). Ihre Zeitung könnte diesen Text wörtlich den Lesern bringen.

KIRCHENZEITUNG: Sie waren jetzt lange in Afrika tätig. Wie bewerten Sie die Situation der jungen Kirchen? Was kann Europa von ihnen lernen ?

Squicciarini: Die jungen Kirchen der Dritten Welt stehen in der Blüte ihres Wachstums. Sie sind auch die große Hoffnung der Christenheit und des Heiligen Vaters. Sie sind geprägt durch sehr viel Elan, Gemeinwohlsinn, Brüderlichkeit, Kommunikation, Kreativität in der Gestaltung des christlichen Lebens, verbunden mit der kulturellen

Eigenart ihrer bewundernswerten und so vielfältigen Traditionen. Dialog und Kommunikation sind die Instrumentarien, um als Gottesvolk zusammenzustehen und ein Zeugnis auch gegenüber der nichtchristlichen, heidnischen oder andersgläubigen Umwelt abzulegen.

Ich denke mit Bewunderung und Hochachtung an die Kirchen in Afrika zurück und werde den Christen jener Länder, in denen ich den Papst vertreten durfte, immer verbunden bleiben. Was die Beziehungen zwischen der Kirche in Europa und in Afrika betrifft, kann man die Überlegung der Bischofssynode von 1987 vor Augen haben: "Die sogenannten jungen Kirchen bedürfen der Kräfte der älteren Kirchen. Letztere aber brauchen das Zeugnis und den Elan der Jüngeren, sodaß die einzelnen Kirchen vom Reichtum der anderen schöpfen"' ("Christifideles Laici", Nummer 35). Zum Schluß würde ich noch hinzufügen: es ist immer schön und ermutigend, die Wundertaten, die der Herr in seiner Kirche ohne Grenzen verwirklicht, zu betrachten! Die Betrachtung der geheimnisvollen wirksamen Aktion Gottes in seiner Kirche ist eine Bereicherung für jeden Christen, das bestätigt uns das Sprichwort der Weisheit: "Gott ist der Herr der Geschichte".

KIRCHENZEITUNG: Welche Aufgaben wird in diesem Zusammenhang der reiche Norden gegenüber einem noch immer armen Süden haben, welche Verpflichtung wird hier die Kirche treffen?

Squicciarini: Papst Johannes Paul II. ruft seit mehr als zehn Jahren mit großer Eindringlichkeit die reichen Industrienationen dieser Welt auf, in solidarischer Verantwortung für die notleidenden, schwachen, kraftlosen Länder da zu sein und ihre große solidarische Verantwortung in einer klein gewordenen Welt zu intensivieren. Hilfe bedeutet nicht Almosen, Hilfe ist moralische Verpflichtung und heißt immer auch, Opferbereitschaft durch Entsagung eigener Vorteile zu mobilisieren. Ich wiederhole den päpstlichen Imperativ: Die "Kultur der Solidarität" muß in dieser so ernsten Stunde für das soziale Gemeinwohl der Völkerfamilie in Bewegung geraten, bevor es zu spät geworden ist. Dies betrifft die hilflose Armut, die Verwüstung, Vergiftung und Ausbeutung der Erde, nicht zuletzt aber auch das gemeinsame Schicksal der sogenannten "Reichen" und der "Armen" unter den Nationen.

Was alle Menschen aller Nationen und aller Richtungen glücklich machen und tief befriedigen kann, ist eine offene, brüderliche Vision der Probleme der ganzen Welt, um sie mit Intelligenz zu verstehen, mit Großzügigkeit zu betrachten, mit Willenskraft zu lösen.

KIRCHENZEITUNG: Danke für das Gespräch.

Auch Österreich braucht Neu-Evangelisierung

Vortrag bei der Tagung im Bildungshaus Hohewand (Dreistetten), 25. November 1989

Sie alle wissen sicherlich, daß ich elf Jahre in vier afrikanischen Ländern wirkte, wo die Evangelisierung erst vor ungefähr einem Jahrhundert begonnen hat: Burundi, Kamerun, Gabun, Äquatorial-Guinea - genauer: in Burundi begann die Evangelisierung 1899, in Kamerun 1890, in Gabun 1845 und in Äquatorial-Guinea 1883.

Dort wo vorher das Evangelium nicht bekannt war, sind heute:
- in Burundi fast 2/3 Katholiken, verteilt in sieben Diözesen, die von sieben einheimischen Bischöfen geleitet werden;
- in Kamerun ungefähr 30 Prozent, verteilt in 17 Diözesen, davon werden 14 von einheimischen Bischöfe geleitet, zwei Bischöfe sind französischer Abstammung, einer ist Holländer;
- in Gabun sind zwischen 50 und 60 Prozent der Bevölkerung Katholiken, mit vier Diözesen und vier einheimischen Bischöfen;
- in Äquatorial-Guinea sind es bereits mehr als 90 Prozent Katholiken, mit drei Diözesen, die von drei einheimischen Bischöfen betreut werden.

Die Zahl der Priester und Ordensleute nimmt ständig zu und die Kenntnis der Frohbotschaft Gottes vertieft sich immer mehr.

Die ersten Missionare haben dort in Tränen gesät; die heutigen Missionare - wie auch die einheimischen Priester und Bischöfe - ernten in Freude (Ps 126,5). Mit dem Völkerapostel kann man sagen: die Missionare haben gepflanzt und gegossen, aber Gott hat es wachsen lassen (I Kor 3,6).

Dem Beispiel des fleißigen Sämanns im Gleichnis unseres Herrn Jesu Christi folgend, haben die aus Europa stammenden Missionare in Afrika reichlich gesät. Das Wort Gottes wurde mit Mut verkündet; sodann hat es Frucht gebracht: teils hundertfach, teils sechzigfach, teils dreißigfach (Mt 13,23).

Nach diesen einleitenden Worten wollen wir uns gemeinsam einige Fragen stellen.

EVANGELIUM

1) Was ist das Evangelium?

Evangelium heißt Frohbotschaft. Es handelt sich um eine herrliche, freudige, einzigartige, befreiende Nachricht, wie sie der Engel den Hirten in Bethlehem überbrachte: "...evangelizo vobis gaudium magnum..."
"Fürchtet euch nicht, denn ich verkünde euch eine große Freude, die allem Volk zuteil werden soll: Heute ist euch in der Stadt Davids der Retter geboren, Christus, der Herr" (Lk 2,10f).

Diese Kunde, die Himmel und Erde in Jubel versetzt, kommt gleichsam herab aus der Herrlichkeit des ewigen Gottes. Sie ist seine freie Initiative, Ausfluß seiner unendlichen, überströmenden Barmherzigkeit.
In ihrem Zentrum steht eine gewaltige, geheimnisvolle Wirklichkeit, die den Weltenlauf und die Menschheitsgeschichte von Grund auf bestimmt: *"Das Wort ist Fleisch geworden"* (Joh 1,14).

Nie hätte die nach Erlösung sich sehnende Kreatur aus sich selbst die Überwindung ihrer heillosen Not erreichen können, hätte nicht Gott selbst der sündigen Welt das brennende Verlangen nach Befreiung eingestiftet.

In der Adventzeit spricht die Liturgie diese tiefe Sehsucht des Menschen so aus: *"Tauet, Himmel, den Gerechten, Wolken, regnet ihn herab!"* (Jes 45,8).

Das Evangelium ist nicht bloß ein Wort, das von Gott her in die Welt dringt, um ihr - wie die Propheten die Zeiten hindurch - ihre Sünden bewußt zu machen und die Hoffnung auf eine Überwindung von Schuld, Verderbnis und Tod wachzuhalten; das Evangelium ist das fleischgewordene Wort, der Sohn Gottes, der für uns Menschen und zu unserem Heil das Menschsein angenommen hat, der durch die Geheimnisse seines Erdenwandels und insbesondere durch sein Leiden, durch seinen Tod und sein Auferstehung die Erlösung vollbringt, weil er durch sein unendlich wertvolles und einmaliges Ganzopfer die Sünde der Welt sühnt und damit für jeden den Zugang zur Gemeinschaft mit dem dreifaltigen Gott erschließt.

Das Evangelium ist mehr als ein Wort, es ist eine Tat: die Erlösungstat Gottes.

Aber Menschwerdung und Kreuzesopfer haben die Welt - nach Gottes weisem Plan - nicht mit einem Schlag heil gemacht. Der bereits vollzogenen objektiven Erlösung muß die subjektive Erlösung eines jeden folgen. Das Evangelium von Jesus, dem Christus, muß angenommen werden, es muß in die Herzen der einzelnen Menschen dringen, um sie von innen her zu verwandeln und kraft dieser Umgestaltung auch die jeweilige Zeit zu verwandeln und aus Christus neu zu gestalten. Der Initiative Gottes muß also die antwortende Initiative der Menschen folgen/entsprechen. Gott hat uns schon verziehen, aber die Menschen müssen erst bereit werden, diese Versöhnung in Freiheit anzunehmen. Sie müssen ihr Leben nach den Forderungen dieser göttlichen Frohbotschaft ausrichten und so für ihren Teil die Welt aus den Fesseln der Sünde und des Todes befreien helfen. "*Bekehrt euch, denn das Himmelreich ist nahe!*" (Mt 3,2).

Die Umkehr gehört zum Wesen der Botschaft Gottes. Durch die Umkehr, die Veränderung der Mentalität, nimmt der Mensch die Botschaft Gottes an und folgt seinem Retter und Befreier, dem Erlöser der Welt.

EVANGELISIERUNG

2) Wer soll das Evangelium verkündigen?

Der Evangelist Matthäus schreibt, daß unser Herr Jesus Christus vor seiner Himmelfahrt seinen Aposteln den universalen Sendungsbefehl mit diesen Worten gegeben hat:
"*Mir ist alle Gewalt gegeben im Himmel und auf der Erde. Darum geht zu allen Völkern, und macht alle Menschen zu meinen Jüngern; tauft sie auf den Namen des Vaters und des Sohnes und des Heiligen Geistes, und lehrt sie, alles zu befolgen, was ich euch geboten habe. Seid gewiß: Ich bin bei euch alle Tage bis zum Ende der Welt*" (Mt 28,18-20).

Die Nachfolger der Apostel, die Bischöfe sind daher das Fundament der Kirche (vgl. Eph 2,20).

Das Haupt der Apostelgemeinschaft war Petrus, dem Jesus sagte:
"*Du bist Petrus, und auf diesen Felsen werde ich meine Kirche bauen, und die Mächte der Unterwelt werden sie nicht überwältigen. Ich werde dir die Schlüssel des Himmelreichs geben; was du auf Erden binden wirst, das wird auch im Himmel gebunden sein, und was du auf Erden lösen wirst, das wird auch im Himmel gelöst sein*" (Mt 16,18-19).
Diese Worte gelten für den Nachfolger Petri, den Papst, der die Sorge für alle Teilkirchen trägt, der das Fundament der ganzen Weltkirche ist.

BEITRAG der LAIEN zur EVANGELISIERUNG

3) Wenn die Apostel und ihre Nachfolger diese besondere Sendung bekommen haben, sind dann auch die Laien berufen und verpflichtet, das Evangelium zu verkündigen?

Die Menschen, die das Evangelium annehmen, bilden eine Gemeinschaft, die Familie Gottes, die Kirche; sie sind Glieder der Kirche, des Mystischen Leibes Christi:

"*Weil sie Glieder der Kirche sind, haben die Laien die Berufung und Sendung, das Evangelium zu verkünden. Aufgrund der christlichen Initiationssakramente und der Gaben des Heiligen Geistes sind sie dazu berufen und verpflichtet*" (CL 33).

Papst Johannes Paul II. hat nach der Bischofssynode von 1987 an alle Bischöfe, Priester, Diakone, Ordensleute und Laien - daher an alle Mitglieder des Volk Gottes - ein apostolisches Schreiben, "Christifideles laici", über die Berufung und Sendung der Laien in Kirche und Welt: gerichtet In diesem Dokument, faßt der Papst u.a. die Ideen des II. Vatik. Konzils und der Bischofssynode zusammen und schreibt:

"'*Die geweihten Hirten wissen sehr gut, wieviel die Laien zum Wohl der ganzen Kirche beitragen. Sie wissen ja, daß sie von Christus nicht bestellt sind, um die ganze Heilsmission der Kirche an der Welt auf sich zu nehmen, sondern daß es ihre vornehmliche Aufgabe ist, die Gläubigen so als Hirten zu führen und ihre Dienstleistungen und Charismen so zu prüfen, daß alle in ihrer Weise zum gemeinsamen Werk einmütig zusammenarbeiten'. Dieses Bewußtsein trat wieder mit neuer Klarheit und größerer Deutlichkeit in der gesamten Arbeit der Synode zutage*" (CL 32).

In demselben Dokument betont der Papst dieselben Gedanken auch mit den folgenden Worten:

"*Geht auch ihr in meinen Weinberg" (Mt 20,4). Dieser Ruf ergeht nicht nur an die Hirten, an die Bischöfe, an die Priester, an die Ordensleute. Er umfaßt alle. Auch die Laien sind persönlich vom Herrn berufen, und sie empfangen von ihm eine Sendung für die Kirche und für die Welt*" (CL 2).

"*Vor allem das Konzil hat wertvolle Passagen seiner so reichhaltigen theologischen, spirituellen und pastoralen Lehre dem Wesen, der Würde, der Spiritualität, der Sendung und der Verantwortung der Laien gewidmet. Und die Konzilsväter haben den Ruf Christi wiederholt und alle Laien, Männer und Frauen, gerufen, in seinem Weinberg zu arbeiten: "Das Heilige Konzil beschwört also im Herrn inständig alle Laien, dem Ruf Christi, der sie in dieser Stunde noch eindringlicher einlädt, und dem Antrieb des Heiligen Geistes gern, großmütig und entschlossen zu antworten. In besonderer Weise möge die jüngere Generation diesen Anruf als an sich gerichtet betrachten und ihn mit Freude und Hochherzigkeit aufnehmen; denn der Herr selbst lädt durch diese Heilige Synode alle Laien noch einmal ein, sich von Tag zu Tag inniger mit ihm zu verbinden und sich in seiner heilbringenden Sendung zusammenzuschließen; dabei seien sie auf das, was sein ist, wie auf ihr eigenes bedacht (vgl. Phil 2,5). Von neuem sendet er sie in alle Städte und Ortschaften, in die er selbst kommen will* (vgl. Lk 10,1)" (CL 2).

4) Wem soll das Evangelium verkündigt werden?

Die Frohbotschaft Gottes ist an jeden Mensch gerichtet: die Universalität der Botschaft wurde im Alten Testament angekündigt und im Neuen Testament klar ausgesagt: "*Geht hin in alle Welt und verkündet die Heilsbotschaft allen Geschöpfen*" (Mk 16,15).

Der Völkerapostel hat die Dimension der Universalität gelehrt als die Geschichte der Kirche begann.

Nach zwei Jahrtausenden in unserer Zeit, ist diese Universalität der Kirche besonders spürbar: die Realität der Kirche ohne Grenzen ist allen nun deutlicher.

Die Massenmedien und die Transportmöglichkeiten unsere Zeit machen diese Universalität der Kirche erfaßbarer: die Aktivitäten, die Dokumente und die Reisen der Päpste werden immer weltumspannender und zahlreicher.

5) Ist die Evangelisierung eine unbeschwerliche, mühelose Aufgabe?

Es gibt das "*Geheimnis der Bosheit*" (II Thess 2,7); es gibt die Freiheit des menschlichen Willens, der sich dem Licht der Gnade widersetzen kann; es gibt die Realität des Ärgernisses, der Verlockung zur Sünde; wir können darüber nicht hinwegsehen, daß die Schwachheit unseres Fleisches auch nach Empfang der Taufe fortbesteht. "*Das wahre Licht, das jeden Menschen erleuchtet; es kam in die Welt*", lesen wir im Prolog des Johannesevangeliums. "*Er war in der Welt, und die Welt ist durch ihn geworden, aber die Welt erkannte ihn nicht. Er kam in sein Eigentum, aber die Seinen nahmen ihn nicht auf*" (Joh 1,9-11). Übersehen wir das nie! "Das Himmelreich leidet Gewalt..." (Mt 11,12).

Zweifeln wir nicht, denn der Herr verheißt unseren Evangelisierungsbemühungen Erfolg: "*Nicht ihr habt mich erwählt, sondern ich habe euch erwählt und dazu bestimmt, daß ihr euch aufmacht und Frucht bringt und daß eure Frucht bleibt*" (Joh 15,16). Aber er warnt uns vor den Verfolgungen, den Widerständen, der

Ablehnung jener Wahrheit, die allein das Heil der Menschen bewirken kann. "*Der Sklave ist nicht größer als sein Herr. Wenn sie mich verfolgt haben, werden sie auch euch verfolgen; wenn sie an meinem Wort festgehalten haben, werden sie auch an eurem Wort festhalten*" (Joh 15,20).

Das Gleichnis vom Sämann gilt für alle, die an der Sendung Christi Anteil erhalten und die Aufgabe haben, die Welt zu evangelisieren:

"*Als er säte, fiel ein Teil der Körner auf den Weg, und die Vögel kamen und fraßen sie. Ein anderer Teil fiel auf felsigen Boden, wo es nur wenig Erde gab, und ging sofort auf, weil das Erdreich nicht tief war; als aber die Sonne hochstieg, wurde die Saat versengt und verdorrte, weil sie keine Wurzeln hatte. Wieder ein anderer Teil fiel in die Dornen, und die Dornen wuchsen und erstickten die Saat, und sie brachte keine Frucht...*" (Mk 4,4-7).

Es darf uns nicht wundern, wenn manche Evangelisierungsbemühungen scheinbar ohne Erfolg bleiben. Wir müssen damit rechnen, daß es Faktoren - auch gesellschaftlich-"klimatischer" Art - gibt, die das Heranwachsen der Saat des Wortes erschweren; und unser Eifer für die Ausbreitung des Evangeliums darf durch die Tatsache nicht erschüttert werden, daß es Rückschläge bei dieser Arbeit gibt. Wir müssen uns in stets erneuerter Hoffnung seinem Anruf stellen, müssen seinen Sendungsbefehl annehmen und in den Weinberg des Herrn gehen, um dort gegebenenfalls auch "*...die Last und Hitze des Tages*" (Mt 20,12) zu tragen.

NEUE EVANGELISIERUNG

6) Warum spricht man heute von der Notwendigkeit einer neuen Evangelisierung?

Die Christen vergessen manchmal, daß der Glaube eine Gabe Gottes an jeden Mensch ist: diese Gabe soll sich daher in jedem Mensch entfalten, heranwachsen.

Der Glaube ist nicht wie ein Denkmal, ein Kunstwerk, das man in einem Museum bewahren kann oder soll.

Der Glaube verlangt von jedem Menschen eine beständige Vertiefung, eine begründete, begeisterte Zustimmung zur Frohbotschaft Gottes.

Es gibt Christen, deren Glaube der Glaube ihrer Kindheit oder der Schulzeit geblieben ist.

Ein Glaube, der nicht durch Weiterbildung wächst, der nicht mit der Verantwortlichkeit eines jeden Menschen reift, bringt unentfaltete Christen hervor:

- Diese ungereiften Christen sind manchmal nicht fähig, die Verbindung zwischen Wissenschaft und Glaube zu verstehen;
- Solche unentfaltete Christen lassen sich manchmal von Gruppierungen verlocken, die großzügig und brillant erscheinen und Vorteile anbieten, die aber in der Tat mit einer großen Verwirrung der Ideen verbunden sind und von einem sektiererischen Geist beseelt sind. Manchmal kommen noch dazu: Geheimwissenschaften und synkretistischer Mystizismus, die mit einem echten wahren Glauben unvereinbar sind.

Um solche verworrene Situationen zu überwinden, ist es notwendig, daß jeder Christ sich selbst dauernd neuevangelisiert.
"*Die Kirche, Trägerin der Evangelisierung, beginnt damit, sich selbst zu evangelisieren. Als Gemeinschaft von Gläubigen, als Gemeinschaft gelebter und gepredigter Hoffnung, als Gemeinschaft brüderlicher Liebe muß die Kirche unablässig selbst vernehmen, was sie glauben muß, welches die Gründe ihrer Hoffnung sind und was das neue Gebot der Liebe ist. Als Volk Gottes, das mitten in dieser Welt lebt und oft durch deren Idole versucht wird, muß die Kirche immer wieder die Verkündigung der Großtaten Gottes hören, die sie zum Herrn bekehrt haben, von neuem von ihm gerufen und geeint werden. Das will mit einem Wort heißen, daß es die Kirche immer nötig hat, selbst evangelisiert zu werden, wenn sie ihre Lebendigkeit, ihren Schwung und ihre Stärke bewahren will, um das Evangelium zu verkünden*" (EN 15).

Diese dauernde Selbstevangelisierung der Kirche, die eine unerläßliche Bedingung für ihre Treue zum Auftrag Christi und für ihre missionarische Stärke ist, kann in bestimmten geschichtlichen Perioden den Charakter der Neu-Evangelisierung annehmen. So wie der getaufte Christ nicht nur durch die Sünde die Gnade der Gotteskindschaft verlieren, sondern sich nach und nach so weit von den eigentlichen Forderungen seiner Berufung entfernen kann, daß er den Glauben selbst preisgibt, so können auch ganze Bereiche der Christenheit sich vom Herrn lossagen und - mehr oder weniger bewußt - in das Heidentum zurückfallen, um ohne Hoffnung und gottlos in dieser Welt zu leben (vgl. Eph 2,12), "als wenn es Gott nicht gäbe" (CL 34). Oft genug ist darauf hingewiesen worden - nicht ohne Bezug auf eindeutige Aussagen der Schrift -, daß es schwerer ist, Apostaten zu bekehren als jene zum Glauben zu führen, die ohne Schuld von Gottes Heilswahrheit nichts gewußt haben. Es genügt, an die harten Worte des Hebräerbriefes zu erinnern:
"*Es ist unmöglich, Menschen, die einmal erleuchtet worden sind, die von der himmlischen Gabe genossen und Anteil am Heiligen Geist empfangen haben, die das gute Wort Gottes und die Kräfte der*

zukünftigen Welt kennengelernt haben, dann aber abgefallen sind, erneut zur Umkehr zu bringen; denn sie schlagen jetzt den Sohn Gottes noch einmal ans Kreuz und machen ihn zum Gespött. Wenn ein Boden den häufig herabströmenden Regen trinkt und denen, für die er bebaut wird, nützliche Gewächse hervorbringt, empfängt er Segen für Gott; trägt er aber Dornen und Disteln, so ist er nutzlos und vom Fluch bedroht; sein Ende ist die Vernichtung durch Feuer" (Hebr 6,4-8).

Wir würden freilich der Sache des Evangeliums keinen guten Dienst erweisen, wenn wir diese furchtbaren Mahnungen zitieren, ohne hinzuzufügen, was der inspirierte Autor gleich im Anschluß sagt:
"*Bei euch aber, liebe Brüder, sind wir trotz des Gesagten vom Besseren überzeugt und davon, daß ihr am Heil teilhabt. Denn Gott ist nicht so ungerecht, euer Tun zu vergessen und die Liebe, die ihr seinem Namen bewiesen habt, indem ihr den Heiligen gedient habt und noch dient*"
(Hebr 6,9-10).

EUROPA

7) Braucht Europa eine Neu-Evangelisierung?

Es ist allen wohlbekannt, daß der Heilige Vater Papst Johannes Paul II. seit einigen Jahren immer wieder und immer eindringlicher darauf verweist: Europa läuft Gefahr, seine Identität zu verlieren, die "ohne das Christentum unverständlich ist", weil sich "*gerade in ihm jene gemeinsamen Wurzeln finden, aus denen die Zivilisation des Kontinents zur Reife gelangt ist, seine Kultur, sein Wirken, seine Fähigkeit zu konstruktiver Expansion in die anderen Kontinente; mit einem Wort, alles, was seinen Reichtum ausmacht*" (Ansprache bei der Europafeier in Santiago de Compostela, 9.11.82).

Diese Diagnose des Papstes bezüglich der Entchristlichung Europas ist aber keineswegs eine pessimistische Feststellung unverrückbarer Tatsachen. Der Ernst der Lage, in der sich die einst so blühende Erste Welt befindet, drängt den Papst zu einem immer kraftvolleren, zuversichtlicheren und optimistischeren Aufruf, unseren Kontinent neu zu evangelisieren, nicht zuletzt im Interesse der Ausbreitung des Evangeliums auf der ganzen Erde.

Nehmen wir als Beispiel für die Haltung des Heiligen Vaters die Schlußworte seines jüngsten Apostolischen Schreibens zum 50. Jahrestag des Beginns des Zweiten Weltkrieges:

"Wir haben soeben an einen der mörderischsten Kriege der Geschichte erinnert, der auf einem Kontinent mit christlicher Tradition entstanden ist. "Eine solche Feststellung muß uns zu einer Gewissensprüfung über die Qualität der Evangelisierung Europas anspornen. Der Verfall der christlichen Werte, der die Irrtümer von gestern begünstigt hat, muß uns dafür wachsam machen, wie das Evangelium heute verkündet und gelebt wird.
"Wir müssen leider beobachten, daß der moderne Mensch in vielen Bereichen seiner Existenz denkt, lebt und wirkt, als ob es Gott nicht gäbe. Dort liegt dieselbe Gefahr wie gestern: der Mensch, der Macht des Menschen ausgeliefert.
"Während Europa zur Zeit dabei ist, eine neue Gestalt anzunehmen, während in gewissen Ländern seines mittleren und östlichen Teiles positive Entwicklungen stattfinden und die Verantwortlichen der Nationen zur Lösung der großen Probleme der Menschheit immer mehr zusammenarbeiten, ruft Gott seine Kirche dazu auf, ihren eigenen Beitrag zum Kommen einer brüderlichen Welt zu leisten...
"Damit die Welt niemals mehr die Unmenschlichkeit und Barbarei erfahren muß, die sie vor fünfzig Jahren verwüstet haben, wollen wir ohne Unterlaß unseren Herrn Jesus Christus verkünden, "durch den wir schon jetzt die Versöhnung empfangen haben" (Röm 5,11), das Unterpfand der Versöhnung aller Menschen miteinander" (Ap. Schreiben..., 13).

Der Aufruf des Heiligen Vaters zur Neu-Evangelisierung Europas ist mehr als die Erinnerung daran, daß das Evangelium jeder Generation "neu" zu verkünden ist. An der Schwelle zum dritten christlichen Jahrtausend sieht er die dringende Notwendigkeit der Rechristianisierung Europas.

ÖSTERREICH

8) Braucht auch Österreich eine neue Evangelisierung?

Zu diesen Frage hat Papst Johannes Paul II. u.a. gesagt:
"Wir wollen Gott danken, daß in vielen Menschen dieses Landes (Österreich) noch ein tiefer, starker Glaube vorhanden ist und daß sich viele redlich darum bemühen, aus dem Glauben zu leben und ihn durch Werke der Liebe zu bezeugen. Ebenso wissen wir aber auch, daß bei nicht wenigen der Glaube bedauerlicherweise verflacht oder in Gewohnheit und Brauchtum erstarrt ist. Wieder andere sind in den letzten Jahren in nicht geringer Zahl sogar - aus welchen Gründen auch immer - aus der Kirche ausgetreten. Das Ausmaß der Säkularisierung als Folge von Wohlstand und religiöser Gleichgültigkeit ist auch bei Euch im Leben des einzelnen, der Familie

und vor allem der Öffentlichkeit weit fortgeschritten. Der Glaube hat im konkreten Leben des Alltags an Kraft verloren. Nicht nur einige vereinzelte pastorale Initiativen sind heute gefordert, eine umfassende Neu-Evangelisierung wird immer notwendiger, die bei den einzelnen, bei den Familien und Gemeinden beginnt und die verschütteten Quellen des Glaubens und einer überzeugten Christusnachfolge neu zum Fließen bringt" (BK 3).

Diese Neu-Evangelisierung verlangt nach dem Urteil des Papstes die unverfälschte Bewahrung des Glaubens, der aber zugleich so zu vermitteln ist, "*daß die Herzen von der Frohen Botschaft entzündet werden und die Menschen erkennen, wie ihr Leben dadurch Klarheit und Kraft erhält für eine lebendige Verbundenheit mit Gott und auch für den Dienst an ihren Mitmenschen und eine christliche Gestaltung der Gesellschaft*" (BK 4).

Die Neu-Evangelisierung von Österreich verlangt , wie der Papst betont hat, "...*eine sehr intensive und zeitgemäßige Familienpastoral*" (BK 5), die dem einzelnen nicht zuletzt hilft, sein Gewissen in vollkommener Treue an den Weisungen des obersten Lehramtes auszurichten (vgl. BK 8). Die Neu-Evangelisierung fordert "*eine wirksame Erwachsenenkatechese... Denn erst ein Glaube, der ernsthaft von erwachsenen Menschen vertreten, durchdacht, besprochen und in die eigenen Sprache übersetzt ist, und bei dem Erwachsene gemeinsam fragen, wie sie diesen Glauben unter den heutigen Verhältnissen leben können, erst ein solcher Glaube bietet den Rückhalt, den die nachwachsenden Generationen brauchen, um sich auf ihre Weise den Glauben aneignen zu können*" (BK 5).
Der Papst hat sich mit seinen Forderungen zur Neu-Evangelisierung nicht bloß an die Bischöfe von Österreich gewandt. Er hat das ganze gläubige Volk in Österreich zu einem "Ja zum Glauben" aufgerufen, das in das "Ja zum Leben", zum Leben in Fülle (vgl. Joh 10,10) münden muß. Er hat die volle Annahme des Evangeliums, das die Kirche im Auftrag und im Namen Jesu Christi verbindlich verkündet, im eigenen Leben gefordert - nicht bloß in der Theorie, sondern in der Praxis des sakramentalen Lebens, des Gebetes und der Nächstenliebe.

Der Papst spricht oft bewußt von einer "Einheit des Lebens" - Einheit von Glaube und Leben inmitten der modernen Gesellschaft. Die österreichischen Katholiken sind sicher auch überzeugt von der Notwendigkeit dieser Forderung der Stunde. Der Heilige Vater hat auch die Laien in Österreich aufgerufen, die Neu-Evangelisierung von Österreich mutig, hoffnungsvoll und von den Tiefen des Heiligkeitslebens her in Angriff zu nehmen.

In Gurk sagte er u.a.: "*Die Kirche in euren Diözesen...muß in verstärktem Maße wieder missionarisch werden. Wenn die Christen ihren Glauben nicht mehr durch das Beispiel ihres Lebens und durch das Wort bezeugen, dann wird das Licht von ihnen genommen werden (vgl. Offb 2,5). Andere werden kommen und den Platz in Anspruch nehmen, den die Christen nicht mehr ausfüllen. Beherzigen wir darum wieder neu den Aufruf des Apostels: 'Belehrt und ermahnt einander in aller Weisheit' Beginnt wieder, über den Glauben zu sprechen, den Glauben zu vermitteln im Gespräch der Generationen, der Ehepaare, der Arbeitskollegen und der Freunde. Wenn die Jünger Christi stumm werden, werden die Steine reden: die Steine verlassener und verfallener Kirchen...*" (Gurk 4).

Im Wiener Stephansdom, hat der Papst es so ausgesprochen:
"*Die Christen dürfen sich nicht damit begnügen, die Abwesenheit Gottes unter den Menschen nur zu beklagen. Sie müssen sofort mit der Wegbereitung Gottes neu beginnen - wie Johannes der Täufer; zuerst durch ihre eigene Bekehrung und ihren Dienst an den Mitmenschen, wie es der Prophet Jesaja fordert: 'Bahnt eine Straße, ebnet den Weg, entfernt die Hindernisse auf dem Weg meines Volkes!' (Jes 57,14). Darum rufe ich euch heute zu: Räumt die Hindernisse aus, die dem Glauben an Gott in unseren Tagen entgegenstehen! Schafft Bedingungen, die den Glauben erleichtern! Sucht vom Vertrauen auf Gott her auch ein neues Vertrauen zueinander*" (Stephansdom 6).

Abschließend wünsche ich Ihnen, daß diese Informationstagung besonders diese Gedanken bei allen Gläubigen der Kirche in Österreich fördere:
- die Würde des Laien im Geheimnis der Kirche;
- die richtige und spezifische Art der Teilhabe der Laien am Leben der Teilkirchen und der Universalkirche;
- die Mitverantwortung der Laien in der Verkündigung des Evangeliums, der notwendigen Neu-Evangelisierung von Europa;
- die gute Verwaltung der vielfältigen Gnade Gottes, der Charismen, die Gott jedem anvertraut hat;
- die Notwendigkeit einer Weiter-Erziehung, einer beständigen Weiterbildung der Laien.

Wir erleben in unserer Zeit das historische Ereignis der friedlichen Revolution in den Ostländern Europas.

"*An der Schwelle zum dritten Jahrtausend sollte die gesamte Kirche, Hirten und Gläubige, ihre Verantwortung, dem Gebot Christi zu gehorchen, tiefer spüren: 'Geht hinaus in die ganze Welt und verkündet das Evangelium allen Geschöpfen' (Mk 16,15). Die Kirche muß ihre missionarische Kraft erneuern. Ihr ist eine anspruchsvolle und herrliche Aufgabe anvertraut, nämlich die einer neuen Evangelisierung, derer die heutige Welt dringend bedarf. Die Laien haben lebendigen und verantwortlichen Anteil an ihr, weil sie berufen sind, durch ihren Dienst, der den Werten und Rechten des Menschen sowie der Gesellschaft gilt, das Evangelium zu verkünden und zu verwirklichen*" (CL 64).

Wir brauchen mutige Priester

Interview mit der Zeitschrift "miteinander", 9. Jänner 1990

1. Was haben Sie als die entscheidenden Faktoren Ihrer eigenen Priesterberufung erlebt?

Wenn ich das Gleichnis von den Arbeitern im Weinberg des Herrn (Mt 20,1-16) anwenden darf, kann ich sagen, daß ich ein Arbeiter des frühen Morgen bin.

Als Ministrant habe ich meinen Pfarrer kennen gelernt. Er war sehr eifrig, immer fröhlich, den Leuten aus allen Schichten entgegenkommend und ein frommer Mann. Er war auch ein Prediger, den alle Gläubigen gern hörten, weil sein Leben seinen Worten entsprach: Ich wollte Priester werden wie mein Pfarrer!

Ich trat in ein Kleines Seminar und dann in ein Priesterseminar ein und wurde immer mehr überzeugt, daß die Welt Priester braucht, die das Heilswerk Unseres Herrn Jesus Christus fortsetzen, die die Frohbotschaft der Befreiung von der Knechtschaft der Sünde, die die Wurzel auch aller psychologischen und sozialen Probleme ist, verkündigen. Wenn Gott ruft, muß der Mensch antworten. Jeder soll den Plan, den Gott ihm anvertraut, mit Mut und mit dem Geist der Verantwortung verwirklichen.

2. Sie haben in Ihrer Tätigkeit im diplomatischen Dienst die Weltweite unserer Kirche erlebt. Welche Erfahrungen waren Ihnen besonders wertvoll?

In der Studienzeit habe ich immer davon geträumt, ein Priester wie der Pfarrer aus meiner Jugendzeit zu werden. Als mein Bischof mich aufforderte, die theologische und juristischen Studien fortzusetzen, habe ich manchmal daran gedacht, daß ich vielleicht auch Professor werden könnte. Bevor meine Studien zu Ende gingen, schickte mich der Bischof an die Päpstliche Diplomaten-Akademie in Rom. Nach zwei Jahren dieser spezifischen Ausbildung habe ich meine Pilgerschaft in der Welt begonnen: Panama, Kolumbien, Deutschland, Türkei, Staatssekretariat, Österreich, Burundi, Kamerun, Gabun, Äquatorial-Guinea und nun wieder Österreich.

Überall habe ich sehr schöne, interessante, bereichernde, wertvolle Erfahrungen gemacht: in den Beziehungen zwischen der Weltkirche und den verschiedenen Teilkirchen wie auch in den Verhältnissen zwischen dem Hl. Stuhl und den obenerwähnten Ländern. Geschichte, Kultur, Kunst, Sitten der verschiedenen Länder bedeutet immer wieder eine Bereicherung.

In allen Länder habe ich verspürt, daß die Menschen sich nach Ausbildung, Fortschritt, Entwicklung, Wohlstand, Gerechtigkeit, Frieden, Freiheit, Wahrheit, Brüderlichkeit sehnen.

Der Hl. Stuhl, die katholische Kirche, kann überall helfen, diese tiefe Sehsucht der Menschen zu erfüllen und zu verwirklichen.

Mit weltweitem Blick, mit reicher Erfahrung und mit großzügigen Aktionen kann der Hl. Stuhl mit seinem Personal, das aus allen Kontinenten und Ländern stammt, in der Tat den Menschen helfen, eine umfassende Schau der Probleme zu gewinnen, um die irdischen sozialen, psychologischen, kulturellen, wissenschaftlichen Interessen mit den ewigen ethischen, moralischen, geistlichen, spirituellen Werten zu verbinden.

Damit übt die Kirche ihre Aufgabe für eine integrale, kontinuierliche Entfaltung jedes Menschen, jeder Gemeinschaft und der Welt aus.

3. Was möchten Sie aus der bisherigen Kenntnis der österreichischen Kirche (seinerzeit und jetzt) jungen Menschen sagen, die den Weg zum Geistlichen Beruf (als Weltpriester, als Ordenschristen) überlegen?

Den jungen Menschen, die den Weg zum geistlichen Beruf überlegen, würde ich sagen:

Versucht durch das Gebet, durch das Meditieren des Wortes Gottes, durch die Hilfe des Spirituals und der anderen zuständigen Vorgesetzten den Plan Gottes für jeden von euch zu erkennen; seid ehrlich, vertrauensvoll und großzügig vor dem Herrn in der Verwirklichung des Planes Gottes; versucht u.a. die tiefe Bedeutung dieses Gotteswortes zu verstehen:

- "würdet ihr doch heute auf die Stimme Gottes hören! Verhärtet euer Herz nicht!" (Ps 95).
- "In der Welt habt ihr Bedrängnis. Aber habt Mut! Ich habe die Welt besiegt" (Joh 16,33).
- "Wer an mich glaubt, wird die Werke, die ich tue, auch selbst tun. Und er wird noch größere als diese tun, denn ich gehe zum Vater" (Joh 14,12).

Gott läßt sich an Großzügigkeit nicht übertreffen!

Er will mit uns, in uns und durch uns seine wirksame Gegenwart in der Welt fühlen lassen, er will die Geschichte eines jeden von uns, jeder Gemeinschaft und der ganzen Welt mitgestalten!

4. Wie beurteilen Sie manche Spannungen in der österreichischen Kirche?

Spannung im menschlichen Körper - so würden es die Ärzte sagen - ist ein Zeichen von Gesundheit, von Vitalität, man muß aber immer vermeiden daß die Spannung eine Hypertension (Überspannung) oder eine Hypotension (Unterspannung) wird.

Konkret bedeutet dies: Wir sollen immer offen bleiben, um das Wort Gottes zu hören, um Licht von oben zu bekommen, um unsere Gaben von der Kraft Gottes ergänzen zu lassen.

Dann wird unsere Seele in Gott seine Ruhe haben, das heißt, die richtige Spannung haben: "Domine, tu fecisti cor nostrum, ad te et inquietum est cor nostrum donec requiescat in te": Herr du hast unser Herz für dich erschaffen und unruhig ist unser Herz, O Gott, bis es ruht in dir (Augustinus, Conf.).

Der gelassene, geduldige, vertrauensvolle, objektive, entgegenkommende Dialog, zusammen mit dem Gebet, mit Überlegung und Selbstbeherrschung, sind die besten Mittel, um sich zu bereichern, um immer mehr in Wahrheit und Liebe still zu wachsen, um die Kluft der verschiedenen Gegensätze zu überbrücken.

Die Seminarien (ich sage dies für Seminaristen und Interessierte) sind Stätten, wo man die Kunst des Dialogs lernen kann/muß und wo alle diese Ideen reifen und praktiziert werden können und sollen.

5. Inwieweit muß der Priesteramtskandidat in seiner Ausbildung auch auf "die Welt" vorbereitet werden. Ist es z.B. Ihrer Meinung nach notwendig, daß in der Priesterausbildung verstärkt auf profunde Kenntnis der Arbeits- und Wirkungsweise von Medien Wert gelegt wird?

Je mehr ein Priesterkandidat darauf vorbereitet ist, in der Welt zu wirken, desto mehr wird er seinen geistlichen Beruf schätzen und Verständnis auch für andere Menschen haben, die in anderen Bereichen tätig sind.

Was die Wirkungsweise der Massenmedien betrifft, wissen wir alle daß sie als audio-visuelle Mittel besonders heute ein Werkzeug zur Dauerfortbildung der Menschen in allen Bereichen sind und daher auch ein Mittel, um den Glauben im Herz eines jeden Menschen wachsen zu lassen.

Das ist der Grund, daß man sagt: Wenn der Völkerapostel heute lebte, würde er die Massenmedien auch benutzen, um Christus zu verkündigen (1 Kor 1,29).

Das II. Vatikanische Konzil hat ausdrücklich die Ausbildung für den Gebrauch der Kommunikationsmittel empfohlen (IM 6).

Natürlich darf man niemals vergessen, was derselbe Paulus gesagt hat: In der Kirche gibt es die Verschiedenheit in den Gnadengaben, in den Ämtern (1 Kor 12,4-5); jeder soll seine eigene Aufgabe sehen und erfüllen!

6. Inwieweit ist die wissenschaftliche Arbeit heute noch ein Schwerpunkt für Priester - und sollten mehr Priesteramtskandidaten in der Wissenschaft tätig sein? Oder ist der Pastorale Aspekt in der Ausbildung noch stärker zu beachten? Wie?

Sehen Sie einen Gegensatz zwischen Wissenschaft und Frömmigkeit?

Um diese Fragen richtig zu beantworten, ist es wichtig, einige Grundsätze hervorzugeben, die auch in Konzilsdokumenten erwähnt sind:

- Wissenschaft und Glaube sind zwei verschiedene Erkenntnisordnungen, die sich durch eigene Regeln und Methoden entfalten sollen (GS 59).
- Wahre Wissenschaft und richtige methodische Forschung können in sich selbst niemals dem Glauben entgegengesetzt sein (GS 36).
- Die Erfahrung aber zeigt, daß die Menschen nicht immer fähig sind, diese beiden Bereiche in Einklang zu bringen (ib.).

Über diese Grundsätze hinaus muß aber auch betont werden: Heute braucht man immer mehr Fachleute, die in einzelnen Bereichen Spezialisten sind; diese aber müssen lernen, die ganze Schöpfung und ihren Schöpfer vor Augen zu haben.

Durch die Anerkennung des Schöpfers, erhalten die Geschöpfe Würde und Wert.

Durch die Anerkennung des Schöpfers, bekommen die Geschöpfe ihre wahre Gestalt und Klarheit.

Der Priester als Mann Gottes, als Mann des Glaubens, als Mann des Gebetes, hat die spezifische Aufgabe, ein "Fachmann der Religion" zu sein, der den Menschen hilft, das Wort Gottes zu kennen, den Willen Gottes zu tun und zu beten: viele Leute würden, wie die Apostel, den Priestern sagen: "Herr, lehre uns beten" (Lk 11,1).

Die beiden Bereiche von Wissenschaft und Glauben sind in Einklang zu bringen:

"Durch den Glauben erkennen wir, daß die Welt durch Gottes Wort gebildet wurde, sodaß aus Unsichtbarem das Sichtbare hervorgegangen ist" (Heb 11,31).

7. *Die Kirche ist immer stärker eine von Laien geprägte Kirche, was Laien tun, aber auch was sie nicht tun, läßt das Bild der Kirche in der Welt von heute positiv oder negativ erscheinen: Wie sehen Sie die Aufgabe des Priesters in der Zusammenarbeit mit Laien?*

Die Aufgaben des Priesters für Zusammenarbeit mit den Laien sind im nachsynodalen Apostolischen Schreiben "Christifideles laici" von Papst Johannes Paul II. genau beschrieben. Wie Sie wissen, behandelt dieses Dokument das Thema der Bischofssynode 1987: "Berufung und Sendung der Laien in Kirche und Welt, 20 Jahre nach dem II. Vatikanischen Konzil".

Ich kann hinzufügen, daß in den Missionsländern - wo ich elf Jahre lang war - die Zusammenarbeit der Priester mit den Laien die besten Früchte bringt.

Die Laien unterstützen die apostolische Tätigkeit der Priester; sie sind sehr aktiv, um immer mehr auch zahlreiche und gute Priesterberufe zu wecken und zu fördern. In der Tat sind sich die Laien der Notwendigkeit des Priester bewußt. Der Ermahnung Unseres Herrn folgend, beten und wirken solche Laien, auf daß es zahlreiche und gute Priester gibt: "Die Ernte ist groß, aber der Arbeiter sind wenige. Bittet daher den Herrn der Ernte, daß er Arbeiter in seine Ernte sende" (Mt 9,37).

Gleichzeitig werden in den Missionsländern immer mehr die Erziehung und die Ausbildung der Laien, besonders der Katechisten, gefördert.

Ich glaube, es wäre sehr gut, wenn auch in Europa, und daher auch in Österreich, die Laien immer mehr sich mitverantwortlich für die Kirche in ihrer Sendung der Verkündigung des Evangeliums fühlten. Gleichzeitig sollten diese Laien sich mitverantwortlich für zahlreichere und gute Priesterberufe sehen!

8. Was sehen Sie als den wichtigsten Faktor der Ausbildung für die Priester von morgen?

In der Priesterausbildung ist es das Wichtigste, klare Ideen zu haben, das heißt:

- die Frohe Botschaft Gottes gut kennen und leben;
- Zeuge und Widerschein der Liebe Gottes sein;
- immer bereit sein, den Willen Gottes zu tun, der durch die zuständigen Bischöfe ausgesprochen wird;
- die evangelischen Erfordernisse verstehen, die den Berufenen aufgegeben sind: "Nicht alle fassen dieses Wort, sondern die, denen es gegeben ist ... Wer es fassen kann, der fasse es" (Mt 19,11-12).

Die Frau in Gesellschaft und Kirche

Vortrag anläßlich der 60-Jahr-Feier der Frauen im "Opus Dei", Wien-Währing, 19. Februar 1990

Gerne bin ich der Einladung zum Besuch dieses Hauses gefolgt, um den Anlaß "60 Jahre Frauen im Opus Dei" mitzufeiern.

Dieses Haus dient - so wie auch die anderen Einrichtungen des Opus Dei - der Heranbildung und Formung von Menschen für den Dienst an der Welt und an der Kirche, für die Entfaltung Ihrer Berufung in den verschiedenen Lebensbereichen und ist ein echtes Angebot zur Orientierung in unserer Zeit.

Das Thema, das ich als Vertreter des Heiligen Stuhles und der Weltkirche behandeln möchte, ist dieses:

„Die Frau in der Gesellschaft und in der Kirche."

I. DIE BEDEUTUNG DER FRAU IN DER GESELLSCHAFT UND IN DER KIRCHE IM ALLGEMEINEN

Die Lehre der Weltkirche in dieser Frage ist in den Dokumenten des II. Vatikanischen Konzils im allgemeinen und sodann im besonderen in der "Pastoralkonstitution über die Kirche in der Welt von heute" dargelegt.

Papst Johannes Paul II. hat diese Lehre in dem Apostolischen Schreiben, vom 15.8.1988 "über die Würde der Frau" von neuem dargelegt und betont.

Diese Dokumente helfen uns, zunächst einige einleitende Fragen zu beantworten, wie diese:

1) Welche Art von Beziehungen hat die Kirche zur Menschheits-familie?

Die fast 3.000 Bischöfe aller Kontinente, aller Nationen, aller Rassen, aller Sprachen und aller Haut-Farben, die am Zweiten Vatikanischen Konzil teilgenommen haben, sagen uns, daß die Kirche engste Verbundenheit mit der ganzen Menschheitsfamilie hat. In dem genannten Dokument schreiben sie:

"Freude und Hoffnung, Trauer und Angst der Menschen von heute, besonders der Armen und Bedrängten aller Art, sind auch Freude und Hoffnung, Trauer und Angst der Jünger Christi. Und es gibt nichts wahrhaft Menschliches, das nicht in ihren Herzen seinen Widerhall fände. Ist doch ihre eigene Gemeinschaft aus Menschen gebildet, die, in Christus geeint, vom Heiligen Geist auf ihrer Pilgerschaft zum Reich des Vaters geleitet werden und eine Heilsbotschaft empfangen haben, die allen auszurichten ist. Darum erfährt diese Gemeinschaft sich mit der Menschheit und ihrer Geschichte wirklich engstens verbunden" (GS 1).

2) Sind alle Menschen gleich?

Die zitierte Pastoralkonstitution gibt die folgenden Gründe an, um die wesentliche Gleichheit aller Menschen zu bekräftigen:

"*Da alle Menschen eine geistige Seele haben und nach Gottes Bild geschaffen sind, da sie dieselbe Natur und denselben Ursprung haben, da sie, als von Christus Erlöste, sich derselben göttlichen Berufung und Bestimmung erfreuen, darum muß die grundlegende Gleichheit aller Menschen immer mehr zur Anerkennung gebracht werden*" (GS 29).

3) Gibt es, trotz dieser grundlegenden Gleichheit aller Menschen, auch Verschiedenheiten unter den Menschen?

Dasselbe Dokument antwortet auf diese Frage:

"*Gewiß, was die verschiedenen physischen Fähigkeiten und die unterschiedlichen geistigen und sittlichen Kräfte angeht, stehen nicht alle Menschen auf gleicher Stufe. Doch jede Form einer Diskriminierung in den gesellschaftlichen und kulturellen Grundrechten der Person, sei es wegen des Geschlechts oder der Rasse, der Farbe, der gesellschaftlichen Stellung, der Sprache oder der Religion, muß überwunden und beseitigt werden, da sie dem Plan Gottes widerspricht. Es ist eine beklagenswerte Tatsache, daß jene Grundrechte der Person noch immer nicht überall unverletzlich gelten; wenn man etwa der Frau das Recht der freien Wahl des Gatten und des Lebensstandes oder die gleiche Stufe der Bildungsmöglichkeit und Kultur, wie sie dem Mann zuerkannt wird, verweigert*" (GS 29).

4) Wer hat sich zu bemühen, die Anerkennung der gleichen Personwürde aller Menschen mehr und mehr durchzusetzen?

Das Konzilsdokument antwortet:

"*Obschon zwischen den Menschen berechtigte Unterschiede bestehen, fordert ferner die Gleichheit der Personwürde doch, daß wir zu humaneren und der Billigkeit entsprechenden Lebensbedingungen*

kommen. Allzu große wirtschaftliche und gesellschaftliche Ungleichheiten zwischen den Gliedern oder Völkern in der einen Menschheitsfamilie erregen Ärgernis; sie widersprechen der sozialen Gerechtigkeit, der Billigkeit, der menschlichen Personwürde und dem gesellschaftlichen und internationalen Frieden.
"Die privaten und öffentlichen menschlichen Institutionen sollen sich darum bemühen, der Würde und dem Ziel des Menschen zu dienen, indem sie gegen jedwede gesellschaftliche oder politische Verknechtung entschieden ankämpfen und die Wahrung der Grundrechte des Menschen unter jedem politischen Regime sichern. Ja die Institutionen dieser Art müssen allmählich ein entsprechendes Verhältnis finden auch zu den eigentlich geistigen Werten, die an Rang am höchsten stehen, auch wenn manchmal zur Erreichung des erstrebten Zieles eine ziemlich lange Zeit nötig sein wird" (GS 29).

"Die Frauen sind zwar schon in fast allen Lebensbereichen tätig, infolgedessen sollen sie aber auch in der Lage sein, die ihrer Eigenart angemessene Rolle voll zu übernehmen. Sache aller ist es, die je eigene und notwendige Teilnahme der Frau am kulturellen Leben anzuerkennen und zu fördern" (GS 60).

5) Anläßlich des Abschlusses des II. Vatikanischen Konzils am 8. Dezember 1965 haben die Bischöfe der ganzen Welt eine Botschaft an die Frauen gerichtet, die heute noch gilt und die folgenden Wortlaut hat:

"Und nun werden wir uns an euch, Frauen jeden Standes, Töchter, Bräute, Mütter und Witwen; und auch an euch, gottgeweihte Jungfrauen und alleinstehende Frauen: Ihr macht die Hälfte der ungeheuren, großen Menschheitsfamilie aus.
Die Kirche ist, wie ihr sehr wohl wißt, stolz darauf, daß sie die Frau erhoben und befreit und ihre grundsätzliche Gleichheit mit dem Mann in der Verschiedenheit der Charaktere im Lauf der Jahrhunderte aufstrahlen hat lassen.
Aber es kommt die Stunde, und sie ist schon da, in der sich die Berufung der Frauen in ihrer Fülle vollendet, die Stunde, in der die Frau in der Gesellschaft einen Einfluß, eine Entfaltung, eine Macht erwirbt, die sie bis jetzt noch nie erreicht hat.
Darum können die vom Geist des Evangeliums erfüllten Frauen in diesem Augenblick, da sich die Menschheit einer so tiefgreifenden Umwandlung bewußt wird, viel dazu beitragen, daß die Menschheit ihr Ziel erreiche.
Ihr Frauen habt immer die Sorge um den Herd, die Liebe zum Leben, das Gefühl für die Wiege in eurer Hut. Ihr kennt das Geheimnis des beginnenden Lebens. Ihr tröstet im Augenblick des Todes.

Unsere Technik läuft Gefahr, unmenschlich zu werden.

Versöhnt die Männer mit dem Leben! Und vor allem - wir bitten euch inständig darum - wacht über die Zukunft unserer Art! Haltet die Hand des Menschen zurück, der in einem Augenblick des Wahnsinns versuchen könnte, die menschliche Kultur zu zerstören!
Bräute, Familienmütter, erste Erzieherinnen des Menschengeschlechtes in der Verborgenheit des häuslichen Herdes, vermittelt euren Söhnen und euren Töchtern die Traditionen eurer Väter in dem gleichen Augenblick, in dem ihr sie auf die unergründliche Zukunft vorbereitet! Erinnert euch immer daran, daß eine Mutter in ihren Kindern immer an dieser Zukunft Anteil hat, die sie selbst vielleicht gar nicht erlebt!
Und auch ihr, alleinstehende Frauen, wißt, daß ihr eure Berufung zur Hingabe ganz erfüllen könnt. Die Gesellschaft ruft euch von allen Seiten. Und auch die Familien können nicht leben ohne die Hilfe derer, die keine Familie haben.
Vor allem aber seid ihr, gottgeweihte Jungfrauen, in einer Welt, in der der Egoismus und die Vergnügungssucht die Gesetze diktieren, die Hüterinnen der Reinheit, der Uneigennützigkeit und der Frömmigkeit. Jesus, der der ehelichen Liebe ihre ganze Fülle geschenkt hat, hat auch den Verzicht auf diese menschliche Liebe hoch erhoben, wenn dieser Verzicht vollbracht wird für die Liebe, die unendlich ist, und für den Dienst an allen.
Und schließlich ihr, leidgeprüfte Frauen, die ihr gleich Maria direkt unter dem Kreuze steht, ihr, die ihr so oft in der Geschichte den Männern die Kraft gegeben habt, den Kampf bis zum Ende durchzustehen, Zeugnis abzulegen bis zum Martyrium: helft ihnen noch einmal, daß sie den Wagemut der großen Unternehmungen bewahren und gleichzeitig auch die Geduld und den Geist für bescheidenen Beginn!
Ihr Frauen, die ihr die Wahrheit süß, zart und zugänglich zu machen versteht, setzt euch dafür ein, daß der Geist dieses Konzils die Institutionen, die Schulen und die Häuser und das ganze tägliche Leben durchdringe!
Frauen der ganzen Welt, christliche und nichtgläubige, euch, denen das Leben in diesem so schweren Augenblick der Geschichte anvertraut ist, euch obliegt es, den Frieden in der Welt zu retten".

6) Welche Rolle kann die Frau in der Kirche haben?

Die Konzilsväter antworten uns:
"*Da heute die Frauen eine immer aktivere Funktion im ganzen Leben der Gesellschaft ausüben, ist es von großer Wichtigkeit, daß sie auch an den verschiedenen Bereichen des Apostolates der Kirche wachsenden Anteil nehmen*" (AA 9).

II. DIE BEDEUTUNG DER FRAU INSBESONDERE IM BEREICH DER KIRCHE

Wenn ich heute als Vertreter des Hl. Vaters spreche, kann ich nicht umhin, auch von der Berufung zum Apostolat zu Ihnen zu sprechen. Im Apostolischen Schreiben "Christifideles laici", vom 30. Dezember 1988, kommt der Papst im Hinblick auf die bereits erwähnten Synodentexte ausführlich auf die Stellung der Frau in der Kirche zu sprechen und erwähnt dabei die großen, unverzichtbaren Aufgaben der Frau in der Kirche. Der Hl. Vater spricht von Christus und den Frauen und sagt:

"*Wenn auch nicht zum Apostolat der Zwölf berufen und somit zum Priesteramt, begleiten viele Frauen Jesus in seinem Dienst und stehen der Gruppe der Apostel bei* (Lk 8,2-3). *Unter dem Kreuz sind sie präsent* (Lk 23,49), *sie wohnen der Grablegung bei* (Lk 23,55) *und empfangen und verkündigen am Ostermorgen die Botschaft von der Auferstehung* (Lk 25,1-10). *Sie beten im Abendmahlssaal mit den Aposteln in der Pfingsterwartung* (Apg 1,14). *Auf den Spuren des Evangeliums nimmt die Urkirche Abstand von der Kultur ihrer Zeit und sie beruft die Frau zu bestimmten Aufgaben, die mit der Evangelisierung gegeben sind. Der Apostel Paulus nennt in seinen Briefen auch mit Namen zahlreiche Frauen und ihre verschiedenen Aufgaben innerhalb und im Dienst der ersten Gemeinde* (vgl. Röm 16,1-15; Phil 4,2-3; Kol 4,15 und I Kor 11,5; I Tim 5,16).

"*Wenn das Zeugnis der Apostel die Kirche begründet, sagte Paul VI., trägt das der Frauen entscheidend dazu bei, den Glauben der christlichen Gemeinden zu nähren*" (CL 49).

Die weiteren Ausführungen des Hl. Vaters dokumentieren die entscheidende Rolle, die die Frauen in der Kirchengeschichte erfüllten. Er fordert dann vor allem die Frauen auf:

"*Diese Geschichte muß fortgesetzt, erweitert und verdichtet werden angesichts des wachsenden und universell verbreiteten Bewußtseins von der Personwürde der Frau und ihrer Berufung sowie der Dringlichkeit einer neuen "Evangelisierung" und einer größeren "Humanisierung" der sozialen Beziehungen*" (ib 49).

Sie sehen also, wie sehr die Kirche die Bedeutung der Frau in der Kirche zu schätzen weiß und daß daher von einer Diskriminierung nicht die Rede sein kann.

Diese Hochschätzung der Frau in der Lehre der Kirche wird besonders im Apostolischen Schreiben "Mulieris dignitatem", vom 15.8.1988, klar hervorgehoben.

Ich darf Sie an dieser Stelle herzlich bitten und einladen, diese offiziellen Dokumente der Kirche zu lesen und in Ihrem Herzen aufzunehmen. Dann werden Sie dazu beitragen, unnötige Mißverständnisse zu vermeiden, falsche Informationen zu berichtigen und sachliche Ideen zu verbreiten.

Sehr deutlich erklärt der Papst in dem bereits zitierten Schreiben, "Christifideles laici", über die Aufgaben der Laien in der Kirche:
"*Was die Teilhabe an der apostolischen Sendung der Kirche anbelangt, besteht kein Zweifel darüber, daß die Frau wie der Mann auf Grund von Taufe und Firmung Anteil hat am dreifachen Amt Christi, des Priesters, Propheten und Königs und so zum fundamentalen Apostolat der Kirche, zur Evangelisierung befähigt und verpflichtet ist*" (ib 51).
"*Wenn auch die Frau das Sakrament des ORDO nicht empfangen kann und somit die Funktionen des Amtspriestertums nicht erfüllen kann, was die Kirche immer aus dem eindeutigen, freien und souveränen Willen Jesu Christi, der nur* Männer zu seinen Aposteln berufen hat, herausgelesen hat, so sollen die Frauen ohne jegliche Diskriminierung auch bei Konsultationen und bei der Erarbeitung von Entscheidungen am Leben der Kirche teilnehmen" (ib 51).
"*Wir befinden uns hier auf der Ebene der Funktion und nicht auf der Ebene der Würde und der Heiligkeit*" (ib 51).

III. DIE BEDEUTUNG DER FRAU IN DER FAMILIE

Schließlich darf ich noch auf die Bedeutung der Frau in Ehe und Familie hinweisen. Es ist ein Bereich, der die Grundlagen des menschlichen Lebens berührt. Deshalb sorgt sich sowohl der Staat als auch die Kirche um Ehe und Familie, in welchen Bereichen die Frau ihre ganz besondere Aufgabe hat. In der Festschrift zum 70. Geburtstag Seiner Eminenz, Kardinal Opilio Rossi, gibt Prof.Dr. Herbert Schambeck einen guten Überblick über alle rechtlichen Maßnahmen, die von seiten der Staaten zum Schutz von Ehe und Familie getroffen werden. Sowohl in der westlichen wie auch in der östlichen Gesellschaftsordnung erfährt die Familie, und hier besonders die schutzbedürftige Frau und Mutter, eine besondere rechtliche Unterstützung. Prof. Schambeck nennt hier eine große Zahl von staatsrechtlichen Normen, die diesem Ziele dienen. Die Beispiele sind aus einer großen Zahl von Staaten genommen, wie auch von der UNO, die in einem eigenen "Weltpakt" für bürgerliche und politische Rechte die Mitgliedsländer zu Schutzmaßnahmen verpflichtet, vor allem für die Frauen mit ihren Kindern. Hier sei vielleicht nur der Artikel 17 erwähnt, der besonders das Recht der Mütter und der Kinder auf sozialen und wirtschaftlichen Schutz beinhaltet (Apostolat und Familie, Festschrift für Opilio Kardinal Rossi, herausgegeben von Herbert Schambeck, Duncker & Humblot. Berlin, 1980, S. 393-410).

Das Problem der berufstätigen Frau und Mutter, das der "Tagesmütter", die Regelung von Hilfen bei Schwangerschaft und Geburt und vieles andere wird ausführlich von Ehrentraud und Willi Hagleitner im selben Band behandelt (ib. Ehe und Familie - Herausforderung für Kirche, Staat und Gesellschaft, S. 411-426). Hier auch ein Zitat von Papst Pius XII:
"*Es ist unsagbar, wie gegen die Familien gesündigt worden ist und gesündigt wird, bewußt oder unbewußt, durch den Arbeitsprozeß, der sie auseinanderreißt, durch Mißbrauch der Staatsgewalt*" (ib. 411).

Vor allem die kinderreiche Familie wird vielfach nachteilig behandelt. Probleme in der Familie wie etwa die gesamte Familienatmosphäre, das Gebet, das Fernsehen, der Lebensstandard, die Treue, die Beständigkeit, das Scheidungsunglück, die Selbsthilfe der Familien, das Familienstimmrecht sind Fragen, die immer mehr ins Bewußtsein gerückt werden müßten. Vielleicht sind diese Themen auch Anregung für Sie, verehrte Damen und Herren, in ihren Gesprächsrunden darüber nachzudenken.

In dem erwähnten Rundschreiben "Christifideles laici" heißt es zum Thema Familie, daß die soziale Dimension des Menschen ihren ersten und ursprünglichsten Ausdruck in der Ehegemeinschaft und in der Familie findet. In diesem Zusammenhang sind es vor allem zwei große, der Frau anvertraute Aufgaben, die unsere besondere Aufmerksamkeit verdienen. Zunächst die Aufgabe, dem Eheleben und der Mutterschaft die volle Würde zu verleihen (CL 40).

Heute werden der Frau neue Möglichkeiten geschenkt, zu einem tieferen Verständnis und zu einer volleren Realisierung der menschlichen und christlichen Werte, die das Eheleben und die Mutterschaft schenken, zu gelangen.

Des weiteren besteht die Aufgabe, die moralische Dimension der Kultur zu sichern, die Dimension einer Kultur, die des Menschen, seines persönlichen und gesellschaftlichen Lebens würdig ist.

Die Teilnahme der Frau mit ihren Gaben am Leben der Kirche und der Gesellschaft ist ein notwendiger Weg zu ihrer persönlichen

Verwirklichung, auf der man heute mit Recht besteht. Sie ist zugleich ihr ursprünglicher Beitrag zur Bereicherung der communio der Kirche und der apostolischen Kraft des Volkes Gottes.

Man kann also von einer dreifachen Aufgabe der Frau sprechen von:
- ihrer Aufgabe in der Gesellschaft
- ihrer Aufgabe in der Kirche
- ihrer Aufgabe in der Familie.

Alle diese Aufgaben sind wichtig, aber es ist nicht möglich, dieses Thema in einem einzigen Vortrag erschöpfend darzustellen. Er soll aber einen Denkanstoß zu weiteren Überlegungen bilden, auch zu einem innigen Gebet um die richtigen Entscheidungen, die für die Kirche, für die Gesellschaft und für die Welt von großer Bedeutung sind.

IV. DIE FRAU UND DIE "PRÄLATUR DES OPUS DEI"

Mit weitschauendem Blick hat der Gründer des OPUS DEI deutlich die Problematik der Rolle der Frau sowohl im häuslichen Bereich als auch im öffentlichen Leben gesehen und bei einem ausführlichen Interview, bereits am 1. Februar 1968, also vor 22 Jahren, dazu Stellung bezogen. Das "schematische Entweder - Oder" im Leben der Frau scheint ihm nicht unproblematisch zu sein. Die Sorge für die Familie stellt ohne Zweifel immer eine große menschliche und christliche Aufgabe dar. Das bedeutet jedoch nicht, daß die Arbeit im Haushalt, die wohlgemerkt einen echten Beruf ausmacht, für die Frau die Möglichkeit ausschließt, sich auch in irgendeinem anderen der zahlreichen Berufe innerhalb der Gesellschaft zu betätigen. Msgr. Escrivá de Balaguer bemerkt, daß man keineswegs behaupten kann, die Frau könne sich nur außerhalb des häuslichen Bereiches voll entfalten, als ob die Zeit, die sie ihrer Familie widmet, für Reife und Entfaltung ihrer Persönlichkeit verloren wäre. Das eigene Zuhause, das jede, auch die unverheiratete Frau - wie überhaupt jeder Mensch - dringend benötigt, ist in einzigartiger Weise geeignet, zum Wachstum ihrer Persönlichkeit beizutragen... In ihrer Umgebung eine anziehende, warme Familienatmosphäre zu schaffen, damit erfüllt die Frau ihre ureigenste, unersetzbare Aufgabe, und so vermag sie gerade hier ihre Persönlichkeit voll zu entfalten... Dazu steht aber eine Beteiligung an anderen Aufgaben des sozialen und politischen Lebens nicht im Widerspruch.

Wie soll man nun diesen scheinbaren Konflikt zwischen Familie und Beruf lösen? Der Gründer des Opus Dei schlägt hier eine Rangordnung der Werte vor, die jede Frau wohl selbst wird treffen müssen. Aber dazu gehört auch eine gründliche Berufsausbildung, die der Frau zugestanden werden soll, damit sie auch die Voraussetzungen für eine verantwortungsvolle Berufstätigkeit hat. Das ist wohl auch der Grund, warum das OPUS DEI Zentren und Bildungseinrichtungen verschiedenster Art ins Leben ruft, wie etwa dieses Währinger Haus, in dem auch das menschliche und gesellschaftliche Zusammenleben eingeübt werden soll.

Vor Ihnen allen stehen also große Aufgaben und schwierige Entscheidungen. Gewiß vermögen Sie diese hier in Ihrer Gemeinschaft leichter zu lösen, als in irgendeiner Isolation!

Zum Schluß beglückwünsche ich die Mitglieder der Prälatur, besonders die Frauen, zu ihrem 60-Jahr-Jubiläum und wünsche ihnen, daß sie gerade hier in Österreich vielfältige Initiativen entwickeln, durch die den Frauen ihre spezifische Aufgabe in der Gesellschaft, in der Kirche, in der Familie jedes Mal mehr bewußt gemacht wird. Ermuntern Sie alle Frauen, mit ihrer Hingabefähigkeit diese Rolle voll Einsatz und Selbstbewußtsein immer besser wahrzunehmen und darin ihre Würde und ihre wahre Selbstverwirklichung zu sichern. Tragen Sie dazu bei, Frauen zu bilden, die fähig sind, eine bessere Gesellschaft aufzubauen und eine Zivilisation zu fördern, in der Friede, Wahrheit und Liebe herrschen.

Möge diese Arbeit für Österreich, für Europa, für die Welt von großem Nutzen sein und das Opus Dei weiterhin im Dienste der Kirche erfolgreich wirken.

Dafür schenke Gott Ihnen seinen reichen Segen.

Die friedliche Armee der Ordensfrauen

Vortrag anläßlich der Tagung der Höheren Oberinnen Österreichs in Vöcklabruck, 7. März 1990

Schon einen Monat nach meiner Ankunft in Wien, am 13. Oktober 1989, kamen Mutter Rigomaris und Schwester Theresia Sessing in die Nuntiatur, um mich einzuladen, an Ihrer Tagung in Vöcklabruck teilzunehmen.

Damals, erfüllt von Erinnerungen an die erfreuliche religiöse Entwicklung in jenen vier Missionsländern Afrikas, in denen ich elf Jahre lang meine Tätigkeit entfalten konnte, habe ich sofort Ihrer Einladung zugesagt.

Ich wurde gefragt, ob ich über ein bestimmtes Thema zu sprechen bereit wäre.

Ich war gewohnt, den verdienten Schwestern in den Missionsländern in Rahmen meiner Möglichkeiten immer ein "ja" zu sagen. Daher habe ich auch damals ein weltweites Thema gewählt: "Die Tätigkeit der Schwestern in der Weltkirche".

Seien Sie aber versichert, daß Sie in diesem Thema auch alle Elemente des Generalthemas Ihrer heurigen Tagung in Vöcklabruck wiederfinden können. Ihr Thema lautet: „Entscheidungsfindung - einzeln und in Gemeinschaft".

In unserem Briefwechsel hat Ihre Vereinigung mich der hilfreichen Unterstützung durch Ihr Gebet für meine Anliegen, die nichts anders als die Anliegen der Kirche sind, versichert.

Diese entgegenkommende geistliche Hilfe, die von Ihrer Liebe zur Teil- und zur Universalkirche getragen ist, wird sicher dazu beitragen, meine Aufgabe treu und wirksam für das Gemeinwohl der Kirche in Österreich und in der Welt zu erfüllen.

Dafür danke ich herzlichst!

I. TÄTIGKEIT DER SCHWESTERN IN DER WELTKIRCHE

a) Mehr als eine Million Ordensfrauen in aller Welt sind in den verschiedensten Bereichen der Anliegen des Menschen in Namen

Unseres Herrn Jesus Christus und seiner Kirche zu ihrer Tätigkeit berufen.

Christus ist als das Licht der Völker in die Welt gekommen, "*damit jeder, der an Ihn glaubt, nicht in der Finsternis bleibe*" (Joh 12,46);

Jesus Christus ist in die Welt gekommen, damit die Menschen Leben haben und es in Fülle haben (Joh 10,10);

Er ist für jeden Mensch "*der Weg, die Wahrheit und das Leben*" (Joh 14,6).

b) Eine große friedliche Armee von Schwestern beabsichtigt, dieser Ermahnung Christi besonders zu folgen:
"*Ihr seid das Licht der Welt*" (Mt 5,14). "*So soll euer Licht leuchten vor den Menschen damit sie eure guten Werken sehen und euren Vater im Himmel preisen*" (Mt 5,16).

c) Diese große Zahl von gottgeweihten Ordensfrauen, die an die unendliche Liebe Gottes glauben, will durch ihr Zeugnis den Menschen kundtun, daß Gott, der Schöpfer der Welt, auch der Vater eines jeden Menschen ist; daher liebt der gnädige und barmherzige Gott (Ex 34,6) alle Menschen als seine eigenen Kinder!

Gott, der Vater, hat die Welt so sehr geliebt, daß Er Seinen eingeborenen Sohn dahingegeben hat, damit jeder, der an Ihn glaubt, nicht verlorengehe, sondern ewiges Leben habe (Joh 3,16);

Gott, der Sohn, hat den letzten Beweis der Freundschaft zum Menschen erbracht: Er ist aus Liebe Mensch geworden und hat sich selbst dem Tode überliefert. Durch seine Auferstehung hat Er den Tod bezwungen und das Leben neu geschaffen (IV. Hochgebet).

Gott, der Heilige Geist, der aus dem Vater und aus dem Sohn hervorgeht, der Herr ist und lebendig macht (Credo), führt das Werk der Liebe unseres Erlösers auf Erden weiter und vollendet alle Heiligung (IV. Hochgebet).

In einer Erzählung von Leo Tolstoi wird die Frage nach dem gestellt, "wovon die Menschen leben". Die Antwort Tolstois ist diese:
"*Die Menschen leben von der Liebe, aber nicht von der zu sich selbst, sondern von der Liebe zu den anderen*".

Jeder Mensch braucht es, bestätigt und geliebt zu werden; aber der, der diese völlige Versicherung der Liebe geben kann, ist Gott allein, wie der Psalmist (Ps 26,10), wie Jeremia (Jer 31,20), wie Jesaia (Jes 49,15) es uns sagen. Die Liebe Gottes übertrifft auch die Liebe der Eltern:

"*Kann denn eine Frau ihr Kindlein vergessen, eine Mutter ihren leiblichen Sohn? Und selbst wenn sie ihn vergessen würde: ich vergesse dich nicht*" (Jes 49,15).

Der Mensch wird ermahnt, diese Liebe Gottes nachzuahmen.

Daher hat Jesus das Gebot des Alten Testaments bekräftigt: "*Du sollst deinen Nächsten lieben wie dich selbst*". Unser Erlöser hat dieses Gebot noch vervollkommnet und das neue Gebot (Joh 13,34) so verkündet:

"*Ihr habt gehört, daß gesagt worden ist: Du sollst deinen Nächsten lieben und deinen Feind hassen. Ich aber sage euch: Liebt eure Feinde und betet für die, die euch verfolgen, damit ihr Söhne eures Vaters im Himmel werdet; denn er läßt seine Sonne aufgehen über Bösen und Guten, und er läßt regnen über Gerechte und Ungerechte*" (Mt 5,43-45).

Alle Ordensfrauen, überall in der Welt, sehnen sich danach, in der Welt die Güte Gottes sichtbar zu machen; sie verlangen nach jener besonderen Fähigkeit, Gottes Liebe widerzuspiegeln, das heißt, Gottes Liebe und die Liebe unseres Erlösers Jesus Christus:

"*Wie mich der Vater geliebt hat, so habe auch ich euch geliebt. Bleibt in meiner Liebe!*" (Joh 15,9).

Kardinal Newman, dessen 100. Todestag wir am 11. September ds. Jahres begehen werden, findet betrachtend diese Worte:

"*Gibt es unter allen geoffenbarten Wahrheiten ein größeres Geheimnis als dieses? Die Liebe des Sohnes zu dir, dem Geschöpf, ist der des Vaters zum unerschaffenen Sohne gleich. O wundervolles Geheimnis!*" (John Henry Newman, Betrachtungen über Gott, Kösl-Verlag, München 1952).

Ordensfrauen befolgen in besonderer Weise das größte und erste Gebot der Liebe zu Gott und auch das zweite, das diesem gleich ist:

"*Du sollst den Herrn, deinen Gott, lieben mit ganzem Herzen, mit ganzer Seele und mit all deinen Gedanken. Das ist das wichtigste und erste Gebot. Ebenso wichtig ist das zweite: Du sollst deinen Nächsten lieben wie dich selbst. An diesen beiden Geboten hängt das ganze Gesetz samt den Propheten*" (Mt 22,37-40).

d) Die bescheidene, aber sehr wirksame Schar der Ordensfrauen hat Anteil an der Sendung durch Christus für die Bedürftigsten, die Armen und die Notleidenden. Diese Sendung wird vom Propheten Jesaia im

Alten Testament und vom Evangelisten Lukas im Neuen Testament so beschrieben:

"Der Geist des Herrn ruht auf mir; denn der Herr hat mich gesalbt. Er hat mich gesandt, damit ich den Armen eine gute Nachricht bringe; damit ich den Gefangenen die Entlassung verkünde und den Blinden das Augenlicht; damit ich die Zerschlagenen in Freiheit setze und ein Gnadenjahr des Herrn ausrufe" (Lk 4,18-19).

e) Die in allen Kontinenten und Nationen arbeitenden Schwestern wirken besonders in Schulen, Krankenhäusern, Kinder- und Altersheimen, Klöstern, Wirtschaftsbetrieben usw. im Namen der Welt-Kirche. Unsere "Mutter Kirche", - wie dies die hl. Theresia von Avila betont - ist *"ja in Christus gleichsam das Sakrament, das heißt Zeichen und Werkzeug für die innigste Vereinigung mit Gott wie für die Einheit der ganzen Menschheit"* (LG 1).

Die Schwestern, die sich ganz von der Liebe zu Gott, zu seiner Kirche und zu den Menschen inspirieren und bewegen lassen, tragen wahrhaftig dazu bei, das Böse in der Welt zu besiegen:

"Denn die Liebe zu Gott besteht darin, daß wir seine Gebote halten. Seine Gebote sind nicht schwer. Denn alles, was von Gott stammt, besiegt die Welt. Und das ist der Sieg, der die Welt überwindet: unser Glaube" (I Joh 5,3-4).

Jene Seelen, die eine tiefe Verbindung zwischen Glauben und Liebe finden, sind wirkliche Mitarbeiter(innen) Gottes. Sie lassen jene Hoffnung auf den neuen Menschen, auf eine neue Menschheitsfamilie, eine neue Gesellschaft, eine neue Welt wachsen, von der die Apokalypse spricht: *"Siehe, ich mache alles neu"* (Ap 21,5).

Auch in der Kirche gibt es

- Christen, die - bewußt oder unbewußt (Gott allein weiß es) - ihren Glauben nicht richtig verstehen,
- Christen, die die Liebe - schuldig oder unschuldig (Gott allein weiß es) - nicht tun,
- Christen, die die Hoffnung - aus Mangel an weitblickenden Visionen - in den Herzen der Menschen nicht erweitern und vergessen, was der Völker-apostel sagt:

"Der Gott der Hoffnung aber erfülle euch mit aller Freude und mit allem Frieden im Glauben, damit ihr reich werdet an Hoffnung in der Kraft des Heiligen Geistes" (Röm 5,13).

Es gibt Christen, die mit oberflächlicher Verallgemeinerung die "Mutter Kirche" verbittert kritisieren. Sie haben nicht die rechte, verständnisvolle Liebe zu ihrer Mutter Kirche und erweisen ihr nicht den gebührenden Respekt wie den eines Sohnes gegenüber seiner Mutter.

Solche Christen beachten nicht das, was die Kirche immer schon über sich selbst als eine Gemeinschaft von Menschen lehrt. Und sie übersehen die Notwendigkeit, diese Wahrheit ständig neu zu bedenken.

Das II. Vatikanische Konzil sagt uns in diesem Zusammenhang:
"*Die Kirche müht sich, deren Not zu erleichtern, und sucht Christus in ihnen zu dienen. Während aber Christus heilig, schuldlos, unbefleckt war (Hebr 7,26) und Sünde nicht kannte (2 Kor 5,21), sondern allein die Sünden des Volkes zu sühnen gekommen ist (vgl Hebr 2,17), umfaßt die Kirche Sünder in ihrem eigenen Schoße. Sie ist zugleich heilig und stets der Reinigung bedürftig, sie begt immerfort den Weg der Buße und Erneuerung*" (LG 8; 13).

Die Kirche verlangt nicht nach unüberlegter Kritik, sondern braucht das ehrliche Zeugnis ihrer Kinder: alle diese sollen ihre allgemeine Berufung zur Heiligkeit in der Kirche wissen und verspüren: "Seid also vollkommen wie euer himmlischer Vater vollkommen ist" (Mt 5,48):
"*Es ist Gegenstand des Glaubens, daß die Kirche, deren Geheimnis die Heilige Synode vorlegt, unzerstörbar heilig ist. Denn Christus, der Sohn Gottes, der mit dem Vater und dem Geist als "Allein Heiliger" gepriesen wird, hat die Kirche als seine Braut geliebt und sich für sie hingegeben, um sie zu heiligen (vgl. Eph 5, 25-26), er hat sie als seinen Leib mit sich verbunden und mit der Gabe des Heiligen Geistes reich beschenkt zur Ehre Gottes. Daher sind in der Kirche alle, mögen sie zur Hierarchie gehören oder von ihr geleitet werden, zur Heiligkeit berufen gemäß dem Apostelwort: "Das ist der Wille Gottes, eure Heiligung*" (1 Thess 4,3; vgl. Eph 1,4). *Diese Heiligkeit der Kirche tut sich aber in den Gnadenfrüchten, die der Heilige Geist in den Gläubigen hervorbringt, unaufhörlich kund und muß das tun. Sie drückt sich vielgestaltig in den Einzelnen aus, die in ihrer Lebensgestaltung zur Vollkommenheit der Liebe in der Erbauung anderer streben*" (LG 39).

Die Heiligkeit der Kirche, "*in eigener Weise erscheint sie in der Übung der sogenannten evangelischen Räte. Diese von vielen Christen auf Antrieb des Heiligen Geistes privat oder in einer von der Kirche anerkannten Lebensform, einem Stand, übernommene Übung der Räte gibt in der Welt ein hervorragendes Zeugnis und Beispiel dieser Heiligkeit und muß es geben*" (LG 39).

"*Ferner wird die Heiligkeit der Kirche in besonderer Weise gefördert durch die vielfachen Räte, deren Beobachtung der Herr im*

Evangelium seinen Jüngern vorlegt. Darunter ragt die kostbare göttliche Gnadengabe hervor, die der Vater einigen gibt (vgl. Mt 19,11; 1 Kor 7,7), die Jungfräulichkeit oder der Zölibat, in dem man sich leichter ungeteilten Herzens (vgl. 1 Kor 7, 32-34) Gott allein hingibt. Diese vollkommene Enthaltsamkeit um des Himmelreiches willen wurde von der Kirche immer besonders in Ehren gehalten als Zeichen und Antrieb für die Liebe und als eine besondere Quelle geistlicher Fruchtbarkeit in der Welt" (LG 42).

"*Durch die Gelübde oder andere heilige Bindungen, die jeweils in ihrer Eigenart den Gelübden ähnlich sind, verpflichtet sich der Christgläubige zu den drei genannten evangelischen Räten und gibt sich dadurch dem über alles geliebten Gott vollständig zu eigen, sodaß er selbst durch einen neuen und besonderen Titel auf Gottes Dienst und Ehre hingeordnet wird. Er ist zwar durch die Taufe der Sünde gestorben und Gott geweiht. Um aber reichere Frucht aus der Taufgnade empfangen zu können, will er durch die Verpflichtung auf die evangelischen Räte in der Kirche von den Hindernissen, die ihn von der Glut der Liebe und der Vollkommenheit der Gottesverehrung zurückhalten könnten, frei werden und wird dem göttlichen Dienst inniger geweiht. Die Weihe ist aber um so vollkommener, je mehr sie durch die Festigkeit und Beständigkeit der Bande die unlösliche Verbindung Christi mit seiner Braut, der Kirche, darstellt.*

Weil aber die evangelischen Räte ihre Befolger durch die Liebe, zu der sie hinführen, auch in besonderer Weise mit der Kirche und ihrem Geheimnis verbinden, muß ihr geistliches Leben auch dem Wohl der ganzen Kirche gewidmet sein. Daraus ergibt sich die Pflicht, nach Kräften und entsprechend der Gestalt der eigenen Berufung, durch Gebet oder auch tätiges Wirken sich um die Einwurzelung und Festigung des Reiches Christi in den Seelen und seine weltweite Ausbreitung zu bemühen. Deshalb auch schützt und fördert die Kirche den eigenen Charakter der verschiedenen Ordensinstitute.

So erscheint das Bekenntnis zu den evangelischen Räten als ein Zeichen, das alle Glieder der Kirche wirksam zur eifrigen Erfüllung der Pflichten ihrer christlichen Berufung hinziehen kann und soll. Das Volk Gottes hat ja hier keine bleibende Heimstatt, sondern sucht die zukünftige. Deshalb macht der Ordensstand, der seine Glieder von den irdischen Sorgen mehr befreit, mehr die himmlischen Güter, die schon in dieser Zeit gegenwärtig sind, auch allen Gläubigen kund, bezeugt das neue und ewige, in der Erlösung Christi erworbene Leben und kündigt die zukünftige Auferstehung und die Herrlichkeit des Himmelreiches an. Auch die Lebensform, die der Sohn Gottes annahm, als er in die Welt eintrat, um den Willen des Vaters zu tun, und die er den Jüngern, die ihm nachfolgen, vorgelegt hat, ahmt dieser Stand ausdrücklicher nach und bringt sie in der Kirche ständig zur

Darstellung. Schließlich macht er die Erhabenheit des Gottesreiches gegenüber allem Irdischen und seine höchsten Ansprüche in besonderer Weise offenkundig. Er zeigt auch allen Menschen die überragende Größe der Herrscherkraft Christi und die wunderbare, unbegrenzte Macht des Heiligen Geistes in der Kirche auf.

Der Stand, der durch das Gelöbnis der evangelischen Räte begründet wird, ist also zwar nicht Teil der hierarchischen Struktur der Kirche, gehört aber unerschütterlich zu ihrem Leben und ihrer Heiligkeit" (LG 44).

II. ALLE VERANTWORTLICHEN DER WELTKIRCHE BEMÜHEN SICH, DIE LEHRE DES KONZILS IN DIE TAT UMZUSETZEN.

Die Konzilsväter - das heißt, der Papst und die Bischöfe der ganzen Welt in Gemeinschaft mit dem Bischof von Rom, dem Nachfolger Petri - haben viel über Ordensstand und Ordensfamilien, über Ordensleben und Ordensleute, über Ordensausbildung und Ordensnachwuchs beraten und gesprochen, dies besonders im Dekret "Perfectae caritatis" über das Ordensleben, das am 28. Oktober 1965 verabschiedet wurde.

Der Papst, die Kongregation für die Ordensleute und viele Bischöfe in der Welt haben ihr Interesse und ihre Wertschätzung auch durch nachfolgende Dokumente bewiesen.

Ich erwähne hier nur die wichtigsten:

1) das Apostolische Mahnschreiben "Evangelica Testificatio" Papst Pauls VI. vom 29. Juni 1971;

2) "Mutuae Relationes", Grundsätze und Richtlinien für die Beziehungen zwischen Bischöfen und Ordensleuten in der Kirche, ein Schreiben des Präfekten der Kongregation für die Bischöfe und des Präfekten der Kongregation für die Ordensleute und Säkularinstitute vom 14. Mai 1978;

3) Sacred congregation for religious and for secular institutes, I. Religious and Human Promotion; II. The Contemplative Dimension of Religious Life vom 12. August 1980;

4) das Apostolische Schreiben "Redemptionis donum" von Papst Johannes Paul II. über das gottgeweihte Leben im Licht des Geheimnisses der Erlösung vom 25. März 1984.

In diesen Texten zeigt sich sehr klar die Wertschätzung für die Ordensleute seitens der Bischöfe, die die Aufgabe haben, das Charisma der Autorität oder des Dienstes zum Gemeinwohl der Kirche, zum Aufbau der Kirche in der Welt auszuüben.

Die Wirksamkeit der Verkündigung des Evangeliums in den Missionsländern hängt von jener großzügigen Bereitschaft, Mitarbeiter Gottes zu sein, ab, so wie uns auch der Völkerapostel lehrt:
"*So ist weder der etwas, der pflanzt, noch der, der begießt, sondern nur Gott, der wachsen läßt. Wer pflanzt und wer begießt: beide arbeiten am gleichen Werk, jeder aber erhält seinen besonderen Lohn, je nach der Mühe, die er aufgewendet hat. Denn wir sind Gottes Mitarbeiter; ihr seid Gottes Ackerfeld, Gottes Bau*" (1 Kor 3,7-9).

Dem Beispiel der Muttergottes folgend, nehmen die Ordensschwestern Anteil an der universalen Sendung der Kirche und sie bringen bleibende Frucht (Joh 15,16).

Die Nachrichten, die aus den Missionsländern zu uns kommen, bestätigen das Gesagte.

Zeugnis davon geben auch jene vier Länder, in denen ich die Aufgabe eines Vertreters des Heiligen Vaters zu erfüllen hatte. Dort sind die Schwestern in ihrer Tätigkeit der Evangelisierung und in der umfassenden Ausbildung der Menschen sehr erfolgreich. Am Anfang der Evangelisierung, in Kamerun etwa im Jahre 1890 kamen die Schwestern aus weit entfernten europäischen Ländern; heute machen die Katholiken Kameruns ein Drittel der Gesamtbevölkerung aus. Von den 1.400 Ordensfrauen, die in Kamerun wirken, stammen fast 600 aus der einheimischen Bevölkerung. Ja, es wirken sogar Schwestern aus Kamerun in den Missionen anderer schwarzafrikanischer Länder. Es ist erhebend zu sehen wie das Gleichnis vom Sämann (Mt 13,4-24) sich auch heute noch verwirklicht: Das Wort Gottes erfährt in den jungen Ländern eine reiche Ernte "*und trägt teils hundertfach, teils sechzigfach, teils dreißigfach Früchte*" (Mt 13,24).

Wie Sie wissen, nehmen in Afrika die geistlichen Berufe in erstaunlicher Weise zu. Sicher bewirken dies die Qualitäten und Dienste unserer Schwestern in Afrika, der einheimischen und der nicht-einheimischen.

Es ist dies bei den Schwestern:
- das evangelische Zeugnis der Großzügigkeit,
- die Spiegelung der Liebe Gottes in ihnen,
- ihre Bescheidenheit bei großer Wirksamkeit, ihre Tüchtigkeit,
- ihr Glaube, ihre Hoffnung,
- ihr Hören auf das Wort Gottes im Gebet und in der Betrachtung,

- ihre Bereitschaft, den Willen Gottes immer zu tun,
- ihre tiefe Freude, die ihre Wurzel in Gott hat und die keine menschliche Gewalt aus ihrem Herzen wegnehmen kann.

III. AUSBLICK

Liebe Schwestern, Bei diesem ersten und - wenn Gott will - nicht letzten Besuch ihrer Ordenstagung in Vöcklabruck, spreche ich nicht (unmittelbar) vom Ordensleben in Österreich.

Wie Sie wissen, bin ich erst seit einigen Monaten in Ihrem an Tradition so reichen Land; ich muß noch vieles sehen, noch vieles hören, bevor ich spreche.

Daher bin ich hierher gekommen:
- um Sie kennenzulernen,
- um Sie zu hören,
- um mit Ihnen die Wundertaten, die der Herr durch die Ordensfrauen in Österreich und in der Welt wirkt, zu preisen,
- um Sie zu ermutigen und die Hoffnung in Ihren Herzen zu stärken:
"*Der Gott der Hoffnung erfülle euch mit aller Freude und mit allem Frieden im Glauben, auf daß ihr überreich seid an Hoffnung in der Kraft des Heiligen Geistes*" (Röm 15,13).

Ich bin vor allem hierher gekommen, um mit Ihnen den Heiligen Geist zu erbitten und zu Ihm zu beten: Denn,
- der Heilige Geist erforscht alles, sogar die Tiefen Gottes (1 Kor 2,10)
- Er ist der Helfer, der zur vollen Wahrheit führt (Joh 16,13),
- Er der Geist der Wahrheit, den die Welt nicht empfangen kann, weil sie ihn nicht sieht und nicht kennt (Joh 14,17).

Möge die Gottesmutter, die "Magna Mater Austriae", mit uns erflehen die Fülle der Gnade des Heiligen Geistes:

"*Komm, Heiliger Geist, der Leben schafft,*
"*erfülle uns mit deiner Kraft -*
"*Komm, Tröster, der die Herren lenkt*" *(Hymnus zum Pfingstfest).*

Die Ausbildung der Priesterseminaristen

Vortrag bei der Jahrestagung der Regenten und Rektoren der bischöflichen Seminare Österreichs in Mattersburg, 9. April 1990

I.

Dieses unser heutiges Zusammentreffen aus Anlaß der Jahrestagung der Regenten und Rektoren der bischöflichen Seminare, die vom 8. bis 10. April dieses Jahres hier in Mattersburg stattfindet, erfüllt mich - und ich hoffe auch Sie - mit Freude und Hoffnung.

a) Wir haben Grund zur Freude über die Wunder, die der Herr für jeden von uns persönlich gewirkt hat, und die Er beständig für die Kirche, den mystischen Leib Christi, wirkt, sei es hier in Österreich, in Europa und in den anderen Ländern der Welt.

Wenn wir nämlich die Geschichte der Kirche betrachten, die vor beinahe 2000 Jahren auf dem Kalvarienberg ihren Anfang genommen hat, erinnern wir uns an die Gleichnisse Christi über das Reich Gottes (Mk 4,26-34).

Alles, was sich in der Kirche in allen Ländern und Kontinenten bewahrheitet hat, gilt auch für die Kirche in Österreich.

Die Existenz der Seminare in allen Orten, in denen Sie tätig sind, ist ein ganz offensichtlicher Beweis für die wirksame Gegenwart Gottes in Seiner Kirche. Wir können feststellen, daß die Gleichnisse Christi sich im Laufe aller Jahrhunderte verwirklicht haben; daß die Gleichnisse, die Christus vor seiner Himmelfahrt gesprochen hat, für alle Zeiten gelten: "*Seid gewiß: ich bin bei euch alle Tage bis zum Ende der Welt*" (Mt 28,20).

Angesichts dieser Wunder des Wirkens Gottes in der Welt, die Er durch Seine Kirche vollbringt, können wir also mit einem Herzen voller Freude, wie der Psalmist, rufen: "*Herr, unser Herrscher, wie gewaltig ist dein Name auf der ganzen Erde!*" (Ps 8,2).

b) Andere Gefühle, die aus diesem Anlaß sicherlich aus dem Herzen eines jeden von uns aufsteigen, sind Gefühle der Hoffnung. Das Herz voll Freude zu haben, heißt nämlich nicht, die Augen vor der Möglichkeit zu verschließen, den Fortgang und das Funktionieren unserer Seminare zu verbessern.

Denn einerseits stellen wir mit Genugtuung fest, daß es immer Jugendliche gibt, die sich danach sehnen, Priester zu werden, dank des verborgenen Wirkens des Herrn des Weinberges und der Ernte (Mt 9,38) und dank der verschiedenen Initiativen zur Förderung der geistlichen Berufungen.

Andererseits wünschen wir alle eine Zunahme und besondere Qualität unserer Seminaristen. Wir wünschen uns Jugendliche, die mehr Motivation haben, die sich ihres Engagements mehr bewußt sind, die in der Erfüllung des Willens Gottes noch begeisterter sind; wir wünschen uns Jugendliche, die konsequenter sind, transparenter, disziplinierter in ihrem Verhalten, überlegter; solche, die bereitwilliger sind:

- alles "*propter Regnum coelorum*" (Mt 18,28-31) zu verlassen und
- die Forderungen des Evangeliums nach Gottesliebe und nach Nächstenliebe zu verstehen.

II.

Dieses Bestreben, die Ausbildung der Seminaristen zu verbessern, war im Bewußtsein der Verantwortlichen in der Kirche im Laufe ihrer zweitausendjährigen Geschichte immer vorhanden.

In den letzten Jahrzehnten kam der Wunsch nach einer Ausbildung, die den drängenden Erfordernissen des Evangeliums mehr entspricht und dem sozio-kulturellen Umfeld der verschiedenen Gebiete der Welt besser angepaßt ist, besonders zum Ausdruck im Dekret des Zweiten Vatikanums "Optatam Totius Ecclesiae"' (N. 3) über die Ausbildung der Priester.

Dieses Dokument befaßt sich:

- mit den Knabenseminaren als Zentren zur Entfaltung keimender Berufe, zur religiösen Ausbildung,
- mit der Rolle der Regenten
- mit der geistlichen Leitung
- mit der Erziehung zur Einheit der geistlichen und intellektuellen Bildung
- mit der Mitarbeit der Eltern
- mit der Lebenserfahrung
- mit den Beziehungen zur Familie
- mit der Studienordnung
- mit geeigneten Studienstätten für Spätberufene und
- mit anderen Initiativen.

a) "*In den Kleinen Seminarien, die zur Entfaltung keimender Berufe errichtet sind, sollen die Alumnen durch intensive religiöse Formung und vor allem durch geeignete geistliche Führung dazu angeleitet*

werden, Christus dem Erlöser mit großherzigen Sinn und reinem Herzen nachzufolgen. Unter der väterlichen Leitung der Oberen und durch entsprechende Mitarbeit der Eltern sollen sie ein Leben führen, wie es zu Alter, Sinnesart und Entwicklung der jungen Menschen paßt und mit den Grundsätzen einer gesunden Psychologie in Einklang steht. Eine hinreichende Lebenserfahrung und der Umgang mit der eigenen Familie dürfen nicht fehlen. Daneben soll das, was im folgenden für die Priesterseminarien bestimmt wird, auch auf die Kleinen Seminarien angewandt worden, soweit es ihrer Aufgabe und ihrem Wesen entspricht. Der Unterricht der Alumnen soll so eingerichtet worden, daß sie ohne Schwierigkeiten anderweitig auf ihn aufbauen können, wenn sie einen anderen Lebensstand wählen sollten.
Mit gleicher Sorge soll man sich darüber hinaus des keimenden Berufes der jungen Menschen in den besonderen Instituten annehmen, die in manchen Ländern auch den Zweck der Kleinen Seminarien erfüllen, desgleichen jener Jugendlichen, die in anderen Schulen oder sonstigen Ausbildungsstätten unterrichtet werden. Mit besonderer Liebe soll für Spätberufene durch geeignete Studienstätten und andere Initiativen gesorgt werden" (OT 3).

b) Ferner haben dieselben Konzilsväter die Notwendigkeit einer stärkeren Förderung der Priesterberufe festgestellt:

Wer ist für diese Förderung verantwortlich ?

Die Antwort ist sehr umfasssend: die gesamte christliche Gemeinde: Familie, Pfarrgemeinde, Lehrer, katholische Verbände, Priester, Bischöfe, das ganze Gottesvolk: .

"Berufe zu fördern ist Aufgabe der gesamten christlichen Gemeinde. Sie erfüllt sie vor allem durch ein wirklich christliches Leben. Den wichtigsten Beitrag dazu leisten einmal die Familien; durchdrungen von Geist des Glaubens, der Liebe und der Frömmigkeit werden sie gleichsam zum ersten Seminar; zum anderen die Pfarrgemeinden, an deren blühendem Leben die Jugendlichen selbst teilnehmen. Die Lehrer und alle, die mit der Erziehung von Kindern und Jugendlichen in irgendeiner Weise betraut sind - besonders die katholischen Verbände -, sollen die ihnen anvertrauten jungen Menschen so zu erziehen suchen, daß sie den göttlichen Ruf wahrnehmen und ihm bereitwillig folgen können. Alle Priester sollen ihren apostolischen Eifer vor allem in der Förderung der Berufe zeigen. Sie sollen das Herz der jungen Menschen durch ihr eigenes, bescheidenes, arbeitsames und von innerer Freude erfülltes Leben für das Priestertum gewinnen sowie

durch die gegenseitige priesterliche Liebe und die brüderliche Gemeinschaft in der Arbeit.

Aufgabe der Bischöfe ist es, ihre Herde in der Förderung von Berufen anzueifern und für den Zusammenschluß aller Kräfte und Anstrengungen zu sorgen; auch sollen sie diejenigen, die nach ihrem Urteil zum Anteil des Herrn berufen sind, väterlich unterstützen, ohne dabei irgendein Opfer zu scheuen.

Dieses tatkräftige Zusammenwirken des ganzen Gottesvolkes zur Förderung von Berufen ist die Antwort auf das Handeln der göttlichen Vorsehung; sie verleiht den Menschen, die von Gott zur Teilnahme am hierarchischen Priestertum Christi erwählt sind, die entsprechenden Gaben und unterstützt sie mit ihrer Gnade; zugleich überträgt sie den rechtmäßigen kirchlichen Amtsträgern die Aufgabe, die als geeignet erkannten Kandidaten, die in rechter Absicht und mit voller Freiheit ein so hohes Amt erstreben, zu prüfen, zu berufen und mit dem Siegel des Heiligen Geistes für den göttlichen Kult und den Dienst der Kirche zu weihen" (OT 2).

c) Welche sind nun die Mittel, um die Berufe zu fördern?

"*Die Heilige Synode empfiehlt vor allem die Mittel, die sich in der Sorge aller für die Priesterberufe schon immer bewährt haben: eifriges Gebet, christliche Buße und immer höhere Bildung der Christgläubigen in Predigt und Katechese wie auch durch die verschiedenen Mittel der öffentlichen Meinungsbildung. Sie sollen die Notwendigkeit, das Wesen und die Schönheit des Priesterberufes aufleuchten lassen. Ferner verordnet das Konzil, daß die Werke zur Förderung von Berufen, die nach einschlägigen päpstlichen Dokumenten auf diözesaner, regionaler und nationaler Ebene schon errichtet sind oder errichtet werden sollen, ihre ganze der Berufsförderung dienende pastorale Arbeit unter Verwertung aller von der heutigen Psychologie und Soziologie zur Verfügung gestellten geeigneten Hilfsmittel methodisch und systematisch planen und mit ebensoviel Eifer wie Diskretion durchführen*" (ib. 2).

d) Welchen Weitblick soll das Werk für die Berufsförderung haben?

"*Das Werk der Berufsförderung soll großherzig die Grenzen der Diözesen, der Völker, der Ordensfamilien und der Riten überschreiten und mit dem Blick auf die Bedürfnisse der Gesamtkirche vor allem jenen Gegenden Hilfe bringen, in denen Arbeiter für den Weinberg des Herrn besonders dringend benötigt werden*" (ib. 2).

Ferner drückt sich der Wunsch nach einer verbesserten Ausbildung aus in den kürzlich erschienen "Lineamenta" ("Handreichung für die Bischofskonferenz") über die "Priesterausbildung unter den derzeitigen Verhältnissen", zur Vorbereitung der nächsten ordentlichen Versammlung der Bischofssynode (30. September - 28. Oktober 1990). Dieses Dokument wird den Teilkirchen als Hilfe für eine vertiefte Reflexion im Hinblick auf die nächste Synodaldebatte angeboten.

Sicher kennen Sie dieses Dokument, das die Problematik der diözesanen Seminare aufgreift und Antworten geben möchte für vernünftige, sachliche und evangeliumsgemäße Lösungen!

III.

Ich bin in meiner Funktion als Apostolischer Nuntius in Österreich heute sehr gerne zu Ihnen gekommen, um mit Ihnen gemeinsam zu beten, nachzudenken und um Ihre Sorge zu teilen, wie die Ausbildung der neuen Generationen von Priestern in der Kirche, die ja Sakrament und Instrument des Heils für die Welt ist, verbessert werden kann.

Die Ausbildung der Priesteramtsanwärter ist in der Tat eine sehr heikle und eine sehr wichtige Aufgabe. Ich möchte hier nicht die lange Liste der Themen anführen, die Sie bereits kennen und die im wesentlichen die spirituellen, doktrinären und disziplinären Aspekte der Ausbildung betroffen. Ich beschränke mich darauf, einen einzigen zu erwähnen: den Aspekt der Pädagogik Christi hinsichtlich seiner Apostel.

Die Apostel waren einfache und verschieden stark begabte Männer. Jesus hat sie auserwählt; er hat ihnen gezeigt, was er getan hat; er hat ihnen erlaubt, ihn während seines öffentlichen Lebens zu begleiten; er hat sich zusammen mit ihnen vor der Menschenmenge zurückgezogen, um ihnen die Gleichnisse - wie zum Beispiel jenes vom Unkraut (Mt 13,36-43) - besser zu erklären; er hat ihnen seine Passion, seinen Tod und seine Auferstehung vorhergesagt; er hat zu ihnen von der Bedeutung seiner Mission gesprochen.

Die Apostel hätten keinen erleuchteteren Meister haben können, und dennoch verstanden sie eine sehr wichtige Sache nicht: die messianische Natur Jesu. Denn bei der Prüfung der Passion unseres Herrn wurden sie unsicher, verloren sie das Vertrauen in diesen Jesus, dessen Wunder sie gesehen hatten. Petrus geht sogar so weit, aus Angst zu sagen, er kenne ihn nicht. Judas verrät ihn.

Erst nach der Auferstehung und nach der Herabkunft des Heiligen Geistes erinnern sich die Apostel an die Lehre Jesu und vor allem an seine Worte bei seinem letzten Abendmahl.

Indem die Apostel, außer dem Sohn des Verderbens, ihren Glauben auf das Ereignis der Auferstehung gründen und vom Heiligen Geist erfüllt sind, fassen sie Mut, predigen überall die frohe Botschaft vom Heil und geben sogar ihr Leben für den Herrn hin.

Liebe Rektoren und Regenten!
Sie kennen nur allzu gut die Anmaßung mancher Jugendlicher, die allzu viel auf sich selbst halten. Rufen Sie ihnen die Worte Jesu in Erinnerung: "*Getrennt von mir könnt ihr nichts vollbringen*" (Joh 15,5); wenn sie hingegen, in Jesus bleiben, werden sie reiche Frucht bringen.

Sie kennen auch jene Jugendlichen, die vollkommen sein möchten, die aber gleichzeitig unter ihren Grenzen, ihren Fehlern, ihren Leidenschaften und Neigungen leiden; die Gefahr laufen, den Begierden den Fleisches, den Begierden der Augen und dem Stolz des Reichtums nachzugeben. Erinnern Sie diese jungen Leute an die Antwort des Herrn an den hl. Paulus: "*Meine Gnade genügt dir; denn sie erweist ihre Kraft in der Schwachheit... denn wenn ich schwach bin, dann bin ich stark*" (2 Kor 12, 9-10).

Unsere Sünden, unsere Grenzen, unsere Schwächen anzuerkennen, führt uns also dazu, in die Dynamik der Bekehrung, der Besserung, der Vervollkommnung einzutreten: "*Ihr sollt also vollkommen sein, wie es auch euer himmlischer Vater ist*" (Mt 5,48).

Mögen Ihre Erfahrungen (und zwar Ihre Niederlagen wie Ihre Erfolge) sowie Ihre tiefgründigen Überlegungen über die Komplexität der Herzen junger Leute Ihnen helfen, Lehrmeister zu sein, die zu animieren verstehen, die dazu ermutigen können, die Anforderungen des Evangeliums vollständig zu verstehen, "*propter Regnum coelorum*" (um des Himmelreiches willen) alles zu verlassen, aus Liebe zu Gott und zum Nächsten.

IV.

Hochwürdige Regenten und Rektoren der bischöflichen Seminare Österreichs!
Sie sind zu dieser Jahrestagung zusammengekommen, um gemeinsam zu überlegen, auf welche Art und Weise Sie dazu beitragen

können, die Ausbildung der Seminaristen in den österreichischen Seminaren, die ihnen von den Bischöfen anvertraut wurde, zu verbessern. Diese Überlegungen geschehen im Lichte

- des Evangeliums
- der jahrhundertelangen Erfahrung der Kirche
- der oben erwähnten Dokumente des kirchlichen Lehramtes.

Nützen Sie dabei auch die Tatsache, daß die Universalität der Kirche von Tag zu Tag offenkundiger wird und daß sich die Osmose des Mystischen Leibes Christi in allen Richtungen immer mehr durchsetzt.

Möge dieser lebhafte Austausch ein besseres Verständnis der Mahnung des Apostels Paulus zur Einheit aller Mitglieder der Familie Gottes bewirken: "*Ein Leib und ein Geist, wie euch durch eure Berufung auch eine gemeinsame Hoffnung gegeben ist; ein Herr, ein Glaube, eine Taufe, ein Gott und Vater aller, der über allem und durch alles und in allem ist*" (Eph 4,4-6).

Möge der brennende Wunsch unseres Herrn Jesu Christi, den er in seinem Gebet beim Letzten Abendmahl mit seinen Jüngern ausgesprochen hat, Wirklichkeit werden: daß die Menschen Gott-Vater erkennen, den einzigen, wahren Gott, und Jesus Christus, den Er gesandt hat (Joh 17,3).

"*Denn: Einer ist Gott, einer auch Mittler zwischen Gott und den Menschen: der Mensch Christus Jesus, der sich als Lösegeld hingegeben hat für alle*" (I Tim 2,5-6).

"*Denn es ist uns Menschen kein anderer Name unter dem Himmel gegeben, durch den wir gerettet werden sollen*" (Apg 4,12).

Abschließend möchte ich den Wunsch zum Ausdruck bringen, daß ihre Überlegungen Sie ermutigen mögen, Priester heranzubilden, denen immer die örtlichen, universellen und missionarischen Dimensionen der Kirche bewußt sind und die sich daher anstrengen,

- echte Jünger Christi und
- wahre Hirten zu sein, denen es um die Ehre Gottes und um das Heil der Seelen geht.

Möge hier, wie einst im Abendmahlsaal, wo die Apostel mit Maria versammelt waren, der Heiligen Geist auf Sie herabkommen, um Sie in der Erfüllung Ihrer Aufgabe der Ausbildung der Priester von morgen zu animieren - von Priestern, die gerufen sind, mit Mut und tiefer Überzeugung das Erlösungswerk Christi in unserer heutigen Zeit gegenwärtig zu machen und unter der Leitung Gottes zu verwirklichen.

Möge die Mitfeier der Karwochenliturgie ein neuer Aufbruch im Herzen der Menschen sein, um dem Ruf Gottes zur engeren Nachfolge zu entsprechen.

Die Kirche ist für die Menschen da

Festrede anläßlich des Festkommerses des Mittelschüler-Kartell-Verbandes (MKV) zu Ehren von Opilio Kardinal Rossi (80. Geburtstag) und Bischof Alfred Kostelecky (70. Geburtstag) in Wien, 14. Mai 1990

Hochgeschätzte festliche Corona, versammelt zu Ehren der beiden hohen Jubilare!

Für den Apostolischen Nuntius in Österreich, der noch dazu Titularerzbischof von Tiburnia, dem Kärntner Bistumssitz St. Peter im Holz ist, kann es nur eine besondere Freude und Ehre sein, anläßlich der Couleur-Geburtstagsfeier beim Festkommers des österreichischen katholischen Mittelschüler-Kartell-Verbandes das Wort zu ergreifen.

Nachdem der Gesandte des Malteser-Ritter-Ordens, Herr Prof. DDr. Prantner, das Leben und Wirken, die besonderen Ereignisse und Verdienste um Kirche und Welt von Eminenz Opilio Rossi und Exzellenz Alfred Kostelecky den Teilnehmern dieses Festkommerses in so brillanter Weise präsentiert hat, will ich einige grundsätzliche Überlegungen zum katholischen Farbstudententum und zur Kirche als Stiftung Gottes für die Einheit der Menschheitsfamilie aussprechen.

Der hochwürdigste Herr Kardinal Opilio Rossi, dessen Mitarbeiter in der Wiener Nuntiatur zu sein ich die Ehre hatte, hat als Präsident des Päpstlichen Rates für die Laien viele Jahre seines Lebens dem Engagement für die katholischen Laien gewidmet. Der katholische Mittelschüler-Kartell-Verband wiederum zählt unter den Teilorganisationen der "Arbeitsgemeinschaft Katholischer Verbände" zu jenen, die auf Grund ihrer Stärke und Einsatzfreude für das Reich Gottes in unserer Zeit mit ihren Säkularisationserscheinungen dem Laienapostolat besonders Rechnung tragen.

Der hochwürdigste Herr Militärordinarius von Österreich und Sekretär der österreichischen Bischofskonferenz, Alfred Kostelecky, der als junger Priester an der „Anima“ in Rom das Farbstudententum kennenlernte, dann selbst von der Pike an Couleurmitglied geworden ist und als Seelsorger für Korporationen wirkte, stellte sein Priesterleben in sichtbarer Weise unter die vier Prinzipien katholischer Couleurverbindungen:

RELIGIO ET SCIENTIA,
PATRIA ET AMICITIA.

So scheint es mir sinnvoll, in diesem personalisierten Kontext zu den beiden hohen Ehrengästen dieser Feier vor den Repräsentanten des MKV über jene Kirche zu sprechen, die für Kardinal Rossi und Bischof Kostelecky das Leben war und ist.

Das II. Vatikanische Konzil hat dieses Thema in der dogmatischen Konstitution behandelt, die mit einem programmatischen Leitwort beginnt: "Lumen Gentium" (Licht der Völker).

Diese Idee der Kirche wurde von Papst Johannes XXIII. in seiner Radioansprache vom 11. September 1962, kurz vor Beginn des Konzils, so zusammengefaßt: "Lumen Ecclesiae: lumen gentium (Licht der Kirche: Licht der Völker).

Das Licht, das Christus ist, ist auch das Licht der Kirche. In Christus ist die Kirche das Licht der Völker. "*Dieses Licht leuchtet und wird leuchten durch die Jahrhunderte, ja das Licht Christi, die Kirche Christi, das Licht der Völker*" (vgl. „Osservatore", Sondernummer vom 11. Oktober 1962).

Prof. Grillmeier S.J. schreibt in seinem Kommentar über dieses Dokument des II. Vatikanischen Konzils unter anderem:
"*Damit ist schon das ekklesiologisch-missionarische Reformprogramm des Konzils umrissen. Die Herrlichkeit Christi, das neue Schöpfungslicht (vgl. 2 Kor 4,6) soll auf dem Antlitz der Kirche widerstrahlen und allen Völkern aufleuchten durch die Verkündigung des Evangeliums. Im Laufe des Konzils wurde auf das Augustinuswort hingewiesen: 'Durch seine Kirche kommt er (Christus) zu den Völkern und durch die Kirche spricht er zu den Völkern'. Von hier aus ist das Reformprogramm des Konzils verständlich, 'daß das Zeichen Christi auf dem Antlitz der Kirche klarer erstrahle' (Artikel 15, Schluß)*". (Lexikon für Theologie und Kirche, Verlag Herder, S. 156-157).

In Bezug auf die vielfältige religiöse und kirchliche Entfaltung des Mittelschüler-Kartell-Verbandes im gesellschaftlichen und geselschaftspolitischen Leben Österreichs sollte diese Aussage bereits ein willkommener Impuls für die Praxis sein: "*Daß das Zeichen Christi auf dem Antlitz der Kirche klarer erstrahle!*".

So sollten wir zunächst den Aspekt betrachten, der uns die Kirche als geheimnisvolle historische Wirklichkeit erkennen läßt. Denn der Kern der Kirchlichkeit eines katholischen Farbstudenten kann nur im Mysterium, im Geheimnis der Kirche gelegen sein.

Diese Realität der Kirche wird vom Vatikanischen Konzil in den Haupttexten verschiedener Dokumente als Geheimnis bezeichnet. Das I. Kapitel der dogmatischen Konstitution ist überschrieben mit: "Das Mysterium der Kirche" (LG, 1-8).

Die Kirche ist die Erscheinung und die Verwirklichung der Geheimnisse der Liebe Gottes zum Menschen. Die Pastoralkonstitution über die Kirche in der Welt von heute, die von Christus als Alpha und Omega spricht, beschreibt das Geheimnis der Kirche mit folgenden Worten:
"*Während sie selbst der Welt hilft oder von dieser vieles empfängt, strebt die Kirche nach dem einen Ziel, nach der Ankunft des Reiches Gottes und der Verwirklichung des Heiles der ganzen Menschheit. Alles aber, was das Volk Gottes in der Zeit seiner irdischen Pilgerschaft der Menschenfamilie an Gutem mitteilen kann, kommt letztlich daher, daß die Kirche das 'allumfassende Sakrament des Heiles ' ist, welches das Geheimnis der Liebe Gottes zu den Menschen zugleich offenbart und verwirklicht*" (Gaudium et Spes, 45).

Die Kirche, die ganze Kirche, erscheint uns als "*das von der Einheit des Vaters und des Sohnes und des Heiligen Geistes her geeinte Volk*", wie es die Dogmatische Konstitution Lumen Gentium (LG, 4) zum Ausdruck bringt. Dies sollte den einzelnen Farbstudenten motivieren, den Blick immer auf das ganze der Kirche zu richten, um nicht in einem psychologisch noch so begründeten Partikularismus stehen zu bleiben. Und es sollte der Blick auf das Mysterium der Kirche immer die Einheit im geheimnisvollen trinitarischen Loben erfassen oder zumindest zu begreifen suchen.

Die Kirche - und das sind wir alle - ist für den Menschen da.

Die Kirche soll dem Menschen helfen, das Geheimnis Gottes zu entdecken (GS, 4), das Geheimnis der Liebe Gottes zum Menschen erscheinen zu lassen (GS, 45).

In ihrer geheimnisvollen Realität ist die Kirche "*die eine, heilige, katholische und apostolische Kirche*", die wir im Glaubensbekenntnis bekennen (LG, 8). Alle Menschen, alle Völker sind gerufen, das Volk Gottes zu bilden, Mitglieder der Kirche zu werden, die Einheit der Menschheitsfamilie wieder herzustellen:
"*Zum neuen Gottesvolk werden alle Menschen gerufen. Darum muß dieses Volk eines und ein einziges bleiben und sich über die ganze Welt und durch alle Zeiten hin ausbreiten. So soll sich das Ziel des Willens Gottes erfüllen, der das Menschengeschlecht am Anfang als eines gegründet und beschlossen hat, seine Kinder aus der Zerstreuung*

wieder zur Einheit zu versammeln (vgl. Joh 11,52). *Dazu sandte nämlich Gott seinen Sohn, den er zum Erben des Alls gemacht hat* (vgl. Hebr 1,2), *daß er Lehrer, König und Priester aller sei, das Haupt des neuen und allumfassenden Volkes der Söhne Gottes. Dazu sandte Gott schließlich den Geist seines Sohnes, den Herrn und Lebensspender, der für die ganze Kirche und die Gläubigen einzeln und insgesamt der Urgrund der Vereinigung und Einheit in der Lehre der Apostel und in der Gemeinschaft, im Brotbrechen und im Gebet ist* (vgl. Apg 2,42)" (LG, 13).

Wir alle begegnen im öffentlichen Leben - auch der Kirche - modernen irrigen Meinungen, welche diese Einheit der Kirche in Frage stellen, indem sie einer „Dezentralisation" der Autoritäten das Wort reden und das Bischofsamt in einer Art und Weise relativieren, die der apostolischen und hierarchischen Stiftung der Kirche widerspricht.

Das vielfach mißbrauchte Zweite Vatikanische Konzil kennt hier eine andere Sprache, als sie gelegentlich und immer wieder in gewissen Medien gesprochen wird.

Damit die Kirche ihre Aufgabe in der Welt zu jeder Zeit erfüllen kann, hat ihr Stifter, Unser Herr Jesus Christus, sie verfaßt und geordnet als Gesellschaft mit geeigneten Mitteln sichtbarer und gesellschaftlicher Einheit (GS, 40). Daher ist die Verfassung der Kirche hierarchisch:

"*Um Gottes Volk zu weiden und immerfort zu mehren, hat Christus der Herr in seiner Kirche verschiedene Dienstämter eingesetzt, die auf das Wohl des ganzen Leibes ausgerichtet sind. Denn die Amtsträger, die mit heiliger Vollmacht ausgestattet sind, stehen im Dienste ihrer Brüder, damit alle, die zum Volke Gottes gehören und sich daher der wahren Würde eines Christen erfreuen, in freier und geordneter Weise sich auf das nämliche Ziel hin ausstrecken und so zum Heile gelangen.*

Diese Heilige Synode setzt den Weg des ersten Vatikanischen Konzils fort und lehrt und erklärt feierlich mit ihm, daß der ewige Hirt Jesus Christus die heilige Kirche gebaut hat, indem er die Apostel sandte wie er selbst gesandt war vom Vater (vgl. Joh 20,21). Er wollte, daß deren Nachfolger, das heißt die Bischöfe, in seiner Kirche bis zur Vollendung der Weltzeit Hirten sein sollten. Damit aber der Episkopat selbst einer und ungeteilt sei, hat er den heiligen Petrus an die Spitze der übrigen Apostel gestellt und in ihm ein immerwährendes und sichtbares Prinzip und Fundament der Glaubenseinheit und der Gemeinschaft eingesetzt. Diese Lehre über Einrichtung, Dauer, Gewalt und Sinn des dem Bischof von Rom zukommenden heiligen Primates sowie über dessen unfehlbares Lehramt legt die Heilige Synode abermals allen Gläubigen fest zu glauben vor. Das damals Begonnene fortfahrend, hat sie sich entschlossen, nun die Lehre von den Bischöfen, den Nachfolgern der Apostel, die mit dem Nachfolger Petri, dem Stellvertreter Christi und sichtbaren Haupt der ganzen Kirche, zusammen das Haus des lebendigen Gottes leiten, vor allen zu bekennen und zu erklären" (LG, 18).

Diese fundamentalen Worte des letzten Konzils bekräftigen die lebenslang dokumentierte Treue unserer beiden hohen Jubilare und sollten uns alle, in dieser festlichen Corona versammelten Freunde begeistern und bewegen, sie in unser persönliches und gesellschaftlichen Leben umzusetzen.

Denn alle Mitglieder der Kirche - jeder gemäß seiner Aufgabe und seinem Amt - sind verpflichtet, die Einheit, die Kommunion und die Zusammenarbeit zum allgemeinen Wohl dieser sichtbaren Realität der Kirche zu fördern.

In der Tat soll jedes Mitglied der Kirche ein guter Verwalter der vielfältigen Gnade Gottes sein (vgl. Christifideles Laici. 45, 5-6).

Jeder einzelne von uns und alle in den verschiedensten Verbindungen des katholischen Mittelschüler-Kartell-Verbandes haben diese Botschaft in die Welt hinauszutragen, in deren Mitte wir uns ja befinden. Diese Aufgabe haben die Bischöfe der ganzen Erde im Dekret über die Missionstätigkeit der Kirche so beschrieben:

"*Zur Völkerwelt von Gott gesandt, soll die Kirche 'das allumfassende Sakrament des Heils' sein. So müht sie sich gemäß dem innersten Anspruch ihrer eigenen Katholizität und im Gehorsam gegen den Auftrag ihres Stifters, das Evangelium allen Menschen zu verkünden. Denn auch die Apostel, auf die die Kirche gegründet worden ist, haben, den Spuren Christi folgend, 'das Wort der Wahrheit verkündet und Kirchen gezeugt'. Pflicht ihrer Nachfolger ist es, diesem Werk Dauer zu verleihen, 'damit das Wort Gottes seinen Lauf nehme und verherrlicht werde'* (2 Thess 3,1) *und die Herrschaft Gottes überall auf Erden angekündigt und aufgerichtet werde.*

In der gegenwärtigen Weltlage, aus der für die Menschheit eine neue Situation entsteht, ist die Kirche, die da ist Salz der Erde und Licht der Welt mit verstärkter Dringlichkeit gerufen, dem Heil und der Erneuerung aller Kreatur zu dienen, damit alles in Christus zusammengefaßt werde und in ihm die Menschen eine einzige Familie und ein einziges Gottesvolk bilden" (Ad gentes, 1).

Eine große Gefahr in der Bewußtseinsveränderung der europäischen Zivilisation und im kulturellen Selbstverständnis dieses Kontinents ist das Versetzen des Menschen in den Mittelpunkt der Schöpfung, ohne seine Verbindung zu Gott, dem Schöpfer und Vater jedes Menschen, vor Augen zu haben. Aus diesem absoluten Anthropozentrismus erwachsen die sittlichen Fehlhaltungen vom autonomen Menschen, von der Relativierung der Wahrheiten gemäß der jeweiligen Selbstfindung des Individuums und schließlich vom Vorrang des einzelnen Menschen und seiner willkürlichen "Gewissensentscheidung" vor dem ewigen Gesetz Gottes, das in die Natur von Mensch und Gesellschaft vom Schöpfer eingestiftet wurde.

Das Zweite Vatikanum setzt diesen Irrtümern die Wahrheit entgegen: Die Kirche entfaltet ihre Tätigkeit für das Heil der Welt (LG, 17), für die Verkündigung der frohen Botschaft allen Geschöpfen (Mk 16,15), um das Geheimnis Gottes, des letzten Zieles der Menschen, offenkundig zu machen:

"*Der heutige Mensch ist unterwegs zur volleren Entwicklung seiner Persönlichkeit und zu einer immer tieferen Einsicht und Durchsetzung seiner Rechte. Da es aber der Kirche anvertraut ist, das Geheimnis Gottes, des letzten Zieles der Menschen, offenkundig zu machen, erschließt sie dem Menschen gleichzeitig das Verständnis seiner eigenen Existenz, das heißt die letzte Wahrheit über den Menschen. Die Kirche weiß sehr wohl, daß Gott, dem sie dient, allein die Antwort ist auf das tiefste Sehnen des menschlichen Herzens, das an den Gaben der Erde nie voll sich sättigen kann. Sie weiß auch darum, daß der Mensch unter dem ständigen Antrieb des Geistes Gottes niemals dem Problem der Religion gegenüber ganz gleichgültig sein kann, wie es nicht nur die Erfahrung so vieler vergangener Jahrhunderte, sondern auch das vielfältige Zeugnis unserer Zeit beweist. Denn immer wird der Mensch wenigstens ahnungsweise das Verlangen in sich tragen, zu wissen, was die Bedeutung seines Lebens, seines Schaffens und seines Todes ist. Schon das reine Dasein der Kirche als solche erinnert ihn an diese Probleme. Gott allein, der den Menschen nach seinem Bild geschaffen und von der Sünde erlöst hat, gibt auf diese Fragen die erschöpfende Antwort in seiner Offenbarung in seinem Sohn, der Mensch geworden ist. Wer Christus, dem vollkommenen Menschen, folgt, wird auch selbst mehr Mensch*" (GS 41).

Die Kirche fühlt sich solidarisch mit der menschlichen Gesellschaft, mit der Welt; sie fühlt sich eng verbunden mit der ganzen Menschheitsfamilie, und beabsichtigt, durch ihre Tätigkeit den Menschen auf seiner ganzen Pilgerschaft zu begleiten:

"Freude und Hoffnung, Trauer und Angst der Menschen von heute, besonders der Armen und Bedrängten aller Art, sind auch Freude und Hoffnung, Trauer und Angst der Jünger Christi. Und es gibt nichts wahrhaft Menschliches, das nicht in ihren Herzen seinen Widerhall fände. Ist doch ihre eigene Gemeinschaft aus Menschen gebildet, die, in Christus geeint, vom Heiligen Geist auf ihrer Pilgerschaft zum Reich des Vaters geleitet werden und eine Heilsbotschaft empfangen haben, die allen auszurichten ist. Darum erfährt diese Gemeinschaft sich mit der Menschheit und ihrer Geschichte wirklich engstens verbunden" (GS, 1).

Die Kirche in der Welt glaubt so, "durch ihre einzelnen Glieder und als ganze viel zu einer humaneren Gestaltung der Menschheitsfamilie und ihrer Geschichte beitragen zu können" (GS, 40).

"So geht denn diese Kirche, zugleich 'sichtbare Versammlung und geistliche Gemeinschaft', den Weg mit der ganzen Menschheit gemeinsam und erfährt das gleiche irdische Geschick mit der Welt und ist gewissermaßen der Sauerteig und die Seele der in Christus zu erneuernden und in die Familie Gottes umzugestaltenden menschlichen Gesellschaft" (ib.).

Der Mittelschüler-Kartell-Verband hat während dieses zu Ende gehenden 20. Jahrhunderts vor der Wende zum dritten Jahrtausend in exemplarischer 'Weise bezeugt, was in Österreich Treue zur Kirche bedeutet, indem sich ungezählte Mitglieder Eurer einzelnen Verbindungen für das Gemeinwohl von Mensch und Gesellschaft in hervorragender Weise eingesetzt hatten und haben: ich erwähne hier nur Eure Kartellbrüder Julius Raab und Leopold Figl, Felix Hurdes und Alfred Maleta, Heinrich Drimmel, Josef Klaus und Heinrich Gleissner, Ernst Kolb und Karl Kummer, viele Minister, Parlamentarier, Professoren und Juristen der Praxis, Ärzte und Lehrer, nicht zuletzt alle jene Seelsorger, die Euren Reihen entstammen oder in Eure Verbindungen eingetreten sind.

Dies war gewiß ein Motiv für die beiden hohen Jubilare, durch eine Mitgliedschaft im MKV, bzw. auch im ÖCV, Euer Wollen und Streben, Euer Denken und Handeln, Euer Leben als katholische Farbstudenten zu ermutigen!

Laßt mich zum Schluß diese Gedanken des Eintretens katholischer Laien in das politische Leben bekräftigen, indem ich das nachsynodale Schreiben von Papst Johannes Paul II. "Christifideles Laici" über die Berufung und Sendung der Laien in Kirche und Weit zitiere:

"Um die zeitliche Ordnung im genannten Sinn des Dienstes am Menschen christlich zu inspirieren, können die Laien nicht darauf verzichten, sich in die 'Politik' einzuschalten, das heißt in die vielfältigen und verschiedenen Initiativen auf wirtschaftlicher, sozialer, gesetzgebender, verwaltungsmäßiger und kultureller Ebene, die der organischen und systematischen Förderung des Allgemeinwohls dienen. Wie die Synodenväter wiederholt feststellten, haben alle und jeder einzelne die Pflicht und das Recht, sich an der Politik zu beteiligen, wenn auch auf verschiedene und komplementäre Weise und Ebene und aufgrund verschiedener und komplementärer Aufgaben und Verantwortungen. Die Anklagen des Arrivismus, der Idolatrie der Macht, des Egoismus und der Korruption, die nicht selten gegen Regierungsleute, Abgeordnete der Parlamente, dominierende Klassen und politischen Parteien erhoben werden, sowie die verbreitete Meinung, die Politik sei ein Bereich unbedingter moralischer Gefährdung, rechtfertigen auf keine Weise den Skeptizismus oder die Abwendung der Christen von den öffentlichen Angelegenheiten. Vielmehr gewinnt gerade auf diesem Hintergrund das Wort des Zweiten Vatikanischen Konzils seine volle Bedeutung: 'Die Kirche ihrerseits zollt der Arbeit jener, die sich zum Dienst an den Menschen für das Wohl des Staates einsetzen und die Lasten eines solchen Amtes tragen, Anerkennung und Achtung' (GS, 75)" (Christifideles Laici, N. 42).

Eminenzen, Exzellenzen, hohe Festcorona!

Der Christ ist nicht Christ für sich allein!
Niemand von uns lebt auf einer Insel, niemand ist eine Insel!

Die Früchte des Egoismus, des Individualismus des Menschen ohne Gott, haben der Welt Kampf, Streit und Vernichtung beschert. Allein die Früchte der Liebe zu Gott und zum Nächsten sind es, die unserer christlichen Sendung entstammen. Früchte der Liebe aber vermag ein Christ nur zu erbringen, wenn er sich dem gemeinsamen Wohl, also dem:"bonum commune" von Mensch und Gesellschaft verpflichtet weiß. Der Reifeprozeß dieser Früchte erfolgt nur in einem Klima der Gerechtigkeit, der Freiheit, der Solidarität mit den Leidenden, den Armen, den Benachteiligten, in einer Atmosphäre des Friedens.

Wenn der Mensch allein auf der Bühne dieser Weit bleibt, bekommt er Furcht oder Angst. Mit Gott wird der Mensch mutig, begeistert und bringt viele Früchte.

Die letzte und höchste Intention der christlichen Gemeinwohlphilosophie weist auf die Vollendung des Menschen hin:

denn Gemeinwohl begreift sich, um mit den Worten Papst Johannes Pauls II. zu sprechen, "*als die Summe aller jener Bedingungen gesellschaftlichen Lebens, die den Einzelnen, den Familien und gesellschaftlichen Gruppen ihre eigene Vervollkommnung reichhaltiger und ungehinderter zu erzielen gestatten*".

In Ihren Prinzipien fassen Sie das unter *religio et scientia, patria et amicitia* zusammen. Ich habe diese Grundsätze schon am Anfang meiner Worte genannt. Ich wünsche Euch, Euren Verbindungen, daß diese Gedanken in Euren Gemeinschaften lebendig bleiben und die Zukunft des Mittelschüler-Kartell-Verbandes prägen.

Euren beiden hohen Bundes- und Kartellbrüdern aber, Eminenz Opilio Kardinal Rossi und Exzellenz Alfred Kostelecky, zum Eintritt in den Bund der Oktogenarier beziehungsweise Septuagenarier: ein festliches und brüderliches *ad multos annos in nomine Domini!*

Priester, Gemeinde und Pastoral

Vortrag an der Philosophisch-Theologischen Lehranstalt der Franziskaner in Schwaz in Tirol, 28. Juni 1990

Das Thema dieses Vortrages lautet:

„Priester, Gemeinde und Pastoral."

I. PRIESTER

Es gab Priester im Alten Testament, wie auch im Neuen Testament. Das Priestertum des Neuen Testamentes schöpft seinen Wert und seine Gültigkeit aus dem Priestertum Unseres Herrn Jesus Christus.

Christus steht tatsächlich in der Mitte der Geschichte des Heilsplanes. Das Priestertum Jesu Christi ist das authentische Priestertum, das dem Heilsplan Gottes entspricht.

Alle Worte und Hoffnungen des Alten Testamentes sind auf Christus gerichtet, der der treue und mitfühlende Hohepriester aller Zeiten geworden ist: Er erfüllt alle Erwartungen jedes Herzens und daher der ganzen Menschheit.

Das Priestertum des Alten Testamentes wie auch des Neuen Testamentes bezieht sich - wenn auch verschieden - auf das Priestertum Unseres Herrn Jesus Christus.

a) Das Priestertum Jesu Christi

Das Priestertum Jesu Christi ist dem levitischen Priestertum überlegen, dem Priestertum nach der Ordnung Melchisedeks des Alten Testamentes, das der menschlichen, sterblichen und fleischlichen Natur unterstellt war.

Denn das Priestertum Jesu Christi ist unwandelbar:
"*Der Herr hat geschworen und nie wird es ihn reuen: Du bist Priester auf ewig , so ist Jesus auch zum Bürgen eines besseren Bundes geworden. Viele Auch folgten dort (d.h. im Alten Testament) Priester aufeinander, weil der Tod sie hinderte zu bleiben; er aber hat, weil er auf ewig bleibt, ein unvergängliches die durch ihn vor Gott Priestertum. Darum kann er auch die, lebt allezeit, um für hintreten, für immer retten; denn er sie einzutreten*" (Hebr 7,21b-25).

Jesus Christus ist der himmlische Hohepriester, der vollkommen ist: *"Ein solcher Hohepriester war für uns in der Tat notwendig: einer, der heilig ist, unschuldig, makellos, abgesondert von den Sündern und erhöht über die Himmel; einer, der es nicht Tag für Tag nötig hat, wie die Hohenpriester zuerst für die eigenen Sünden Opfer darzubringen und dann für die des Volkes; denn das hat er ein für allemal getan, als er sich selbst dargebracht hat. Das Gesetz nämlich macht Menschen zu Hohenpriestern, die der Schwachheit unterworfen sind; das Wort des Eides aber der später als das Gesetz kam, setzt den Sohn ein, der auf ewig vollendet ist"* (Hebr 7, 26-28).

Christus, der Erlöser der Welt, begründet durch seine Menschwerdung, sein Leiden, seinen Tod und seine Auferstehung ein neues Priestertum und ein neues Heiligtum (vgl. Hebr 8,1-5). Jesus, der Befreier von der Sklaverei der Sünde, ist der einzige wahre Mittler eines besseren Bundes zwischen Gott und den Menschen (vgl. Hebr 8,6-13).

Durch die Verwirklichung des Erlösungswerkes - durch seine Menschwerdung, sein Leiden, seinen Tod und seine Auferstehung - ist Christus ins himmlische Heiligtum eingetreten (ib. 9,1-14). Er hat den neuen Bund durch sein Blut besiegelt (ib. 9,15-28).

b) Wert des Opfers Christi

Was den Wert des Opfers Christi anlangt, ist das Opfer des menschgewordenen eingeborenen Sohnes Gottes dem Moses' Opfer unendlich überlegen. Die zahlreichen Opfer des Alten Testamentes waren vergeblich (vgl. Hebr 10,1-10). Einzig das Opfer Unseres Herrn Jesus Christus gilt und bewahrt seine Wirksamkeit für die Befreiung von der Knechtschaft der Sünde und für das Heil der Menschen für alle Zeit, für alle Generationen bis zum Ende der Weit (vgl. Hebr 10,11-18).

c) Wer beruft zum Priestertum?

Im Alten Testament war das Priesterwerden eine Frage der Zugehörigkeit zum Stamm Levi.

Im Neuen Testament nimmt sich niemand selbst die Würde des Priestertums sondern er empfängt sie, indem er von Gott berufen wird. Daher wird im Neuen Testament nur derjenige Priester, der bereit ist, auf die Stimme Gottes zu hören, in der Kirche zu dienen und alles für das Reich Gottes zu verlassen: "*Wer das erfassen kann, der erfasse es*" (Mt 19,12).

Das Beispiel für diese besondere Berufung ist Christus selbst:
"So hat auch Christus sich nicht selbst die Würde eines Hohenpriesters verliehen, sondern der, der zu ihm gesprochen hat: Mein Sohn bist du, heute habe ich dich gezeugt, wie er auch an einer anderen Stelle sagt: Du bist Priester auf ewig nach der Ordnung Melchisedeks" (Hebr 5,5-6).

d) Ziel und Wirken des Hohenpriesters Jesus Christus

Der eingeborene Sohn Gottes, Jesus Christus, ist Mensch geworden um die Menschen zu erinnern, daß sie Kinder Gottes sind, daß sie sich verantwortungsvoll als Kinder Gottes verhalten sollen, daß sie zum ewigen Leben im Haus des Vaters im Himmel bestimmt sind.

Durch seine Menschwerdung ist Jesus der mitfühlende Hohe Priester, der aus den Menschen ausgewählt worden und für die Menschen eingesetzt ist zum Dienst vor Gott, um Gaben und Opfer für die Sünden darzubringen (vgl. Hebr 5,1).

Christus hat wie einer von uns gelebt und so ist er ein Mensch geworden, der imstande ist, Mitleid zu haben mit den Unwissenden und Irrenden. Die Unwissenden hat er die Wahrheit gelehrt; den Irrenden hat er den Weg gezeigt; den Schwachen hat er Kraft und Mut gegeben.

Christus hat sein Leben am Kreuz hingegeben zur Tilgung der Sünde des ganzen Volkes Gottes. Gott hat Christus, "*der keine Sünde kannte, für uns zur Sünde gemacht, damit wir in ihm Gerechtigkeit Gottes würden*" (2 Kor 5,21). *Er hat in den Tagen seines irdischen Lebens Bitten und Wehrufe mit lautem Schreien und unter Tränen an den gerichtet, der ihn vom Tode erretten konnte, und er ist erhört worden um seiner Frömmigkeit willen.*

Christus hat sein Heilswerk im Gehorsam verwirklicht. So hat Christus - obwohl er Sohn war - an dem, was er gelitten hat, den Gehorsam gelernt:
"Er war Gott gleich, hielt aber nicht daran fest, wie Gott zu sein, sondern entäußerte sich und wurde wie ein Sklave und den Menschen gleich. Sein Leben war das eines Menschen; er erniedrigte sich und war gehorsam bis zum Tod, bis zum Tod am Kreuz.
Darum hat ihn Gott über alle erhöht und ihm den Namen verliehen, der größer ist als alle Namen, damit alle im Himmel, auf der Erde und unter der Erde ihre Knie beugen vor dem Namen Jesu und jeder Mund bekennt: 'Jesus ist der Herr' - zur Ehre Gottes, des Vaters" (Phil 2,6-11).

Christus herrscht nicht durch die Macht des Reichtums, sondern durch die Armut und die Demut:

"*Denn ihr wißt, was Jesus Christus, unser Herr, in seiner Liebe getan hat: Er, der reich war, wurde euretwegen arm, um euch durch seine Armut reich zu machen*" (2 Kor 8,9).
Um sein Heilswerk zu erfüllen, hat Christus nicht die Dinge dieser Welt gesucht; er ist nur dem Willen Gottes gefolgt und hat stets die Pläne seines Vaters vor Augen gehabt. "*Warum habt ihr mich gesucht? Wußtet ihr nicht, daß ich in dem sein muß, was meinem Vater gehört?*" (Lk 2,49). Er hat alle und alles verlassen, um des Reiches Gottes willen; er bezeichnet jeden, "*der den Willen seines himmlischen Vaters erfüllt*" (Mt 12,50), als seine wahren Verwandten. Die Verwandtschaft des Geistes ist der Verwandtschaft des Blutes überlegen.

Christus hat auch die freiwillige Ehelosigkeit, den Zölibat um des Himmelreiches willen gutgeheißen und hinzugefügt: "*Wer das erfassen kann, der erfasse es*" (Mt 19"12). "*Christus hat darauf verzichtet, eine natürliche Familie zu gründen, er hat keusch gelebt, weil er unsere Existenz bräutlich teilen und aus der ganzen Menschheit eine Familie von Brüdern und eine Opfergabe für Gott machen wollte*" („Osservatore Romano" vom 8. Juni 1990, Priestertum eine Entscheidung für die Liebe, Predigt Johannes Pauls II. bei der Priesterweihe in Durango, Mexiko).

e) Glaube, Hoffnung und Liebe

Was Christus wirkte, mußte in der tiefen Liebe zu Gott und zum Menschen begründet sein.
Dies läßt die Worte Christi an seine Jünger verstehen, als sie die ersten Plätze für sich beanspruchten und darüber stritten. Jesus nahm diese Episode zum Anlaß, um sie zu belehren: In seinem Reich ist es die Pflicht der Großen, Diener zu sein, ist es die Pflicht der Ersten, Sklaven aller zu sein !

"*Ihr wißt, daß die, die als Herrscher gelten ihre Völker unterdrücken und die Mächtigen ihre Macht über die Menschen mißbrauchen. Bei euch aber soll es nicht so sein, sondern wer bei euch groß sein will, der soll euer Diener sein, und wer bei euch der erste sein will, soll der Sklave aller sein*" (Mk 10,42-44).

Jesus bekräftigte diese Lehre durch das Beispiel seines Lebens: "*Denn auch der Menschensohn ist nicht gekommen, um sich dienen zu lassen, sondern um zu dienen und sein Leben hinzugeben als Lösegeld für viele*" (Mk 10,45).

Auch heute - wie damals unter den Jüngern Christi - gibt es hier und da auf der Welt Streitigkeiten, auch in der Kirche, um die ersten Plätze. Alle Streitenden sollte man an die Pflicht der Großen und der Ersten erinnern, Diener zu sein, Sklaven aller zu sein. Man sollte ihnen die Demut, das Beispiel Jesu zeigen: "*Er entäußerte sich und wurde wie ein Sklave*" (Phil 2,7).

Der bekehrte Christenverfolger, der Völkerapostel Paulus, der dem Beispiel Christi folgte, konnte mit Begeisterung behaupten:
"*Da ich also von niemand abhängig war, habe ich mich für alle zum Sklaven gemacht, um möglichst viele zu gewinnen. Den Juden bin ich ein Jude geworden, um Juden zu gewinnen; denen, die unter dem Gesetz stehen, bin ich, obgleich ich nicht unter dem Gesetz stehe, einer unter dem Gesetz geworden, um die zu gewinnen, die unter dem Gesetz stehen. Den Gesetzlosen war ich sozusagen ein Gesetzloser - nicht als ein Gesetzloser vor Gott, sondern gebunden an das Gesetz Christi, um die Gesetzlosen zu gewinnen. Den Schwachen wurde ich ein Schwacher, um die Schwachen zu gewinnen. Allen bin ich alles geworden, um auf jeden Fall einige zu retten. Alles aber tue ich um des Evangeliums willen, um an seiner Verheißung teilzuhaben*" (1 Kor 9, I9-23).

Die jungen Männer, die sich in unserer Zeit entschließen, Priester zu werden, sollten die Liebe Gottes widerspiegeln: Ihre Entscheidung sollte eine Entscheidung für die Liebe sein. Darüber sagte Christus beim Letzten Abendmahl: "*Es gibt keine größere Liebe, als wenn einer sein Leben für seine Freunde hingibt*" (Joh 15,1,3). "*Ihr seid meine Freunde wenn ihr tut, was ich euch auftrage. Ich nenne euch nicht mehr Knechte; denn der Knecht weiß nicht, was sein Herr tut. Vielmehr habe ich euch Freunde genannt; denn ich habe euch alles mitgeteilt, was ich von meinem Vater gehört habe*" (Joh 15,14-15).

II. GEMEINDE

Im Alten Testament wird ein Reich der Priester, ein heiliges Volk, verheißen (vgl. Ex 19,6).

Die Geschichte dieses neuen Volkes beginnt sodann im Neuen Testament mit Christus, der das Werk der Versöhnung durch seinen Tod und durch seine Auferstehung verwirklicht (vgl. Röm 5,10-11).

Dieses Volk hat Christus als Haupt. Diese Gemeinde läßt die Würde und die Freiheit der Kinder Gottes in sich aufleuchten. In den Herzen der Glieder dieser Gemeinde wohnt der Heilige Geist. Das Hauptgebot dieser Gemeinde ist die Liebe. Die Ausübung dieser Liebe hat als Beispiel die Liebe Christi selbst:

"*Ein neues Gebot gebe ich euch: Liebt einander! Wie ich euch geliebt habe, so sollt auch ihr einander lieben. Daran werden alle erkennen, daß ihr meine Jünger seid: wenn ihr einander liebt*" (Joh 13,34-35).

Dieser Gemeinde ist aufgetragen, das Licht für die Völker zu sein, bis an das Ende der Erde (vgl. Apg 13,47). Sie ist für die ganze Menschheit ein Keim von Einheit, ein Werkzeug zum Heil für jeden Menschen.

a) Die Kirche ist eine Gemeinschaft des Glaubens, der Hoffnung und der Liebe.

"*Der einzige Mittler Christus hat seine heilige Kirche, die Gemeinschaft des Glaubens, der Hoffnung und der Liebe, hier auf Erden als sichtbares Gefüge verfaßt und trägt sie als solches unablässig; so gießt er durch sie Wahrheit und Gnade auf alle aus*" (Lumen Gentium, Nr. 8).

Mit Christus beginnt die Geschichte eines neuen Volkes, beginnt die Geschichte der Kirche: Sie ist eine sichtbare Gemeinschaft, die mit hierarchischen Ämtern ausgestattet ist; sie ist gleichzeitig der geheimnisvolle Leib Christi. Die Kirche auf Erden ist daher eine einzige, verbundene, geheimnisvolle Wirklichkeit, die aus menschlichen und aus göttlichen Elementen zusammenwächst.

"*Die mit hierarchischen Organen ausgestattete Gesellschaft und der geheimnisvolle Leib Christi, die sichtbare Versammlung und die geistliche Gemeinschaft, die irdische Kirche und die mit himmlischen Gaben beschenkte Kirche sind nicht als zwei verschiedene Größen zu betrachten, sondern bilden eine einzige komplexe Wirklichkeit, die aus menschlichem und göttlichem Element zusammenwächst. Deshalb ist sie in einer nicht unbedeutenden Analogie dem Mysterium des fleischgewordenen Wortes ähnlich. Wie nämlich die angenommene Natur dem göttlichen Wort als lebendiges, ihm unlöslich geeintes Heilsorgan dient, so dient auf eine ganz ähnliche Weise das gesellschaftliche Gefüge der Kirche dem Geist Christi, der es belebt, zum Wachstum seines Leibes (vgl. Eph 4,16)*" (ib., Nr. 8).

Diese Gemeinde Gottes ist die eine, heilige, katholische und apostolische Kirche. Die Aufgabe zu lehren, zu leiten und zu heiligen hat Christus dem hl. Petrus und den anderen Aposteln anvertraut:

"*Dies ist die einzige Kirche Christi, die wir im Glaubensbekenntnis als die eine, heilige, katholische und apostolische bekennen. Sie zu weiden, hat unser Erlöser nach seiner Auferstehung dem Petrus übertragen* (Joh,- 21,17), *ihm und den übrigen Aposteln hat er ihre Ausbreitung und Leitung anvertraut* (vgl. Mt 28,18 ff), *für immer hat er sie als 'Säule und Feste der Wahrheit' errichtet* (1 Tim 3,15). *Diese Kirche, in dieser Welt als Gesellschaft verfaßt und geordnet, ist verwirklicht in der katholischen Kirche, die vom Nachfolger Petri und von den Bischöfen in Gemeinschaft mit ihm geleitet wird*" (ib., Nr. 8).

Das Wachstum der Gemeinde der Gläubigen hängt ab von der Ausübung der Charismen des Lehramtes, der Heiligung und der Autorität. Die Kirche als mystischer Leib Christi handelt ähnlich wie einst Christus:

"*Wie aber Christus das Werk der Erlösung in Armut und Verfolgung vollbrachte, so ist auch die Kirche berufen, den gleichen Weg einzuschlagen, um die Heilsfrucht den Menschen mitzuteilen. Christus Jesus hat, 'obwohl er doch in Gottesgestalt war,... sich selbst entäußert und Knechtsgestalt angenommen'* (Phil 2,6); *um unseretwillen 'ist er arm geworden, obgleich er doch reich war'* (2 Kor 8,9). *So ist die Kirche, auch wenn sie zur Erfüllung ihrer Sendung menschlicher Mittel bedarf, nicht gegründet, um irdische Herrlichkeit zu suchen, sondern um Demut und Selbstverleugnung auch durch ihr Beispiel auszubreiten. Christus wurde vom Vater gesandt, 'den Armen die frohe Botschaft zu bringen, zu heilen, die bedrückten Herzens sind'* (Lk 4,18), *'zu suchen und zu retten, was verloren war'* (Lk 19,10). *In ähnlicher Weise umgibt die Kirche alle mit ihrer Liebe, die in menschlicher Schwachheit angefochten sind, ja in den Armen und Leidenden erkennt sie das Bild dessen, der sie gegründet hat und selbst ein Armer und Leidender war. Sie müht sich, deren Not zu erleichtern, und sucht Christus in ihnen zu dienen. Während aber Christus heilig, schuldlos, unbefleckt war* (Hebr 7,26) *und Sünde nicht kannte (2 Kor 5,21), sondern allein die Sünden des Volkes zu sühnen gekommen ist (vgl. Hebr 2,17), umfaßt die Kirche Sünder und Gerechte. Sie ist zugleich heilig und stets der Reinigung bedürftig, sie geht immerfort den Weg der Buße und Erneuerung*" (ib. Nr. 8).

Um physisch gesund zu bleiben, braucht jeder Mensch die physische Stärkung und Erneuerung. Um moralisch und spirituell gesund zu bleiben, braucht der Mensch die moralische und spirituelle Verbesserung und Vertiefung des Glaubens. Die Erfolge und die Mißerfolge, die Freuden und die Schmerzen, der Tod und die Auferstehung gehören zusammen, bis der Herr der Geschichte wiederkommt:

"*Die Kirche 'schreitet zwischen den Verfolgungen der Welt und den Tröstungen Gottes auf ihrem Pilgerweg dahin' und verkündet das Kreuz und den Tod des Herrn, bis er wiederkommt (vgl. 1 Kor 11,26). Von der Kraft des auferstandenen Herrn aber wird sie gestärkt, um ihre Trübsale und Mühen, innere gleichermaßen wie äußere, durch die Geduld und Liebe zu besiegen und sein Mysterium, wenn auch schattenhaft, so doch getreu in der Welt zu enthüllen, bis es am Ende im vollen Licht offenbar werden wird*" (ib., Nr. 8).

b) Diese Gemeinde, diese Kirche ist das Haus Gottes, ist eine heilige Priesterschaft, die geistige Opfer darbringen soll, die Gott wohl- gefällig sind, durch Jesus Christus. Der hl. Petrus sagt den Christen seiner Zeit:

"*Kommt zu ihm, dem lebendigen Stein, der von den Menschen verworfen, aber von Gott auserwählt und geehrt worden ist. Laßt euch als lebendige Steine zu einem geistigen Haus aufbauen, zu einer heiligen Priesterschaft, um durch Jesus Christus geistige Opfer darzubringen, die Gott gefallen. Denn es heißt in der Schrift:*
Seht her, ich lege in Zion einen auserwählten Stein, einen Eckstein, den ich in Ehren halte; wer an ihn glaubt, der geht nicht zugrunde.
Euch, die ihr glaubt, gilt diese Ehre. Für jene aber, die nicht glauben, ist dieser Stein, den die Bauleute verworfen haben, zum Eckstein geworden, zum Stein, an dem man anstößt, und zum Felsen, an dem man zu Fall kommt. Sie stoßen sich an ihm, weil sie dem Wort nicht gehorchen; doch dazu sind sie bestimmt" (1 Petr 2"4-8).

Die Lebendigkeit, die Wirksamkeit, die Anziehungskraft dieser Kirche hängt vom konsequenten Leben ihrer Mitglieder, von deren innerem Einsatz und Engagement ab. Zu den Mitgliedern dieser Kirche als dem auserwählten Volk Gottes sagt Petrus, das Oberhaupt der Apostel:

"*Ihr aber seid ein auserwähltes Geschlecht, eine königliche Priesterschaft, ein heiliger Stamm, ein Volk, das sein besonderes Eigentum wurde, damit ihr die großen Taten dessen verkündet, der euch aus der Finsternis in sein wunderbares Licht gerufen hat. Einst wart ihr nicht sein Volk, jetzt aber seid ihr Gottes Volk; einst gab es für euch kein Erbarmen, jetzt aber habt ihr Erbarmen gefunden*" (1 Petr 2,9-10).

c) Die bleibende Gegenwart Christi in der Geschichte der Menschheit wird durch die Kirche gesichert: Seid gewiß: Ich bin bei euch alle Tage bis zum Ende der Welt (Mt 28,20).

Ist die Geschichte der Menschheit aber nicht eine Geschichte von Feindschaft, Kriegen und Missetaten ?

Dennoch ist diese Kirche das durch die Geschichte pilgernde neue Volk Gottes. Diese Gemeinde hat den Auftrag, die Welt von solchen Übeln zu befreien, die Liebe Gottes widerzuspiegeln, das Gebot der Brüderlichkeit unter den Menschen zu fördern, jeden Menschen zur Umkehr einzuladen und alle zu ermutigen: "*Laß dich nicht vom Bösen besiegen, sondern besiege das Böse durch das Gute!*" (Röm 12,21).

"*Dieses messianische Volk*" - *so sagt uns das II. Vatikanische Konzil in der dogmatischen Konstitution "Lumen Gentium"* - "*hat zum Haupte Christus, 'der hingegeben worden ist wegen unserer Sünden und auferstanden ist um unserer Rechtfertigung willen*' (Röm 4,25) *und jetzt voll Herrlichkeit im Himmelreich herrscht, da er den Namen über alle Namen erlangt hat. Seinem Stande eignet die Würde und die Freiheit der Kinder Gottes, in deren Herz der Heilige Geist wie in einem Tempel wohnt. Sein Gesetz ist das neue Gebot* (vgl. Joh 13»34), *zu lieben, wie Christus uns geliebt.*
Seine Bestimmung endlich ist das Reich Gottes, das von Gott selbst auf Erden grundgelegt wurde, das sich weiter entfalten muß bis es am Ende der Zeiten von ihm auch vollendet werde, wenn Christus, unser Leben (vgl. Kol 3,4), *erscheinen wird und 'die Schöpfung selbst von der Knechtschaft der Vergänglichkeit zur Herrlichkeit der Kinder Gottes befreit wird*' (Röm 8,21)" (Lumen Gentium, N. 9.)

d) Damit diese Kirche auf ihrer Pilgerschaft ihre Aufgabe erfüllen kann, hat Christus das hierarchische Priestertum gestiftet, das sich wesentlich vom allgemeinen Priestertum unterscheidet. Dieses hierarchische Priestertum ist ein Priestertum des Dienstes an der Gemeinde, am Volk Gottes.

"*Das gemeinsame Priestertum der Gläubigen aber und das Priestertum des Dienstes, das heißt das hierarchische Priestertum, unterscheiden sich zwar dem Wesen und nicht bloß dem Grade nach. Dennoch sind sie einander zugeordnet: das eine wie das andere nämlich nimmt je auf besondere Weise am Priestertum Christi teil. Der Amtspriester nämlich bildet kraft seiner heiligen Gewalt, die er innehat, das priesterliche Volk heran und leitet es; er vollzieht in der Person Christi das eucharistische Opfer und bringt es im Namen des ganzen Volkes Gottes dar; die Gläubigen hingegen wirken kraft ihres königlichen Priestertums an der eucharistischen Darbringung mit und üben ihr Priestertum aus im Empfang der Sakramente, im Gebet, in der Danksagung, im Zeugnis eines heiligen Lebens, durch Selbstverleugnung und tätige Liebe*" (LG, Nr. 10).

e) Allerdings wird man immer wieder gestehen müssen, daß die Mitglieder der Kirche - wir alle miteingeschlossen - gegenüber den Forderungen des Evangeliums weithin versagt haben und immer wieder versagen. Und das von Anfang an; man lese nur die Apostelbriefe mit ihrer harten Kritik an den Gemeinden.

Es wäre aber auch unsachlich und ungerecht, das Positive zu verschweigen. Die Kirche hat, trotz der Mängel und Fehler ihrer Mitglieder, die Botschaft und die Gnade Christi durch alle Jahrhunderte weitergegeben. Die Tatsache, daß diese alte, oft schon als sterbend abgeschriebene Kirche immer wieder vorbildliche Christen, Heilige, hervorgebracht hat, beweist ihre Lebenskraft, ihre ewige Jugend. Wir brauchen hier nicht von den unzähligen Heiligen vergangener Zeiten zu sprechen, sondern können ebenso viele Zeugen unseres Jahrhunderts, zum Beispiel die Karmelitin Edith Stein, Pater Maximilian Kolbe und noch viele andere nennen.

Durch die unzähligen Heiligen ihrer zweitausendjährigen Geschichte erfüllt die Kirche unter der Leitung des Heiligen Geistes ihre Aufgabe, Sauerteig (Vgl. Mt 13,33) der Menschheit, Licht der Welt (vgl. Mt 5,14) und Salz der Erde (Mt 5,13) zu sein.
Christus hat seiner Kirche seinen Heiligen Geist gesandt, um auch das Antlitz der Erde zu erneuern (vgl. Ps 104,30).

Die Gemeinde, die Kirche, ist die Stadt, die auf einem "*großen, hohen Berg liegt*" (Off 21,10); sie ist "*erfüllt von der Herrlichkeit Gottes. Sie glänzt wie ein kostbarer Edelstein, wie ein kristallklarer Jaspis*" (vgl. Off 21,11).

Auf der Erde, in der Zeit der Erwartung, ist die Strahlkraft dieser Gemeinde, des Volkes Gottes, von der Lebendigkeit des Glaubens, der Hoffnung und der Liebe ihrer einzelnen Mitglieder abhängig!

III. PASTORAL

Nachdem wir nun über den Priester und die Gemeinde gesprochen haben, verbleibt noch die Frage der Beziehung zwischen dem Priester und dem Gottesvolk. Das Wort „Pastoral“ stammt vom Wort „Pastor“ (d.h. Hirte) und bedeutet die Art, in der der „Pastor“ seine Aufgabe als

Hirte erfüllt. Im Gleichnis gehört der Pastor zur Herde und gleichzeitig, wegen seiner besonderen Erwählung, leitet er die Herde: "*Nicht ihr habt mich erwählt, sondern ich habe euch erwählt und dazu bestimmt, daß ihr euch aufmacht und Frucht bringt und daß eure Frucht bleibt. Dann wird euch der Vater alles geben, um was ihr in meinem Namen bittet*" (Joh 15,16).

Das Volk Gottes, die Gemeinde Gottes, die Familie Gottes, wird im Alten Testament wie auch im Neuen Testament mit einer Herde verglichen, die dem Hirten anvertraut ist.

a) Die Propheten das Alten Testamentes, wie Jesaja, Jeremia, Ezechiel und Sacharja, haben solche Vergleiche angestellt.

Das Bild vom König als Hirten ist in der Vorstellungswelt verschiedener Kulturen sehr verbreitet. Der Prophet Jeremia hat es auf die Könige Israels angewandt, um sie anzuklagen, daß sie ihre Aufgabe schlecht erfüllen. Gleichzeitig hat Jeremia angekündigt, daß Gott seinem Volk neue Hirten geben wird, die es in Gerechtigkeit weiden worden: Unter diesen Hirten wird ein "Sproß" (Jer 23, 5-6) - nämlich der Marias - sein.

Ähnlich behandelt der Prophet Ezechiel dieses Thema: Ezechiel sagt ein messianisches Zeitalter voraus, in dem Gott selbst durch seinen Messias sein Volk in Gerechtigkeit und Frieden regieren wird. Diese Art von Ankündigung ähnelt sehr dem Wort Jesu vom guten Hirten, wovon der Evangelist Johannes im Neuen Testament berichtet.

b) Die Bildrede vom König als Hirt und vom Volk als Herde wird im Neuen Testament von Christus selbst erfüllt, wenn er im Gleichnis vom guten Hirten sagt:

1. "*Ich bin der gute Hirt*" (Joh 10,11), d.h. der gute Hirt der Gerechtigkeit und des Friedens, der im Alten Testament angekündigt wurde, ist in die Welt gekommen.

Welchen Beweis führt er an, um die Güte seines Wirkens als Hirt zu belegen? Christus antwortet für sich selbst und für jeden, der als ein guter Hirt gelten will:

"*Der gute Hirt gibt sein Leben hin für seine Schafe*" (Joh, ib.) Das Leben hinzugeben, ist der Beweis der größten Liebe. Beim Letzten Mahl mit seinen Jüngern sagte Jesus selbst:

"*Es gibt keine größere Liebe, als wenn einer sein Leben für seine Freunde hingibt. Ihr seid meine Freunde, wenn ihr tut, was ich euch auftrage*" (Joh 15,13-1,4)

Diejenigen, die eine gewisse Abneigung gegen das Wort "Schafe" empfinden, werden vielleicht die Bezeichnung Freunde bevorzugen.

Vergessen wir aber nicht die Voraussetzung, die es braucht, um ein Freund zu sein: nämlich das zu tun, was Christus uns aufgetragen hat!

Um den Kontrast zwischen dem guten und dem schlechten Hirten hervorzuheben, fügt Jesus hinzu: "*Der bezahlte Knecht aber, der nicht Hirt ist und dem die Schafe nicht gehören, läßt die Schafe im Stich und flieht, wenn er den Wolf kommen sieht; und der Wolf jagt sie auseinander und reißt sie. Er flieht, weil er nur ein bezahlter Knecht ist und ihm an den Schafen nichts liegt*" (Joh 10,12-13).

2. Um die lebendige Beziehung zwischen dem guten Hirten und seinen Schafen zu beschreiben, sagt Christus ein zweites Mal:
"*Ich bin der gute Hirt; ich kenne die Meinen, und die Meinen kennen mich, wie mich der Vater kennt und ich den Vater kenne; und ich gebe mein Leben hin für die Schafe*" (Joh 10,14-15).

Das gute Verhältnis zwischen dem guten Hirten und den Schafen beruht also auf der Voraussetzung der gegenseitigen Kenntnis. Um die Notwendigkeit dieser Voraussetzung zu betonen, zeigt Christus die geheimnisvolle und wunderbare Beziehung zwischen Gott-Vater und Gott-Sohn, aus denen der Heilige Geist hervorgeht: der Geist der Wahrheit, der Liebe und der Einheit.
In dem Wort "Ich kenne die Meinen und die Meinen kennen mich" kommt die Dynamik der Verantwortlichkeit oder Mitverantwortung zum Ausdruck.

3. Zum Phänomen der Spaltungen und Trennungen in der Welt sagt Jesus im selben Gleichnis vom guten Hirten:
"*Ich habe noch andere Schafe, die nicht aus diesem Stall sind; auch sie muß ich führen, und sie werden auf meine Stimme hören; dann wird es nur eine Herde geben und einen Hirten*" (Joh 10.16).

Im Hohenpriesterlichen Gebet betet Christus unter anderem so zum Vater: Alle (meine Jünger) sollen eins sein, damit die Welt glaubt (vgl. Joh. 17,21).

Das Ziel des Heilsplanes ist daher, die Einheit der menschlichen Familie, der Herde, des Volkes Gottes, wiederherzustellen. Um diese Einheit wiederherzustellen, um alle anderen Schafe in denselben Stall zu führen, sodaß alle Schafe die Stimme des Erlösers der Welt hören, eine. Herde bilden und einen Hirten haben, hat Christus sein Leben hingegeben. Zum dritten Mal wird sodann die freiwillige, großartige Liebe des guten Hirten betont:
"*Deshalb liebt mich der Vater, weil ich mein Leben hingebe, um es wieder zu nehmen. Niemand entreißt es mir, sondern ich gebe es aus*

freiem Willen hin. Ich habe Macht, es hinzugeben, und ich habe Macht, es wieder zu nehmen. Diesen Auftrag habe ich von meinem Vater empfangen" (Joh 10,17-18).

Die Einheit der Menschheitsfamilie war das Ziel der Schöpfung. Als der Mensch der Sünde des Ungehorsams verfallen war, hat Christus dieses Ziel - die Einheit - in der Fülle der Zeit durch das Erlösungswerk für den Menschen verwirklicht. Das Erfüllen des Zieles der Einheit ist im Neuen Testament der Kirche anvertraut:
"*Die Kirche ist ja in Christus gleichsam das Sakrament, das heißt Zeichen und Werkzeug für die innigste Vereinigung mit Gott wie für die Einheit der ganzen Menschheit*" (LG, 1).

Dieses Ziel wird durch die Kraft und das Heiligungswerk des Heiligen Geistes erfüllt, der in der Kirche wirkt. Alle Christen sind aufgerufen, diese Einheit unter der Leitung des Nachfolgers Petri und der Nachfolger der Apostel, der Bischöfe, die in Gemeinschaft mit ihm sind, anzustreben. In diesem Sinn werden alle Christen zur "*Seele der Welt*" (Brief an Diognet, Ende des 1. Jh.).

Die Laien in der Kirche

Referat beim "FORUM OSTARRICHI" des Katholischen Laienrates Österreichs in Neuhofen/Ybbs, 27. August 1990

Zum zweiten Mal veranstaltet heuer der Katholische Laienrat Österreichs (KLRÖ) im malerischen Neuhofen/Ybbs - das sich stolz als die Wiege Österreichs bezeichnet - seine jährliche Bildungswoche, genannt "FORUM OSTARRICHI".

Diese wertvolle Initiative begrüße ich sehr, da sie den Teilnehmern auch Möglichkeiten zur religiösen Weiterbildung, zum informellen Gespräch, zur persönlichen Begegnung, und auch zum gemeinsamen Feiern in einer einladenden Umgebung bietet.

Gemäß Statut sind Wesen und Grundlage des Katholischen Laienrates Österreichs, im Sinne des Dekrets über das Laienapostolat, dazu bestimmt, der Koordinierung der apostolischen Tätigkeit der Laien der Kirche in Österreich zu dienen, und zwar im Bereich der Evangelisierung und Heiligung, in karitativen, sozialen und gesellschaftspolitischen Belangen.

In § 1 seines Statuts heißt es des weiteren ausdrücklich: "*Der Katholische Laienrat Österreichs erfüllt diese Aufgabe im engen Zusammenwirken mit der österreichischen Bischofskonferenz*".

Auch aus diesem Grund habe ich Ihre Einladung zur Teilnahme gerne angenommen und es ist für mich, als dem Vertreter des Hl. Vaters in Österreich, eine Freude, heute bei Ihnen zu sein.

Wie Sie wissen, ist Ihre Bildungswoche zur Gänze dem nachsynodalen Apostolischen Schreiben "Christifideles Laici" von Papst Johannes Paul II. "über die Berufung und Sendung der Laien in Kirche und Welt" gewidmet.
Dieses Dokument ist die Zusammenfassung der ausdrücklichen Lehre der Bischöfe der ganzen Welt in Gemeinschaft mit dem Papst (Lumen Gentium, N.22), die anläßlich der Bischofssynode von 1987 vorgestellt wurde und für die Verhältnisse der heutigen Zeit ausgesprochen ist.

Anläßlich des heutigen ersten Arbeitstages bin ich eingeladen worden, über das erste Kapitel dieses Schreibens zu referieren. Es trägt die Überschrift:

"ICH BIN DER WEINSTOCK - IHR SEID DIE REBEN

Die Würde der Laien im Geheimnis der Kirche".

Im § 2 des Statuts des Katholischen Laienrates Österreichs heißt es hinsichtlich seiner Aufgaben, daß "*wichtige Fragen des Laienapostolates und des Weltdienstes der Kirche behandelt werden sollen, die über den diözesanen Bereich hinausgehen*".

Ich bin der Meinung, daß eigentlich alle Aktivitäten dieser Körperschaft über den diözesanen Rahmen hinausreichen, weil wir im Zeitalter der raschen Kommunikation leben, und durch die Mobilität der Menschen und durch den Einfluß der Medien alle Menschen sehr rasch informiert werden können. Dies im positiven und negativen Sinn!

Religiöse Gleichgültigkeit und Atheismus

Die ungemein große Aufgabe der katholischen Laien ist bereits im Vorwort des päpstlichen Schreibens "Christifideles Laici" dramatisch ausgesprochen, wenn es heißt: "*Die wachsende Verbreitung der religiösen Gleichgültigkeit und des Atheismus in ihren verschiedenen Ausprägungen, vor allem in der heute geläufigsten Form des Säkularismus, kann nicht ungenannt bleiben. Vom Erfolg seiner Errungenschaften und durch die unaufhaltsame wissenschaftliche und technische Entwicklung verblendet, mehr noch aber durch die älteste und immer neue Versuchung, im unbegrenzten Gebrauch seiner Freiheit wie Gott sein zu wollen, fasziniert, reißt der Mensch die religiösen Wurzeln aus seinem Herzen. Er vergißt Gott, betrachtet ihn als bedeutungslos für seine eigene Existenz und verwirft ihn, um verschiedenste 'Idole' anzubeten*" (CL 4).

Schon das II. Vatikanische Konzil beklagt, daß "*breite Volksmassen das religiöse Leben praktisch aufgeben*" (Gaudium et Spes,N. 7).

Neuevangelisierung

Angesichts dieser dramatischen Äußerungen des kirchlichen Lehramtes kann es keine Frage sein, daß wir alle, Laien und Priester, aber auch die Bischöfe aufgerufen sind, unsere ganze Kraft der "Neuevangelisierung" unserer Gesellschaft zu widmen.

Suche und Bedürfnis nach Religiösem

In der genannten Einleitung des Apostolischen Schreibens betont der Papst, daß sich das Suchen und das Bedürfnis nach dem Religiösen nicht ganz auslöschen läßt (CL 4).

Die Probleme, die es zu lösen gilt, werden schon in der Einführung klar benannt, sie sind gewaltig: "*Wenn der Mensch in seiner Würde als lebendiges Abbild Gottes nicht anerkannt und geliebt wird, ist der Mensch den verdemütigendsten und absurdesten Formen des Mißbrauchs, die ihn erbarmungslos zum Sklaven des Stärkeren machen, ausgeliefert. Dieses Stärkere kann verschiedene Namen tragen: IDEOLOGIE, WIRTSCHAFTLICHE MACHT, UNMENSCHLICHE POLITISCHE SYSTEME, WISSENSCHAFTLICHE TECHNOKRATIE, ÜBERFLUTUNG DURCH DIE MASSENMEDIEN. Hier stehen wir wieder vor Scharen unserer Brüder und Schwestern, deren Grundrechte auch wegen einer übertriebenen Toleranz und sogar offenkundiger Ungerechtigkeit gewisser bürgerlicher Gesetzgebungen verletzt werden: das Recht auf Leben und dessen Unantastbarkeit, das Recht auf Wohnung und Arbeit, das Recht auf die Gründung einer Familie und auf verantwortliche Elternschaft, das Recht auf Teilnahme am öffentlichen Leben, das Recht auf Gewissensfreiheit und freies Bekenntnis des Glaubens*" (CL 5).

Bedürfnisse der heutigen Welt

Sie können schon aus diesen Worten der Einleitung entnehmen, wie ungemein groß und weitreichend die Probleme sind, die heute vor uns als Kirche stehen und wie sehr es auf jeden einzelnen ankommen wird, ob die Menschheit einer guten Zukunft entgegengeht oder dem absoluten Chaos.

Bekenntnis zur Würde des Laien im Geheimnis der Kirche

Das erste Kapitel beginnt mit dem Bekenntnis zur Würde des Laien im Geheimnis der Kirche und erinnert an das Wort Jesu: "*Ich bin der Weinstock, ihr seid die Reben*" (Joh 15,5). Die Kirche selbst ist also der Weinberg im Evangelium. "*So kann sich die Identität der Laien, die ihnen eigene Würde nur vom Geheimnis der Kirche her, das Geheimnis der 'communio' ist, enthüllen*" (CL 8)

Wer ist Laie

Nun zur entscheidenden Frage: "Wer ist Laie“?

Das II. Vatikanische Konzil beschreibt in der Konstitution „Lumen Gentium" die Laien als "*alle Christgläubigen, mit Ausnahme der Glieder des Weihestandes und des in der Kirche anerkannten Ordensstandes, das heißt die Christgläubigen, die durch die Taufe Christus einverleibt, zum Volk Gottes gemacht und des priesterlichen, prophetischen und königlichen Amtes Christi auf ihre Weise teilhaftig, zu ihrem Teil die Sendung des ganzen christlichen Volkes in der Kirche und in der Welt ausüben*" (CL 9).

Laien in der Gemeinschaft mit den Bischöfen

Man wird also immer wieder betonen müssen, daß die Laien in der Gemeinschaft mit den Bischöfen und den Priestern gesehen werden müssen. So heißt es auch in § 1 des Statutes des Katholischen Laienrates - wie bereits eingangs erwähnt -, daß die apostolische Tätigkeit der Laien in der Kirche Österreichs im Bereich der Evangelisierung und Heiligung... in engem Zusammenwirken mit der österreichischen Bischofskonferenz erfüllt wird.

Führung des Papstes und der Bischöfe

Das Wort Pius' XII., daß die Laien an der äußersten Front im Leben der Kirche stehen, daß sie nicht nur zur Kirche gehören, sondern die Kirche sind, das heißt die Gemeinschaft der Gläubigen auf Erden unter der Führung des Papstes und der mit ihm geeinten Bischöfe, wird ausdrücklich im 1. Kapitel des Apostolischen Schreibens erwähnt.

Einheit der Jünger Christi

Dieser Gedanke von der Einheit kommt auf den ersten Seiten des Schreibens immer wieder zur Sprache und ist ein besonderes Anliegen des Papstes.

Niemand kann in der Kirche fruchtbar arbeiten, wenn er nicht in der Einheit bleibt. Jeder hat seine eigene Aufgabe zu erfüllen, was auch im Bild des Leibes besonders zum Ausdruck kommt. Dies folgt daraus, daß "wir, die vielen, ein Leib in Christus sind" (Röm 12,5). Die Paulusworte sind eine getreue Wiedergabe der Lehre Jesu, der die geheimnisvolle Einheit der Jünger mit ihm selbst und unter sich geoffenbart hat und sie als Bild und Fortsetzung jener unlöslichen Einheit dargestellt hat, die den Vater mit dem Sohn und den Sohn mit dem Vater im Band der Liebe des Geistes eint (CL 12).

Teilnahme der Laien an den Ämtern der Kirche

In der Folge erklärt der Heilige Vater die Teilnahme der Laien an den drei Ämtern der Kirche, aufgrund des geheimnisvollen Reichtums, den Gott den Christen in der Taufe schenkt.

Als "*Kinder Gottes im Sohn*" neu geboren, sind die Getauften untrennbar "Glieder Christi und Glieder des Leibes der Kirche" (CL12).

Auf diese Weise nehmen sie teil am dreifachen Amt Christi:

a) Am Priesterlichen Amt Christi, indem die täglichen Lasten und Unternehmungen als geistige Opfer dargebracht werden, "wohlgefällig vor Gott durch Jesus Christus" (1 Petr 2,5).

Hier wird besonders die Mitfeier der Eucharistie genannt. Wieviel Kraft und Segen gehen den Gläubigen durch die möglichst tägliche Mitfeier der Eucharistie zu !

b) Am Prophetischen Amt Christi vor allem durch die Verkündigung des Evangeliums und den mutigen Hinweis auf das Böse. Die Laien sollen die Neuheit und Kraft des Evangeliums im täglichen Familienleben und im gesellschaftlichen Leben sichtbar werden lassen und geduldig inmitten der Widersprüche unserer Zeit auch durch die Strukturen des Weltlebens ihre Hoffnungen auf die ewige Herrlichkeit bezeugen (CL 14).

c) Am Königlichen Amt Christi nehmen die Gläubigen teil, vor allem durch ihren geistlichen Kampf, in sich selbst das Reich der Sünde zu überwinden (Röm 6,12) und um durch ihre Selbsthingabe in der Liebe und Gerechtigkeit Jesu zu dienen.

Wert der Schöpfung

Die Laien sind auch in besonderer Weise dazu berufen, der Schöpfung ihren ursprünglichen Wert zurückzuschenken: Wenn sie durch ihr von der Gnade getragenes Tun die Schöpfung zum Wohl der Menschen ordnen, nehmen sie teil an der Ausübung der Macht, mit der der auferstandene Jesus alle Dinge an sich zieht, um sie mit sich selbst dem Vater zu unterwerfen, damit Gott alles in allem sei (vgl. Joh 12,32).

Weltcharakter der Aufgabe der Laien

In der weiteren Folge erklärt das Apostolische Schreiben jenen "Weltcharakter" der Aufgabe der Laien, die "Welthaftigkeit" der Laien, vor allem als den Ort, an dem der Ruf Gottes sie trifft. Die Taufe nimmt sie nicht von der Welt, sondern beruft sie zur Heiligkeit.

Natürlich können das Konzil und auch dieses Rundschreiben des Papstes die einzelnen Probleme des Lebens nicht alle einzeln aufzählen oder alles zur Gänze lösen; aber die Weichen sind gestellt und jeder Christ soll auf dem Platz die Heiligung verwirklichen, auf den Gott ihn gestellt hat.

Die Berufung zur Heiligkeit

Die Heiligkeit ist fundamentale Bedingung und unverzichtbare Voraussetzung in der Heilssendung der Kirche. Das Sprießen und

Wachsen der Reben ist gegeben durch ihre enge Verbindung mit dem Weinstock. Mit gutem Grund sollen hier die feierlichen Selig- oder Heiligsprechungen von Laien - Männern und Frauen -, die während der Synode stattgefunden haben, in Erinnerung gerufen werden (CL 17).

Eine anspruchsvolle Berufung

So gipfelt die Überlegung am Schluß dieses ersten Kapitels mit der Ermahnung Leos des Großen an die Laien seiner Zeit und auch unserer Zeit mit den Worten: "*0 Christ, erkenne deine Würde*".

Diese Würde ist anspruchsvoll, sie ist die Würde der Arbeiter, die der Herr in seinen Weinberg gerufen hat: "So obliegt allen Laien die ehrenvolle Bürde, dafür zu wirken, daß der göttliche Heilsratschluß mehr und mehr alle Menschen aller Zeiten und überall auf der Erde erreiche" (CL 17).

Zum Heil der Menschheit

Mit diesen Worten des Heiligen Vaters möchte ich den Wunsch an Sie alle verbinden, daß Sie sich als tatkräftige Laien berufen sehen, in der Einheit der Gesamtkirche Ihre Aufgabe in dieser wichtigen Zeit der Kirchengeschichte zu erkennen und unermüdlich für das Heil dieser gequälten Menschheit zu arbeiten.

Darin wird unsere gläubige Freude bestehen, auch wenn wir den Erfolg unserer Mühen vielleicht nicht erleben und wir neu den Samen aussäen, der erst eine spätere Ernte reifen läßt.

Der wertvolle Schatz

Möge dieses "Forum Ostarrichi" für alle seine Teilnehmer eine gnadenvolle Gelegenheit bieten, den "Schatz des Himmelreiches" zu finden, von dem der Evangelist Matthäus schreibt:

"*Mit dem Himmelreich ist es wie mit einem Schatz, der in einem Acker vergraben war. Ein Mann entdeckte ihn, grub ihn aber wieder ein. Und in seiner Freude verkaufte er alles, was er besaß und kaufte den Acker*" (Mt 13,44).

Möge diese Freude in der Entdeckung des verborgenen Schatzes uns allen helfen, unseren Glauben zu vertiefen, unsere Hoffnung zu stärken und unsere Liebe zu Gott und zu den Mitmenschen zu vermehren.

Intellektuelle, Evangelium und Kultur

Referat beim Katholischen Akademikerverband Österreichs (KAVÖ) in Wien, 10. November 1990

Ihrer Erwartung entsprechend heißt das Thema des heutigen Referats:

"Die Katholische Aktion im Bereich der Intellektuellen und der Hochschulen".

Ich möchte das Thema in folgenden Fragestellungen behandeln:

I. A) Wer sind die Intellektuellen ?
B) Was sagen die Bischöfe des II. Vatikanischen Konzils den Intellektuellen?
C) Was sagt ihnen Papst Johannes Paul II. ?

II. A) Was sind die Hochschulen ?
B) Was sagt das II. Vatikanische Konzil über die Hochschulen ?
C) Was sagt Papst Johannes Paul II. über die Hochschulen ?

III. A) Was ist die Katholische Aktion?
B) Was sagt das II. Vatikanum über die Katholische Aktion?
C) Was sagen Papst Johannes Paul II. und die Bischofssynode über die KA ?

IV A) Welche Rolle soll die KA im Bereich der Intellektuellen und der Hochschulen spielen?

ERSTER TEIL

A) Wer sind die Intellektuellen

Die Intellektuellen sind:
- nach der Wahrheit Suchende
- Menschen des Geistes und der Wissenschaft
- Erforscher des Menschen, des Universums und der Geschichte
- nach den letzten Gründen Fragende.

Der Mensch, zu dessen wesentlichen Seelenkräften die Vernunft gehört, verlangt danach, die Wahrheit zu erkennen.

B) Was sagen die Bischöfe des Zweiten Vatikanischen Konzils den Intellektuellen?

Um auf diese Frage Antwort zu geben, möchte ich bewußt jene Worte zitieren, die die Bischöfe des II. Vatikanums gebraucht haben. Am Ende dieses historischen Ereignisses in der Kirche richteten die Bischöfe nämlich eine besondere Botschaft an die intellektuellen.

1) Der Grund für die Botschaft der Bischöfe an die Intellektuellen

Die Konzilsväter geben selbst den Grund für diese besondere Botschaft mit folgenden Worten an:
"Warum ein besonderer Gruß für euch ? Weil auch wir alle hier, Bischöfe, Konzilsväter, auf die Wahrheit hören. Sind unsere Anstrengungen während dieser vier Jahre nicht auch ein angestrengtes Suchen und ein gründliches Erforschen der Botschaft der Wahrheit, die der Kirche anvertraut ist, gewesen?"

2) Ziel der Intellektuellen

Zum Ziel der intellektuellen sagen die Bischöfe:
"Fahrt fort zu suchen, ohne zu ermüden, ohne jemals an der Wahrheit zu verzweifeln! Erinnert auch an das Wort eines eurer großen Freunde, des hl. Augustins: 'Suchen wir mit dem Wunsche zu finden, und finden wir mit dem Wunsche, weiter zu suchen: Glücklich jene, die, im Besitz der Wahrheit, sie weiter suchen, um sie zu erneuern, zu vertiefen, sie anderen weiterzugehen. Glücklich jene, die sie noch nicht gefunden haben, aber mit aufrechtem Herzen auf sie zuschreiten: Sie mögen suchen das Licht von morgen mit dem Licht von heute bis zur Überfülle des Lichtes"

3) Aufgabe der Intellektuellen

Die Aufgabe der intellektuellen beschreiben die Konzilsväter in folgenden ermutigenden Gedanken:
"Aber vergeßt nicht: Wenn das Denken eine große Sache ist, so ist es vor allem eine Aufgabe; Unglück für den, der freiwillig die Augen vor dem Licht verschließt. Denken ist auch eine Verantwortung: Unglück auch über jene, die den Geist verdunkeln durch tausend Kniffe und ihn so herabsetzen, ihn stolz machen, ihn täuschen und verunstalten. „Welches ist das Grundprinzip für den Wissenschaftler, wenn nicht sich bemühen, richtig zu denken ?
Dafür wollen wir euch, ohne eure Schritte zu durchkreuzen, ohne eure Blicke zu blenden, das Licht unserer geheimnisvollen Lampe anbieten: den Glauben. Derjenige, der es uns anvertraut hat, das ist der höchste Herr des Gedankens, dessen bescheidene Schüler wir sind, der einzige,

der gesagt hat und sagen konnte: 'ich bin das Licht der Welt; ich bin der Weg, die Wahrheit und das Leben'. Dieses 'Wort betrifft euch ".

4) Übereinstimmung zwischen der wahren Wissenschaft und dem wahren Glauben

Das Verhältnis von Wissenschaften und Glauben wurde in der Zeit des Kulturkampfes besonders diskutiert und war umstritten; aber es ist immer - seien wir uns dessen nun bewußt oder nicht - eine Frage, die einer Antwort bedarf.

Die Bischöfe der Weltkirche, die in Gemeinschaft mit dem Nachfolger Petri zum Konzil versammelt waren, tragen dazu folgenden Gedankengang vor:

"Niemals ist, dank Gott, die Möglichkeit eines gründlichen Übereinstimmens zwischen der wahren Wissenschaft und dem wahren Glauben so nahe erschienen wie heute, die beide im Dienste der einzigen Wahrheit stehen. 'Verhindert nicht diese wertvolle Begegnung! Vertraut dem Glauben, diesem Freund der Intelligenz! Erleuchtet euch an seinem Licht, um die Wahrheit, die ganze Wahrheit ergreifen zu können. Dieses ist der Wunsch, die Ermutigung, die Hoffnung, die euch vor ihrem Auseinandergehen die beim Konzil in Rom versammelten Väter aus der ganzen Weit ausdrücken"

C) Was sagt nun Papst Johannes Paul II. den Intellektuellen ?

In seiner Ansprache an den Exekutivrat der UNESCO am 2. Juni 1980 in Paris hat der Hl. Vater unter anderem folgende Punkte behandelt:

1) Die Bedeutung der Kultur

"Die Nation ist in der Tat die große Gemeinschaft der Menschen, die geeint sind durch verschiedene Bande, aber vor allem gerade durch die Kultur. Die Nation besteht 'durch' die Kultur und 'für' die Kultur" (vgl. Deutsche Ausgabe des Osservatore Romano, N. 23, vom 6. Juni 1980, S. 5, N. 14).

2) Das Verhältnis zwischen Religion und Kultur:

"Die Präsenz des Apostolischen Stuhls bei Ihrer Organisation, die allein schon durch die besondere Souveränität des Hl. Stuhls begründet ist, findet darüber hinaus ihre Berechtigung in der organischen Seinsverbindung von Religion im allgemeinen, Christentum im besonderen und Kultur. Diese Beziehung hat sich auf die vielfältigen Realitäten ausgewirkt, die in den verschiedensten Punkten des Erdballs Ausdruck der Kultur wurden. Es dürfte gewiß nicht übertrieben sein, zu behaupten, daß insbesondere Europa als ganzes - vom Atlantik bis zum Ural - durch eine 'Vielfalt von Fakten in

der Geschichte jeder einzelnen Nation wie in der Geschichte der Gesamtheit der Nationen die Bindung zwischen Kultur und Christentum bezeugt" (ib., N. 9).

3) Die grundlegende Beziehung zwischen Kultur und Erziehung:
"*In der Tat beweisen die von mir vorgebrachten Überlegungen bis zur Evidenz, daß die erste und wesentlichste Aufgabe der Kultur im allgemeinen und auch jeder Kultur die Erziehung ist. Die Erziehung besteht doch darin, daß der Mensch immer mehr Mensch wird; daß er mehr 'sein', nicht nur mehr 'haben' kann; daß er versteht, 'mehr zu sein', nicht nur 'mit' den, sondern auch 'für' die anderen. Die Erziehung ist von fundamentaler Bedeutung für die Bildung der zwischenmenschlichen und sozialen Beziehungen. Auch hier befinde ich mich auf dem Boden einer Fülle von Axiomen, auf dem die aus dem Evangelium hergeleiteten Traditionen des Christentums sich mit der erzieherischen Erfahrung so vieler recht geleiteter und sehr kluger Menschen treffen, die in allen Jahrhunderten der Geschichte so zahlreich waren. Sie fehlen auch in unserer Zeit nicht: Menschen, die einfach groß sind durch ihre Menschlichkeit, mit der sie an anderen, vor allem an der Jugend Anteil zu nehmen verstehen. Gleichzeitig beweisen Krisensymptome aller Art, denen das Milieu und die Gesellschaft, vor allem die bessergestellten Gesellschaften, unterliegen - Krisen, die besonders die jüngere Generation anfallen -, zur Genüge, daß die Erziehung des Menschen sich nicht nur mit Hilfe von Institutionen und materiellen Mitteln vollzieht, mögen diese auch ausgezeichnet sein. Sie beweisen auch, daß das wichtigste immer der Mensch und seine moralische Autorität ist, die sich aus der 'Wahrheit seiner Prinzipien und der Übereinstimmung seiner Handlungen mit diesen Prinzipien ergibt*" (ib., N. 11).

ZWEITER TEIL

A) Was sind die Hochschulen ?

Die Universität ist, allgemein gesprochen, eine Hochschule zur höheren Ausbildung des Menschen in allen Wissensbereichen.

B) Was sagt das II. Vatikanische Konzil über die Hochschulen

Das II. Vatikanische Konzil hat in seiner Erklärung über die christliche Erziehung ("Gravissimum educationis") die Lehre der Kirche so formuliert:
"*Die Kirche widmet den Hochschulen, insbesondere den Universitäten und Fakultäten, ihre angelegentliche Sorge. In der Tat*

ist sie bei denen, die ihr unterstehen, naturgemäß bestrebt, daß die einzelnen Disziplinen mit den ihnen eigenen Prinzipien, mit ihrer eigenen Methode und mit einer der wissenschaftlichen Forschung eigenen Freiheit so gepflegt werden, daß sich in ihnen die Erkenntnisse mehr und mehr vertiefen, die neuen Fragen und Forschungsergebnisse der voranschreitenden Zeit sorgfältige Beachtung finden und so tiefer erfaßt wird, wie Glaube und Vernunft sich in der einen 'Wahrheit treffen" (Gravissiumum educationis, N. 10).

In dem eben zitierten Text werden die folgenden Fragen bewußt angesprochen:
- die Freiheit der Forschung
- das Studium der neuen Probleme, die im Laufe der Generationen entstehen
- welche Rolle soll die Kirche im kulturellen Bereich einnehmen, um die Ausbildung von Menschen zu gewährleisten, die tüchtige, erfahrene Wissen-schafter und gleichzeitig Zeugen des Glaubens sind ?

C) Was sagt Papst Johannes Paul II. über die Hochschulen ?

In der Apostolischen Konstitution über die katholischen Universitäten, vom 15. August 1990, hat Seine Heiligkeit Papst Johannes Paul II. sich so ausgedrückt:

"*Aus dem Herzen der Kirche hervorgegangen, hat sich die Katholische Universität in den Strom der Tradition eingefügt, die mit den ersten Anfängen der Universität als Institution begonnen hat. Seither war sie immer wie ein herausragendes Zentrum schöpferischer Kraft und Wissensverbreitung zum Wohl und Nutzen des Menschengeschlechtes. Aufgrund ihrer Aufgabe widmet sich die Universität als 'Universitas magistrorum et scholarium' der Forschung und der Lehre sowie der Bildung der Studierenden, die mit ihren Lehrern in der gleichen Liebe zur Wissenschaft frei verbunden sind. Mit den anderen Universitäten gemeinsam ist ihr das 'gaudium de veritate', welches dem heiligen Augustinus so teuer war, jene Freude nämlich, die Wahrheit auf allen Gebieten der menschlichen Erkenntnis zu suchen, zu entdecken und weiterzugeben. Ihre hervorragende Aufgabe besteht darin, 'in der geistigen Arbeit selbst zwei Ordnungen der 'Wirklichkeit existentiell zu verbinden, die man allzuoft einander entgegenzustellen geneigt ist, als handelte es sich um Gegensätze: die Suche nach der Wahrheit und die Gewißheit, die Quelle der 'Wahrheit bereits zu kennen*' " (Katholische Universitäten, N. 1).

Zu diesem Zweck betreibt die Kirche in der ganzen Welt katholische Universitäten, Institute, Fakultäten und ähnliches.

In dieser Einleitung der zuvor genannten Apostolischen Konstitution über die Katholischen Universitäten kommt unter anderem folgendes zum Ausdruck:

Die Katholische Universität hat sich stets als ein hervorragendes Zentrum der Kreativität und der Ausstrahlung des Wissens zum Wohl der Menschheit erwiesen.

Die Katholischen Universitäten sind gerufen, den Reichtum der Offenbarung und der Natur zu erforschen, damit die gemeinsame Anstrengung der 'Vernunft und des Glaubens es den Menschen ermögliche, das wahre Maß ihrer Menschlichkeit zu erreichen, die als Ebenbild Gottes erschaffen, nach dem Sündenfall noch wunderbarer in Christus erneuert und zu neuem Glanz im Lichte des Geistes berufen wurde.

Im grundsätzlichen Teil des genannten Dokumentes werden die Identität und Sendung der Katholischen Universität betont:

Jede Katholische Universität hat die Voraussetzungen, die einer Universität eigen sind, doch insofern sie katholisch ist, hat sie zudem einige wesentliche Aufgaben:

1 - eine christliche Inspiration nicht nur von Seiten der Einzelnen, sondern auch der Universitätsgemeinschaft als solcher;

2 - eine ständige Reflexion im Lichte des katholischen Glaubens über den wachsenden Schatz des menschlichen Wissens, zu dem sie durch ihre eigenen Forschungen beitragen möchte;

3 - die Treue zur christlichen Botschaft, wie sie von der Kirche dargelegt wird;

4 - die institutionelle Verpflichtung zum Dienst am Volk Gottes und der Menschheitsfamilie auf ihrem Weg zu jenem transzendenten Ziel, das dem Leben Sinn verleiht.

D) Daten über die weltweit bestehenden Katholischen Institutionen

Zum Schluß des zweiten Teiles dieses Referates möchte ich noch einige Daten über die zur Zeit weltweit bestehenden Katholischen Institutionen, auf der Grundlage des "Annuario Pontificio 1990", erwähnen:

Derzeit existieren in der ganzen Weit insgesamt:

165 katholische Institutionen mit Universitätsrang, davon sind:

15 römische Universitäten, 50 Universitäten außerhalb Roms, 60 kirchliche Fakultäten, 30 theologische Fakultäten an staatlichen

Universitäten, zwei kirchliche Lehranstalten und acht höhere religionswissenschaftliche Institute.

DRITTER TEIL

A) Was ist die Katholische Aktion?

In allen Jahrhunderten der Kirche wurden die Christen - als lebendige Steine der Kirche - durch ihre Bischöfe, der jeweiligen Situation entsprechend, immer wieder zu besonderen Aktionen für eine Vertiefung der christlichen Werte gerufen; dies geschah besonders im Bereich der Beziehungen

- zwischen Kirche und Staat
- zwischen Eigentum und Arbeit
- zwischen Kultur und Religion.

Die klassische Definition der Katholischen Aktion ist jene von Papst Pius XI, der zufolge "*die Katholische Aktion als Mitarbeit und Teilnahme der Laien am hierarchischen Apostolat der Kirche betrachtet*" werden soll.

Anläßlich des II. Weltkongresses des Laienapostolats erklärte Papst Pius XII.:

"*Das Apostolat der Laien bleibt immer Apostolat der Laien und wird nicht einmal dann hierarchisches Apostolat, wenn es im Auftrag der Hierarchie ausgeübt wird*" (Ansprache am 5. Oktober 1957).

Die Ziele der Katholischen Aktion sind hauptsächlich die folgenden:

- die persönliche Heiligung anzustreben
- die Heiligung der anderen zu fördern
- das wahre Wohl der Seelen gedeihen zu lassen
- die soziale Aktion zu entfalten, zum Wohle der Gesellschaft und für die Ausbreitung des Reiches Gottes.

An dieser Stelle muß darauf verzichtet werden, auch auf folgende Details einzugehen:

- die Entwicklung der verschiedenen Formen der KA
- die fortschreitende Entfaltung zu einer Reihe von Organisationen
- die gegenwärtige, unterschiedliche Situation der KA in den einzelnen Ländern.

Befassen wir uns nun mit der folgenden Frage:

B) Was sagt das II. Vatikanische Konzil über Ziel und Wesen der Katholischen Aktion?

Die Antwort darauf findet sich vor allem im Dekret über das Laienapostolat, wo die spezifischen Merkmale der KA betont werden. Mitarbeit der Laien am Apostolat der Bischöfe; Ziel, Wesen und Bedingungen:

"In mehreren Nationen haben sich seit einigen Jahrzehnten Laien, die sich immer intensiver dem Apostolat widmeten, zu verschiedenen Formen von Aktionen und Vereinigungen zusammengeschlossen, die in enger Verbindung mit der Hierarchie die im eigentlichen Sinn apostolischen Ziele verfolgten und noch verfolgen. Unter diesen oder auch ähnlichen älteren Einrichtungen sind vor allem die zu erwähnen, die, wenn auch mit verschiedenen Methoden, reichste Frucht für die Herrschaft Christi hervorgebracht haben, von den Päpsten und vielen Bischöfen mit Recht empfohlen und gefördert wurden und von ihnen den Namen Katholische Aktion erhalten haben. Sie wurden wiederholt als Mitarbeit der Laien am hierarchischen Apostolat beschrieben.

Diese Formen des Apostolats, ob sie nun den Namen Katholische Aktion führen oder einen anderen, die in unserer Zeit ein Apostolat von hohem Wert ausüben, sind dadurch gekennzeichnet, daß bei ihnen folgende Merkmale zusammentreffen und zusammen bejaht werden:

a) *Das unmittelbare Ziel dieser Organisationen ist das apostolische Ziel der Kirche, nämlich in Hinordnung auf die Evangelisierung und Heiligung der Menschen sowie auf die christliche Bildung ihres Gewissens, sodaß sie die verschiedenen Gemeinschaften und Milieus mit dem Geist des Evangeliums durchdringen können.*

b) *Die Laien arbeiten in der ihnen eigentümlichen Weise mit der Hierarchie zusammen, tragen ihre eigene Erfahrung bei und übernehmen Verantwortung in der Leitung dieser Organisationen, in der Beurteilung der Verhältnisse, unter denen die pastorale Tätigkeit der Kirche auszuüben ist, und in der Planung und Durchführung des Aktionsprogramms.*

c) *Die Laien handeln vereint nach Art einer organischen Körperschaft, sodaß die Gemeinschaft der Kirche deutlicher zum Ausdruck gebracht und so das Apostolat wirksamer wird.*

d) *Die Laien, die sich freiwillig anbieten oder zum Wirken und zur direkten Mitarbeit mit dem hierarchischen Apostolat eingeladen werden, handeln unter der Oberleitung der Hierarchie selbst. Diese kann die Mitarbeit auch durch ein ausdrückliches Mandat bestätigen.*

Die Organisationen, in denen sich diese Merkmale nach dem Urteil der Hierarchie zusammen vorfinden, sind als Katholische Aktion

anzusehen, wenn sie auch wegen der lokalen und nationalen Erfordernisse verschiedene Formen und Namen annehmen.
Das Heilige Konzil empfiehlt nachdrücklich diese Einrichtungen, die zweifellos den Notwendigkeiten des Apostolats der Kirche bei vielen Völken entsprechen. Es lädt die Priester und Laien, die in ihnen mitarbeiten, ein, die oben erwähnten Merkmale mehr und mehr zu verwirklichen und mit allen anderen Formen des Apostolats immer brüderlicher in der Kirche zusammenzuarbeiten" (Apostolicam actuositatem, N. 20).

Die Katholische Aktion gehört zu jenen Elementen, die für die Gründung der Kirche in den Missionsländern notwendig sind.

Dieser Gedanke kommt besonders im Dekret über die Missionstätigkeit der Kirche zum Ausdruck, wo es unter anderem heißt:
"*Durch die Errichtung von Vereinigungen und Gruppen soll das Apostolat der Laien die ganze Gesellschaft mit evangelischem Geist durchdringen*" (Ad gentes, N. 15)

C) 25 Jahre nach dem II. Vatikanischen Konzil

Heute, 25 Jahre nach dem II. Vatikanischen Konzil, kann man sich fragen, ob inzwischen eine neue Orientierung entstanden ist.
Auf diese Frage antwortete vor allem die Bischofssynode von 1987, als die 'Vertreter des Weitepiskopats zusammen mit dem Nachfolger Petri das Thema der „Berufung und Sendung der Laien in Kirche und Welt“ berieten.
Die Propositio 13 der Bischofssynode und der Abschnitt 31 des Nachsynodalen Apostolischen Schreibens "Christifideles Laici" von Papst Johannes Paul II. sagen darüber folgendes:
"*Von den verschiedenen Formen des Laienapostolats, die in einer besonderen Beziehung zur Hierarchie stehen, riefen die Synodenväter ausdrücklich verschiedene Bewegungen und Vereinigungen der Katholischen Aktion in Erinnerung, in denen 'die Laien sich auf organische und dauerhafte Weise unter der Führung des Heiligen Geistes, in der Gemeinschaft mit dem Bischof und mit den Priestern frei zusammenschließen, um ihrer Berufung entsprechend und aufgrund einer spezifischen Methode, zur Festigung der gesamten christlichen Gemeinschaft beizutragen, an den Pastoralprojekten und der Durchdringung aller Lebensbereiche mit dem Geist des Evangeliums treu und effektiv mitzuwirken*" (Christifideles Laici, N. 31).

Zum selben Thema wird uns im genannten Apostolischen Schreiben folgender bedeutender Punkt (Nr. 30) vorgelegt:

"Kriterien der Kirchlichkeit für die Zusammenschlüsse von Laien:
In dieser Perspektive der communio und der Sendung der Kirche und darum nicht im Gegensatz zum freien Vereinsrecht, muß auch die Notwendigkeit klarer und präziser Kriterien für die Unterscheidung und Anerkennung der Zusammenschlüsse von Laien, auch 'Kriterien der Kirchlichkeit' genannt, verstanden werden.
Folgende Kriterien können einheitlich für die Unterscheidung eines jeden Zusammenschlusses von Laien als grundlegend gelten:

Das Primat der Berufung eines jeden Christen zur Heiligkeit, die 'in den Gnadenfrüchten, die der Heilige Geist in den Gläubigen hervorbringt', als 'Wachstum in der Fülle des christlichen Lebens und der Vollkommenheit der Liebe' zum Ausdruck kommt.
Alle Zusammenschlüsse von Laien und jeder einzelne von ihnen sind dazu berufen, immer profilierter Werkzeug der Heiligkeit in der Kirche zu sein, indem sie ,eine innigere Einheit zwischen dem praktischen Leben ihrer Mitglieder und ihrem Glauben' fördern und pflegen.

Die Verantwortung für das Bekenntnis des katholischen Glaubens, welche die Wahrheit über Christus, die Kirche und den Menschen im Gehorsam zum Lehramt, das sie authentisch interpretiert, aufnimmt und kündet. Jeder Zusammenschluß von Laien mußt Ort der Verkündigung und der Weitergabe des Glaubens sowie einer Glaubenserziehung, die die Gesamtheit der Inhalte des Glaubens umfaßt, sein.

Das Zeugnis einer tiefen und überzeugten communio, in kindlicher Abhängigkeit vom Papst, dem bleibenden und sichtbaren Prinzip der Einheit der Universalkirche und vom Bischof, dem 'sichtbaren Prinzip und Fundament der Einheit' in der Teilkirche sowie in der gegenseitigem 'Hochschätzung aller Formen des Apostolats in der Kirche'.
Die Gemeinschaft mit dem Papst und mit dem Bischof muß sich äußern in der aufrichtigen Bereitschaft, ihr Lehramt und ihre pastoralen Richtlinien anzunehmen. Die Gemeinschaft mit der Kirche erfordert die Anerkennung des legitimen Pluralismus der Laienzusammenschlüsse und zugleich die Bereitschaft zur Zusammenarbeit mit allen.

Die Übereinstimmung mit der apostolischen Zielsetzung der Kirche, an der sie teilhaben, nämlich 'die Evangelisierung und Heiligung der Menschen sowie... die christliche Bildung ihres Gewissens, sodaß die verschiedenen Gemeinschaften und Milieus mit dem Geist des Evangeliums' durchdrungen werden.

In diesem Sinn muß von allen Formen von Laienzusammenschlüssen und von jeder einzelnen der missionarische Elan gefordert werden, der sie immer mehr zu Subjekten einer neuen Evangelisierung macht.

Die Verpflichtung zu einer engagierten Präsenz in der menschlichen Gesellschaft, die sich im Licht der Soziallehre der Kirche in den Dienst des Menschen und seiner vollen Würde stellt.
Die Zusammenschlüsse der Laien müssen einen lebendigen Einsatz in der Teilnahme und Solidarität hervorrufen, um in der Gesellschaft gerechtere und geschwisterlichere Lebensbedingungen zu schaffen.

Die ausgeführten Grundkriterien können an den konkreten Früchten, die das Leben und Wirken der verschiedenen Vereinigungen aufweisen, gemessen werden, wie erneute Freude am Gebet, an der Kontemplation, am liturgischen und sakramentalen Leben; Früchte von Berufungen zu christlichen Ehen, von Priesterberufen und Berufen für das gottgeweihte Leben; Bereitschaft, sich in die Programme und Initiativen der Kirche auf Ortsebene, auf nationaler und internationaler Ebene einzubringen; Einsatz in der Katechese und die pädagogische Fähigkeit, Christen zu formen; Motivation zur christlichen Präsenz in den verschiedenen Bereichen des gesellschaftlichen Lebens und Schaffen und Leiten von caritativen, kulturellen und geistigen Werken; Geist der Armut im Sinn des Evangeliums, um einer hochherzigen Liebe allen gegenüber willen; Umkehr zum christlichen Leben und Rückkehr von 'Fernstehenden' zur Gemeinschaft der Getauften" (Christifideles Laici, N. 30).

VIERTER TEIL

Die Rolle der Katholischen Aktion im Bereich der Intellektuellen und der Hochschulen:

Nachdem wir uns bisher besonders mit den Themen
- die Intellektuellen
- die Hochschulen und
- die Katholische Aktion

beschäftigt haben, möchte ich einige Gedanken über jene Tätigkeit anfügen, welche die Mitglieder der Katholischen Aktion im Bereich der intellektuellen und der Hochschulen entfalten können und sollen.

Diesen Punkt hat die Bischofssynode von 1987 selbst folgendermaßen zusammengefaßt:

"Die katholischen Schulen und Universitäten sowie die Zentren geistlicher Erneuerung, die sich heute immer mehr verbreiten, sind wichtige Orte der Erziehung und Ausbildung... Es ist entscheidend, daß die von Laien betriebene wissenschaftliche und technische Forschung sich vom Kriterium des Dienstes am Menschen in der Ganzheit seiner Werte und seiner Rechte bestimmen läßt. Diesen Laien vertraut die Kirche die Aufgabe an, allen die tiefe Beziehung zwischen Glauben und Wissenschaft, zwischen Evangelium und menschlicher Kultur aufzuschließen.

"Laßt euch nicht entmutigen"

Begegnung mit den Regenten der Priesterseminare Österreichs in Salzburg, 22. Jänner 1991

Sie haben mich als Apostolischen Nuntius eingeladen, hierher nach Salzburg zu kommen, um mit Ihnen über eine der wichtigsten Fragen für das Leben der Kirche in Österreich und in der ganzen Welt nachzudenken, nämlich:

"Die Priesterausbildung nach der Bischofssynode".

Es ist sicherlich nicht nötig, Sie von der großen Bedeutung der Priesterausbildung für "unsere Mutter Kirche" zu überzeugen. Als Regenten der Priesterseminare kennen Sie die diesbezüglichen konziliaren und nachkonziliaren Dokumente sehr gut. Ich denke besonders an:

- das Dekret "Optatam totius Ecclesiae renovationem" des II. Vatikanischen Konzils über die Ausbildung der Priester, vom 28. Oktober 1965,
- die postkonziliaren Dokumente, wie die Ratio Fundamentalis der Kongregation für das katholische Bildungswesen, vom 6. Jänner 1970, und
- die Rahmenordnung für die Ausbildung von Priestern in den Diözesen der österreichischen Bischofskonferenz, von 1985.

Angesichts eines so wichtigen Themas für das Leben und Gedeihen der Kirche ist es richtig und notwendig, darüber zu sprechen und die Ausbildung der Priesterkandidaten an die derzeitigen Verhältnisse anzupassen, ohne aber das Wesentliche im Amt des Priesters aus den Augen zu verlieren.

Um diesem Bedürfnis zu entsprechen, hat Papst Johannes Paul II. das Thema der "Priesterausbildung unter den derzeitigen Verhältnissen" der Synode anvertraut, die vom 30. September bis 30. Oktober des vergangenen Jahres in Rom stattgefunden hat.

I. Einleitung: Die Botschaft der Synodenväter

Am Ende dieser Synode betonten die Vertreter des Weltepiskopates - unter denen, wie Sie wissen, auch zwei Bischöfe aus Österreich waren:

der Erzbischof von Wien, Seine Eminenz Kardinal Hans Hermann Groer, und der Bischof von Graz, Seine Exzellenz Johann Weber - die Bedeutung des Themas mit folgenden Worten:
"*Seit 25 Jahren begleitet die Bischofssynode den Weg der Kirche und berät über die Freuden und Hoffnungen, die Trauer und die Angst aller Menschen, besonders des Volkes Gottes. Ermutigt durch die ständige Anwesenheit des Heiligen Vaters Johannes Paul II. haben wir Väter der Synode von 1990 im Licht des II. Vatikanischen Konzils über die Priesterbildung unter den derzeitigen Verhältnissen nachgedacht.*

Im Gebet, bei unseren Überlegungen und beim Austausch unserer Gedanken haben wir an euch, liebe Glaubensbrüder und -schwestern, gedacht, denen die Überlegungen der letzten Synode galten, ebenso wie an euch, die Diakone und Ordensleute, und an alle, die der Gemeinschaft der Christen dienen. In besonderer Weise lagen uns die Priester am Herzen, die zusammen mit uns Bischöfen inmitten des Volkes Gottes und für das Gottesvolk Mitarbeiter nach dem Vorbild des Hirten Christus sind" (Botschaft der Achten Weltbischofssynode an das Volk Gottes, I. Einleitung).

II. Ermutigung für alle Christen

Diese Überlegungen wurden im Gebet gemacht; die Berufung zum Priestertum geschieht durch Christus, der gesagt hat:
"*Nicht ihr habt mich erwählt, sondern ich habe euch erwählt und dazu bestimmt, daß ihr euch aufmacht und Frucht bringt und daß eure Frucht bleibt*" (Joh 15,16).

Dafür hat unser Erlöser uns seiner Gegenwart versichert:
"*Seid gewiß: Ich bin bei euch alle Tage bis zum Ende der Welt*" *(Mt 28,20).*

Die Vertreter des Weltepiskopates sprechen ihre Hoffnung auf den endgültigen Sieger in dieser Welt aus und ermahnen die Laien mit diesen Worten:
"*Wir sind Jünger Jesu Christi, unseres Herrn und Erlösers. Er ist unsere ständige Hoffnung, während wir dem dritten christlichen Jahrtausend entgegengehen. Gott ist mit uns in unseren Familien und in unserem Beruf, bei unseren Erfolgen und unseren Enttäuschungen. Die liebevolle Hand Gottes ist immer für alle da, die sie vertrauensvoll ergreifen wollen.*
Es fehlt nicht an Schwierigkeiten und Enttäuschungen. Aber wir wollen auf Christus vertrauen, der für seine Kirche sorgt, und auf die Zusammenarbeit mit euch allen im Volke Gottes, und besonders auf die freudige Treue von euch Priestern und auf die großmütige Hingabe

von euch Jugendlichen an den Herrn, der immer Arbeiter in seinen Weinberg beruft" (ebd., II. An die Laien).

III. An die Priester

In Erwartung der Herausgabe des nachsynodalen Dokumentes wollen wir besonders den dritten Teil der Botschaft, der vor allem an die Priester gerichtet ist, näher betrachten.

In diesem Teil der Botschaft der Synodenväter werden Worte der Dankbarkeit und der Ermutigung seitens der Bischöfe für alle Priester zum Ausdruck gebracht. Diese werden genannt:

- die ersten Mitarbeiter der Nachfolger der Apostel im apostolischen Dienst,
- die Ausspender der Eucharistie und der göttlichen Barmherzigkeit im Sakrament der Buße,
- die Tröster der Betrübten,
- die Helfer der Gläubigen in den Schwierigkeiten unserer Zeit.

Die Bischöfe ermahnen sodann alle Priester, mit freudigem Herzen auf diesem Weg zu verbleiben und sie rufen ihnen zu:
"*Laßt euch nicht entmutigen ! Unser Auftrag kommt nicht von uns; es ist der Auftrag des Herrn. Er, der uns gesandt hat, ist bei uns alle Tage unseres Lebens*" (ebd. III. An die Priester).

Theorie und Praxis jedoch sollten einander entsprechen. Daher bedarf es einer beständigen Prüfung der grundsätzlichen Voraussetzungen dafür.

a) Bewußtsein, Mitarbeiter Gottes zu sein

Zuerst sollen alle Verantwortlichen in der Kirche prüfen, ob die Priester und die Priesterkandidaten sich bewußt sind, daß sie berufen sind, den Heilsplan des dreieinigen Gottes fortzusetzen.

Dieser Heilsplan wird offenbar durch das Schöpfungs-, Erlösungs- und Heiligungswerk. Gott verwirklicht diesen Heilsplan in der Mitarbeit von Menschen, die dazu berufen sind, die Liebe Gottes widerzuspiegeln.
"*In der Liebe des Vaters aus der tiefsten Quelle unseres Berufes schauen wir auf den Sohn Gottes, den vom Vater gesandten Hohenpriester und Guten Hirten, mit dem wir durch das Weihepriestertum in der Kraft des Heiligen Geistes verbunden sind. Leben und Arbeit des Priesters sind eine Fortsetzung des Lebens und der Arbeit des Hohenpriesters Christus. Das ist für uns das Wesen und die Würde unseres Berufes, die Quelle unserer Freude und unserer Lebenszuversicht*" (ebd. III. a).

Widerschein der Liebe Gottes

Durch die Erwiderung der Liebe Gottes können wir Schwierigkeiten aller Art überwinden, die in unserer Welt voller Gleichgültigkeit, Materialismus, Armut, Ungerechtigkeit, sowie der wachsenden Unterschiede zwischen reichen und armen Völkern und Klassen bestehen, wie etwa Ressentiments, Rachegefühle, Haß, Versuchung zur Gewaltanwendung, usw.

Wo die Liebe Gottes durch großzügige Menschen offenbar wird, dort wird die Hoffnung groß. Das betonten auch die Missionsbischöfe während der Synode, die für andere Teilkirchen sehr ermutigende und hoffnungsvolle Worte gesprochen haben:

"*Wir leben in einer Zeit der Hoffnung, in einer Zeit des Wachstums, vielleicht des universellen Wachstums der Kirche. Wir dürfen nicht vergessen, Gott dafür zu danken, daß die Zahl der Priesterkandidaten in den letzten dreizehn Jahren in der Welt angestiegen ist. Aber wir müssen in besonderer Weise für die Kirchen beten, in deren Bereich ein solches Wachtums noch nicht spürbar ist*" (ebd. III. a).

Eine solche Atmosphäre zieht viel junge Menschen an und bewegt sie, um des Reiches Gottes willen alles zu verlassen.

Die Zunahme der Priesterkandidaten in der Welt in den letzten 13 Jahren ist ein Verdienst jener Gemeinschaften, die das unergründliche Mysterium des Priestertums verstanden haben und die Verkündigung der Frohen Botschaft Gottes den kommenden Generationen sichern !

In dieser Atmosphäre wird die priesterliche Spiritualität gefördert, die darin besteht, aus dem Glauben, der Hoffnung und der Liebe zu leben.

"*So vertiefen wir unsere Einheit mit Gott durch unser Gebet und durch unser Wirken als Seelsorger. Auf diese Weise wollen wir die Menschen zu Gott führen*" (ebd. III. a).

Ehelosigkeit

Unter solchen Voraussetzungen wird man auch die Ehelosigkeit der Priester begreifen, die nicht alle erfassen können, sondern nur die, denen es gegeben ist (vgl. Mt 19,11).

b) Die Identität des Priesters

Um die Einheit zwischen Theorie und Praxis zu bewahren, sollen und müssen wir Priester uns immer wieder von neuem bewußt werden,

"*daß wir beständig auf dem Weg zu einer vollen Verwirklichung unserer priesterlichen Identität fortschreiten müssen" (ebd. III. b).*

Die Identität des Priesters gehört der Wirklichkeit des Glaubens an. Der Dienst des Priesters macht ihn zum Zeugen der Liebe Gottes, zum Verkündiger der Frohen Botschaft, zum Vermittler der Gnade Gottes in einer säkularisierten Welt. Dazu sind alle Getauften berufen, doch die Priester sind es auf eine besondere Weise, denn

"*das gemeinsame Priestertum der Gläubigen und das Priestertum des Dienstes, das heißt das hierarchische Priestertum, unterscheiden sich ... dem Wesen und nicht bloß dem Grade nach*" (Lumen Gentium, N. 10).

Der Priester soll sich also sehen
- als Diener des Mysteriums
- als Diener der Gemeinschaft ... für den Dienst der Einheit in der Kirche, der Familie und der Kinder Gottes
- als Diener der Mission.

Um seine Identität zu verwirklichen, braucht der Priester die kontinuierliche Bildung, damit er selbst der erste und wichtigste Anstoß für die ständige Weiterbildung der Gläubigen sein kann.

Im Herzen eines Priesters, der sich so weiterentfaltet, gibt es keinen Platz für Mutlosigkeit, auch wenn sein Dienst "*irgendwann einmal nutzlos erscheinen mag. Eine freudige Hingabe findet immer die Liebe und den Segen Gottes*" (ebd. III.b).

Die Weiterbildung der Priesterschaft wird am besten durch Verbundenheit mit dem Bischof angeregt:

"*Eine Priesterschaft, die eng mit ihrem Bischof verbunden ist, ist die beste Voraussetzung für diese Fortbildung*" (ebd. III.b).

c) Wort der tiefen Dankbarkeit und Anerkennung für die Regenten und Erzieher in den Priesterseminaren

Die Synodenväter haben für Sie, liebe Regenten, wie auch für Ihre Mitarbeiter in der Ausbildung der neuen Generationen von Priestern ermutigende Worte gefunden, die ich aus Anlaß unseres heutigen Beisammenseins zitieren muß, auch wenn Sie diese gut kennen:

"*An euch, die Erzieher der zukünftigen Priester, möchten wir erneut ein Wort der tiefen Dankbarkeit und Anerkennung richten. Wir wissen, wie groß die Selbstverleugnung und die Hingabe an diese Aufgabe ist. Wir denken schließlich an euch, ihr Professoren, die ihr für eine solide Ausbildung in unseren Seminarien und an den Universitäten sorgt. Wir möchten euch alle ermutigen, eure Aufgabe in voller Einheit mit der Kirche und in großer Treue zu ihrer Lehre zu erfüllen*" (ebd. III. c).

Das Ziel des Heilsplanes - wie es die Dogmatische Konstitution "Lumen Gentium" über die Kirche sagt - ist die Wiederherstellung der Einheit der Menschheitsfamilie "*in der Wahrheit und in der Liebe*".

Im dritten Teil ihrer Botschaft an die Priester sprechen die Vertreter des Episkopats den Wunsch - wie Christus selbst beim letzten Abendmahl mit seinen Jüngern - aus, "*daß alle eins seien, ... damit die Welt glaube*".

d) Weckung von Priesterberufen

Um diesem Wunsch des Herrn zu entsprechen, braucht es mehr Arbeiter im Weinberg des Herrn (vgl. Mt. 9,37; Lk 10,2).

IV. An die Priesterkandidaten

In dem Teil ihrer Botschaft, der sich an die Priesterkandidaten wendet, finden die Vertreter des Weltepiskopats für die jungen Menschen unter anderem diese ermutigenden Worte. Sie laden die Priesterkandidaten ein, Ihre Berufung von Gott als eine große Gabe Gottes zu betrachten und fahren wörtlich fort:

"*Wir ermutigen euch, dies wie ein Geschenk anzunehmen, das sicherlich menschliche Maßstäbe übersteigt, aber durch das die Kirche der Welt viele Früchte schenken kann*" (ebd. IV).)

V. An die Jugend

In ihrem Appell an die gesamte Jugend

- sprechen die Synodenväter von den jungen Generationen als der Hoffnung der Kirche,
- geben sie ein erfreuliches Zeugnis ihrer Erfahrung,
- betonen sie die Notwendigkeit der Priesterberufe,
- laden sie die jungen Menschen zum Vertrauen ein, und
- stellen sie schließlich fest:

"*Bei den Beratungen der Synode haben wir gehört, daß die Zahl der Priesterberufe in einigen Ländern erfreulich groß ist, während andere Länder einen wachsenden Priestermangel erleben*" (ebd. V).

VI. Schlußwort

Im abschließenden Wort ihrer Botschaft bringen die Bischöfe ihre Dankbarkeit für all jene zum Ausdruck,

"*die für das Gelingen der Synode gebetet, gearbeitet und geopfert haben, und grüßen vom Grab des hl. Petrus aus das ganze Volk Gottes*" (ebd. VI).

Die letzten Sätze der Botschaft sind ein Zeugnis des Vertrauens auf die Liebe und die Fürsprache Mariens, der Mutter der Kirche und aller Priester.

Meinerseits möchte ich mit dem folgenden Wunsch schließen:
Möge Gott Ihnen, liebe Mitbrüder im Priesteramt, Licht, Kraft und Vertrauen schenken, Ihre Aufgabe als Regenten der Priesterseminare und als Ausbildner der Priesterkandidaten für das Gedeihen der Kirche zu erfüllen.
Maria, die Königin der Apostel und der Priester, erflehe für Sie die Fülle der Gaben des Heiligen Geistes.

Die Ordensleute und der Gehorsam

Kurzreferat bei der Plenarsitzung der Superiorenkonferenz der männlichen Ordensgemeinschaften Österreichs im Bildungshaus Wien-Lainz, 27. November 1991

Sehr gerne nehme ich an dieser Ihrer Plenarsitzung der Superiorenkonferenz der männlichen Ordensgemeinschaften Österreichs teil.

Ich danke herzlich für Ihre Einladung und freue mich, nun mit Ihnen gemeinsam einige Überlegungen zu folgendem Thema anstellen zu können:

"Die spirituelle und praktische Dimension des Gehorsamsgelübdes".

Als den Ausgangspunkt für meine Ausführungen möchte ich die grundlegenden Texte des Zweiten Vatikanischen Konzils nehmen, die sich auf die Gelübde und den Gehorsam beziehen.

Obwohl ich sicher bin, daß Sie alle diese sehr gut kennen, schlage ich vor, daß wir uns die wesentlichsten Punkte daraus vor Augen halten, um anschließend ein Gespräch darüber zu führen.

I. Gelübde

1. Im Kapitel über "Die Ordensleute" der Dogmatischen Konstitution über die Kirche "Lumen gentium" wird festgehalten, daß die evangelischen Räte der Keuschheit, der Armut und des Gehorsams in Wort und Beispiel des Herrn selbst begründet sind und eine göttliche Gnadengabe darstellen, die reichliche Hilfen zum Fortschritt der Mitglieder des Ordensstandes bieten und zum Besten des ganzen Leibes Christi dienen (vgl. Lumen gentium, N. 43).
"*Durch die Gelübde oder andere heilige Bindungen (...) verpflichtet sich der Christgläubige zu den drei genannten evangelischen Räten und gibt sich dadurch dem über alles geliebten Gott vollständig zu eigen*" (ebd., N. 44).

Die Kirche nimmt, kraft der ihr von Gott übertragenen Autorität, die Gelübde entgegen, bestätigt sie und erbittet ihnen Hilfe und Gnade von Gott (vgl. ebd., N. 45).
2. Im Dekret über die zeitgemäße Erneuerung des Ordenslebens "Perfectae caritatis", betonen die Synodenväter, daß die besondere

Hingabe an den Herrn im Ordensstand und das Streben nach vollkommener Liebe auf dem Weg der evangelischen Räte wie ein leuchtendes Zeichen des Himmelreiches in der Welt erscheint.

Die Ordensleute sollen - treu ihren Gelübden, durch die sie der Welt entsagt und ihr ganzes Leben in den Dienst Gottes gestellt haben - alles um Christi willen aufgeben, um ihm nachzufolgen (vgl. P.C, N. 5).

3. Darüberhinaus finden wir in der Konstitution über die heilige Liturgie "Sacrosanctum Concilium" den Hinweis, wonach darauf zu achten ist, daß der Ritus für die Profeß und für die Erneuerung der Gelübde so gestaltet werden soll, daß er zu größerer Einheit, Schlichtheit und Würde beiträgt (vgl. S.C., N. 80).

II. Gehorsam

Was die Bischöfe der Weltkirche im Zweiten Vatikanischen Konzil über den Gehorsam gesagt haben, möchte ich in diesen Punkten zusammenfassen:

1. Der Gehorsam Christi

"*Um den Willen des Vaters zu erfüllen, hat Christus das Reich des Himmels auf Erden begründet, uns sein Geheimnis offenbart und durch seinen Gehorsam die Erlösung gewirkt*" (L.G. 3).

Christus hat "durch seinen Gehorsam bis zum Tode den seligen Weg der Freiheit der Kinder Gottes für alle Menschen eröffnet" (L.G. 37).

Christus "entäußerte sich und wurde wie ein Sklave und den Menschen gleich. Sein Leben war das eines Menschen; er erniedrigte sich und war gehorsam bis zum Tod, bis zum Tod am Kreuz" (Phil 2,7-8).

"*Obwohl er der Sohn war, hat er durch Leiden den Gehorsam gelernt*" (Hebr 5,8).

Durch seinen Gehorsam hat Christus den Ungehorsam Adams besiegt und wiedergutgemacht (vgl. P.O. 15).

2. Der Gehorsam Mariens

In "Lumen gentium" wird die Aufgabe der seligen Jungfrau Maria in der Heilsökonomie aufgezeigt.

Sie hat in freiem Glauben und Gehorsam am Heil der Menschen mitgewirkt. Die Gottesmutter wurde "*in ihrem Gehorsam für sich und für das ganze Menschengeschlecht Ursache des Heils*" (L.G. 56).

Im Glauben und Gehorsam gebar sie *„den Sohn des Vaters auf Erden"* (L.G. 63).

In einzigartiger Weise hat sie in Gehorsam, Glaube, Hoffnung und brennender Liebe mitgewirkt am Werk der Erlösung (vgl. L.G. 61).

3. Der Gehorsam der Kirche

Die Kirche ist der Leib Christi und muß sich daher in allem nach dem Vorbild Christi gestalten. Der Gehorsam der Kirche orientiert sich daher immer wieder an der Beziehung des Sohnes Gottes zum Vater.

Durch die missionarische Tätigkeit der Kirche *"wird der Plan Gottes erfüllt, dem Christus gehorsam und liebend gedient hat zur Herrlichkeit des Vaters"* (A.G. 7)

Dem offenbarenden Gott ist *"der Gehorsam des Glaubens"* zu leisten. Darin überantwortet sich der Mensch Gott als ganzer in Freiheit, indem er sich ihm mit Verstand und Willen voll unterwirft (vgl. D.V. 5).

4. Der Gehorsam in der Kirche

Wenn Gott ruft, muß der Mensch Antwort geben. Eine solche Antwort kann der Mensch nur geben, wenn der Heilige Geist ihn treibt und ihm Kraft gibt.

Wenn dieser Ruf, den Willen Gottes zu erfüllen, auch an alle Menschen gerichtet ist, so gibt es doch verschiedene Formen der Berufung.

Vom Diener Christi wird jedoch eine besondere Tugend erwartet (vgl. A.G. 24).

a) Gehorsam der Priester

Durch Demut, reifen und freien Gehorsam machen sich die Priester Christus gleichförmig (vgl. P.O. 15).

Der Gehorsam der Priester gegenüber ihren Vorgesetzten, also vor allem den Bischöfen, soll geprägt sein vom Geist der Zusammenarbeit:

"Alle Priester haben zusammen mit den Bischöfen so an ein und demselben Priestertum und Amt Christi teil, daß diese Einheit der Weihe und Sendung ihre hierarchische Gemeinschaft mit dem Stand der Bischöfe erfordert" (P.O., N. 7).

b) Gehorsam der Missionare

Der Missionar *"sei überzeugt, daß der Gehorsam die besondere Tugend des Dieners Christi ist, der durch seinen Gehorsam das Menschengeschlecht erlöst hat"* (A.G., 24).

"*Auf diese Weise führt er, mit Christus dem Willen des Vaters gehorchend, die Sendung Jesu im Gehorsam gegen die kirchliche Autorität weiter und wirkt am Geheimnis des Heils mit*" (ebd., N. 25).

c) Gehorsam der Ordensleute

Nun sind wir an jenem Punkt angelangt, der besonders Sie, geschätzte Ordensoberen, und die Ihnen anvertrauten Ordensleute betrifft: Sie sind durch Gelübde gebunden und in besonderer Weise auch zum Gehorsam verpflichtet (vgl. L.G. 42).

Im Dekret über die zeitgemäße Erneuerung des Ordenslebens "Perfectae caritatis" heißt es wörtlich:

"*Im Gelöbnis des Gehorsams bringen die Ordensleute die volle Hingabe ihres Willens gleichsam als Opfer ihrer selbst Gott dar. Dadurch werden sie fester und sicherer dem göttlichen Heilswillen geeint. Unter der Anregung des Heiligen Geistes unterstellen sie sich im Glauben den Obern, die Gottes Stelle vertreten, nach dem Beispiel Jesu Christi, der in die Welt kam, um den Willen des Vaters zu erfüllen*" (P.C. 14)

Dies tun sie stets nach dem Beispiel Christi und aus Liebe zu Christus und zu Gott (vgl. L.G. 43; A.G. 24).

Die verschiedenen Formen des Ordenslebens verhelfen ihren Mitgliedern zu größerer Beständigkeit in der Lebensweise und im Streben nach christlicher Vollkommenheit, zu einer brüderlichen Gemeinschaft und zu einer durch den Gehorsam gefestigten Freiheit (vgl. L.G., N.45).

Ich möchte jetzt diese Gedanken mit den Worten der dogmatischen Konstitution über die Kirche beschließen:

"*Die Ordensleute sollen sorgfältig darauf achten, daß durch sie die Kirche wirklich von Tag zu Tag mehr den Gläubigen wie den Ungläubigen Christus sichtbar mache, wie er auf dem Berg in der Beschauung weilt oder wie er den Scharen das Reich Gottes verkündigt oder wie er die Kranken und Schwachen heilt und die Sünder zum Guten bekehrt oder wie er die Kinder segnet und allen Wohltaten erweist, immer aber dem Willen des Vaters gehorsam ist, der ihn gesandt hat.*

Alle sollen schließlich einsehen, daß das Gelöbnis der evangelischen Räte, wenn es auch den Verzicht auf hochzuschätzende Werte mit sich bringt, dennoch der wahren Entfaltung der menschlichen Person nicht entgegensteht, sondern aus ihrem Wesen heraus sie aufs höchste fördert. Die Räte nämlich tragen, wenn sie entsprechend der persönlichen Berufung eines jedem in freiem Entschluß übernommen werden, nicht wenig zur Reinigung des Herzens und zur geistlichen

Freiheit bei, fachen ständig die Glut der Liebe an und vermögen den Christen gleichförmiger zu machen vor allem der jungfräulichen und armen Lebensweise, die Christus der Herr gewählt und die seine jungfräuliche Mutter sich zu eigen gemacht hat. Das beweist das Beispiel so vieler heiliger Ordensgründer. Und es darf keiner meinen, die Ordensleute würden durch ihre Weihe den Menschen fremd oder für die irdische Gesellschaft nutzlos. Denn, wenn sie auch zuweilen ihren Zeitgenossen nicht in unmittelbarer Weise hilfreich sind, haben sie diese doch auf tiefere Weise in der Liebe Christi gegenwärtig und wirken geistlich mit ihnen zusammen, daß der Bau der irdischen Gesellschaft immer in Gott gründe und auf ihn ausgerichtet sei und seine Erbauer nicht vergeblich arbeiten.

Gerade darum bestätigt und lobt die Heilige Synode die Männer und Frauen, Brüder und Schwestern, die in den Klöstern oder in Schulen und Krankenhäusern oder in den Missionen in standhafter und demütiger Treue zu der genannten Weihe die Braut Christi zieren und allen Menschen die verschiedensten großmütigen Dienste leisten" (L.G., N.46).

Seien Sie Ihren spezifischen Charismen treu und Sie werden Früchte in Fülle hervorbringen, für Ihre Institute, für die Kirche in der ganzen Welt, für die ganze Menschheitsfamilie, das Volk Gottes auf Erden.

Sauerteig für die Kirche

Vortrag anläßlich der Tagung für Höhere Oberinnen in Vöcklabruck, 5. April 1994

Im sechsten Kapitel der Dogmatischen Konstitution über die Kirche "Lumen gentium", das über den Ordensstand spricht, wird die Verbindung zwischen dem dreifaltigen Gott und dem gottgeweihten Leben so dargelegt:

"Jeder, der zum Lebensstand der Räte berufen ist, soll eifrig bemüht sein, in der Berufung, zu der er von Gott gerufen wurde, zu bleiben und sich darin mehr auszuzeichnen, zu vollerer Heiligkeit der Kirche, zur größeren Ehre der einen und ungeteilten Dreifaltigkeit, die in Christus und durch Christus Quelle und Ursprung jeder Heiligkeit ist" (ebd. Nr. 47).

In diesen Aussagen werden die wesentlichen Dimensionen des gottgeweihten Lebens aufgezeigt:
- Natur und Eigenart der Berufung zum gottgeweihten Leben, die eine Gnade, ein Geschenk Gottes ist;
- Aufgabe in Kirche und Welt, die hauptsächlich darin besteht, Zeuge der Heiligkeit zu sein und die Herrlichkeit des dreifaltigen Gottes kundzutun;
- Sendung, die das Ziel hat, die Liebe Gottes widerzuspiegeln und so offenbar werden zu lassen.

Mit anderen Worten: die gottgeweihten Seelen sind berufen, das Werk des Heils und der Heiligung fortzusetzen, das Unser Herr Jesus Christus durch seine Menschwerdung, sein Leiden, seinen Tod und seine Auferstehung gewirkt hat, und das im Verlauf der Geschichte für alle Menschen verwirklicht werden soll.

Am 20. November 1992 wurden vom Sekretariat der Bischofssynode die "Lineamenta" veröffentlicht, die diese großen Themen unter dem Titel behandeln: "Das gottgeweihte Leben und seine Sendung in Kirche und Welt".

Dieses Dokument beabsichtigte, vor allem bei den Hirten der Kirche und bei den gottgeweihten Gläubigen eine tiefe Reflexion über das erwähnte Thema im Hinblick auf die vorgesehenen Diskussionen anzuregen.
Als Höhere Oberinnen der Vereinigung der Frauenorden Österreichs haben Sie diese Einladung zur Überlegung über das Thema

angenommen und in einem Heft eine Zusammenfassung der Antworten der Frauenorden Österreichs aus dem Fragebogen gegeben.

Am 27. September 1993 setzten Sie mit den Bischöfen Österreichs in Salzburg Ihre Überlegungen fort.

Die genannte Dokumentation wurde dann an die zuständige Behörde in Rom weitergeleitet.

Zu diesem Anlaß möchte ich meine Wertschätzung für die Überlegungen, die Sie formuliert haben, aussprechen.

Das Sekretariat der Bischofssynode, das die Antworten und die Überlegungen aller Institute des geweihten Lebens und der Gesellschaften des apostolischen Lebens erhalten hat, bereitet das "Instrumentum laboris" vor, das in den nächsten Monaten erscheinen sollte.

Inzwischen hat die Kongregation für die Institute des gottgeweihten Lebens und die Gemeinschaften des apostolischen Lebens am 2. Februar d.J. ein Dokument herausgegeben, das den Titel trägt:

"Das brüderliche Leben in Gemeinschaft - Congregavit nos in unum Christi amor" (Die Liebe Christi hat uns vereinigt).

Dieses von der zuständigen Kongregation erstellte Dokument beinhaltet wichtige Gedanken

- über das Geschenk von Communio und Gemeinschaft,
- über die Ordensgemeinschaft, die als jener Ort zu betrachten ist, wo in Brüderlichkeit gelebt wird, und
- über die Gemeinschaft der Gottgeweihten als Trägerin der Sendung Gottes.

Das oben zitierte Dokument greift in seiner Schlußbemerkung das Grundthema Ihrer Tagung, den dreifaltigen Gott, auf:

"Als ein Ausdruck von Kirche ist die Ordensgemeinschaft eine Frucht des Geistes und Teilhabe an der trinitarischen Gemeinschaft. Hier gründet für jede einzelne Ordensperson und für alle zusammen die Pflicht, sich mitverantwortlich zu fühlen für das brüderliche Leben in Gemeinschaft, damit es unverkennbar die Zugehörigkeit zu Christus bezeuge, der Brüder und Schwestern zum gemeinsamen Leben 'in seinem Namen' erwählt und beruft.

'Die ganze Fruchtbarkeit des Ordenslebens hängt von der Qualität des brüderlichen Lebens in Gemeinschaft ab. Mehr noch: die gegenwärtige Erneuerung in der Kirche und im Ordensleben ist geprägt von einer Suche nach communio und Gemeinschaft'.

Für einzelne Ordensleute und für manche Gemeinschaft mag es als ein hartes und fast aussichtloses Unterfangen erscheinen, die

Auferbauung eines brüderlichen Lebens in Gemeinschaft neu in Angriff zu nehmen. Angesichts einiger Wunden aus der Vergangenheit, der Schwierigkeiten der Gegenwart und einer Zukunft, die im Ungewissen liegt, kann diese Aufgabe die schwachen, menschlichen Kräfte zu übersteigen scheinen.
Es geht darum, die gläubig gelebte Bedeutung des brüderlichen Lebens in Gemeinschaft neu zu bedenken und fest davon überzeugt zu sein, daß sich das Zeugnis der Weihe an Gott durch dieses brüderliche Leben verwirklicht.
'Die Antwort auf diese Einladung, gemeinsam mit dem Herrn die Gemeinschaft in täglicher Geduld aufzuerbauen - fährt der Hl. Vater fort - führt auf den Weg des Kreuzes, und verlangt häufigen Selbstverzicht...'
Vereint mit Maria, der Mutter Jesu, beten unsere Gemeinschaften zum Heiligen Geist, zu dem, der die Macht hat, Gemeinschaften zu schaffen, die die Freude des Evangeliums auszustrahlen und neue Jünger anzuziehen vermögen, indem sie dem Beispiel der Urgemeinde nachfolgen, die 'in der Lehre der Apostel verharrte, in der Gemeinschaft, im Brotbrechen und im Gebet' (Apg 2,42), *und in welcher 'mehr und mehr die Zahl derer wuchs, die an den Herrn glaubten'* (Apg 5,14)".

3) Überlegungen über das gottgeweihte Leben

In der Erwartung des "Instrumentum laboris" des Sekretariats der Bischofssynode lade ich Sie ein, dieses wertvolle Dokument zu betrachten und zu bedenken, das viele ermutigende Anstösse beinhaltet.

Ehrwürdige Schwestern!

Sie gehören der Gemeinschaft jener Seelen an,
- die das Wort Gottes aufgenommen haben,
- die die Liebe Gottes verstehen und
- dieser Liebe des Herrn "*aus ganzem Herzen, aus ganzer Seele und mit allen ihren Kräften*" (Dt 6,5) entsprechen wollen.

Die Liebe Gottes zu kennen, sie zu verstehen und konkret sie widerzuspiegeln ist eine Gabe Gottes:
"*Nicht alle können dieses Wort erfassen, sondern nur die, denen es gegeben ist... Wer das erfassen kann, der erfasse es*" (Mt 19,11-12).

Besonders in unserer Zeit des praktischen Materialismus und großer Veränderungen besteht die Gefahr, diese Orientierung zu verlieren. Daher bedarf es Ihrer Fähigkeit der Unterscheidung zwischen dem

Vergänglichen und dem Unvergänglichen. Diese Gabe der Unterscheidung erhalten wir von oben, denn

- sie läßt uns Gelassenheit und Geduld bewahren,
- sie läßt uns voll Hoffnung gegen alle Hoffnung hoffen (vgl.Röm 4,18),
- sie läßt uns Chancen neuer Lebendigkeit erkennen und oberflächliche Erscheinungen zutreffend beurteilen.

Das Ordensleben gehört zur Lebendigkeit der Kirche; die Ordensleute bilden den evangelischen Sauerteig, der die ganze Masse durchsäuert durch die Verkündigung der Frohen Botschaft Gottes, durch die Verkündigung des zukünftigen Lebens.

Die Kirche als die Gemeinschaft der Glaubenden an Jesus Christus, hat die Aufgabe, die Heilung und die Heiligung der Seelen zu wirken.

Die Ordensleute sind auserwählte Mitarbeiter in diesem geheimnisvollen Werk Gottes.

Das II. Vatikanische Konzil, die Versammlung des Nachfolgers Petri mit den Nachfolgern der Apostel, hat die Bedeutung der Rolle der Ordensleute hervorgehoben. Deswegen haben die Konzilsväter ein Dekret erarbeitet, welches das gottgeweihte Lebens behandelt und den Titel "Perfectae Caritatis" trägt. Auch die dogmatische Konstitution über die Kirche widmet das sechste Kapitel den Ordensleuten.

Das II. Vatikanische Konzil hat Grundlegendes für die Neubewertung des brüderlichen Lebens in Gemeinschaft und für das Verständnis der Ordensgemeinschaften gelehrt. Unter anderem betont das Konzil, daß das Ordensleben unverzichtbar zum Leben und zur Heiligkeit der Kirche gehört.

Durch die Ordensleute wird Christus selbst den Glaubenden und den Nichtglaubenden sichtbar. Durch die gottgeweihten Seelen

- wird die Bergpredigt gelebt,
- wird das Reich Gottes verkündet,
- werden Kranke und Schwache gestärkt und geheilt,
- hören die Sünder die Ermahnung zur Umkehr und zum Glauben an die Frohe Botschaft Gottes,
- werden die Kinder vor allem zur Gottesfurcht erzogen,
- werden die Wohltaten Gottes gepriesen und
- wird die Fruchtbarkeit des Gehorsams und des Glaubens an Gott erfaßt!

Wenn wir an zwei Jahrtausende Kirchengeschichte denken, denken wir notwendig an die großen Leistungen der Orden.

Wer die Entfaltung und das Wachstum der Kirche in den Missionsländern wahrnimmt und sich fragt, wie das möglich ist, wird eine Antwort im stillen Wirken Gottes in der Welt und im direkten, konkreten Zeugnis der Ordensleute finden.

Das Gemeinschaftsleben der gottgeweihten Seelen hat Anziehungskraft, besonders für denkende Menschen, denen die Welt oberflächlich, mißtrauisch und egoistisch erscheint.

Je mehr die Mitglieder einer Gemeinschaft sich vom Geist der Brüderlichkeit beseelen lassen, desto erfolgreicher sind sie wirksam und desto mehr ziehen sie junge Menschen an.

Je mehr die Einheit unter den Mitgliedern gelebt wird, desto mehr wird dem Wunsch Christi entsprochen, der in seinem hohepriesterlichen Gebet für die Einheit seiner Jünger gebetet hat, damit die Welt glaubt.

So wird auch ein wirksamer Beitrag geleistet für die Einheit der Menschheitsfamilie, die das Ziel der Kirche als Stiftung Gottes ist (LG 1).

4) Ergreifen des "Kairos" für die Kirche

Das Ziel aller dieser Überlegungen ist, die echten pastoralen Bedürfnisse der Kirche unserer Zeit - angesichts des dritten christlichen Jahrtausends - zu berücksichtigen.

Unter diesen Bedürfnissen hat die pastorale Sorge für die Ausbildung der Jugendlichen eine besondere Dringlichkeit, da diese ohne richtige Orientierung oft Opfer von Verwirrungen sind, besonders in den sogenannten Wohlstands- ländern.

Die Jugend hat Sehnsucht
- nach einem zielführenden Weg,
- nach Kenntnis der Wahrheit,
- nach dem Sinn des Lebens.

Unser Herr Jesus Christus, der für jeden Menschen Weg, Wahrheit und Leben ist, kann diese Sehnsucht stillen.

Die Jugendlichen von heute sehnen sich nach einer besseren Welt, nach der Zivilisation der Liebe. Zur Verwirklichung dieses Ideals brauchen sie die Entdeckung des Ursprungs, der Quelle der Liebe, aus der sie reichlich schöpfen können!

Es ist wichtig, daß die Jugendlichen den wahren Grund der Würde des Menschen kennen, die darin liegt, Kind Gottes zu sein. Wer auf diesem Grund steht, sieht sich verantwortlich für die Entfaltung seiner Person und für den Aufbau einer besseren Gesellschaft.

Diese Gesinnung vermittelt der ganzen Welt
- eine Seele, die Begeisterung schafft und

- ein Herz, das immer bereit ist, dem Mitmenschen entgegen zu gehen.

Das Bewußtsein, Kind Gottes zu sein, gewährt die Vision eines Lebens, das eine ewige Zukunft hat, auch wenn es auf der Erde von Erfolglosigkeit, von Leiden, von Schwierigkeiten, von Mißverständnissen, von Verfolgungen, vom Tod bedrängt wird.

Der wahre Lebenssinn gibt den Jugendlichen auch
- den Mut, ihre Aufgabe gut zu erfüllen,
- die Großzügigkeit, sich für die Mitmenschen einzusetzen,
- die Kraft, Träger des Glaubens, der Hoffnung und der Liebe zu sein, auch dort, wo der wahre Glaube noch nicht bekannt ist, wo keine menschliche Hoffnung besteht, wo die vollkommene Liebe unbekannt ist, wo sie mißverstanden oder mißbraucht wird.

So wird die Sendung, die Christus seinen Jüngern erteilt hat, richtig verstanden und verwirklicht. "*Wie mich der Vater gesandt hat, so sende ich euch*" (Joh 20,21).

Christus, der wahrer Gott ist, ist Mensch geworden, um unser Bruder zu werden.

Jesus zeigt sich uns als Beispiel, als Vorbild für alle Glaubenden. Wer das Geschenk des Glaubens erhalten hat, sollte die Berufung und die missionarische Sendung in der Kirche gerne annehmen; die Kirche ist das Sakrament, das Geheimnis des Heils für die Menschen auf der Erde bis ans Ende der Welt: "*Seid gewiß: Ich bin bei euch alle Tage bis ans Ende der Welt*" (Mt 28,20).

Diese Sicherheit gibt uns Freude und jenen Frieden, den nur der auferstandene Christus schenkt!

Wir sind berufen, diese Freude und diesen Frieden weiterzugeben.

Je mehr die Freude und der Friede Christi in den Herzen der Menschen verwurzelt sind, desto mehr schwinden Unsicherheit und Unruhe, worunter die Menschen unserer Epoche zu leiden haben.

Eine solche neue Atmosphäre wird den Mut geben, die Versuchungen unserer Tage zu überwinden.

Das Zeugnis der Mitglieder der "Institute des geweihten Lebens", die Sie vertreten, wird zur Erneuerung des Menschen beitragen.

Sie werden junge Menschen anziehen, die bereit sind, alles zu verlassen, um Christus zu folgen. Die Kirche wächst weltweit; auch die geistlichen Berufe mehren sich. Vertrauen auch wir der Gnadenhilfe Gottes.

Möge Maria, unsere Mutter, unser Vertrauen stärken. Denken wir stets an die Worte des Magnifikat:

"Meine Seele preist die Größe des Herrn,
und mein Geist jubelt über Gott, meinen Retter ...
Denn der Mächtige hat Großes an mir getan,
und sein Name ist heilig" (Lk 1,46-49).

Auf den Spuren der Urgemeinde

Vortrag beim Provinzkapitel der Kongregation der Töchter der göttlichen Liebe in Wien, 8. April 1995

Ihre Provinzoberin hat mich eingeladen, anläßlich Ihres Provinzkapitels zu Ihnen zu sprechen.

Als Thema wurde ein 1994 von der Kongregation für die Institute des geweihten Lebens und die Gesellschaften des apostolischen Lebens herausgegebenes Dokument gewählt, das den Titel trägt:

"Das brüderliche Leben in Gemeinschaft"
"Congregavit nos in unum Christi amor".

Dieses Dokument, das wir zusammenfassend betrachten wollen, besteht aus einer Einleitung, drei Kapiteln und einer Schlußbemerkung.

Die Einleitung erscheint unter dem Wort des ersten Verses des Gesanges der Eucharistiefeier vom Gründonnerstag: "*Wo die Güte und die Liebe wohnt, da wohnt Gott. Christi Liebe hat uns geeint ...* " (1 Joh 2;3;4). Dieser Gesang ist eine Zusammenfassung des ersten Briefes des hl. Johannes des Evangelisten.

Die drei Kapitel des Dokuments tragen folgende Überschriften:
Kapitel I: Das Geschenk der Communio und der Gemeinschaft
Kapitel II: Die Ordensgemeinschaft als Ort, wo man Bruder und Schwester wird
Kapitel III: Die Ordensgemeinschaft als Ort und Trägerin der Sendung

Einleitung

1. Die Einleitung stellt uns vor Augen, daß die Berufung eine Initiative Gottes ist, der eine große Zahl Glaubender ruft, um seinen Heilsplan zu verwirklichen.
Dann aber wartet Gott auf die Antwort jener, die er gerufen hat. Dieser Respekt Gottes gegenüber dem freien Willen des Menschen ist ein Merkmal im Alten wie auch im Neuen Testament.
An Maria, die das Urbild aller Tugenden ist, sehen wir, wie der Mensch sich verhalten soll, wenn Gott ihn ruft, in besonderer Weise Mitarbeiter bei der Erfüllung seines Heilplanes zu sein.

Nachdem Maria dem Verkünder ihrer Gottesmutterschaft die Frage "*Wie soll das geschehen?*" (Lk 1,34) gestellt hatte, und nachdem sie darauf die entsprechende Antwort erhalten hatte, bekundete sie ihre Bereitschaft, dem Willen Gottes zu folgen, mit den Worten: "*Ich bin die Magd des Herrn; mit geschehe, wie du es gesagt hast*" (Lk 1,38).

Die Berufung Gottes ist ein besonderer Ausdruck der Liebe Gottes für seine Auserwählten; diese sollen sich bewußt dafür bemühen, der Liebe Gottes mit ganzem Herzen, mit ganzer Seele und mit allen ihren Kräften zu entsprechen.

Die Gnade der Berufung erteilt Gott verschiedenartig, wie die vielen Ordensgemeinschaften von Frauen und Männern zeigen.

Die Mitglieder der Ordensgemeinschaften stammen in zunehmendem Maße aus allen Sprachen, Rassen, Völkern und Stämmen.

Sie selbst, ehrwürdige Schwestern, erfahren diese Wirklichkeit innerhalb Ihrer Kongregation der Töchter der göttlichen Liebe!

Das ist zugleich ein lebendiges Zeichen des wunderbaren Wirkens Gottes in der Kirche, in der Gemeinschaft der an Christus Glaubenden, in jeder Ortskirche und in der Weltkirche.

Am Ende des zweiten Jahrtausends gibt uns diese Erfahrung den Beweis der wirkenden Gegenwart des dreifaltigen Gottes in seiner Kirche, die unsere Mutter Kirche ist - auch für die Christen unserer Zeit - wie die heilige Theresia oft festgestellt hat.

Diese Feststellung soll für uns alle eine große Ermutigung sein. Es gibt Menschen, die manchmal ihren Blick nur auf die negativen soziologischen Aspekte der Kirche werfen. Im Gegenteil sollte man vielmehr die Kirche als Stiftung Christi betrachten. Diese Kirche ist von Christus geliebt; für sie hat er sich hingegeben, "*um sie im Wasser und durch das Wort rein und heilig zu machen* " (vgl. Eph 5,26).

"*So will er (Christus) die Kirche herrlich vor sich erscheinen lassen, ohne Flecken, Falten oder andere Fehler; heilig soll sie sein und makellos*" (Eph 5,27).

In der Verbindung mit Gott, der als Vater den Heilsplan erdacht hat,

- in der Nachahmung der Liebe Christi, der für uns Mensch geworden ist und sein Leben für unser Heil hingegeben hat,

- unter der Führung des Heiligen Geistes, der uns in die ganze Wahrheit einführt, hat die Gemeinschaft der an Christus Glaubenden viele Früchte gebracht.

Gerade die Ordensgemeinschaften, die sich bemühen, diese trinitarische Dimension zu verwirklichen, haben entscheidende Bedeutung für das Leben und die Heiligkeit der Kirche.

Die Gründer der Ordensgemeinschaften sind in der Welt

- die eifrigen Mitarbeiter Gottes in der Verwirklichung des Gottesplanes,

- die eifrigen Nachahmer der Liebe Christi, die ihre Kräfte und ihre Talente für das Reich Gottes einsetzen,

- die den Eingebungen des Heiligen Geistes folgen und die, wie Christus selbst beim Letzten
Abendmahl voraussagte - noch größere Werke vollbringen: "*Amen, amen, ich sage euch: Wer an mich glaubt, wird die Werke, die ich vollbringe, auch vollbringen, und er wird noch* größere vollbringen, denn ich gehe zum Vater" *(Joh 14,12)*.

Unter den Ordensgründern gab es Menschen wie Augustinus, Franz von Assisi, Ignatius von Loyola, Johannes von Gott, die nach ihrer Bekehrung den Weg der Heiligkeit beschritten und Wundertaten vollbracht haben.

Während ihres irdischen Lebens waren diese heiligen Gründer und Gründerinnen sich nicht der mächtigen Auswirkungen ihrer Tätigkeit bewußt - aber durch ihren Glauben an die Wirkung Gottes durch sie, mit ihnen und in ihnen sind ihre Früchte bleibende geworden.

Auch Ihre Gründerin, Mutter Franziska Lechner, kann unter jene Menschen eingereiht werden, die von einem starken Glauben, einer begründeten Hoffnung und einer großmütigen Liebe geprägt waren. Sie gründete Ihre Gemeinschaft, die in verschiedenen Bereichen der Gesellschaft tätig ist und in verschiedenen Nationen wirkt.

Die Bewahrung der Identität jeder Kongregation ist notwendig, um die eigene Besonderheit zu sichern und auch Früchte zu bringen. Über dieses Thema habe ich ausführlicher in meiner Homilie am 14. April 1994 aus Anlaß des 100. Todestages Ihrer Gründerin gesprochen.

a) Nach diesen allgemeinen Überlegungen muß man auch feststellen, daß wir in einer veränderten Welt leben, in der die moderne Gesellschaft immer mehr mit dem Einsatz ausgebildeter Leute rechnet, die jedoch aufgrund der fortgeschrittenen Kommunikations-, Transport- und Produktionsmittel und der Erfindungen der Technik der Gefahr des praktischen Materialismus ausgeliefert sind.

Die Menschen haben oft keine Zeit zu denken, sich zu prüfen und daher keine Möglichkeit, ihr Sprechen und Handeln zu pflegen und zu verbessern.

Der Mangel an Überlegung schafft eine Atmosphäre, in der es sehr schwierig ist, die Aufmerksamkeit auf sachliche und unvergänglich Werte zu lenken. Im besonderen trifft das auf jene Nationen zu, in denen wirtschaftliche Entfaltung und Wohlstand sehr rasch vor sich gingen. In diesem Zusammenhang laßt sich von "Wohlstandskrankheit" oder von "Übersättigung" sprechen. Von dieser Krankheit kann man jedoch geheilt werden.

Deshalb hat Papst Johannes XXIII. das II. Vatikanische Konzil einberufen; deswegen werden auch die diversen Bischofssynoden abgehalten, die die verschiedenen Probleme des Volkes Gottes betreffen, wie auch die Bischofssynode über das gottgeweihte Leben und seine Sendung in Kirche und Welt, die im Vatikan vom 2. bis 29. Oktober 1994 stattgefunden hat.

Wir erwarten jetzt das Dokument, das uns die Überlegungen der Synodenväter und des Heiligen Vaters darstellen wird.

Alle diese Initiativen sowie die entsprechenden Dokumente des Konzils, der Synode und der Kongregation für die Institute des geweihten Lebens und für die Gemeinschaften des apostolischen Lebens zielen darauf hin,

- die unvergänglichen Werte des Evangeliums neu ins Licht zu rücken
- den Ordensgemeinschaften zu neuer Vitalität zu verhelfen,
- die Begeisterung für das brüderliche Leben in Gemeinschaft zu fördern.

"*In einigen Gegenden scheint die Ordensgemeinschaft sogar in den Augen der Ordensmänner und Ordensfrauen an Bedeutung verloren zu haben und womöglich nicht mehr ein erstrebenswertes Ideal zu sein*" (Das brüderliche Leben in Gemeinschaft, Einleitung)

b) Solchen Schwierigkeiten und falschen Vorstellungen gegenüber braucht es Gelassenheit sowie die beständige Konfrontation mit dem Evangelium und dem Gründungscharisma.

Sicher wird dieser Prozeß neue Impulse für das brüderliche Leben geben, weil

- einerseits die Frohe Botschaft Gottes den Ordensleuten die Dynamik der Gnade neu entdecken, verstehen und bewahren läßt und
- andererseits die Interessen des Reiches Gottes in Verbindung mit der Ausübung des Charismas der verschiedenen Institute fördert.

Dadurch erkennt man:

- das Ordensleben ist ein lebendiger Teil der Kirche,
- die Ordensgemeinschaften sind der evangelische Sauerteig in der Gesellschaft,
- die Gottgeweihten sind berufen, die Frohe Botschaft inmitten der Welt zu verkündigen und die Sehnsucht nach dem ewigen Leben wach zu halten!

Durch, mit und in Christus, der das Licht der Welt ist, werden auch die Gottgeweihten in besonderer Weise ein Licht, das in der Finsternis leuchtet!

2. Die theologische Entwicklung

Im Rahmen der Einleitung zieht das Dokument zudem folgende Aspekte in Betracht:

Die theologische Entwicklung der Lehre der Kirche beabsichtigt eine Neubewertung des brüderlichen und schwesterlichen Lebens in Gemeinschaft und ein neues Verständnis der Ordensgemeinschaft.

Zu diesem Zweck werden folgende Grundsätze besprochen:

a) Die Kirche als Geheimnis für die brüderliche und gemeinschaftsbezogene Dimension der Ordensgemeinschaft.

b) Die Kirche wird von den Charismen der Ordensgemeinschaft beseelt.

c) Die Kirche als Sakrament der Einheit bezüglich der apostolischen Dimension der Ordensgemeinschaft.

3) Die kirchenrechtliche Entwicklung

In Verbindung mit der Lehre des II. Vaticanums richtet der neue Kodex seine Aufmerksamkeit ausdrücklich auf die spirituelle Dimension und auf das Band der Brüderlichkeit, das alle Mitglieder untereinander in Liebe verbinden muß. Der neue Kodex (CIC) von 1983 spricht von einem *brüderlichen Leben, das in Gemeinschaft zu führen ist* (vgl. Can. 607 § 2).

Im Gemeinschaftsleben sind zwei Elemente der Gemeinschaft und der Einheit unter den Mitgliedern zu unterscheiden:

1.) *ein mehr spirituelles Element* in der brüderlichen Gemeinschaft, die vom Herzen ausgeht und von der Liebe beseelt wird, und

2.) *ein mehr äußerliches Element* im Leben als Gemeinschaft, das sich verwirklicht *in gemeinsamer Lebensführung* durch Treue zu denselben Regeln, durch Teilnahme an den gemeinsamen Übungen und durch Mitarbeit in den gemeinsamen Diensten des jeweiligen Instituts.

4. Die gesellschaftliche Entwicklung

Die Gesellschaft befindet sich in ständiger Entwicklung und übt auch Einfluß auf die Ordensleute aus, die nicht von der Welt sind, aber dennoch in ihr leben.

Es sei hier lediglich an einige Aspekte erinnert:
a) Die politischen und sozialen Emanzipationsbewegungen in der Dritten Welt und das Anwachsen der Industrialisierung, die in den letzten Jahrzehnten zu großen sozialen Veränderungen führten.

b) Die Forderung nach persönlicher Freiheit und nach den Menschenrechten, die am Anfang eines umfassenden Demokratisierungsprozesses stand, hat unmittelbar nach dem Konzil - vor allem im Westen - eine Beschleunigung erfahren. Auch die Kirche und das Ordensleben blieben von der Infragestellung der Autorität nicht verschont. Die einseitige und überzogene Betonung der Freiheit hat im Westen zur Verbreitung einer Kultur des Individualismus beigetragen. Die Folge war eine Schwächung der Ideale des Gemeinschaftslebens und des Einsatzes für gemeinschaftliche Vorhaben.

c) Die Stärkung der Rolle der Frau.

d) Die Vermehrung der Kommunikationsmittel", die seit den sehziger Jahren beachtlich und zuweilen geradezu dramatisch die Qualität der Beziehungen innerhalb der Gemeinschaft beeinflußt hat.

e) Der Konsumismus und Hedonismus, verbunden mit einer Schwächung des Glaubens, die dem Säkularismus eigen ist.

Diese gesellschaftliche Entwicklung ist eine Herausforderung und zugleich ein Anruf, mit verstärkter Willenskraft die evangelischen Räte zu leben, und dadurch auch die gesamte christliche Gemeinschaft in ihrem Zeugnis zu bestärken.

5. Änderungen im Ordensleben

Verschiedene Wandlungen dieser Jahre haben auch auf die Ordensgemeinschaften einen einschneidenden Einfluß ausgeübt.

a) Neue Lebensgestaltung in den Ordensgemeinschaften.
Gleichzeitig mit dem Rückgang der Berufe in den Wohlstandsländern haben in vielen Ländern die zunehmenden Aktivitäten des Staates im Bereich von Fürsorge, Schule und Gesundheitswesen zu einer Verminderung der Präsenz der Ordensleute in den für apostolisch tätige Institute typischen Werken geführt.
So kommt es zur Verringerung jener großen Ordensgemeinschaften, die in solchen äußeren Apostolatswerken eingebunden waren;

gleichzeitig werden in einigen Gegenden von Ordensleuten kleinere Gemeinschaften gebildet, die sich zwar nicht in institutseigene, jedoch oft auf der Linie des Charismas des Instituts liegende Werke einbringen.

Dies hat beachtliche Folgen für die Form des Gemeinschaftslebens. Der ehrliche Wille, der Kirche zu dienen, das Festhalten an den Werken des Instituts, sowie die dringenden Anfragen der Ortskirche können manchmal die Ordensleute leicht dazu veranlassen, sich mit Arbeit zu überladen, was dann zu einer zeitlichen Verringerung ihrer Verfügbarkeit für das Gemeinschaftsleben führt.

b) Auf die zunehmenden Anfragen um Hilfe in den drängendsten Nöten unserer Zeit (Arme, Drogenabhängige, Flüchtlinge, Randgruppen, Behinderte, Kranke), antworteten die Orden mit einem bewundernswerten und auch anerkannten Engagement.

c) Das Verständnis und die Realisierung der eigenen Arbeit, die eher als schlichte Ausübung eines bestimmten Berufes, und nicht als die Entfaltung einer Sendung im Dienste des Evangeliums angesehen wird, hat die Weihe an Gott und die geistliche Dimension des Ordenslebens manchmal so in den Schatten gestellt, daß das Gemeinschaftsleben als ein Hindernis für dieses Apostolat angesehen wurde, oder als ein rein funktionales Mittel zum Zweck.

d) Im unmittelbaren Gefolge des Konzils kam es zur Entwicklung eines neuen Verständnisses der Person, verbunden mit einer starken Betonung der Einzelperson und ihrer Initiativen.

e) Die neuen Leitungsstrukturen, die aus den erneuerten Konstitutionen hervorgegangen sind, verlangen nach einer erheblich stärkeren Einbeziehung der Ordensmitglieder. Dies führte dazu, den Problemen durch gemeinschaftliches Gespräch, durch Mitverantwortung und durch Subsidiarität zu begegnen, was nicht unerheblich die zwischenmenschlichen Beziehungen ändert und Folgen auch für das Verständnis der Autorität hat.

Die angeführten Veränderungen und Tendenzen haben auf das Erscheinungsbild der Ordensgemeinschaften einen tiefgehenden, wenngleich differenzierten Einfluß ausgeübt.

6. Ziele des Dokuments

Die Ziele des Dokuments sind
- Verbesserung des brüderlichen und schwesterlichen Lebens
- die authentische Erneuerung aus dem Geist des Evangeliums

- Anregungen zum Nachdenken

Am Schluß der Einleitung wird noch betont:

- die Ordensgemeinschaft als Geschenk,
- die Ordensgemeinschaft als Ort, wo man Bruder und Schwester wird,
- die Ordensgemeinschaft als Ort und Trägerin der Sendung.

Das Geschenk der Communio

Jede Ordensgemeinschaft ist eine Gabe des Geistes und kann nur verstanden werden, wenn man sie als ein Geschenk von oben betrachtet. Ihr innerstes Geheimnis ist die Verwurzelung im Herzen der heiligen und heiligmachenden Dreifaltigkeit, die sie teilhaben läßt am Geheimnis der Kirche, für das Leben der Welt.

Die Untertitel dieses ersten Kapitels betonen die Verbindung der Kirche als Communio und der Ordensgemeinschaft als Ausdruck der kirchlichen Communio in den verschiedenen Formen der Gottgeweihten: Mönche, Orden, Kongregationen, Kontemplative.

Wo man Bruder und Schwester wird

Das zweite Kapitel betrachtet die Ordensgemeinschaft als Ort, wo man Bruder und Schwester wird. In diesem Kapitel werden konkrete Aspekte und Voraussetzungen dargelegt, die notwendig sind, um die Aufgabe der Verwirklichung der Gemeinschaft zu erfüllen, wie die folgenden:

Spiritualität und gemeinsames Beten

Gebet und Betrachtung der geheimnisvollen Gegenwart Gottes in jedem von uns und in der Welt sind notwendig, um sie besonders in der Gemeinschaft zu spüren und zu erleben.

Wachsamkeit und Gebet entsprechen der Ermahnung Christi, der uns sagt: "Wacht und betet" (Lk 21,36). Diese Mahnung zur Wachsamkeit gilt für alle Glaubenden, sie ist jedoch besonders an die Gottgeweihten gerichtet.

Wiederentdeckung des liturgischen Gebetes

Die Treue zum Stundengebet, zur Eucharistiefeier, zum Empfang des Versöhnungssakraments lassen die wirksamen Quellen der Gnade entdecken und daraus schöpfen.

Das persönliche Gebet

Das gemeinschaftliche liturgische Gebet muß seine Ergänzung im persönlichen Gebet haben.

Schriftlesung

Die Schriftlesung ermöglicht ein immer besseres Verstehen der Botschaft Gottes, um sie mit Begeisterung weiterzuvermitteln und zu bezeugen.

Treue und Beharrlichkeit im Gebet

Die Worte des heiligen Paulus "Betet ohne Unterlaß" sind im besonderen eine Einladung für die Gottgeweihten treu und beharrlich zu sein.

Verehrung der allerseligsten Jungfrau Maria

Die Verehrung der Mutter Gottes, der Mutter der Kirche (vgl. Apg 1,14) - des geheimnisvollen Leibes Christi -, und zugleich Mutter jedes Christen, ist eine große Hilfe und ein einigendes Band für die Ordensgemeinschaft.

Das Gebet ist die Seele jedes Apostolats

Das Gebet ist die Seele jedes Apostolats. Das Gebet ist wie das Atmen eine Voraussetzung für das Leben.

Die Gottgeweihten sind berufen, die Sehnsucht nach Gott wach zu halten.

Persönliche Freiheit

Im Brief an die Galater schreibt der heilige Paulus: "*Einer trage des andern Last; so werdet ihr das Gesetz Christi erfüllen* " (Gal 6,2).

Das Gebot der gegenseitigem Liebe hat in Christus seinen Ursprung, sein Vorbild und sein Maß: d.h. wir müssen einander lieben, wie er uns geliebt hat. Und Christus hat uns geliebt bis zur Hingabe seines Lebens.

Gewißheit der Liebe Gottes

Christus schenkt den Menschen zwei grundlegende Gewißheiten: Die Gewißheit, von Gott grenzenlos geliebt zu sein , und die Gewißheit, selbst zur grenzenlosen Liebe fähig zu sein.

Aus der Kraft dieser Liebe wächst die Gemeinschaft als ein Zusammenschluß von freien und durch das Kreuz Christi befreiten Menschen.

Mut zum Verzicht

Ein solcher Weg der Befreiung, der zur vollen Communio und zur Freiheit der Kinder Gottes führt, verlangt jedoch den Mut zur Hingabe seiner selbst durch die Annahme und Bejahung des anderen samt seiner Begrenztheit, angefangen bei den Trägern von Autorität.

Beitrag seitens aller Mitglieder der Gemeinschaft, um Schwierigkeiten zu überwinden

Jedes Mitglied der Gemeinschaft kann durch diese großmütige Haltung beitragen, Schwierigkeiten zu überwinden, die das Leben der Gemeinschaft stören.

Weg der Heiligkeit

Der Weg der Heiligkeit erleichtert die Selbstverwirklichung jeder gottgeweihten Person und das Leben der Gemeinschaft. So wird die Gemeinschaft zu einer "Schola Amoris" für Jung und Alt. In dieser Schule lernt man Gott zu lieben, lernt man die Brüder und Schwestern zu lieben, mit denen man lebt, lernt man die Menschheit zu lieben, die des Erbarmens Gottes und der brüderlichen Solidarität bedarf.

Ideal - Schwachheit

Das Ideal der Gemeinschaft darf jedoch nicht vergessen lassen, daß jede christliche Wirklichkeit auf der menschlichen Schwachheit aufgebaut ist. Die vollkommene "ideale Gemeinschaft" gibt es noch nicht: die vollkommene Gemeinschaft der Heiligen ist unser Ziel im Himmel. Wir, die wir noch auf Erden leben, sind berufen zum Aufbau der Einheit durch beständige Vergebung und Versöhnung beizutragen.

Eigenschaften für alle menschlichen Beziehungen

Die Eigenschaften aller guten menschlichen Beziehungen sind Höflichkeit, Anstand, Aufrichtigkeit, Selbstbeherrschung, Humor, Bereitschaft zum Teilen.

Friede und Freude sind Zeichen des Gottesreiches

Der Friede und die Freude am Gemeinschaftsleben sollen die Merkmale jeder Gemeinschaft sein:

"*Seht doch, wie gut und schön ist es, wenn Brüder miteinander in Eintracht wohnen... Denn dort spendet der Herr Segen und Leben in Ewigkeit*" (Ps 133,1.3).

Ein solches Zeugnis der Freude schenkt dem Ordensleben eine starke Anziehungskraft, es ist eine Quelle neuer Berufe und eine Hilfe zur Beharrlichkeit.

Die Freude ist ein strahlendes Zeugnis dafür, daß eine Ordensgemeinschaft dem Evangelium entspricht, wie auch der heilige Paulus in seinem Brief an die Römer schreibt: "*.. fröhlich in der Hoffnung, geduldig in der Bedrängnis, beharrlich im Gebet!*" (Röm 12,12).

Miteinander Wachsen

Gemeinsamer Austausch

Einer jener menschlichen Faktoren, denen wachsende Bedeutung für das Leben der Ordensgemeinschaft zukommt, ist der gemeinsame Austausch.

Deswegen erweisen sich Treffen auf zentraler, regionaler und provinzieller Ebene, wie auch der Versand von Informationen und internen Zeitschriften als sehr nützlich.

Gebrauch der Kommunikationsmittel

Nur ein mäßiger und weiser Gebrauch der Kommunikationsmittel, begleitet von einer gemeinsamen Überprüfung, kann dazu beitragen, die Komplexität der Welt der Kultur besser zu verstehen.

Ordensgemeinschaft und Reifung der Person

Was die Ausbildung der Mitglieder betrifft, zieht das Dokument verschiedene Aspekte in Betracht, wie z.B. die Bildung zu menschlicher Reife, zu richtig verstandener Identität, zu solider Affektivität.

Wo im Mitbruder oder in der Mitschwester eine verminderte affektive Selbständigkeit festgestellt wird, sollte die Antwort der Gemeinschaft in Form einer reichen menschlichen Liebe nach dem Beispiel Jesu und vieler heiliger Ordensleute nicht ausbleiben, einer Liebe, die Ängste und Freuden, Schwierigkeiten und Hoffnungen mit jener Wärme teilt, die das neue Herz auszeichnet, das den ganzen Menschen anzunehmen vermag.

Dadurch kann man die Unstimmigkeiten und die Schwierigkeiten des gemeinsamen Lebens, das sogar einige Heilige als "maxima poenitentia" bezeichnet haben, überwinden!

Vom „Ich“ zum „Wir“

Die Achtung der Person soll beitragen, die Gefahr des Individualismus zu vermeiden, wobei für das Gemeinwohl auch der Kommunitarismus eine Gefahr darstellt.
Solche Bemühungen für die Person vermögen das Gleichgewicht zwischen der Achtung der Person und dem Gemeinwohl herzustellen.

Beständige Weiter-Bildung

Die Ordensgemeinschaft braucht - wie jede andere lebendige und wirksame Gemeinschaft und jede Person - eine beständige Erneuerung, ohne die eigene Identität zu verlieren.

Die Ordensprofeß stellt einen Ausdruck der Selbsthingabe an Gott und die Kirche dar.
Christus, der als Gott allmächtig ist, wurde als Mensch gehorsam, um den Heilsplan Gottes zu verwirklichen und die Einheit der menschlichen Familie wiederherzustellen.
Christus, der als Gott die Quelle des wahren Reichtums ist, wurde als Mensch arm, um uns reich zu machen und die Macht des Herrn in uns wirken zu lassen.
Christus, der als Gott der Ursprung jeder echten Freude ist, hat als Mensch in Keuschheit gelebt, um für das Reich Gottes völlig frei zu sein, um alle seine Gaben für den Dienst am Menschen zur Verfügung zu stellen: "*Denn auch der Menschensohn ist nicht gekommen, um sich dienen zu lassen, sondern um zu dienen und sein Leben hinzugeben als Lösegeld für viele*" (Mk 10,45).

Durch die Vertiefung der evangelischen Rate wird die Einheit einer Ordensgemeinschaft, wie auch ihre charismatische Identität und ihre Vitalität gefördert.

Die Autorität im Dienste der Brüderlichkeit

Das richtige Verständnis von Autorität, die ein Charisma und ein Dienst ist, ermöglicht die positive Entwicklung des Lebens in Gemeinschaft, wobei die Gefahr einer Verdunklung der Rolle der Autorität vermieden wird.
Dieses richtige Verständnis erleichtert die Ausübung von Autorität und schafft eine klare Idee von geordneter Mitverantwortlichkeit in der

Verwirklichung der Atmosphäre der Brüderlichkeit innerhalb der Gemeinschaft.

Autorität, die Einheit bewirkt

Die Autorität des Obern oder der Oberin dient dazu, daß das Ordenshaus nicht einfach ein Aufenthaltsort, ein Agglomerat von Einzelgängern sei, von denen jeder seine eigene Geschichte lebt, sondern eine "*brüderliche Gemeinschaft in Christus*" (Can. 619).

Brüderlichkeit als Zeichen

Die wahrhaft brüderlichen Beziehungen in der Gemeinschaft machen die apostolische Tätigkeit aller Mitglieder fruchtbar und sind wirksame Zeichen für eine Neuevangelisierung "in Wort und Tat".

Die gelebte Brüderlichkeit in Gemeinschaft ermöglicht die Beharrlichkeit und die Treue der einzelnen Ordensperson; gleichzeitig wird damit die Qualität des Lebens gepflegt, gefördert und fruchtbar gemacht.

Ort und Trägerin der Sendung

Im dritten Kapitel werden konkrete Entscheidungen behandelt, die eine Ordgensgemeinschaft in den unterschiedlichen Gegebenheiten zu treffen hat sowie die wichtigsten Kriterien für die Entscheidungsfindung.

Jede Ordensgemeinschaft, auch die rein kontemplative, ist nicht auf sich selbst bezogen, sondern sie wird Verkündigung, Diakonie und prophetisches Zeugnis. Der auferstandene Herr, der in ihr lebt und ihr seinen Geist mitteilt, macht sie zum Zeichen seiner Auferstehung.

Damit erfüllen die Ordensgemeinschaften ihre Sendung, die darin besteht, die Kirche für Gläubige und Ungläubige sichtbar zu machen.

a) Das II. Vatikanische Konzil sagt: "*Die Ordensleute sollen sorgfältig darauf achten, daß durch sie die Kirche wirklich von Tag zu Tag mehr den Gläubigen wie den Ungläubigen Christus sichtbar mache, wie er auf dem Berg in der Beschauung weilt oder wie er den Scharen das Reich Gottes verkündigt oder wie er die Kranken und Schwachen heilt oder wie er die Kinder segnet und allen Wohltaten erweist, immer aber dem Willen des Vaters gehorsam ist, der ihn gesandt hat*"

Die Ziele dieser Sendung sind Vereinigung mit Gott und Einheit der Mitglieder. Zur Erfüllung dieser Sendung ist ein Gleichgewicht von Gemeinschaftsleben und apostolischem Einsatz notwendig.

Das Problem der Koexistenz von großen und kleinen Gemeinschaften soll in den heutigen geänderten Umständen von jedem religiösen Institut geprüft werden, um angepaßte vernünftige Lösungen zu finden.

Für die Beziehungen zur Orts- und Weltkirche ist es hilfreich, das Dokument "*Mutuae Relationes*" vor Augen zu haben.
Andere Realitäten in der Kirche stellen
- die Pfarrgemeinde (Nr. 61) und
- die kirchlichen Bewegungen (Nr. 62) dar.

Einbindung in das Leben der Armen

Zusammen mit vielen anderen Brüdern und Schwestern im Glauben gehören die Ordensgemeinschaften zu den ersten, die sich auf immer neue Weise der materiellen und geistigen Nöte ihrer Zeit angenommen haben.
In dem großen Aufbruch haben die Ordensleute es sich zum Programm gemacht, "für die Armen" zu leben.
Die solidarische Option für die Armen ist im Evangelium verankert: "*Der Geist des Herrn ruht auf mir; denn der Herr hat mich gesalbt. Er hat mich gesandt, damit ich den Armen eine gute Nachricht bringe* "(vgl. Lk 4,18).
"*Selig, die arm sind vor Gott; denn ihnen gehört das Himmelreich*" (Mt 5,3).

Weiters behandelt das Dokument Fragen über:
- Kleine Gemeinschaften (Nr. 64)
- Ordensleute auf Einzelposten (Nr. 65)
- das brüderliche Leben in den Missionsgebieten (Nr.66)
- die Neuordnung der Apostolatswerke (Nr. 67)
- die alten Ordensleute (Nr.68)
- das Verhältnis zu den Laien in unserer Zeit (Nr. 70)

Schlussbemerkung

Das Dokument schließt mit einer Bemerkung, die ich so zusammenfassen möchte:

Als ein Ausdruck von Kirche ist die Ordensgemeinschaft eine Frucht des Geistes und Teilhabe an der trinitarischen Gemeinschaft.

Die Fruchtbarkeit des Ordenslebens hängt von der Qualität des brüderlichen Lebens in Gemeinschaft ab.

Das Vorbild jeder Gemeinschaft bleibt die Urgemeinde der Christen in Jerusalem, die beharrlich war
- im Gebet und im Brotbrechen,
- in der Lehre der Apostel und in der Gemeinschaft.

Diese Haltung hat das beständige Wachstum der an Christus Glaubenden gefördert.

Möge dies auch die Haltung der mehr als 1 Million Gottgeweihten von heute für das Wachstum der Kirche sein, die ja in Christus „Zeichen und Werkzeug für die innigste Vereinigung mit Gott, wie für die Einheit der ganzen Menschheit" sind. (vgl. LG Nr. 1).

Möge Maria die Ordensgemeinschaften um sich vereinen und ihnen täglich in der Anrufung des Geistes beistehen, der das einigende Band, die Quelle und die innerste Triebkraft jeder brüderlichen und schwesterlichen Gemeinschaft ist.
Dieses Dokument der Kongregation für die Institute des geweihten Lebens und die Gesellschaften des apostolischen Lebens, das wir zusammenfassend betrachtet haben, hat der Heilige Vater am 15. Jänner 1994 gutgeheißen und dessen Veröffentlichung zugestimmt.

Abschließend möchte ich den Wunsch aussprechen, daß dieses Dokument über "Das brüderliche Leben in Gemeinschaft" in Erwartung jenes Dokuments der Bischofssynode über das gottgeweihte Leben, die vom 2. bis 30. Oktober 1994 in Rom stattgefunden hat, ein Anstoß sei, um in Ihrer Kongregation mit Begeisterung das Leben in Gemeinschaft zu fördern, besonders bei der jungen Generation!

Christus hat den Apostel Petrus zu seinem Stellvertreter auf Erden erwählt und ihn beauftragt, seine Brüder und Schwestern im Glauben zu stärken und für sie Hirte zu sein:
"Ich aber sage dir: Du bist Petrus, und auf diesen Felsen werde ich meine Kirche bauen, und die Mächte der Unterwelt werden sie nicht überwältigen. Ich werde dir die Schlüssel des Himmelreiches geben; was du auf Erden binden wirst, das wird auch im Himmel gebunden sein, und was du auf Erden lösen wirst, das wird auch im Himmel gelöst sein" (matt
16,18-19).

"*Weide meine Lämmer! ... Weide meine Schafe!*" (Joh 21,15-17).

Can. 590 des Codex des kanonischen Rechtes sagt über die Institute des geweihten Lebens:

§ 1. "*...(sie) unterstehen, weil sie in besonderer Weise dem Dienst für Gott und die ganze Kirche gewidmet sind, aus einem eigenen Grunde ihrer höchsten Autorität.*

§ 2. *Die einzelnen Mitglieder sind gehalten, dem Papst als ihrem höchsten Oberen auch kraft der heiligen Gehorsamsbindung Folge zu leisten*".

Wir wollen deshalb dankbar sein, daß der Papst, der der Nachfolger Petri ist, diese Synode einberufen hat, die sich mit den Hoffnungen und Sorgen des gottgeweihten Lebens in Kirche und Welt befaßt hat.

Eucharistie und Einheit

Vortrag anläßlich der Pastoraltagung für Weltpriester im Tagungshaus Hohewand (Dreistetten), 6. Juni 1995

1. Die Kirche im Plan des dreifaltigen Gottes

Das II. Vatikanische Konzil hat in der Dogmatischen Konstitution die Kirche als allgemeines Heilssakrament dargestellt und hat ihre universale Sendung gerade unter diesem Gesichtspunkt besonders hervorheben wollen.

Schon in den ersten Zeilen dieser Dogmatischen Konstitution über die Kirche lesen wir: "*Die Kirche ist ja in Christus gleichsam das Sakrament, das heißt Zeichen und Werkzeug für die innigste Vereinigung mit Gott wie für die Einheit der ganzen Menschheit*" (LG 1).

Das Konzil entfaltet das Mysterium der Kirche von der Allerheiligsten Dreifaltigkeit her und stellt sie dar, einem Wort des hl. Cyprian folgend, als "*das von der Einheit des Vaters und des Sohnes und des Heiligen Geistes her geeinte Volk*" (LG 4).

Die Kirche nimmt eine zentrale Stellung im Plan Gottes ein. Sie hat ihren Platz im Heilswillen des Vaters, der von Ewigkeit her beschlossen hat, die an Christus Glaubenden "*in der heiligen Kirche zusammenzurufen. Sie war schon seit dem Anfang der Welt vorausbedeutet; in der Geschichte des Volkes Israel und im Alten Bund wurde sie auf wunderbare Weise vorbereitet, in den letzten Zeiten geoffenbart, und am Ende der Weltzeiten wird sie in Herrlichkeit vollendet werden*" (LG 2).

Diesen Plan verwirklicht der Sohn: "*Um den Willen des Vaters zu erfüllen, hat Christus das Reich der Himmel auf Erden begründet, uns sein Geheimnis offenbart und durch seinen Gehorsam die Erlösung gewirkt.*"

Die Kirche, das heißt das im Mysterium schon gegenwärtige Reich Christi, wächst durch die Macht des Wortes sichtbar in der Welt. Dieser Anfang und dieses Wachstum werden zeichenhaft angedeutet durch Blut und Wasser, die der geöffneten Seite des gekreuzigten Jesus entströmten (vgl. Joh 19,34), *und vorherverkündet durch die Worte*

des Herrn über seinen Tod am Kreuz: 'Und ich, wenn ich von der Erde erhöht bin, werde alle an mich ziehen' (Joh 12,32)" (LG3).
Zur Vollendung des Erlösungswerkes wird schließlich der Heilige Geist gesandt, "auf daß er die Kirche immerfort heilige und die Gläubigen durch Christus in einem Geiste Zugang hätten zum Vater (vgl. Eph 2,18)... *Er führt die Kirche in alle Wahrheit ein* (vgl. Joh 16,13), *eint sie in Gemeinschaft und Dienstleistung, bereitet und lenkt sie durch die verschiedenen hierarchischen und charismatischen Gaben und schmückt sie mit seinen Früchten* (vgl. Eph 4,11-12; 1 Kor 12,4; Gal 5,22)" (LG 4).

2. Eucharistie und Aufbau der Kirche

Bei der Darstellung dieses Planes der Allerheiligsten Dreifaltigkeit räumt das Konzil der Allerheiligsten Eucharistie einen einzigartigen Stellenwert ein.

Etwas schematisierend können wir sagen:
a) Die Eucharistie baut die Kirche;
b) die Eucharistie ist Quell und Höhepunkt des kirchlichen Lebens;
c) die Eucharistie vollendet die Kirche.

a) Die Eucharistie baut die Kirche

Das Konzil erinnert nachdrücklich an eine Wirklichkeit, die uns auch die Liturgie oftmals ins Bewußtsein ruft: "*Sooft das Kreuzesopfer, in dem Christus, unser Osterlamm, dahingegeben wurde* (1 Kor 5,7), *auf dem Altar gefeiert wird, vollzieht sich das Werk unserer Erlösung*" (LG 3).

Die Kirche vergegenwärtigt also das göttliche Heilswerk vor allem durch den Vollzug des eucharistischen Opfers. Dieses "reine Opfer", das gemäß der prophetischen Verheißung "vom Aufgang der Sonne bis zum Untergang" (Mal 1,11; vgl. 3. Hochgebet) dargebracht wird, offenbart, garantiert und festigt die Einheit der Kirche.

Mit Worten des Konzils: "*Zugleich wird durch das Sakrament des eucharistischen Brotes die Einheit der Gläubigen, die einen Leib in Christus bilden, dargestellt und verwirklicht* (1 Kor 10,17)" (ibd).

In der Tat erkennen wir einen tiefen Zusammenhang zwischen der Kirche als dem mystischen Leib des Herrn und der Eucharistie als dem Sakrament seiner dauernden heilsstiftenden Gegenwart.

So drückt sich das Konzil in „Lumen gentium“ aus: "*In jenem Leibe strömt Christi Leben auf die Gläubigen über, die durch die Sakramente auf geheimnisvolle und doch wirkliche Weise mit Christus, der gelitten hat und verherrlicht ist, vereint werden.*

Durch die Taufe werden wir ja Christus gleichgestaltet: 'Denn in einem Geiste sind wir alle getauft in einen Leib hinein' (1 Kor 12,13). *Durch diesen heiligen Ritus wird die Vereinigung mit Tod und Auferstehung Christi dargestellt und bewirkt: 'Wir sind nämlich mit ihm durch die Taufe hineinbegraben in den Tod'; wenn wir aber 'eingepflanzt worden sind dem Gleichbild seines Todes, so werden wir es zugleich auch dem seiner Auferstehung sein'* (Röm 6,4-5).

Beim Brechen des eucharistischen Brotes erhalten wir wirklich Anteil am Leib des Herrn und werden zur Gemeinschaft mit ihm und untereinander erhoben. 'Denn ein Brot, ein Leib sind wir, die Vielen, alle, die an dem einen Brote teilhaben' (1 Kor 10,17). So werden wir alle zu Gliedern jenes Leibes (vgl. 1 Kor 12,27), 'die Einzelnen aber untereinander Glieder' (Röm 12,5)" (LG 7).

Dieselben Zusammenhänge bezüglich Aufbau der Kirche und Eucharistie formuliert der Katechismus der Katholischen Kirche folgendermaßen: "*Die Eucharistie baut die Kirche.*

Wer die Eucharistie empfängt, wird enger mit Christus vereint. Dadurch vereint ihn Christus auch mit allen Gläubigen zu einem einzigen Leib: zur Kirche.

Die Kommunion erneuert, stärkt und vertieft die Eingliederung in die Kirche, die bereits durch die Taufe erfolgt ist.

In der Taufe wurden wir berufen, einen einzigen Leib zu bilden.

Die Eucharistie verwirklicht diese Berufung" (KKK 1396).

Wir können diese erste klärende Bemerkung - die Eucharistie baut die Kirche - mit Worten des Dokumentes der Glaubenskongregation aus dem Jahre 1992 abschließen, auf das wir noch zurückkommen werden - des Schreibens „Communionis notio“ an die Bischöfe über einige Aspekte der Kirche als Communio: "*Die paulinische Formel Kirche ist Leib Christi sagt also aus, daß die Eucharistie, in der der Herr seinen Leib gibt und uns zu einem Leib macht, der immerwährende Entstehungsort der Kirche ist; in ihr ist sie am dichtesten sie selbst - an allen Orten und doch nur eine, wie Christus selbst nur einer ist*" (CN 5).

b) Die Eucharistie ist Quell und Höhepunkt des kirchlichen Lebens

Es ist also die Eucharistie, "*aus der die Kirche immerfort lebt und wächst*" (LG 26).

So sehr ist die Vergegenwärtigung des Kreuzesopfers des Herrn auf unseren Altären und die sakramentale Vereinigung der Gläubigen mit ihm Herzmitte der Kirche, daß das Konzil die Eucharistie "*als Quelle und Höhepunkt des ganzen christlichen Lebens*" (LG 11) bezeichnet hat.

"*Mit der Eucharistie stehen die übrigen Sakramente im Zusammenhang; auf die Eucharistie sind sie hingeordnet; das gilt auch für die kirchlichen Dienste und für die Apostolatswerke. Die heilige Eucharistie enthält ja das Heilsgut der Kirche in seiner ganzen Fülle, Christus selbst, unser Osterlamm*" (PO 5, vgl. KKK 1324).

Der Katechismus der Katholischen Kirche erklärt und entfaltet diese Überzeugung des Konzils noch weiter, wenn er von der Eucharistie sagt: "*In ihr nimmt Christus seine Kirche und alle seine Glieder in sein Lob- und Dankopfer hinein, das er am Kreuz seinem Vater ein für allemal dargebracht hat.*

Durch dieses Opfer läßt er die Gnaden des Heils seinem Leib, der Kirche, zuteilwerden" (KKK 1407).

c) Die Eucharistie vollendet die Kirche

Daß die Eucharistie die Kirche vollendet, sagt das Konzil in einem kurzen Einschub der Nr. 39 des Missionsdekretes Ad gentes. Es gebraucht dieses Wort interessanterweise im Zusammenhang mit der Teilhabe jedes Priesters an der missionarischen Sendung der Kirche.

Der Text lautet: "*Die Priester sind Stellvertreter Christi und Mitarbeiter der Bischöfe in dem dreifachen heiligen Amt, das seiner Natur nach auf die Sendung der Kirche ausgerichtet ist.*

Sie mögen sich also zutiefst bewußt sein, daß ihr Leben auch dem Dienst an den Missionen geweiht ist. Da sie aber aufgrund ihres eigenen Amtes - das vorzugsweise im Vollzug der die Kirche vollendenden Eucharistie besteht - mit Christus als dem Haupte in Gemeinschaft stehen und andere zu dieser Gemeinschaft hinführen, können sie unmöglich übersehen, wieviel noch an der Vollgestalt des

Leibes fehlt und wieviel deshalb noch zu tun ist, damit er immer weiter wachse.

Sie mögen darum die Seelsorge so ausrichten, daß sie der Ausbreitung des Evangeliums unter den Nichtchristen dient" (AG 39).

Die Eucharistie bewirkt also nicht nur die innere Erneuerung der Einheit der Kirche, nicht nur die fortwährende Sättigung, Stärkung und Erquickung des mystischen Leibes durch den sakramentalen Leib des Herrn. Dieses Sich-Entfalten der Kirche aus dem in ihr eucharistisch gegenwärtigen und wirkenden Christus erfaßt die ganze Menschheit, denn alle sollen in diese Einheit mit Christus einbezogen werden, sollen in ihm ein Leib werden.

Das Konzil erklärt im Hinblick auf die einheitsstiftende Wirkung der kirchlichen Eucharistiefeier ausdrücklich: "*Alle Menschen werden zu dieser Einheit mit Christus gerufen, der das Licht der Welt ist*"(LG 3).

Die Eucharistie ist also, wie der Katechismus der Katholischen Kirche sich ausdrückt, "*die bleibende Mitte des Lebens der Kirche*" (KKK 1343), eines Lebens, das sich nicht in sich abschließt, sondern auf die Umwandlung der ganzen Welt ausgerichtet ist.

Deshalb "*betet und arbeitet die Kirche zugleich, daß die Fülle der ganzen Welt in das Volk Gottes eingehe, in den Leib des Herrn und den Tempel des Heiligen Geistes, und daß in Christus, dem Haupte aller, jegliche Ehre und Herrlichkeit dem Schöpfer und Vater des Alls gegeben werde*" (LG 17).

3. Bemerkungen zu zwei aktuellen Problemkreisen

Aus der Fülle der Fragen, die sich bei der Betrachtung der Zusammenhänge ergeben, die zwischen Eucharistie und Einheit der Kirche bestehen, sollen wegen ihrer Aktualität nun zwei Problemkreise herausgegriffen werden, die in jüngster Zeit nicht nur Gegenstand mancher Diskussionen gewesen sind, sondern auch das Eingreifen des Lehramtes ausgelöst haben.

Es handelt sich einerseits um das rechte Verständnis von Eucharistie und Episkopat und Primat im Verhältnis zueinander, wie es die Glaubenskongregation im schon erwähnten Schreiben „*Communionis notio*" erläutert hat, und andererseits um das Thema Eucharistie und kirchlicher Gehorsam, zu dem die Glaubenskongregation anläßlich ihrer Stellungnahme zur Thematik des Kommunionempfanges von wiederverheirateten Geschiedenen im vergangenen September einige auch theologisch äußerst bemerkenswerte Klarstellungen geboten hat.

a) Eucharistie, Episkopat und Primat

Wir haben zu zeigen versucht, daß die Eucharistie für die Kirche konstitutiv ist; daß sie die Kirche baut, belebt und vollendet. In einer korrekten Ekklesiologie muß die Eucharistie also notwendigerweise einen zentralen Platz einnehmen, was man vielleicht nicht zu allen Zeiten mit gebührender Deutlichkeit erkannt hat.

"*Die Wiederentdeckung einer eucharistischen Ekklesiologie - so lesen wir dazu in „Communionis notio" - deren wertvolle Verdienste außer Zweifel stehen, hat jedoch manchmal zu einer einseitigen Betonung des Ortskirchenprinzips geführt: Wo die Eucharistie gefeiert werde, so heißt es, vergegenwärtige sich das ganze Geheimnis der Kirche, und zwar so, daß dadurch jedes sonstige Prinzip der Einheit und Universalität als unwesentlich zu betrachten sei.*

Andere auf verschiedene theologische Ansätze zurückgehende Auffassungen neigen zu noch radikaleren Formen dieser partikularistischen Sicht der Kirche, bis hin zu der Behauptung, das Sich-Versammeln im Namen Jesu (vgl. Mt 18,20) bringe selbst Kirche hervor: Die im Namen Christi zur Gemeinde gewordene Versammlung trage alle Vollmachten der Kirche in sich, also auch diejenige der Eucharistiefeier; Kirche werde, wie einige sagen, 'von unten' " (CN 11).

Die Glaubenskongregation korrigiert diese Sicht, der man, wie die Erfahrung zeigt, gar nicht so selten bei manchen betont "basiskirchlichen", theologisch aber wenig ausgereiften Initiativen begegnen kann.

Unser Dokument erklärt: "*Bei diesen und ähnlichen Irrtümern wird der Tatsache nicht hinreichend Rechnung getragen, daß es gerade die Eucharistie ist, die jede Selbstgenügsamkeit der Teilkirche unmöglich macht.*
Denn die Einzigkeit und Unteilbarkeit des eucharistischen Herrenleibes schließt in sich die Einzigkeit seines mystischen Leibes, der die eine und unteilbare Kirche ist.

Aus der eucharistischen Mitte kommt die notwendige Offenheit jeder feiernden Gemeinde, jeder Teilkirche: aus dem Sich-in-die-offenen-Arme-des-Herrn-Ziehenlassen folgt die Eingliederung in seinen einzigen und unteilbaren Leib" (ibd).

Die Einheit der Kirche beruht also nicht allein auf der Eucharistie.

Die einzelnen Gemeinden sind Kirche nicht nur dadurch, daß sie die eine und unteilbare Eucharistie feiern und so aufeinander verwiesen und miteinander in Christus verbunden sind.

Christus hat - bezeichnenderweise im selben Augenblick - Eucharistie und Episkopat gestiftet, und zwar in offensichtlicher innerer Bezogenheit aufeinander.

Das "Tut dies zu meinem Gedächtnis" des Letzten Abendmahles bewirkt nicht nur die Einsetzung der Eucharistie, sondern stellt auch die Geburtsstunde des Episkopates dar, den Ursprung des hierarchischen Priestertums.

Der einzelne Bischof ist zwar Prinzip und Fundament der Einheit der „portio populi Dei", die seinem Hirtendienst anvertraut ist (vgl. LG 23). Damit jedoch - heißt es vertiefend in „Communionis notio" - die Teilkirche voll Kirche sei, das heißt konkrete Präsenz der universalen Kirche mit allen ihren Wesenselementen (vgl. N.7), und somit nach dem Bild der Gesamtkirche gestaltet, muß in ihr als ureigenes Element die höchste Autorität der Kirche gegenwärtig sein: das Bischofskollegium "*gemeinsam mit seinem Haupt, dem Bischof von Rom, und niemals ohne dieses Haupt*" (LG 22).

Petrusamt und Bischofskollegium sind Wesenselemente der Gesamtkirche.

Wo immer also - in der Teilkirche und suo modo auch in jeder Eucharistie feiernden Gemeinde - die Gesamtkirche gegenwärtig sein soll, muß daher auch irgendwie das Bischofskollegium - das es ohne den Papst nicht gibt - gegenwärtig sein.

"*Das Amt des Primats - liest man in ‚Communionis notio' - ist also vom Wesen her ausgestattet mit wahrer bischöflicher Gewalt - nicht nur höchster, voller und universaler, sondern auch unmittelbarer Gewalt - über alle, sowohl über die Hirten als auch über die übrigen Gläubigen* (vgl. Vatikanum I, Pastor aeternus 3).

Die Tatsache, daß das Amt des Petrusnachfolgers innerlich zum eigentlichen Kirchesein jeder Teilkirche gehört, ist notwendiger Ausdruck jenes (...) Verhältnisses grundlegender gegenseitiger Innerlichkeit zwischen Gesamtkirche und Teilkirchen" (CN 13).

Das zitierte Dokument der Glaubenskongregation zeigt schließlich noch auf, wie die Einheit der Eucharistie und die Einheit des Episkopates *cum Petro et sub Petro* nicht unabhängig voneinander Wurzel der Einheit der Kirche sind, "*denn Christus hat die Eucharistie und das Bischofsamt als wesentlich verbundene Wirklichkeiten eingesetzt.*

Der Episkopat ist einer, weil auch die Eucharistie eine ist: das eine Opfer des einen gestorbenen und auferstandenen Christus" (CN 14).

Ohne daß sich wohl die Gläubigen dieses Zusammenhangs bewußt werden, bringt die Liturgie diese Wirklichkeit immer wieder zum Ausdruck, wird doch jede Messe ausdrücklich nicht nur in Einheit mit dem eigenen Bischof, sondern mit dem Papst und der Gesamtheit der Bischöfe gefeiert.

"*In jeder gültigen Eucharistiefeier kommt diese universale Gemeinschaft mit Petrus und mit der ganzen Kirche zum Ausdruck, oder sie wird objektiv verlangt wie bei den von Rom getrennten christlichen Kirchen*" (ibd).

b) Eucharistie und kirchlicher Gehorsam

Das zweite aktuelle Thema, das im Zusammenhang mit diesen Erörterungen über Eucharistie und Kirche noch kurz angeschnitten werden soll, ist mit dem zuvor besprochenen insofern verwandt, als es auch hier im Grunde um die innere Verbundenheit von Eucharistie und Episkopat geht.

Der Zutritt zum Herrenmahl wird von der kirchlichen Autorität geregelt, denn es ist ihre Aufgabe, das ihr anvertraute Heilsgut zu hüten, die Heiligkeit der Sakramente vor Mißbrauch und Verunehrung zu beschützen und so im Interesse der Gläubigen zu verhindern, daß jemand unwürdig ißt und trinkt, weil er den Leib des Herrn nicht unterscheidet, und sich so das göttliche Gericht zuzieht (vgl. 1 Kor 11,17-34).

Das Schreiben „Annus internationalis", das die Glaubenskongregation am 14. September 1994 an die Bischöfe gerichtet hat und in dem sie die geltenden kirchlichen Normen über den Kommunionempfang wiederverheirateter Geschiedener, wie sie zuletzt in „Familiaris consortio" mit gewissen Nuancierungen neuerlich vorgelegt worden waren, in Erinnerung ruft, verweist darauf, "*daß das Urteil, ob die Voraussetzungen für einen Zutritt zur Eucharistie gegeben sind, vom richtig gebildeten Gewissen getroffen werden muß*" (AI 8).

Aber gleichzeitig betont es, daß das Gewissensurteil über die eigene eheliche Situation nicht nur die unmittelbare Beziehung zwischen Mensch und Gott betrifft, sondern der kirchlichen Vermittlung bedarf, "*die auch die im Gewissen verbindlichen kanonischen Normen einschließt*" (ibd).

Sicherlich kennt auch dieses jüngste Dokument des Lehramtes den besonderen Fall von Nichtnachweisbarkeit der objektiven Ungültigkeit einer Ehe vor dem kirchlichen Gericht.

Aber es verweist darauf, daß der *Codex Iuris Canonici* 1983 durch die neuen Vorschriften über die mögliche Beweiskraft bloßer Parteienerklärungen bestrebt war - obgleich dieses Ziel positiv-rechtlich wahrscheinlich nie ganz wird erreicht werden können - "*jede Abweichung der Wahrheit, die im prozessualen Weg nachweisbar ist, von der objektiven, vom Gewissen erkannten Wahrheit so weit wie möglich auszuschließen*" (AI 9).

Es wird in der Praxis heute daher noch seltener vorkommen als bisher schon, daß ein Gläubiger, der zivil wieder verheiratet ist, im Bewußtsein der Ungültigkeit seiner ersten, kirchlich geschlossenen Ehe legitimerweise der Zweitehe im *forum internum* sakramentalen Charakter zuschreibt: daher unter Vermeidung von Ärgernis zum Tisch des Herr gehen kann, wenn die übrigen sittlichen Voraussetzungen dafür gegeben sind.

Den Einwand, die Kirche sei unbarmherzig, wenn sie den wiederverheirateten Geschiedenen daher grundsätzlich den Kommunionempfang verwehrt, widerlegt das Schreiben der Glaubenskongregation nicht zuletzt mit dem Hinweis darauf, daß diese Ausschließung gerade auch im Interesse der Betroffenen vorgenommen werden muß.

Wörtlich heißt es: "*Das Befolgen des Urteils der Kirche und die Beobachtung der geltenden Disziplin bezüglich der Verbindlichkeit der für eine gültige Ehe unter Katholiken notwendigen kanonischen Form ist das, was dem geistlichen Wohl der betroffenen Gläubigen wahrhaft nützt.*

Die Kirche ist nämlich der Leib Christi, und Leben in der kirchlichen Gemeinschaft ist Leben im Leib Christi und Sich-Nähren vom Leib Christi.

Beim Empfang des Sakramentes der Eucharistie kann die Gemeinschaft mit Christus, dem Haupt, niemals von der Gemeinschaft mit seinen Gliedern, d.h. mit seiner Kirche, getrennt werden" (ibd).

Wir begegnen damit ähnlichen Gedankengängen wie zuvor bei der Untersuchung der Beziehungen zwischen Eucharistie und Episkopat: Wurzel der Einheit der Kirche ist nicht die Eucharistie allein, sondern - neben der Einheit im Glauben - auch die Unterordnung unter die rechtmäßige kirchliche Autorität.

Die eine Kirche Christi wird auf Erden ja gerade aufgrund dieser drei Elemente - Einheit des Glaubens, Einheit der Sakramente und Einheit der Autorität - identifiziert.

Der Ausschluß aus der kirchlichen Gemeinschaft, der seit apostolischer Zeit bis in die Gegenwart immer wieder ausgesprochen werden mußte, heißt bezeichnenderweise *Ex-Kommunikation*, also Ausschluß vom Zutritt zur Eucharistie.

In äußerst konzentrierter Sprache sagt das Dokument der Glaubenskongregation: "*Deshalb ist das Sakrament unserer Vereinigung mit Christus auch das Sakrament der Einheit der Kirche.*

Ein Kommunionempfang im Gegensatz zu den Normen der kirchlichen Gemeinschaft ist deshalb ein in sich widersprüchlicher Akt.
Die sakramentale Gemeinschaft mit Christus beinhaltet den Gehorsam gegenüber der Ordnung der kirchlichen Gemeinschaft, auch wenn dies manchmal schwierig sein kann, und setzt diesen voraus; sie kann nicht in rechter und fruchtbarer Weise erfolgen, wenn ein Glaubender, der sich Christus direkt nähern möchte, diese Ordnung nicht wahrt" (ibd).
Die Vereinigung mit Christus in der Eucharistie ist ihrem innersten Wesen nach immer auch Vereinigung mit seiner Kirche.

Und der Gehorsam gegenüber der kirchlichen Autorität ist conditio sine qua non für die Einheit mit Christus.

Es kann keine Einheit mit dem Herrn geben gegen die von ihm gestiftete Kirche, der er die Fülle der Gewalt übertragen hat, die ihm "*im Himmel und auf Erden*" zusteht (vgl. Mt 28,18).

Die Einheit der Kirche, die wir von Gott inständig erbitten müssen und die für den Vollzug der Sendung des Gottesvolkes in der Welt so entscheidend ist, beruht auf unserer Vereinigung mit dem eucharistischen Herrn, der uns zugleich durch den Nachfolger Petri und der in Einheit mit ihm lehrenden und leitenden Bischöfe anspricht. Der Gehorsam gegenüber der kirchlichen Autorität ist Voraussetzung für die Fruchtbarkeit des Gnadenwirkens in den Seelen und in der ganzen Welt, für welche die Kirche nach dem Plan des dreifaltigen Gottes in Christus das umfassende Sakrament des Heiles ist.

Zum Schluß möchte ich Ihnen, sehr geschätzte Teilnehmer an dieser Pastoraltagung, herzlich für den Beitrag danken, den Sie für die Einheit der Kirche *in der Wahrheit und in der Liebe* leisten.

Gleichzeitig möchte ich Sie ermutigen, geduldige und dialogbereite Mitarbeiter Gottes bei der Vermittlung von klaren Grundsätzen zu sein.

Zu diesem Zweck versichere ich Sie meiner Gebete zum Heiligen Geist, der uns auf unserer Pilgerschaft begleitet und uns - allen Glaubenden - hilft, die ganze Wahrheit zu erkennen, anzuerkennen, unseren Mitmenschen zu vermitteln und konsequent danach zu handeln.

150 Jahre im Dienst der Schule

Kurzansprache beim Festakt zum 150-Jahr-Jubiläum der Schulschwestern in Wien-Erdberg, 25. Oktober 1995

Die Feier des 150-Jahr-Jubiläums der Gründung der Kongregation der Schulschwestern vom Dritten Orden des hl. Franziskus gibt nicht nur Anlaß zur Freude über eineinhalb Jahrhunderte des Bestehens und der Tätigkeit, sie lädt auch ein,
- ihre Geschichte zu betrachten und
- das spezielle Charisma der Kongregation für unsere Zeit neu zu entdecken und es zu vertiefen.

Daraus erwachsen neue Beweggründe für die Aufgaben, die die Schulschwestern vom Dritten Orden des hl. Franziskus heute und in Zukunft erfüllen sollen.

1. Ein Blick auf Vergangenheit und Gegenwart

Wenn wir die Geschichte der Kongregation der Schulschwestern vom Dritten Orden des hl. Franziskus betrachten, stellen wir fest, daß
- ihr Beginn schon vor dem Jahr 1845 liegt,
- das Charisma der Schulschwestern vom Dritten Orden des hl. Franziskus

nicht allein das ihrer eigenen Kongregation ist, sondern auch das Charisma anderer Gemeinschaften.

Als Gründerin verehrt die Kongregation der Schulschwestern Hyazintha (Maria Theresia) Zechner. Die junge Franziskanertertiarin sammelte schon 1723 in Hallein eine Gruppe von gläubigen Frauen um sich, die nach der Regel des Dritten Ordens lebten und sich der Erziehung der heranwachsenden Jugend widmeten.

Von ihrem Beginn an widerfuhren dieser religiösen Gemeinschaft äußere Widerstände, die bedingt waren durch den Josephinismus und vor allem durch die Auswirkungen der Aufklärung, die die Gesetzgebung und selbst das kirchliche Leben beeinflußten.

Trotz vielfacher Hindernisse verbreitete sich der gute Ruf der Töchter Hyazintha (Maria Theresia) Zechners, sodaß Kaiserin Karolina Augusta im Jahr 1845 drei Schwestern für das Soldatentöchter-Institut nach Wien holte. Es ist dies das Gründungsjahr, dessen Jubiläum wir feiern.

In der Folge kam es zur Trennung der Gemeinschaft der Schwestern in Wien-Erdberg von der Gemeinschaft in Hallein als Gemeinschaften diözesanen Rechts. Das gleiche geschah, als 1852 Herzogin Francesca von Liechtenstein einige Schwestern von Wien nach St. Pölten rief, die im Jahr 1856 die Franziskanischen Schulschwestern von Amstetten gründeten.

Die Kongregation der Schulschwestern vom Dritten Orden des hl. Franziskus erhielt im Jahr 1854 ihre erste Generaloberin und erfuhr eine beachtliche Ausbreitung bis ins erste Jahrzehnt unseres Jahrhunderts. 1931 erfolgte die endgültige Anerkennung als Kongregation päpstlichen Rechts. Im selben Jahr gingen die ersten Schwestern nach Texas; eine andere Gruppe reiste 1939 nach Argentinien.

Damit sind aus dem franziskanischen Charisma, verbunden mit dem Erziehungscharisma von Hyazintha (Maria Theresia) Zechner, drei Gemeinschaften hervorgegangen:

- die Kongregation in Hallein/Salzburg mit Häusern in Bolivien und Argentinien mit 194 Schwestern, die sich dem Apostolat in der Schule sowie der Krankenpflege widmen;
- die Kongregation in Amstetten mit 117 Schwestern in verschiedenen Häusern der Diözese St. Pölten und
- die Kongregation der Schulschwestern vom Dritten Orden des heiligen Franziskus in Wien-Erdberg, deren 150. Gründungsjahr wir feiern. Diese Gemeinschaft zählt 109 Schwestern in 13 Häusern und hat - wie schon erwähnt - auch Niederlassungen in Texas und Argentinien.

Dieser kurze geschichtliche Rückblick hat uns zu den Ursprüngen der Kongregation der Schulschwestern vom Dritten Orden des hl. Franziskus geführt. Ihre Wirksamkeit ist aufgrund des besonderen Charismas, das der Gründerin als Gabe des Heiligen Geistes zuteil wurde, durch zwei Jahrhunderte fruchtbar geblieben.

2. Erneuerung im Licht des Charismas der Gründerin

Das II. Vatikanische Konzil gibt im Dekret "Perfectae Caritatis" die Richtlinien für die Erneuerung des religiösen Lebens an und führt aus: "*Die Erneuerung des Ordenslebens heißt: ständige Rückkehr zu den Quellen jedes christlichen Lebens und zum Geist des Ursprungs der einzelnen Institute, zugleich aber deren Anpassung an die veränderten Zeitverhältnisse*".

"Es ist der Kirche zum Nutzen, daß die Institute ihre Eigenart und ihre besondere Aufgabe haben. Darum sind der Geist und die eigentlichen Absichten der Gründer wie auch die gesunden Überlieferungen, die zusammen das Erbe jedes Institutes ausmachen, treu zu erforschen und zu bewahren" (PC, Nr. 2; vgl. CIC, can. 578).

Das II. Vatikanische Konzil verlangt damit von jeder religiösen Gemeinschaft, die Person ihres Gründers, seine Inspiration und seine Lehre geschichtlich und spirituell besser kennenzulernen. Die Geschichte der Kirche durch zweitausend Jahre zeigt uns, daß dies allein der Weg der authentischen Erneuerung ist: die wahren Reformen wurden möglich durch die Rückkehr zum Ideal des Gründers und oft auch zum Buchstaben der Regel.

Diese Rückkehr zum Ursprung bedeutet aber nicht eine Ablehnung der Gegenwart oder eine Flucht vor ihr. Das bessere Kennen der eigenen Identität ermöglicht eine Antwort auf neue Erfordernisse, die das Leben und die Mission der Kirche sowie die Situation der Gesellschaft heute an die Ordensleute stellen.

Für die Kongregation der Schulschwestern vom Dritten Orden des hl. Franziskus bedeutet das

- eine fortgesetzte Vertiefung in die geistliche Botschaft des hl. Franz von Assisi,
- entsprechend dem Charisma, das Hyazintha (Maria Theresia) Zechner und ihren Töchtern vom Heiligen Geist gegeben wurde,
- in Gemeinschaft mit der Kirche und im Dienst am Menschen von heute.

3. Religiosen und Schule

Ein besonderer Aspekt der Kongregation der Schulschwestern vom Dritten Orden des hl. Franziskus ist ihre Mission im Dienst der Erziehung der Jugend in den Schulen. Damit tritt sie in eine lange und segensvolle Tradition, zu der die Kirche sich vor allem durch die Tätigkeit der religiösen Orden in diesem Bereich verpflichtet sieht. Während manche Ordensgemeinschaften dieses Apostolat erst später übernommen haben, wurden auch viele gerade zu diesem Zweck gegründet. Vor allem im letzten Jahrhundert entstanden viele weibliche Kongregationen zum Zweck der Erziehung.

In den Missionsländern ist das Werk der Evangelisierung ständig verbunden mit dem Werk der Erziehung und der Gründung von Schulen jeden Typs. Damit wird nicht nur zur missionarischen Tätigkeit ein Beitrag geleistet, sondern auch zum allgemeinen Wohl der einzelnen Länder, sodaß auch Nichtchristen sich anerkennend äußern und stolz darauf sind, von Missionaren und Missionarinnen unterrichtet worden zu sein.

In unserer Zeit haben sich gegen diese Form des Schulapostolats Stimmen erhoben, auch der Rückgang an Berufungen gestaltet die Tätigkeit der religösen Gemeinschaften, die sich dem Unterricht widmen, viel schwieriger. Dennoch will die Kirche auf diese Form ihrer Präsenz in der Schule durch die Ordensleute nicht verzichten.

Die Kongregation für das Katholische Bildungswesen hat dies in einem Dokument aus dem Jahr 1977 zum Ausdruck gebracht, das den Titel trägt: "*Die katholische Schule*" (Wiener Diözesanblatt, 115. Jahrgang, Sondernummer 2, September 1977).

Darin heißt es: "*Hier sind gewisse Gründe, die gegen das Schulapostolat vorgebracht werden, ins rechte Licht zu rücken. Manche wenden sich einem sogenannten "unmittelbaren" Apostolat zu und vergessen dabei den hervorragenden apostolischen Wert der Erzieherarbeit in der Schule*" (ebd. Nr. 75).

Gleichzeitig wird daran erinnert, daß die Arbeit des Erziehers "*nicht mit den rationalistischen Maßstäben, die auf anderen Gebieten gelten, erfaßt werden kann*" (ebd.).

Der Codex des kanonischen Rechtes ermutigt die Ordensleute mit diesen Worten:

"*Ordensinstitute, denen die Erziehungsaufgabe eigen ist, haben diese ihre Aufgabe getreu beizubehalten und sich um die katholische Erziehung auch durch ihre, mit Zustimmung des Diözesanbischofs gegründeten Schulen zu bemühen.*" (CIC, can. 801).

Gehören nicht gerade heute viele Jugendliche zu jener Kategorie von Armen, für die eine "Option" notwendig ist? Die jungen Menschen, die vielleicht reich sind an materiellen Gütern, brauchen Erzieher,
- die sie lieben und ihnen helfen, alle ihre Talente zu entfalten, und
- die ihnen das große Geschenk des Glaubens vermitteln, das heute leider nicht immer von den Eltern und von der Familie übernommen ist.

Die katholischen Schulen sind berufen Orte der Evangelisierung, der vollständigen Erziehung, der gutverstandenen Inkulturation und des Erlernens des wahren, sachlichen und bereichernden Dialogs zu sein.

Zu diesem Anlaß möchte ich ermutigen die besten Beziehungen zwischen Ordensleuten und Laien zu fördern, um diese Aufgabe zu erfüllen. Kraft der Taufe und der Firmung sind die Laien berufen, Verkünder und Zeugen der Frohen Botschaft zu sein, überall wo sie ihre Tätigkeit leisten und daher besonders in der Ausbildung der neuen Generationen, die die Zukunft der Kirche und der Gesellschaft bilden.

Das Erziehungscharisma der Gründerin der Kongregation der Schulschwestern vom Dritten Orden des hl. Franziskus, Hyazintha (Maria Theresia) Zechner, und vieler anderer Gründer ist deshalb heute noch aktuell!

SCHLUSS

Ich wünsche, daß dieses Jubiläum ein Moment der Dankbarkeit sei

- an Gott, "der Großes getan hat" (vgl. Lk 1,49) in diesen 150 Jahren des Bestehens und der Tätigkeit der Kongregation, und

- an die Mitschwestern und die Wohltäter, "die uns im Glauben vorangegangen sind und nun in Frieden ruhen" (vgl. Römischer Kanon),

sowie der Betrachtung und der Planung

- um den Reichtum des Lebens und der Botschaft des Armen von Assisi zu vertiefen,

- um alle Reichtümer des Charismas von Hyazintha (Maria Theresia) Zechner und ihrer Töchter zu ergründen,

- um für die Kirche und die Gesellschaft den notwendigen Beitrag zur Erziehung der Jugend zu leisten, die, wie der Heilige Vater oft wiederholt, die Zukunft und die Hoffnung der Kirche und der Menschheit ist.

Es sei uns geschenkt, daß diese Feier des 150jährigen Bestehens der Kongregation der Schulschwestern vom Dritten Orden des hl. Franziskus eine Ermutigung für die neuen Generationen ist, das besondere Charisma von Hyazintha (Maria Theresia) Zechner zu entdecken und es als noch immer aktuell am Ende des zweiten und an der Schwelle des dritten Jahrtausends zu betrachten!

Die Kirche ist eine Stiftung Gottes, die immer jung und tätig bleibt für die Ausbildung jedes Menschen und der Jugendlichen im besonderen.

Den hier anwesenden jungen Christen möchte ich darum sagen: Wenn ihr die Stimme Gottes hört, die euch ruft, dem Charisma der Schulschwestern zu folgen, öffnet euer Herz, habt Vertrauen, habt Mut und ihr werdet euer Leben mit Hilfe der Gnade Christi fruchtbar machen.

Er versichert auch heute jedem an Ihn Glaubenden und besonders den Berufenen:
"*Seid gewiß: Ich bin bei euch alle Tage bis ans Ende der Welt*" (Mt 28,20).

Dialog über die Themen des Kirchenvolks-Begehrens

Ein Diskussionsbeitrag des Apostolischen Nuntius im Licht des II. Vatikanischen Konzils und der nachkonziliaren Dokumente, 13. Juli 1995

VORWORT

Es geht um einen Beitrag für einen Dialog über die Themen des Kirchenvolks-Begehrens im Licht des II. Vatikanischen Konzils und der nachkonziliaren Dokumente.

Neben den "Feststellungen und Überlegungen des Apostolischen Nuntius über die Situation der Kirche in Österreich" vom 13. Juli 1995 wird ein Verzeichnis solcher Konzilsdokumente und postkonziliarer Dokumente, die auf die erhobenen Forderungen des "Kirchenvolks-Begehrens" eingehen; weiters beinhaltet es "Überlegungen zum Kirchenvolks-Begehren", die von Kennern der Konzils- und postkonziliaren Dokumente ausgearbeitet wurden.

Mit diesem Beitrag möchte der Apostolische Nuntius ein "Instrumentum laboris" zur Verfügung stellen für einen sachlichen und eingehenden Dialog über die angesprochenen Themen, wobei die Ausführungen zu den einzelnen Punkten weiter vertieft werden können.

Die vorgebrachten Forderungen sind keineswegs neu. Im Wechsel der Generationen werden in denselben Situationen immer wieder Fragen gestellt. "*Was geschehen ist, wird wieder geschehen, was man getan hat, wird man wieder tun: Es gibt nichts Neues unter der Sonne*" (Koh 1,9).

Auch wenn Generationen aufeinander folgen, bleibt doch der Mensch in seiner Ausrichtung identisch, besonders Gott gegenüber und der Kirche, d.h. jener Gemeinschaft an Christus Glaubender, die den geheimnisvollen Leib Christi bilden.

Der Vergleich des Völkerapostels Paulus vom Leib und seinen Gliedern orientiert und ermutigt jeden Christen, seine Talente zu entfalten, die verschiedenen Dienste unter Respektierung der

Rangordnung der Charismen in "*Wahrheit und Liebe*" *zu leisten und damit zum Gemeinwohl der Kirche beizutragen* (vgl. 1 Kor 12).

Feststellungen und Überlegungen des Apostolischen Nuntius über die Situation der Kirche in Österreich

I) Am Beginn der Geschichte der Kirche schrieb der Völkerapostel Paulus an die Christengemeinde in Korinth u.a.: "*Überall bedrängten uns Schwierigkeiten: von außen Widerspruch und Anfeindung, im Innern Angst und Furcht. Aber Gott, der die Niedergeschlagenen aufrichtet, hat auch uns aufgerichtet*" (2 Kor 7,5-6).

Dieses Wort des Apostels Paulus spiegelt die Verhältnisse wider, wie sie im ersten Jahrhundert der Geschichte der Kirche vorhanden waren, als sie - trotz Bedrängnisse von außen und Schwierigkeiten im Innern - in vollem Wachstum war!

II) Heute, an der Schwelle des dritten Jahrtausends ihrer Geschichte unter der Führung des Heiligen Geistes, erfährt die Kirche ihre fortgesetzte Ausbreitung als Stiftung Gottes und als Gemeinschaft der an Christus Glaubenden in der ganzen Welt.

Niemals war die Kirche auf allen Kontinenten und in allen Ländern so verbreitet wie in unserer Zeit, dank des Wirkens Gottes und des vielfältigen selbstlosen Einsatzes unserer Missionare. Die Missionare, die aus den verschiedenen Ortskirchen - viele auch aus Österreich - stammen, verkündigen im Namen Christi und seiner Kirche die Frohe Botschaft Gottes und fördern gleichzeitig die Entfaltung jedes einzelnen und der ganzen Bevölkerung in den Ländern, in denen sie tätig sind, durch Ausbildungs- und Gesundheitseinrichtungen.

III) In den Jahrzehnte nach dem Zweiten Weltkrieg verspürte man besonders in den traditionsreichen christlichen Ländern eine Sehnsucht nach Vertiefung des Glaubens im Sinne des Evangeliums, nach Erneuerung der Gesellschaft und nach persönlicher Umkehr.

IV) Der Papst, als Nachfolger Petri und daher als Fels, auf den Christus seine Kirche bauen wollte (vgl. Mt 16,18), hat diesen vorhandenen Wunsch der an Christus Glaubenden wahrgenommen.

Papst Johannes XXIII. berief - um eine Idee zu verwirklichen, die schon Pius XII. im Jahr 1954 geäußert hatte - das Zweite Vatikanische Konzil ein und begann es; von Paul VI. wurde diese Initiative fortgeführt und zu Ende gebracht. Das Ergebnis des Konzils, an dem auch Beobachter verschiedener christlicher Konfessionen teilnahmen, waren viele Dokumente, die ein "Aggiornamento" fördern wollten.

Papst Johannes Paul I. in den 33 Tagen seines Pontifikats wie auch seit 17 Jahren Papst Johannes Paul II. betrachten sich als die Verwirklicher der Beschlüsse des II. Vatikanischen Konzils.

Zum Zweck der Umsetzung der Konzilsbeschlüsse wurden auch Bischofssynoden abgehalten sowie verschiedene postkonziliare Dokumente herausgegeben und Enzykliken an Bischöfe, Priester und Gläubige über verschiedene Themen veröffentlicht.

Für die Zukunft beabsichtigt das Sekretariat der Bischofssynode - im Auftrag des Heiligen Vaters - andere Themen der Kirche vor Augen zu haben und sie für die künftigen Bischofssynoden besprechen zu lassen. Deshalb gilt es für alle Dikasterien und Kongregationen des Heiligen Stuhls, gerade die Problematik, die von den Katholiken in aller Welt dargelegt wird, im Licht der Frohen Botschaft Gottes zu prüfen, zu studieren; das bedeutet, daß die Weltkirche die Kontakte mit den Ortskirchen pflegt und die Probleme prüft. Damit wird ein großer Dienst zum Aufbau der Einheit, der Communio und der Zusammenarbeit aller an Christus Glaubenden, d.h. des geheimnisvollen Leibes Christi, der Kirche, geleistet.

V) In der dogmatischen Konstitution "Lumen gentium" über die Kirche wird das Hauptziel der Kirche dargelegt, das heißt die Einheit der menschlichen Familie in "Wahrheit und Liebe":

"Die Kirche ist ja in Christus gleichsam das Sakrament, das heißt Zeichen und Werkzeug für die innigste Vereinigung mit Gott wie für die Einheit der ganzen Menschheit. Deshalb möchte sie das Thema der vorausgehenden Konzilien fortführen, ihr Wesen und ihre universale Sendung ihren Gläubigen und aller Welt eingehender erklären. Die gegenwärtigen Zeitverhältnisse geben dieser Aufgabe der Kirche eine besondere Dringlichkeit, daß nämlich alle Menschen, die heute durch vielfältige soziale, technische und kulturelle Bande enger miteinander verbunden sind, auch die volle Einheit in Christus erlangen" (LG 1).

VI) Der Aufbau dieser Einheit soll im Sinne des hl. Paulus erfolgen, der den Christen in Ephesus schrieb:

"So sollen wir alle zur Einheit im Glauben und in der Erkenntnis des Sohnes Gottes gelangen, damit wir zum vollkommenen Menschen werden und Christus in seiner vollendeten Gestalt darstellen. Wir

sollen nicht mehr unmündige Kinder sein, ein Spiel der Wellen, hin und her getrieben von jedem Widerstreit der Meinungen, dem Betrug der Menschen ausgeliefert, der Verschlagenheit, die in die Irre führt. Wir wollen uns, von der Liebe geleitet, an die Wahrheit halten und in allem wachsen, bis wir ihn erreicht haben. Er, Christus, ist das Haupt. Durch ihn wird der ganze Leib zusammengefügt und gefestigt in jedem einzelnen Gelenk. Jedes trägt mit der Kraft, die ihm zugemessen ist. *So wächst der Leib und wird in Liebe aufgebaut" (Eph 4,13-16).*

VII) Jeder an Christus Glaubende ist berufen - entsprechend seinen Gaben, Talenten und Aufgaben - beizutragen, die Konzilsdokumente zu verbreiten, damit die Antwort der Weltkirche auf die verschiedenen Fragen bekannt wird.

Die Verbreitung der Konzilslehre soll nicht nur auf persönlicher Ebene geschehen, sondern auch auf der Ebene jeder Familie, jeder Gemeinschaft, jeder Gemeinde.

Damit wird diese Lehre viele Früchte bringen!

Damit nimmt auch jeder Glaubende an Christus an der Sorge für die Einheit der Kirche und der menschlichen Familie teil.

VIII) Im Hinblick auf das große Jubeljahr 2000 ermutigt Papst Johannes Paul II. die Glaubenden zur Dankbarkeit für das Gute, das in der Geschichte der Kirche der vergangenen Jahrhunderte geleistet worden ist.

Gleichzeitig ermahnt der Heilige Vater, die Ereignisse der Vergangenheit mit dem Blick des Glaubens zu sehen:
"*Aber ganz besonders wenden wir uns mit dem Blick des Glaubens unserem Jahrhundert zu und suchen darin das, was nicht nur von der Geschichte des Menschen Zeugnis gibt, sondern auch vom göttlichen Eingreifen in die menschlichen Geschicke*" (TMA 17).

IX) Durch die seit der Zeit des Zweiten Vatikanischen Konzils geschaffenen Päpstlichen Räte
- zur Förderung der Einheit der Christen,
- für den Interreligiösen Dialog,
- für den Dialog mit den Nichtglaubenden
- für die Sozialen Kommunikationsmittel sowie
- für die Kultur

setzt die Weltkirche sich ein, um den Dialog unter allen Menschen zu fördern.

X) Die Pilgerreisen des Papstes - die Österreicher hatten die Gelegenheit, den Papst 1983 und 1988 zu begrüßen - beabsichtigen die Herstellung der Einheit der menschlichen Familie der Nationen und die konkrete Schaffung der Voraussetzungen für eine bessere Welt, auf dem Fundament von Wahrheit und verantwortlicher Freiheit, von Gerechtigkeit und Liebe, von Friede und Solidarität.

Die Ereignisse in Mittel- und Osteuropa seit dem Jahr 1989 und die darauffolgenden Veränderungen in der Welt sind auch eine Auswirkung dieses Engagements des Nachfolgers Petri!
Es ist augenfällig, daß Papst Johannes Paul II. alle seine Kräfte und Talente einsetzt, um seinen Dienst zugunsten der Einheit aller Menschen zu leisten!

XI) Um jedoch Grundsätze in die Tat umzusetzen, braucht man eine sachliche und gelassene Vision von der Realität der Gefahren und Bedrohungen, der Fehler und Irrtümer:
"*Nach 1989 sind jedoch neue Gefahren und neue Bedrohungen aufgetaucht. In den Ländern des ehemaligen Ostblocks ist nach dem Zusammenbruch des Kommunismus die ernsthafte Gefahr der Nationalismen zutage getreten, wie leider die Vorgänge auf dem Balkan und in anderen, benachbarten Gebieten zeigen. Das zwingt die europäischen Nationen zu einer ernsthaften Gewissensprüfung, in Anerkennung von Schuld und Irrtümern, die im Laufe der Geschichte auf wirtschaftlichem und politischem Gebiet gegenüber Nationen begangen worden sind...*" (TMA 27).

Diese Gewissensprüfung geht an der Kirche nicht vorbei. Papst Johannes Paul II. spricht in seinem Apostolischen Schreiben "Tertio millennio adveniente" von der besonders in manchen Jahrhunderten an den Tag gelegten schmerzlichen Nachgiebigkeit der Kinder der Kirche angesichts von Methoden der Intoleranz oder sogar Gewalt im Dienst an der Wahrheit (vgl. ebd. Nr.35).

XII) Was die Themen betrifft, die in dieser letzten Zeit der Öffentlichkeit in Österreich dargelegt wurden, möchte ich alle nach der wahren Erneuerung der Kirche Strebenden ermutigen, diese im Sinne des Konzils, der postkonziliaren Dokumente, wie auch der künftig erscheinenden Dokumente in Betracht zu nehmen.

Um einen Beitrag zu geben, halte ich es für nützlich, die einzelnen Themen zu erwähnen und dazu in der Anlage "nur einige" Dokumente zu zitieren, in denen diese behandelt werden (Anlage).

SCHLUSS

Mögen die obenerwähnten Überlegungen ein Anstoß sein,

- um die Liebe zu unserer Mutter Kirche - der "heiligen" Stiftung Gottes und der "semper reformanda"- Gemeinschaft der an Christus Glaubenden - zu fördern,
- um realistisch, aber gleichzeitig voll Vertrauen in eine bessere Zukunft zu blicken,
- um großzügige und tief freudige Mitarbeiter Gottes in unserer Zeit zu sein.

Wien, 13. Juli 1995

Anlage zu den Feststellungen und Überlegungen des Apostolischen Nuntius über die Situation der Kirche in Österreich.

1) Aufbau einer geschwisterlichen Kirche:

Konzilsdokumente:

- Dekret über das Laienapostolat "APOSTOLICAM ACTUOSITATEM"
- Die dogmatische Konstitution über die Kirche "LUMEN GENTIUM", Nr. 1, Zweites Kapitel: Das Volk Gottes und Viertes Kapitel: Die Laien
- Pastorale Konstitution über die Kirche in der Welt von heute "GAUDIUM ET SPES", I. Hauptteil: Die Kirche und die Berufung des Menschen

Synode:

- Nachsynodales Schreiben "CHRISTIFIDELES LAICI" von Papst Johannes Paul II. über die Berufung und Sendung der Laien in Kirche und Welt vom 30. Dezember 1988

Bischofsernennungen:

- Motuproprio "Sollicitudo omnium Ecclesiarum" vom 24. Juni 1969
- "Richtlinien bezüglich der Bischofsernennungen in der Lateinischen Kirche" vom Rat für die Öffentlichen Angelegenheiten der Kirche vom 25. März 1972 (L'Osservatore Romano vom 19. Mai 1972, Nr. 20, S.2)
- "Codex des kanonischen Rechtes" von 1983, Cann. 377 - 378

2) Volle Gleichberechtigung der Frauen:

Konzilsdokumente:

- Pastorale Konstitution über die Kirche in der Welt von heute, "GAUDIUM ET SPES"; Nr. 29, 49, 60
  Dogmatische Konstitution über die Kirche, "LUMEN GENTIUM"; Nr. 32
- "Konzilsbotschaft an die Frauen" vom 7. Dezember 1965

Päpstliche Dokumente:

- Apostolisches Schreiben "FAMILIARIS CONSORTIO" von Papst Johannes Paul II. über die Aufgaben der christlichen Familien vom 22. November 1981
- Apostolisches Schreiben "MULIERIS DIGNITATEM" von Papst Johannes Paul II. über die Würde und Berufung der Frau anläßlich des Marianischen Jahres vom 15. August 1988
- Brief Papst Johannes Pauls II. an die Familien vom 2. Februar 1994
- Apostolisches Schreiben von Papst Johannes Paul II. über die nur Männern vorbehaltene Priesterweihe vom 22. Mai 1994
- Brief Papst Johannes Pauls II. an die Frauen vom 29. Juni 1995
- Erklärung zur Frage der Zulassung der Frauen zum Priesteramt von der Kongregation für die Glaubenslehre, vom 15. Oktober 1976

3) Freie Wahl zwischen zölibatärer und nicht-zölibatärer Lebensform:

Konzilsdokumente:
- Dekret über die Ausbildung der Priester "OPTATAM TOTIUS"
- Dekret über Dienst und Leben der Priester "PRESBYTERORUM ORDINIS"
- Dogmatische Konstitution über die Kirche "LUMEN GENTIUM", N.42

Synodendokumente:
- Bischofssynode 1971 "DER PRIESTERLICHE DIENST" Nr.4
- Botschaft der Achten Weltbischofssynode an das Volk Gottes "Zusammenarbeit mit allen im Volke Gottes", Bischofssynode 90 (L'Osservatore Romano, Wochenausgabe in deutscher Sprache vom 2. November 1990, Nr. 44. S.6)
- Nachsynodales Apostolisches Schreiben "PASTORES DABO VOBIS" von Papst Johannes Paul II. über die Priesterbildung im Kontext der Gegenwart vom 25. März 1992, Nr. 29

Enzykliken:
- Enzyklika "SACERDOTII NOSTRI PRIMORDIA" von Papst Johannes XXIII. vom 1. August 1959 (Acta Apostolicae Sedis vom 22. August 1959 Nr. 11. S. 553-579)
- Enzyklika "Über den priesterlichen Zölibat" von Papst Paul VI. vom 24. Juni 1967

Päpstliche Dokumente:
- Schreiben Seiner Heiligkeit Johannes Pauls II. an alle Priester der Kirche zum Gründonnerstag 1979
- "Gebet des Heiligen Vaters Papst Johannes Pauls II. zum Gründonnerstag 1982" III, Nr.5
- "Stellungnahme von Papst und Weltepiskopat über den Zölibat", 'Botschaft der Achten Weltbischofssynode 1990, Pkt. V. An die Jugend'"
- "Die Kirche ist 'Salz und Sauerteig'", Predigt von

Papst Johannes Paul II. beim Gottesdienst im Sportstadion von Libreville (Gabun) am 19. Februar 1982 (L'Osservatore Romano,

Wochenausgabe in deutscher Sprache v. 12. März 1982, Nr.11; S. 12-13, Pkt.4)

Andere Dokumente:

- Leitgedanken für die Erziehung zum priesterlichen Zölibat, Kongregation für das katholische Unterrichtswesen, Rom 1974
- Die Zehn Thesen von Kard. Höffner: "Über den Zölibat der Priester - Zehn Thesen des Erzbischofs von Köln, Kardinal Joseph Höffner" von 1971.
- "Sacerdoce et Célibat" (Priestertum und Zölibat) Études historiques et théologiques, publiées par Joseph Coppens (Éditions J.Duculot, S.A.,18, rue Pierquin, 5800 Gembloux 1971 Belgique)

4) Positive Bewertung der Sexualität:

Konzilsdokumente:

- Die pastorale Konstitution über die Kirche in der Welt von heute "GAUDIUM ET SPES" Nr. 50 und Nr. 51.

Enzykliken und Apostolische Schreiben:

- Enzyklika Seiner Heiligkeit Papst Johannes XXIII. "MATER ET MAGISTRA" über die Ordnung des gesellschaftlichen Lebens der Gegenwart im Sinn der christlichen Gebote vom 15 Mai 1961; Dritter Teil, 'Achtung der Gesetze des Lebens' S.53.
- Enzyklika Seiner Heiligkeit Papst Pauls VI. "HUMANAE VITAE" über die Geburtenregelung vom 25. Juli 1968.
- Apostolisches Schreiben "MULIERiS DIGNITATEM" von Papst Johannes Paul II. über die Würde und Berufung der Frau anläßlich des Marianischen Jahres, vom 15. August 1988.
- Enzyklika von Papst Johannes Paul II. "EVANGELIUM VITAE" über den Wert und die Unantastbarkeit des menschlichen Lebens vom 25. März 1995.

Andere Dokumente:

- "Erklärung zu einigen Fragen der Sexualethik" von der Kongregation für die Glaubenslehre vom 29. Dezember 1975.
- Instruktion über die Achtung vor dem beginnenden menschlichen Leben und die Würde der Fortpflanzung, von der Kongregation für die Glaubenslehre vom 22. Oktober 1986.
- "Orientierung zur Erziehung in der menschlichen Liebe". Hinweise zur gechlechtlichen Erziehung von der Kongregation für das Katholische Bildungswesen vom November 1983.
- Katechismus der Katholischen Kirche, Zweiter Abschnitt. "DIE ZEHN GEBOTE", Artikel 5 Das fünfte Gebot N.2272.

5) Frohbotschaft statt Drohbotschaft:

Konzilsdokumente wie:

- Dogmatische Konstitution "LUMEN GENTIUM"
- Pastoralkonstitution "GAUDIUM ET SPES"
- Dekret "AD GENTES"

Enzykliken und Apostolische Schreiben wie:

- Enzyklika "MATER ET MAGISTRA" von Papst Johannes XXIII. über die Ordnung des gesellschaftlichen Lebens der Gegenwart im Sinn der christlichen Gebote vom 15. Mai 1961.
- Apostolisches Schreiben "GAUDETE IN DOMINO" Seiner Heiligkeit Papst Paul VI. über die christliche Freude vom 9. Mai 1975
- Enzyklika "VERITATIS SPLENDOR" von Papst Johannes Paul II. über einige grundlegende Fragen der kirchlichen Morallehre vom 6. August 1993

ÜBERLEGUNGEN zum KIRCHENVOLKS-BEGEHREN

Die Tatsache, daß das im Juni 1995 in Österreich durchgeführte "Kirchenvolks-Begehren" (KVB) von mehr als einer halben Million Menschen unterzeichnet wurde, gibt zu denken. Sicher ist die Beteiligung so vieler an dieser Initiative ein Hinweis darauf, daß den Österreichern an der katholischen Kirche etwas liegt - sonst wäre ja auch eine so intensive Berichterstattung über kirchliche Ereignisse und Affairen in den Medien, wie wir sie in den letzten Jahren erlebt haben, nicht erklärbar - und daß sich eine allgemeine Überzeugung breitgemacht hat, daß in der Kirche "etwas nicht stimmt", daß sie einer Reform bedarf.

Die Initiatoren haben diese allgemeine Stimmung als "Resignation" bezeichnen wollen, haben auf die seit Jahren anhaltende, massive Kirchenaustrittsbewegung im Land hingewiesen und schließlich einige Ereignisse der jüngsten Zeit - lokalen, nationalen und universalkirchlichen Charakters - als Ursachen für eine weitere "Zuspitzung" der mißlichen Lage der Kirche in Österreich angeführt.

Sie sind davon überzeugt, daß die Kirche wieder das verlorene Vertrauen der Menschen zurückgewinnen wird, wenn sie die fünf von der "Plattform" aufgestellten großen Forderungen - in denen Zielvorstellungen zu erblicken sind - schrittweise verwirklicht.

Der Apostolische Nuntius in Österreich hat alle, die nach einer wahren Erneuerung der Kirche streben, ermutigt, dabei die Beschlüsse des II. Vatikanischen Konzils und die einschlägigen postkonziliaren Dokumente zugrundezulegen. Er hat eine Liste von konziliaren, synodalen und päpstlichen Lehrdokumenten zusammengestellt, die diesem Anliegen dienen können. Er hat damit u.a. bewußt machen wollen, daß jede Reform der Kirche behutsam darauf achten muß, all das zu wahren, zu festigen und zu fördern, was für uns Menschen nicht verfügbar ist und daher auch nie den mehr oder weniger modischen Forderungen des Augenblicks angepaßt werden darf. Was im Bereich von Glaubens- und Sittenlehre unveränderliches göttliches Lehrgut darstellt, kann nicht aufgegeben werden; und auch die Verfassung der Kirche kann keine Umformungen erfahren, die dem Willen Christi widersprechen.

Es ist richtig, und das letzte Konzil hat daran erinnert: *Während (...) Christus heilig, schuldlos, unbefleckt war und Sünde nicht kannte, sondern allein die Sünden des Volkes zu sühnen gekommen ist, umfaßt die Kirche Sünder in ihrem eigenen Schoße. Sie ist zugleich heilig und stets der Reinigung bedürftig, sie geht immerfort den Weg der Buße und Erneuerung* (LG 8). Ein Versuch der Reform hat sich also jederzeit an der Heiligkeit der Kirche zu orientieren, die neben ihrer Einheit, ihrer Universalität und ihrer Apostolizität zu den Wesensmerkmalen zählt, die im nizäno-konstantinopolitanischen Credo bekannt werden.

Eine behutsame und leidenschaftslose Untersuchung der Forderungen des Kirchenvolks-Begehrens wird daher allem zuvor die Frage stellen müssen, ob bzw. inwieweit die vorgeschlagenen Reformen überhaupt von der institutionellen Heiligkeit der Kirche her möglich sind bzw. ob und inwieweit es sich um Vorschläge handelt, die niemals verwirklicht werden können, weil sie der von der Kirche unter dem Beistand des Heiligen Geistes unfehlbar gehüteten göttlichen Offenbarung widersprechen.

Es muß den Initiatoren des Volksbegehrens zugutegehalten werden, daß sie durchaus auf dem Boden der katholischen Lehre bleiben möchten. Sie haben in ihren Aussendungen beteuert, daß sie nicht zur Polarisierung beitragen, geschweige denn eine Kirchenspaltung herbeiführen wollen. Sie verwehren sich gegen den Vorwurf, sich gegen das Lehramt zu stellen und berufen sich auf das geltende Kirchenrecht, indem sie zur Rechtfertigung ihres Vorgehens ausdrücklich auf Bestimmungen des *Codex Iuris Canonici* verweisen, von dem im übrigen jeder gebildete Katholik weiß, daß er die sorgfältige Umsetzung der Beschlüsse des Konzils in die Rechtsordnung der katholischen Kirche darstellt. Sie wollen also offensichtlich in echt katholischer Reformkontinuität auf dem Boden der vom II. Vatikanischen Konzil angeregten und von den Päpsten durchgeführten Erneuerung bleiben. Man kann es den Initiatoren auch nicht prinzipiell verübeln, daß ihnen diese Erneuerung nicht wirksam genug zu sein scheint, oder daß sie den Eindruck haben, sie werde den Nöten unserer Zeit nicht gerecht.

Es wird in der nun folgenden Auseinandersetzung mit den fünf Forderungen des Kirchenvolks-Begehrens daher auf eine Weise zu argumentieren sein, die diesen Voraussetzungen entspricht: nämlich denen des Dialogs unter Katholiken, die die verbindliche Lehre der Kirche anerkennen, grundsätzlich von der Unverfügbarkeit der von ihr gehüteten Lehre überzeugt sind und sich der von Christus gestifteten apostolischen Autorität des Papstes bzw. des Bischofskollegiums mit und unter seinem Haupt, dem Papst, unterwerfen.

1. Forderung: "Aufbau einer geschwisterlichen Kirche“

a) Gleichwertigkeit aller Gläubigen, Überwindung der Kluft zwischen Klerus und Laien
b) Mitsprache und Mitentscheidung der Ortskirchen bei Bischofsernennungen

Zur generellen Forderung nach einer *geschwisterlichen Kirche* ist nicht viel zu sagen. Der Terminus "geschwisterliche Kirche" ist in den letzten Jahren Mode geworden. An sich drückt er nur eine Wirklichkeit aus, die im Evangelium und in der ganzen Überlieferung und Praxis der Kirche eindeutig und unbestritten ist: Aufgrund der Taufe sind alle Gläubigen Brüder und Schwestern in Christus: sie bilden die Kirche, die, so gesehen, wesentlich geschwisterlich ist, und sie sind durch das Band der Liebe miteinander verbunden.

a) "Gleichwertigkeit aller Gläubigen, Überwindung der Kluft zwischen Klerus und Laien"
Was das Postulat *Gleichwertigkeit aller Gläubigen* sowie den Wunsch nach *Überwindung der Kluft zwischen Klerus und Laien* betrifft, genügt es vermutlich, auf die Ausführungen des „Katechismus der Katholischen Kirche“ (KKK) zu verweisen, der - übrigens ganz und gar in der Sprache des Konzils - im Zuge der Erläuterung des 9. Glaubensartikels die Frage von Grund auf klärt:

871 *Gläubige sind jene, die durch die Taufe Christus eingegliedert, zum Volke Gottes gemacht und dadurch auf ihre Weise des priesterlichen, prophetischen und königlichen Amtes Christi teilhaft geworden sind; sie sind gemäß ihrer je eigenen Stellung zur Ausübung der Sendung berufen, die Gott der Kirche zur Erfüllung in der Welt anvertaut hat* (CIC, can. 204 § 1, vgl. LG 31).

872 *Unter allen Gläubigen besteht, und zwar aufgrund ihrer Wiedergeburt in Christus, eine wahre Gleichheit in ihrer Würde und Tätigkeit, kraft der alle nach ihrer eigenen Stellung und Aufgabe am Aufbau des Leibes Christi mitwirken* (CIC, can. 208, vgl. LG 32).

873 *Selbst die Unterschiede, die nach dem Willen des Herrn zwischen den Gliedern seines Leibes bestehen, dienen dieser Einheit und Sendung. Denn "es besteht in der Kirche eine Verschiedenheit des Dienstes, aber eine Einheit der Sendung. Den Aposteln und ihren Nachfolgern wurde von Christus das Amt übertragen, in seinem Namen und in seiner Vollmacht zu lehren, zu heiligen und zu leiten. Die Laien hingegen, die auch am priesterlichen, prophetischen und königlichen Amt Christi teilhaben, verwirklichen in Kirche und Welt ihren eigenen Anteil an der Sendung des ganzen Volkes Gottes"* (AA 2). *In beiden Gruppen (Klerikern und Laien) gibt es Gläubige, die sich durch das... Bekenntnis zu den evangelischen Räten... Gott weihen und der Heilssendung der Kirche dienen* (CIC, can. 207 § 2).

Die Forderung nach Gleichwertigkeit aller Gläubigen ist in der Kirche seit jeher und unaufgebbar erfüllt: *Alle, die ihr auf Christus getauft seid, habt Christus (als Gewand) angelegt. Es gibt nicht mehr Juden und Griechen, nicht Sklaven und Freie, nicht Mann und Frau; denn ihr alle seid "einer" in Christus Jesus* (Eph 3,27 f.). Diese Gleichwertigkeit hebt, wie das Konzil deutlich gemacht hat (vgl. LG 10), die von Christus gewollte, in den heiligen Weihen begründete essentielle Verschiedenheit der Aufgaben von Priestern und Laien in der Kirche nicht auf. Diese gehört zu ihrer hierarchischen Verfassung. Es handelt sich nicht um eine Kluft, sondern um eine von Christus gewollte Differenzierung. Sie aufheben zu wollen, würde das Weihepriestertum leugnen, das für die Kirche konstitutiv ist und durch ein eigenes, von Christus eingesetztes Sakrament übertragen wird.

Die Bischofssynode 1987 hat sich mit der Berufung und Sendung der Laien in Kirche und Welt befaßt. Sie hat, was die Verschiedenheit der Aufgaben von Laien und Priestern betrifft, ein zur Zeit weitverbreitetes, verhängnisvolles Mißverständnis geortet, das wohl auch hinter der ersten Forderung des Kirchenvolks-Begehrens vermutet werden kann. Es ist die Tendenz der Laien, die Aufgaben der Priester zu usurpieren, der im übrigen ein sonderbarer Drang der Priester entspricht, spezifisch laikale, weltliche Agenda an sich zu reißen. Die Überlegungen der Bischöfe auf der Synode zusammenfassend, hat der Papst aus dieser eigenartigen nachkonziliaren Entwicklung zwei Versuchungen der Laien herausgelesen: *Die Versuchung, ihr Interesse so stark auf die kirchlichen Dienste und Aufgaben zu konzentrieren, daß sie sich praktisch oft von ihrer Verantwortung im Beruf, in der Gesellschaft, in der Welt der Wirtschaft, der Kultur und der Politik dispensieren; und die Versuchung, die zu Unrecht bestehende Kluft zwischen Glauben und Leben, zwischen der grundsätzlichen Annahme des Evangeliums und dem konkreten Tun in verschiedenen säkularen und weltlichen Bereichen zu rechtfertigen* (CL 2).

Ein echtes Anliegen kirchlicher Reform läge also im Sinn des Konzils und der nachkonziliaren Erneuerungsbestrebungen der Kirche nicht darin, daß die Laien in zunehmendem Maß Aufgaben des Klerus übernehmen - was im Grund eine Notlösung, nicht aber die eigentliche Aufgabe der Laien darstellt (vgl. LG 34, KKK 901-903, CL 23) -, sondern daß sie ihre spezifische Sendung in der Welt wahrnehmen: *Die Laien sind besonders dazu berufen, die Kirche an jenen Stellen und in jenen Verhältnissen anwesend und wirksam zu machen, wo die Kirche nur durch sie das Salz der Erde werden kann* (LG 34). *Das eigentliche Feld ihrer evangelisierenden Tätigkeit ist die weite und schwierige Welt der Politik, des Sozialen und der Wirtschaft, aber auch der Kultur, der Wissenschaften und Künste, des internationalen Lebens und der Massenmedien, ebenso gewisse Wirklichkeiten, die der Evangelisierung offenstehen, wie Liebe, Familie, Kinder- und Jugenderziehung, Berufsarbeit, Leiden usw.* (EN 70, zit. in CL 23).

Leider ist trotz dieser klaren Aussagen in den Jahren nach dem Konzil diese erhoffte Entwicklung nicht überall eingetreten. Der Einfluß des Glaubens auf das Leben der Gesellschaft, auf ihre Institutionen und auf das praktische Verhalten der Menschen ist zumindest in der sogenannten ersten Welt eindeutig zurückgegangen. *Der Bruch zwischen Evangelium und Kultur, den Paul VI. das Drama unserer Zeitepoche genannt hat* (vgl. CL 44), ist keineswegs behoben worden, sondern hat sich weiter vergrößert. Ein dem Evangelium und den Zeichen der Zeit wirklich gemäßes Volksbegehren müßte daher nach einer Überwindung der Verantwortungslosigkeit der katholischen Laien in der Gesellschaft streben. Die Kirchenvolks-Begehrens-Forderung nach *Gleichwertigkeit der Gläubigen* geht ins Leere; und die *Kluft zwischen Klerus und Laien* wäre - sofern man von einer solchen sprechen kann - auf andere Weise zu schließen, als das Kirchenvolks-Begehren sich das offensichtlich vorstellt: nämlich dadurch, daß jeder die ihm von Christus tatsächlich anvertraute spezifische eigene Aufgabe innerhalb der einen Sendung der Kirche mit lebendigem Glauben erfüllt. Dann gäbe es keine Eifersucht der Laien auf die Priester und keine Minderwertigkeitskomplexe der Priester den Laien gegenüber.

b) "Mitsprache und Mitentscheidung der Ortskirchen bei Bischofsernennungen"

Die Forderung nach *Mitsprache und Mitentscheidung der Ortskirchen bei Bischofsernennungen* ist nicht einfach zu beurteilen. Man wird nicht annehmen können, daß die Initiatoren des Kirchenvolks-Begehrens ein so wichtiges Prinzip kirchlichen Lebens in Frage stellen wollten wie das der Freiheit der Kirche von allen dem Evangelium fremden Einflüssen bei der Bestellung der Bischöfe: *Das apostolische Amt der Bischöfe ist von Christus dem Herrn eingesetzt und verfolgt ein geistliches und übernatürliches Ziel. Daher erklärt die Heilige Ökumenische Synode, daß es wesentliches, eigenständiges und an sich ausschließliches Recht der zuständigen kirchlichen Obrigkeit ist, Bischöfe zu ernennen und einzusetzen. - Um daher die Freiheit der Kirche in rechter Weise zu schützen und das Wohl der Gläubigen besser und ungehinderter zu fördern, äußert das Heilige Konzil den Wunsch, daß in Zukunft staatlichen Obrigkeiten keine Rechte oder Privilegien mehr eingeräumt werden, Bischöfe zu wählen, zu ernennen, vorzuschlagen oder zu benennen* (CD 20).

Wenn nun der Kirche daran gelegen sein muß, die Bestellung von Bischöfen von tendenziöser Einflußnahme freizuhalten - ein die ganze Kirchengeschichte beherrschendes, schwierig zu verwirklichendes, aber zentrales Anliegen -, dann ist unschwer zu erkennen, daß solche Einflußnahmen heute vielleicht weniger seitens des Staates zu befürchten sind als seitens mancher Pressure-groups, die aus den verschiedensten, möglicherweise gar nicht christlichen Motiven auf die Bestellung der Bischöfe Einfluß nehmen und sich dabei der Manipulationsmöglichkeiten bedienen möchten, welche die Medien heute zweifellos bieten. Es ist klar, daß die öffentliche Meinung steuerbar ist; ebenso klar ist aber, daß die Inhalte der christlichen Religion nicht dem schwankenden Urteil vergänglicher Meinungen unterliegen können und daß die Verkündiger des Evangeliums die notwendige Standfestigkeit besitzen müssen, um dem Druck der öffentlichen Meinung standzuhalten - notfalls bis zum Martyrium. Die Kirche hat aber bei der Bestellung der Bischöfe, unter deren Aufgaben die Verkündigung des Evangeliums einen hervorragenden Platz einnimmt (LG 25), nicht zuletzt darauf zu achten, daß sie die nötigen Voraussetzungen dafür mitbringen, *um dem ihnen anvertrauten Volk die Botschaft zum Glauben und zur Anwendung auf das sittliche Leben zu verkündigen (...). So lassen sie den Glauben fruchtbar werden und halten die ihrer Herde drohenden Irrtümer wachsam fern* (LG 25).

Selbstverständlich wird ein Bischof sein Amt umso leichter ausüben können, je mehr er vom gläubigen Volk geliebt wird und je mehr Achtung ihm von den Außenstehenden entgegengebracht wird. Daher achtet der Heilige Stuhl bei der Auswahl der Kandidaten sorgfältig darauf, daß die in Frage kommenden Personen nicht nur gebildet und der Lehre der Kirche treu ergeben sind, sondern auch die für ihr Amt notwendigen menschlichen Eigenschaften mitbringen. Natürlich ist die Beurteilung der Eigenschaften eines möglichen Bischofs eine äußerst delikate Angelegenheit, steht doch mit dem guten Namen der einzelnen Priester das allgemeine Wohl der kirchlichen Gemeinschaft auf dem Spiel. Bei der Wahl eines Politikers kann man sich eher auf mehr äußerliche Beobachtungen verlassen - seine Amtsperiode endet ja schon nach einigen Jahren -; bei der Bestellung eines zukünftigen Bischofs geht es um tiefere Fragen, und er bleibt aufgrund der Weihe Bischof für immer.

Die geltenden Bestimmungen für die Bischofsernennungen in der lateinischen Kirche berücksichtigen diese Probleme auf sehr feinfühlige Weise. In erster Linie wird das Urteil der Bischöfe der jeweiligen Kirchenprovinz beachtet. Diese legen dem Heiligen Stuhl regelmäßig eine gemeinsam erarbeitete Liste von Priestern vor, die sie als für das Bischofsamt geeignet halten (vgl. CIC can. 377 § 2). Jeder Bischof hat das Recht, sich unabhängig von diesen Listen auch persönlich mit seinen Wünschen an den Papst zu wenden, der seinerseits in seiner Entscheidung natürlich völlig frei bleibt. Wenn eine konkrete Besetzung ansteht, holt der Heilige Stuhl durch seinen Legaten die erforderlichen Detailinformationen ein, wobei nicht nur Bischöfe, Priester und Ordensleute befragt werden, sondern auch Laien, die über die in Frage kommenden Personen Auskunft geben können, wobei die eingehenden Informationen über den Lebenswandel bzw. die Eigenschaften der einzelnen Priester mit höchster Vertraulichkeit behandelt werden, wie es die christliche Moral verlangt.

Es scheint also, daß der Forderung nach einer *Mitwirkung der Ortskirchen bei Bischofsernennungen* unter den gegebenen Umständen bereits Rechnung getragen wird. Sicher handelt es sich dabei um ein sehr schwieriges Thema, für das es keine Patentlösung gibt. Die freie Ernennung der Bischöfe durch den Papst (CIC 317 § 1) schließt problematische Entscheidungen niemals völlig aus. Die Wahrscheinlichkeit von Fehlbesetzungen bei einer mehr oder weniger demokratischen Entscheidungsfindung wäre jedoch ungleich höher. *Eine Mitentscheidung der Ortskirche* - durch ein Diözesanparlament oder durch freie diözesane Wahlen etwa? - zu verlangen, wie es das Kirchenvolks-Begehren tut, heißt, die Erfahrungen der Geschichte in den Wind schlagen. Die Kirche würde die Erfüllung dieser Forderung sehr bald - nicht zuletzt wegen der bestehenden Manipulationsgefahr - mit dem Verlust ihrer Freiheit bezahlen, wie in den schlimmsten *Gefangenschaften* unter der weltlichen Gewalt, die sie in ihrer Geschichte erlebt hat.

2. Forderung: Volle Gleichberechtigung der Frauen:

a) Mitsprache und Mitentscheidung in allen kirchlichen Gremien
b) Öffnung des ständigen Diakonates für Frauen
c) Zugang der Frauen zum Priesteramt

Johannes XXIII. hat in seiner Enzyklika "Pacem in terris" den Eintritt der Frau in das öffentliche Leben als ein besonderes Merkmal unserer Epoche bezeichnet. Logischerweise kann und will die Kirche, die ja das Evangelium den Kulturen nicht nur allgemein vermittelt, sondern auf die jeweiligen Entwicklungen prägend und läuternd einwirkt, diesen letztlich von der christlichen Frohbotschaft selbst ausgelösten Prozeß nicht unbeachtet lassen und wird alles, was an ihm wertvoll ist, in gewissem Sinn in ihr Leben integrieren.

So hat denn auch das II. Vatikanische Konzil nicht nur nachdrücklich die in der Schöpfungs- und Erlösungsordnung grundgelegte gleiche Würde von Mann und Frau in Erinnerung gerufen und demgemäß die Beseitigung jeder Diskriminierung aufgrund des Geschlechtes gefordert (GS 29), sondern außerdem erklärt: *Da heute die Frauen eine immer aktivere Funktion im ganzen Leben der Gesellschaft ausüben, ist es von großer Wichtigkeit, daß sie auch an den verschiedenen Bereichen des Apostolates der Kirche wachsenden Anteil nehmen* (AA 9).

Daß einer solchen intensiveren Beteiligung der Frau am kirchlichen Leben nichts entgegensteht, wurde nicht zuletzt von Johannes Paul II. eindeutig klargestellt: *Was die Teilhabe an der apostolischen Sendung der Kirche anbelangt, besteht kein Zweifel darüber, daß die Frau - wie der Mann - aufgrund von Taufe und Firmung Anteil hat am dreifachen Amt Christi, des Priesters, Propheten und Königs, und so zum fundamentalen Apostolat der Kirche, zur Evangelisierung befähigt und verpflichtet ist. Andererseits ist die Frau berufen, bei der Erfüllung dieses Apostolates ihre eigenen "Gaben" einzubringen: zunächst durch das Wort und das Zeugnis des Lebens die Gabe ihrer Personwürde und sodann die Gaben, die mit ihrer fraulichen Berufung gegeben sind* (CL 51).

Die hervorragende und ununterbrochene Beteiligung der Frau am Leben der Kirche von der Zeit der Apostel an ist völlig unbestreitbar. Es genügt, an die große Zahl weiblicher Heiliger aller Epochen zu denken oder an die Kindererziehung, die immer größtenteils in den Händen der Frau lag und für die Weitergabe und Lebendigkeit des christlichen Glaubens von so entscheidender Bedeutung war und ist. In den Jahren nach dem Konzil hat man verstärkt die Tendenz feststellen können, Frauen für liturgische Aufgaben heranzuziehen, sie in kirchliche Beratungsgremien zu berufen usw. Die Bischofssynode 1987, die sich mit der Berufung und Sendung der Laien in Welt und Kirche beschäftigte, hat diese Entwicklung ausdrücklich gutgeheißen und z.B. die folgenden Propositiones aufgestellt, die sich Johannes Paul II. dann im nachsynodalen Schreiben *Christifideles laici* zu eigen gemacht hat: *Die Frauen sollen ohne jegliche Diskriminierung auch bei*

Konsultationen und bei der Erarbeitung von Entscheidungen am Leben der Kirche teilnehmen. Und ferner: *Die Frauen, denen bei der Weitergabe des Glaubens und bei allen Arten von Diensten im Leben der Kirche eine bedeutende Aufgabe zukommt, müssen bei der Vorbereitung von Pastoraldokumenten und von missionarischen Initiativen herangezogen werden* (CL 51).

Von diesen Voraussetzungen her könnte die Forderung des Kirchenvolks-Begehrens nach Beteiligung von Frauen an allen kirchlichen Gremien sowie ihre Zulassung zu den heiligen Weihen als durchaus legitim erscheinen, zumal sie eindeutig in einem Trend der Zeit liegt, den die Kirche selbst aufmerksam beobachtet. Bevor wir die drei konkreten Gleichberechtigungsforderungen jedoch näher überprüfen, ist grundsätzlich darauf hinzuweisen, daß sie alle am selben Elementarmißverständnis leiden, das wir schon an der ersten Kirchenvolks-Begehrens-Forderung nach der "geschwisterlichen Kirche" kritisieren mußten: dem Gleichschaltungsdrang von Priestern und Laien. Nochmals ist daher in Erinnerung zu rufen: So wie im katholischen Verständnis der Laie - gleichgültig ob Mann oder Frau - nicht dadurch mehr Christ ist, daß er innerkirchliche Aufgaben übernimmt, so ist auch die Frau nicht deshalb mehr Kirche, weil sie die Lesung bei der Messe vorträgt, zum Pfarrgemeinderat gehört, an einer Diözesansynode teilnimmt oder an der Spitze einer vatikanischen Diplomatendelegation steht, auch wenn es sich dabei um Aufgaben handelt, die ihr aufgrund der Taufe offenstehen und deren Ausübung ihr Gelegenheit gibt, ihre fraulichen "Gaben" zum Wohl der kirchlichen Gemeinschaft einzusetzen, was sie "im Normalfall" in Familie, Beruf und Gesellschaft genauso tun kann und soll. Wer in diesen besonderen kirchlichen Diensten die eigentlichen Aufgaben des Laien (des Mannes wie der Frau) sieht und seine spezifische Evangelisierungsaufgabe inmitten der Gesellschaft nicht begreift, wird diese Forderung des Kirchenvolks-Begehrens natürlich als berechtigt anerkennen. Allerdings ist sie paradoxerweise ausgesprochen "vorkonziliar", d.h. der durch das Konzil überwundenen Mentalität verhaftet, die die Kirche nicht als das organisch gegliederte Volk Gottes versteht, sondern sie mit dem Klerus identifiziert. Aus dieser Optik muß die Frau natürlich, um am Leben der Kirche voll mitwirken zu können, einen Platz in der Hierarchie bekommen. Denn die Kirche ist für die so Denkenden die Hierarchie.

a) "Mitsprache und Mitentscheidung in allen kirchlichen Gremien"

Das nachkonziliare Kirchenrecht hat penibel darauf geachtet, die gleiche Würde von Mann und Frau auch in seinen normativen Weisungen wiederzugeben. Es stellt, wenn es von den Pflichten und Rechten der Laien spricht, Mann und Frau grundsätzlich gleich und erklärt in unserem Zusammenhang z.B.: *Laien, die als geeignet befunden werden, sind befähigt, von den geistlichen Hirten für jene kirchlichen Ämter und Aufgaben herangezogen zu werden, die sie gemäß den Rechtsvorschriften wahrzunehmen vermögen* (CIC, can. 228 § 1). Und es setzt hinzu: *Laien, die sich durch Wissen, Klugheit und Ansehen in erforderlichem Maße auszeichnen, sind befähigt, als Sachverständige und Ratgeber, auch in Ratsgremien nach Maßgabe des Rechtes, den Hirten der Kirche Hilfe zu leisten* (ebd. § 2).

Ja, es geht sogar noch weiter, wenn es feststellt, daß die Laien an der kirchlichen Leitungs- oder Jurisdiktionsgewalt *mitwirken* können, die allerdings - wie derselbe Canon vorher ausdrücklich hervorhebt - denjenigen vorbehalten ist, die die heiligen Weihen empfangen haben (vgl. CIC, can. 129).

Hier nun liegt der entscheidende Punkt. Der Papst ist der Auffassung, daß Frauen - *unter Berücksichtigung der verschiedenen kulturellen Sensibilitäten sowie pastoralen Opportunitäten*, wie er sich ausdrückt - unter Ausnützung der bestehenden rechtlichen Möglichkeiten zweifellos stärker zur Mitwirkung an der Kirchenleitung herangezogen werden können. *Man denke dabei zum Beispiel* - so konkretisiert er - *an die Teilnahme von Frauen an Diözesan- und Pfarrpastoralräten sowie an Diözesansynoden und Teilkonzilien* (CL 51). Gleichzeitig zieht er aber eine deutliche Grenze, die hier nicht die Frau als solche betrifft, sondern alle Gläubigen - Männer wie Frauen -, die nicht die Priesterweihe empfangen haben. Muß man doch in der Kirche deutlich die Ämter, die sich aus dem Sakrament des Ordo herleiten, von den diversen Diensten, Aufgaben und Funktionen unterscheiden, die ihre sakramentale Grundlage in Taufe und Firmung bzw. gegebenenfalls in der Ehe haben (vgl. CL 22-23). *Wenn es zum Wohl der Kirche nützlich oder notwendig ist, können die Hirten entsprechend den Normen des allgemeinen Rechtes den Laien bestimmte Aufgaben anvertrauen, die zwar mit ihrem Hirtenamt verbunden sind, aber den Charakter des Ordo nicht voraussetzen... Die Erfüllung einer solchen Aufgabe macht den Laien aber nicht zum Hirten: Nicht eine Aufgabe konstituiert das Amt, sondern das Sakrament des Ordo* (CL 23).

Was nun die vom Kirchenvolks-Begehren geforderte Mitsprache und Mitentscheidung der Frauen (korrekter wäre zu sagen gewesen: der Laien) in allen kirchlichen Gremien betrifft, ist eine weitere Einbeziehung rechtlich möglich, wobei freilich in diesem Bereich viele theologische (und nicht nur praktische bzw. kirchenrechtliche) Fragen weiterer Klärung bedürftig sind. Sicher kommt diese Beteiligung dort nicht in Frage, wo es nicht um eine bloße *Mitwirkung* an der Hirtengewalt geht, sondern um ihre eigentliche Ausübung. Dabei handelt es sich nicht um eine Ausschließung der Frau als solcher von gewissen kirchlichen Funktionen, sondern um die Unmöglichkeit, daß ein Laie - gleichgültig ob Mann oder Frau - Aufgaben übernimmt, die Christus selbst den Geweihten vorbehalten hat. Nur sie *empfangen durch das Sakrament des Ordo von Christus dem Auferstandenen in der ununterbrochenen apostolischen Nachfolge das Charisma des Heiligen Geistes. Sie empfangen zugleich die Autorität und die heilige Vollmacht, "in persona Christi" zu handeln, um der Kirche zu dienen und sie im Heiligen Geist durch das Evangelium und die Sakramente zu einen* (CL 22). Hier begegnen wir von neuem der grundlegenden Glaubenswirklichkeit, daß das allgemeine Priestertum der Getauften auf den Dienst des Weihepriestertums angewiesen ist, durch das Christus - der durch die Weihe sakramental zum Handeln in seiner Person befähigt, insofern er das Haupt des mystischen Leibes ist - in der Mitte seines Volkes immerfort gegenwärtig ist (vgl. LG 10, PO 6).

b) "Öffnung des ständigen Diakonates für Frauen"

Wegen der Bedeutung, die dem Dienst des Diakons zukommt, kann in der lateinischen Kirche - so die Weisung des II. Vatikanischen Konzils - *der Diakonat als eigene und beständige hierarchische Stufe wiederhergestellt werden. Den zuständigen verschiedenartigen territorialen Bischofskonferenzen kommt mit Billigung des Papstes die Entscheidung zu, ob und wo es für die Seelsorge angebracht ist, derartige Diakone zu bestellen. Mit Zustimmung des Bischofs von Rom wird dieser Diakonat auch verheirateten Männern reiferen Alters erteilt werden können, ferner geeigneten jungen Männern, für die jedoch das Gesetz des Zölibats in Kraft bleibt* (LG 29).

Wie bekannt ist und wie dieser Text selbst unschwer erkennen läßt, lag den Konzilsvätern der Gedanke, daß auch Frauen zu Diakonen geweiht werden können, völlig fern. Auch das neue Kirchenrecht weiß nichts davon. Dennoch hat das nachkonziliare Lehramt in seinen zahlreichen Stellungnahmen zur Frage der Priesterweihe der Frau nie ausdrücklich zu ihrer Diakonatsweihe Stellung bezogen.

Es gibt hier biblische, kirchengeschichtliche, liturgische und dogmatische Fragen, die nicht ausreichend geklärt sind und deren Erhellung außerdem schwierig ist.

Da der Diakonat die erste der drei Weihestufen des Ordo darstellt, liegt es nahe, daß er im Sinn der göttlichen Grundverfassung der Kirche Männern vorbehalten ist. Freilich wird er *nicht zum Priestertum, sondern zur Dienstleistung* (LG 29) empfangen, was theoretisch eine andere Ansicht zulassen würde. Da es sich dabei aber um wichtige sakramentale Wirklichkeiten handelt, die nicht der Verfügungsmacht der Kirche unterstehen, muß in diesem Punkt mit größter Behutsamkeit vorgegangen werden. Sollte die Kirche die bestehenden Zweifel nicht klären können, wäre sie nie berechtigt, Frauen den Diakonat zu spenden. Ein "Volksbegehren" ist in einer solchen Frage nicht die adäquate Methode.

c) "Zugang der Frauen zum Priesteramt"
Anders liegt das Problem beim Priestertum. Als vor wenigen Jahrzehnten einige aus der Reformation hervorgegangene christliche Gemeinschaften sich dazu entschlossen, auch Frauen zum pastoralen Dienst zuzulassen, und unter katholischen Theologen die Frage aufgeworfen wurde, ob eine Priesterweihe von Frauen in der katholischen Kirche denkbar wäre, hat Papst Paul VI. die Glaubenskongregation mit einer Untersuchung beauftragt, die in der ausführlichen "Erklärung zur Frage der Zulassung von Frauen zum Priesteramt" (Inter insigniores, 15.10.1975) ihren Niederschlag fand. Kernaussage des Dokumentes: *Die Kirche hält sich aus Treue zum Vorbild des Herrn nicht dazu berechtigt, Frauen zur Priesterweihe zuzulassen*. Die Gründe, die dafür angeführt werden, hatte schon vorher z.T. Paul VI. selbst genannt: *das in der Heiligen Schrift bezeugte Vorbild Christi, der nur Männer zu Aposteln wählte, die konstante Praxis der Kirche, die in der ausschließlichen Wahl von Männern Christus nachahmte; und ihr lebendiges Lehramt, das beharrlich daran festhält, daß der Ausschluß von Frauen vom Priesteramt in Übereinstimmung steht mit Gottes Plan für seine Kirche* (Paul VI., Brief an den Erzbischof v. Canterbury, 30.11.75). Zu diesen Gründen fügt *Inter insigniores* noch andere hinzu, die die Angemessenheit dieser göttlichen Verfügung erläutern, und es zeigt, daß die Handlungsweise Jesu nicht auf soziologischen oder kulturellen Bedingtheiten der Zeit beruhte.

Johannes Paul II. hat dann im Apostolischen Schreiben *Mulieris dignitatem* (15.8.1988) betont: *Wenn Christus nur Männer zu seinen Aposteln berief, tat er das völlig frei und unabhängig. Er tat es mit derselben Freiheit, mit der er in seinem Gesamtverhalten die Würde und Berufung der Frau betonte, ohne sich nach den herrschenden Sitten und nach der auch von der Gesetzgebung der Zeit gebilligten Tradition zu richten* (MD 26). In *Christifideles laici* hat er im Anschluß an die Bischofssynode nur wenige Monate später nochmals bekräftigt: *In ihrer Teilnahme am Leben und an der Sendung der Kirche kann die Frau das Sakrament des Ordo nicht empfangen und somit die Funktionen, die dem Amtspriestertum vorbehalten sind, nicht erfüllen. Diese Bestimmung hat die Kirche immer aus dem eindeutigen, freien und souveränen Willen Jesu Christi, der nur Männer zu seinen Aposteln berufen hat, herausgelesen* (CL 51). Und im Katechismus der Katholischen Kirche ist zu lesen: "*Die heiligen Weihen empfängt gültig nur ein getaufter Mann (vir)*" (CIC, can. 1024). *Jesus, der Herr, hat Männer (viri) gewählt, um das Kollegium der zwölf Apostel zu bilden, und die Apostel taten das gleiche, als sie Mitarbeiter wählten, die ihnen in ihrer Aufgabe nachfolgen sollten. Das Bischofskollegium, mit dem die Priester vereint sind, vergegenwärtigt das Kollegium der Zwölf bis zur Wiederkehr Christi. Die Kirche weiß sich durch diese Wahl, die der Herr selbst getroffen hat, gebunden. Darum ist es nicht möglich, Frauen zu weihen* (KKK 1577).

Am 22. Mai 1994 hat dann Papst Johannes Paul II. im Apostolischen Schreiben *Ordinatio Sacerdotalis* abschließend Stellung bezogen. In dem kurzen Text, der die vorangegangenen einschlägigen Lehraussagen in Erinnerung ruft, verweist der Papst u.a. auf die Gottesmutter, die nicht den Sendungsauftrag der Apostel und nicht das Amtspriestertum erhalten hat, um auch aus dieser Perspektive nochmals aufzuzeigen, *daß die Nichtzulassung der Frau zur Priesterweihe keine Minderung ihrer Würde und keine Diskriminierung ihr gegenüber bedeuten kann, sondern die treue Beachtung eines Ratschlusses darstellt, der der Weisheit des Herrn des Universums zuzuschreiben ist* (OS 3). Er erklärt ausdrücklich, daß es sich bei der Haltung der Kirche in dieser Frage nicht um eine diskutierbare oder eine rein disziplinäre Festlegung handelt: *Damit also jeder Zweifel bezüglich der bedeutenden Angelegenheit, die die göttliche Verfassung der Kirche selbst betrifft, beseitigt wird, erkläre ich kraft meines Amtes, die Brüder zu stärken* (vgl. Lk 22,32), *daß die Kirche keinerlei Vollmacht hat, Frauen die Priesterweihe zu spenden, und daß sich alle Gläubigen der Kirche endgültig an diese Entscheidung zu halten haben* (OS 4).

Es ist nicht einsichtig, wie Katholiken nach dieser Stellungnahme des Heiligen Vaters weiterhin die Priesterweihe von Frauen fordern können, müßten sie doch wissen, was auch den nichtkatholischen Christen als spezifisch katholische Lehre bekannt ist: Der schon dem in Glaubens- und Sittenfragen lehrenden Bischof geschuldete *religiöse Gehorsam des Willens und Verstandes ist in besonderer Weise dem authentischen Lehramt des Bischofs von Rom, auch wenn er nicht letztverbindlich spricht, zu leisten; nämlich so, daß sein oberstes Lehramt ehrfürchtig anerkannt und den von ihm vorgetragenen Urteilen aufrichtige Anhänglichkeit gezollt wird, entsprechend der von ihm kundgetanen Auffassung und Absicht. Diese läßt sich vornehmlich erkennen aus der Art der Dokumente, der Häufigkeit der Vorlage ein und derselben Lehre, und der Sprechweise* (LG 25).

Wendet man diesen berühmten Passus der Kirchenkonstitution des Konzils auf unsere konkrete Frage an, ist das Ergebnis eindeutig: Der

Papst äußert sich auf definitive Weise zu einem Punkt der Glaubenslehre, von dem er erklärt, er könne sich unmöglich ändern und sei folglich von allen diskussionslos anzunehmen. Da dieser päpstliche Spruch, der die innerkatholische Debatte über die Möglichkeit der Priesterweihe von Frauen ein für allemal beenden sollte, offensichtlich von manchen nicht in seiner Tragweite begriffen worden war, hat die Glaubenskongregation im Auftrag des Papstes am 28. Oktober 1995 zur Beseitigung der da und dort bestehenden Zweifel eine Antwort gegeben (vgl. S. 73).

3. Forderung: "Freie Wahl zwischen zölibatärer und nicht-zölibatärer Lebensform"

Das Kirchenvolks-Begehren will ausdrücklich "den Wert und die Sinnhaftigkeit des Zölibats an sich" nicht in Frage stellen. Das ist positiv zu vermerken und entspricht nicht nur der ausdrücklichen Lehre der Heiligen Schrift (vgl. z.B. Mt 19,11 ff. und 1 Kor 7,25 ff.), sondern auch der Glaubensüberlieferung der Kirche. Sie hat die Ehelosigkeit um des Himmelreiches willen aufs höchste geschätzt und im Lauf ihrer Geschichte immer die Erhabenheit dieses Charismas über das der Ehe verteidigt, eben aufgrund seiner ganz einzigartigen Verbindung mit dem Reich Gottes (FC 16).

Beanstandet wird vom Kirchenvolks-Begehren hingegen "die Bindung des Priesteramtes an die ehelose Lebensform". Diese sei, so sagt man uns, "biblisch und dogmatisch nicht zwingend, sondern geschichtlich gewachsen und daher auch veränderbar". Eine solche Behauptung ist prinzipiell richtig. Sie wird von niemandem bestritten. Nicht zuletzt die Existenz legitim verheirateter katholischer Priester in den unierten Ostkirchen macht es unmöglich, die gegenteilige These zu vertreten. Trotzdem ist damit noch nicht das letzte Wort gesprochen, zumal nicht nur das nachkonziliare Lehramt zu wiederholten Malen die Aufrechterhaltung des Priesterzölibates in der lateinischen Kirche programmatisch gefordert hat, sondern v.a. das II. Vatikanum selbst. Letzteres hat die theologische und pastorale Angemessenheit dieser Entscheidung sehr eingehend begründet. Wir werden darauf ausführlicher zurückkommen müssen.

In den Erklärungen des Kirchenvolks-Begehren wird ferner ausgeführt: "Das Recht der Gemeinden auf Eucharistiefeier und Leitung ist eindeutig wichtiger als eine kirchenrechtliche Regelung". Hier wird zu untersuchen sein, ob es ein solches Gemeinderecht auf Eucharistie überhaupt gibt, und es wird auch gefragt werden müssen, ob die Aufhebung des Priesterzölibates sozusagen automatisch - und auf längere Sicht - das Problem des Priestermangels beheben würde.

Zuletzt wird behauptet, daß "die freie Wahl des Zölibats" diesen in seiner Zeichenhaftigkeit stärken würde. Dabei ist nicht klar, ob die geforderte freie Wahl den schon geweihten und somit aufgrund persönlicher Entscheidung zur Ehelosigkeit verpflichteten Priestern ermöglicht werden sollte oder ob sie bloß den Priesteramtskandidaten der Zukunft offenstehen würde. Außerdem wird behauptet, daß der Wahlzölibat eine Bereicherung für die Seelsorge bringen würde - durch "die wechselseitige Ergänzung von zölibatärem und nicht-zölibatärem Priestertum". Da diese Überlegungen hypothetischen Charakter tragen und sich außerdem erübrigen, wenn man den Standpunkt des Konzils versteht und sich zu eigen macht (wie es für einen Katholiken selbstverständlich sein müßte), soll im Detail nicht darauf eingegangen werden. Trotzdem kann die Unterstellung nicht unwidersprochen bleiben, daß es derzeit keine "freie Wahl des Zölibats" für den Priester in der lateinischen Kirche gibt. Dazu soll abschließend ein kurzer Kommentar geboten werden.

a. Bindung des Priesteramtes an die ehelose Lebensform

Die Väter des II. Vatikanischen Konzils haben sich im Hinblick auf den Zölibat der Priester zwei Hauptfragen gestellt, auf die sich alle anderen letztlich reduzieren: a) Welchen Wert hat der Zölibat für den Priester? Und b) Entspricht er den Plänen der göttlichen Weisheit, oder ist er bloß eine Regel menschlicher Klugheit?

Im Dekret über Leben und Dienst der Priester Presbyterorum Ordinis, Nr. 16, hat das Konzil dann die Antwort gegeben. Es erklärt, daß die von Christus empfohlene "Ehelosigkeit um des Himmelreiches willen" im ganzen Verlauf der Kirchengeschichte nicht nur von vielen Gläubigen geübt, sondern von der Kirche *besonders im Hinblick auf das priesterliche Leben immer hoch eingeschätzt worden ist, und zwar als ein Zeichen und zugleich ein Antrieb der Hirtenliebe und ein besonderer Quell geistlicher Fruchtbarkeit in der Welt.*

Das Dekret verschweigt nicht, daß der Zölibat vom Wesen des Priestertums nicht gefordert ist, und bestätigt die Disziplin der Ostkirche, in der auch verheiratete Männer die Priesterweihe empfangen. *Der Zölibat ist jedoch* - so formuliert das Dekret dann seine große These, um sie gleich ausführlich zu begründen - *in vielfacher Hinsicht dem Priestertum angemessen. Die priesterliche Sendung ist nämlich gänzlich dem Dienst an der neuen Menschheit geweiht, die Christus, der Überwinder des Todes, duch seinen Geist in der Welt erweckt (...). Durch die Jungfräulichkeit und die Ehelosigkeit um des Himmelreiches willen werden die Priester in neuer und vorzüglicher Weise Christus geweiht; sie hangen ihm leichter ungeteilten Herzens an, schenken sich freier in ihm dem Dienst für Gott und die Menschen, dienen ungehindert seinem Reich und dem Werk der Wiedergeburt aus Gott und werden so noch mehr befähigt, die Vaterschaft in Christus tiefer zu verstehen. Auf diese Weise bezeugen sie also vor den Menschen, daß sie sich in ungeteilter Hingabe der ihnen anvertrauten Aufgabe widmen wollen (...). Darüber hinaus sind sie ein lebendiges Zeichen der zukünftigen, schon jetzt in Glaube und Liebe anwesenden Welt, in der die Auferstandenen weder freien noch gefreit werden.*

Gerade der Zölibat des Priesters erweist sich also von einzigartigem Wert für die Kirche. Und die Konzilsversammlung, die die geschichtliche Entfaltung des Priesterzölibates bis hin zu seiner gesetzlichen Fixierung für die lateinische Kirche als ein Resultat des Wirkens des Heiligen Geistes und nicht als Produkt menschlicher Überlegungen ansieht, *billigt und bekräftigt von neuem das Gesetz für jene, die zum Priestertum ausersehen sind, wobei ihr der Geist das Vertrauen gibt, daß der Vater die Berufung zum ehelosen Leben, das ja dem neutestamentlichen Priestertum so angemessen ist, großzügig geben wird, wenn nur diejenigen, die durch das Sakrament der Weihe am Priestertum Christi teilhaben, zusammen mit der ganzen Kirche demütig und inständig darum bitten.*

Das Konzil war sich dabei nicht nur der Gefährdungen des zölibatären Priesterlebens voll bewußt, sondern hat auch klar gesehen, daß ein der Frohbotschaft fremdes Denken diese Entscheidung nicht verstehen und den Priesterzölibat - wie in so vielen anderen Perioden der Geschichte - bekämpfen wird. Und so erklärt *Presbyterorum Ordinis* weiter: *Je mehr in der heutigen Welt viele Menschen ein Leben in vollkommener Enthaltsamkeit für unmöglich halten, umso demütiger und beharrlicher werden die Priester und mit ihnen die ganze Kirche die Gabe der Beständigkeit und Treue erflehen, die denen niemals verweigert wird, die um sie bitten* (PO 16).

Die Angriffe auf den Priesterzölibat sind in den Jahren nach dem Konzil besonders heftig gewesen. Eine gewaltige Abfallsbewegung hat die Kirche erschüttert. Von ihr waren bezeichnenderweise nicht nur die Weltpriester betroffen - die also vom kirchlichen Gesetz zum Zölibat "gezwungen" worden waren -, sondern in noch größerem Maß die Ordenspriester und die Ordensleute überhaupt.

Trotzdem hat die Kirche den Priesterzölibat hochgehalten und die vom Konzil vorgelegten Angemessenheitsgründe noch weiter vertieft. So etwa Paul VI. in der Enzyklika *Sacerdotalis caelibatus* (1967),

Johannes Paul II. in seinem ersten Gründonnerstagsbrief an die Priester (1979) und schließlich die Bischofssynode 1990 sowie das auf ihr beruhende nachsynodale Apostolische Schreiben Johannes Pauls II. *Pastores dabo vobis* (1992), um nur die herausragendsten Dokumente zu nennen.

Im letztgenannten Schreiben macht sich der Papst eine der Propositionen der Synode zu eigen, in der es u.a. heißt: "*Die Synode billigt und bekräftigt von neuem und mit Nachdruck alles, was die lateinische Kirche und einige östliche Riten fordern, nämlich daß die priesterliche Würde nur solchen Männern übertragen wird, die von Gott das Geschenk der Berufung zur Keuschheit in der Ehelosigkeit empfangen haben (ohne Vorurteil gegen die Tradition einiger orientalischer Kirchen und gegen die Sonderfälle zum Katholizismus konvertierter verheirateter Geistlicher; für diese Fälle sind in der Enzyklika Pauls VI. über den priesterlichen Zölibat, Nr. 42, Ausnahmen vorgesehen). Die Synode will bei niemandem den geringsten Zweifel an der festen Entschlossenheit der Kirche aufkommen lassen, an dem Gesetz festzuhalten, das den zur Priesterweihe nach dem lateinischen Ritus ausersehenen Kandidaten den frei gewählten, ständigen Zölibat auferlegt. Die Synode drängt darauf, daß der Zölibat in seinem vollen biblischen, theologischen und spirituellen Reichtum dargestellt und erläutert wird, nämlich als kostbares Geschenk Gottes an seine Kirche und als Zeichen des Reiches, das nicht von dieser Welt ist, Zeichen der Liebe Gottes zu dieser Welt sowie der ungeteilten Liebe des Priesters zu Gott und zum Volk Gottes, sodaß der Zölibat als positive Bereicherung des Priestertums angesehen werden kann*" (PDV 29).

b. Das Recht der Gemeinden auf die Eucharistiefeier

Das Kirchenvolks-Begehren geht offensichtlich davon aus, daß die Aufhebung des Pflichtzölibates zu einer Beendigung des Priestermangels führen würde. Es handelt sich hiebei um eine bloße Hypothese. Die Erfahrung anderer christlicher Gemeinschaften, die eine Zölibatsvorschrift nicht kennen und dennoch mit Bedauern feststellen, daß es viel zu wenige Menschen gibt, die sich dem geistlichen Dienst widmen, deutet in eine andere Richtung. Man könnte durchaus die Gegenhypothese vertreten, daß bei Aufhebung des Zölibatsgesetzes nach einem möglichen ersten "Boom" ein neuerlicher Rückgang der Zahl der Priesteramtskandidaten zu verzeichnen sein wird.

Es hat wenig Sinn, sich lange über den Wahrscheinlichkeitsgrad dieser Prognosen zu unterhalten. Wichtiger scheint es, das

Hauptargument, das vom Kirchenvolks-Begehren für die Aufhebung des Pflichtzölibates angeführt wird, zu analysieren: "Das Recht der Gemeinden auf Eucharistiefeier und Leitung ist eindeutig wichtiger als eine kirchenrechtliche Regelung".

Gibt es ein solches Recht der Gemeinden? Der Codex Iuris Canonici erklärt unter dem Titel *Pflichten und Rechte aller Gläubigen in can. 213: Die Gläubigen haben das Recht, aus den geistlichen Gütern der Kirche, insbesondere dem Wort Gottes und den Sakramenten, Hilfe von den geistlichen Hirten zu empfangen.* Hier ist in der Tat - auf sehr allgemeine Weise - ein Anspruch der Gläubigen auf pastorale Betreuung festgeschrieben (den man durchaus göttlichen Rechtes nennen könnte), aus dem sich zweifellos auf die Verpflichtung der Hirten schließen läßt, auch die notwendigen (und möglichen) organisatorischen Rahmenbedingungen für die Seelsorge zu schaffen. Keineswegs aber wird man daraus das Recht einzelner "Gemeinden" (welcher Art immer) auf Eucharistie ableiten können und ebensowenig ein Recht auf Priester. Denn, daß es Priester und damit Diener der Eucharistie gibt, beruht auf Gottes freier Gnadeninitiative: denn er ist es, der zum Priestertum beruft. Auf Priester hat niemand ein Recht: "Die Ernte ist groß, aber es gibt nur wenige Arbeiter. Bittet also den Herrn der Ernte, Arbeiter für seine Ernte auszusenden" (Mt 9,37 f.).

Als vor nicht allzulanger Zeit von einigen Theologen die Auffassung vertreten wurde, daß jede Gemeinde ein "Recht auf Eucharistie" habe und im Notfall daher auch Laien zur Feier der Messe bestellt werden könnten, schritt die Glaubenskongregation ein und argumentierte dabei u.a. folgendermaßen: *Die einzelnen Gläubigen oder Gemeinden, die aufgrund von Verfolgungen oder durch den Mangel an Priestern über kürzere oder längere Zeit der Eucharistiefeier entbehren müssen, gehen deshalb der Gnade des Erlösers keineswegs verlustig. Wenn sie, zutiefst vom Wunsch nach dem Sakrament geleitet und im Gebet mit der ganzen Kirche vereint, den Herrn anrufen und ihre Herzen zu ihm erheben, haben sie in der Kraft des Heiligen Geistes Gemeinschaft mit der Kirche, die der lebendige Leib Christi ist, und mit dem Herrn selbst. Durch ihr Verlangen nach dem Sakrament mit der Kirche vereint, sind sie, wenn auch äußerlich getrennt, zuinnerst und wirklich ganz mit der Kirche verbunden und empfangen daher die Früchte des Sakraments* (Kongr. für die Glaubenslehre, "Schreiben über einige Fragen bezüglich des Dieners der Eucharistie", 6.8.1983).

c. Freie Wahl des Zölibates

Das Kirchenvolks-Begehren verlangt "freie Wahl zwischen zölibatärer und nicht-zölibatärer Lebensform". Es fordert damit nicht nur die

Aufhebung des Pflichtzölibates für Weltpriester, sondern deutet an, daß die Priesteramtskandidaten des Weltklerus derzeit zum Zölibat gezwungen werden bzw. daß ihnen die Kirche das Recht auf Ehe verweigert. Wäre dies der Fall, läge freilich ein flagranter Verstoß gegen elementare menschliche Grundrechte vor, dessen sich die Kirche seit Jahrhunderten schuldig macht.

Bei näherem Hinsehen liegen die Dinge freilich anders. Niemand hat ein Recht auf den Empfang der Priesterweihe. Auf die reichen diesbezüglichen Hinweise der göttlichen Offenbarung gestützt, war die Kirche immer der Überzeugung, daß dafür eine göttliche Berufung Voraussetzung ist. *Aber die Berufung zum Priestertum* - so hat Paul VI. erklärt -, *obwohl von Gott eingegeben, wird endgültig und wirksam erst durch die Anerkennung und Annahme von seiten derer, die in der Kirche die Gewalt und die Verantwortung haben für den Dienst an der kirchlichen Gemeinschaft; und deshalb obliegt es der kirchlichen Autorität, je nach den zeitlichen und örtlichen Verhältnissen zu bestimmen, wie beschaffen tatsächlich die Männer sein müssen und welche Eigenschaften bei ihnen gefordert sind, damit sie für den religiösen und seelsorglichen Dienst in der Kirche als geeignet angesehen werden können* (SC 15).

Unter den verschiedenen Voraussetzungen moralischer, charakterlicher, intellektueller Art usw., die die Kirche von ihren zukünftigen Priestern fordert, gehört in der lateinischen Kirche auch das Charisma des Zölibates. Aufgrund der bereits dargelegten hohen Angemessenheit des Zölibates für das Priesteramt hält die lateinische Kirche *trotz aller Schwierigkeiten und Einsprüche daran fest, die Priesterweihe nur Männern zu erteilen, die den Beweis erbringen, daß sie von Gott zur Gabe der Keuschheit in der Lebensform der bedingungslosen und dauerhaften Ehelosigkeit berufen sind* (PDV 29).

Keinem Priesteramtskandidaten wird also die Ehelosigkeit aufgezwungen. Es werden vielmehr nur jene zur Weihe zugelassen, die nach jahrelanger und ernster Prüfung frei gewillt sind und den kirchlichen Vorgesetzten auch geeignet erscheinen, das ganze Leben lang in eheloser Keuschheit zu leben. *Das Konzil mahnt daher alle Priester, die im Vertrauen auf Gottes Gnade in freier Entscheidung nach Christi Vorbild den Zölibat auf sich genommen haben, ihm großzügig und mit ganzem Herzen anzuhangen und treu in diesem Stand auszuhalten in der Erkenntnis der hohen Gnadengabe, die ihnen vom Vater gegeben wurde und die der Herr so offenkundig gepriesen hat* (PO 16).

Der im Konzil im Heiligen Geist versammelte Weltepiskopat hat mit einem gewaltigen Glaubensakt seiner Überzeugung Ausdruck verliehen, daß Gott das Charisma der Ehelosigkeit um des Himmelreiches willen, das dem neutestamentlichen Priestertum so sehr entspricht, großzügig geben wird, wenn demütig und vertrauensvoll darum gebetet wird. In der Tat zeigt sich, daß dort, wo ein lebendiges Glaubensleben herrscht, der Kirche trotz Zölibatsgesetz die Priesterberufungen nicht fehlen. Es liegt daher nahe, den Reformbedarf nicht bei der Änderung der kirchlichen Zölibatsvorschrift zu suchen, sondern in den Herzen der Gläubigen. Denn Gott wird wie bisher ohne allen Zweifel gute Priester in ausreichender Zahl senden, wenn sich das Volk ihrer würdig erweist. *So bittet diese Heilige Synode nicht nur die Priester, sondern alle Gläubigen, sie möchten sich die kostbare Gabe des priesterlichen Zölibates ein wirkliches Anliegen sein lassen, und alle mögen Gott bitten, daß er dieses Geschenk seiner Kirche stets in Fülle zukommen lasse* (PO 16).

4. Forderung: "Positive Bewertung der Sexualität":

a) Anerkennung der verantworteten Gewissensentscheidung in Fragen der Sexualmoral (z.B. Empfängnisregelung)

b) Keine Gleichsetzung von Empfängnisregelung und Abtreibung

c) Mehr Menschlichkeit statt pauschaler Verurteilung (z.B. in bezug auf voreheliche Beziehungen oder die Frage der Homosexualität)

d) Anstelle lähmender Fixierung auf die Sexualmoral stärkere Betonung anderer wichtiger Themen (z.B. Friede, soziale Gerechtigkeit, Bewahrung der Schöpfung...)"

Die vier unter dem Titel "Positive Bewertung der Sexualität" angeführten konkreten Begehrenspunkte sind Ausdruck der seit Jahrzehnten auf vielerlei Weisen vorgetragenen Forderung nach einer sehr weitgehenden Umwertung der traditionellen Ehe- und Sexualmoral der Kirche. Diese sei, so heißt es immer wieder, für das moderne Lebensgefühl nicht mehr akzeptabel, widerspreche den tatsächlichen gesellschaftlichen Gegebenheiten und werde auch von den treuesten Katholiken als praktisch unlebbar empfunden.

Ohne daß der Text des Kirchenvolks-Begehrens dies ausdrücklich sagt, unterstellt er, daß das kirchliche Lehramt und die sich an ihm orientierende pastorale Praxis einer irrigen Auffassung vom Menschen anhängt, die v.a. durch eine negative Bewertung der menschlichen Sexualität geprägt ist. Die Initiatoren des Kirchenvolks-Begehrens vertreten hingegen anthropologische Positionen, aus denen sich, wie sie meinen, ihre Forderungen nach einer modernisierten Sexualmoral gleichsam wie von selbst als *Konsequenzen* ergeben.

Eine Kritik an dieser 4. Kirchenvolks-Begehrens-Forderung wird sich daher zuerst mit dem allgemeinen, gegen die kirchliche Anthropologie in ihrer Gesamtheit gerichteten Vorwurf befassen müssen, ein in puncto Sexualität verzerrtes Menschenbild zu vertreten (A), um dann in einem zweiten Schritt zu den Einzelpostulaten einer Neugestaltung der kirchlichen Morallehre Stellung zu nehmen (B).

a) Die Sexualität im Menschenbild der Kirche
Die knappe These des Kirchenvolks-Begehrens lautet: "Die Sexualität ist ein wichtiger Teil des von Gott geschaffenen und bejahten Menschen. Als Gabe und Ausdrucksmöglichkeit ist sie ein wesentlicher Faktor menschlicher Beziehungen und als solcher eng mit der jeweiligen Person und Situation verbunden".

Wenn man diese Sätze näher untersucht und mit der geltenden kirchlichen Lehre vergleicht, zeigt sich,

1) daß die Sexualität von der Kirche sehr wohl eindeutig positiv bewertet und als integrales Element der menschlichen Person verstanden wird;

2) daß die Kirche zugleich aber nicht übersieht, daß die menschliche Natur aufgrund der Erbschuld zur Sünde geneigt ist, sodaß keineswegs jede *natürliche* Regung - im Bereich der Sexualität genauso wie auf allen anderen Gebieten des sittlichen Verhaltens - auch schon eine gute Regung ist;

3) daß also die Ausübung der Geschlechtskraft nicht rein subjektiv und situationsbedingt erfolgen darf, sondern dem göttlichen Gesetz unterworfen ist;

4) wobei die Befolgung des Sittengesetzes seinerseits - mag sie auch schwierig und ohne Gnade Gottes auf Dauer unmöglich sein - zum Wohl des Menschen selbst von Gott gefordert wird.
Diese vier Thesen sollen im folgenden mit einigen lehramtlichen Aussagen belegt werden. Diese setzen, wie gezeigt werden soll, die Voraussetzungen außer Kraft, auf denen die konkreten Postulate des Kirchenvolks-Begehrens in Sachen Sexualmoral beruhen. Zu diesen Forderungen selbst soll dann nur mehr in knapper Form Stellung genommen werden, nicht zuletzt weil eine ausführlichere Erörterung wesentlich weiteren Raum benötigen würde.

1) Die Kirche sieht in der Sexualität des Menschen ein sehr hohes und deshalb besonders schutzbedürftiges Gut

Das folgende, etwas längere und äußerst dichte Zitat aus *Familiaris consortio* kann verdeutlichen, welche hohe Wertschätzung die Kirche der menschlichen Sexualität entgegenbringt. Es läßt im übrigen bereits anklingen, daß die aus diesem Verständnis der menschlichen Geschlechtlichkeit folgenden Konsequenzen ganz anderer Art sein werden als die vom Kirchenvolks-Begehren erwünschten:

Gott hat den Menschen nach seinem Bild und Gleichnis erschaffen (vgl. Gen 1,26): *den er aus Liebe ins Dasein gerufen hat, berief er gleichzeitig zur Liebe.*

Gott ist die Liebe (vgl. 1 Joh 4,8) *und lebt in sich selbst ein Geheimnis personaler Liebesgemeinschaft. Indem er den Menschen nach seinem Bild erschafft und ständig im Dasein erhält, prägt Gott der Menschennatur des Mannes und der Frau die Berufung und daher auch die Fähigkeit und die Verantwortung zu Liebe und Gemeinschaft ein* (vgl. GS 12). *Die Liebe ist demnach die grundlegende und naturgemäße Berufung jedes Menschen.*

Als Geist im Fleisch, d.h. als Seele, die sich im Leib ausdrückt, und als Leib, der von einem unsterblichen Geist durchlebt wird, ist der Mensch in seiner geeinten Ganzheit zur Liebe berufen. Die Liebe schließt auch den menschlichen Leib ein, und der Leib nimmt an der geistigen Liebe teil.

Die christliche Offenbarung kennt zwei besondere Weisen, die Berufung der menschlichen Person zur Liebe ganzheitlich zu verwirklichen: die Ehe und die Jungfräulichkeit. Sowohl die eine wie auch die andere ist in der ihr eigenen Weise eine konkrete Verwirklichung der tiefsten Wahrheit des Menschen, seines "Seins nach dem Bild Gottes".

Infolgedessen ist die Sexualität, in welcher sich Mann und Frau durch die den Eheleuten eigenen und vorbehaltenen Akte einander schenken, keineswegs etwas rein Biologisches, sondern betrifft den innersten Kern der menschlichen Person als solcher. Auf wahrhaft menschliche Weise wird sie nur vollzogen, wenn sie in jene Liebe integriert ist, mit der Mann und Frau sich bis zum Tod vorbehaltlos einander verpflichten. Die leibliche Ganzhingabe wäre eine Lüge, wenn sie nicht Zeichen und Frucht personaler Ganzhingabe wäre, welche die ganze Person, auch in ihrer zeitlichen Dimension, miteinschließt. Wenn die Person sich etwas vorbehielte, zum Beispiel die Möglichkeit, in Zukunft anders zu entscheiden, so wäre schon dadurch ihre Hingabe nicht umfassend (FC 11).

2) Die Kirche weiß um die aus der Erbsünde stammende Neigung des Menschen zum Bösen

Das Dogma von der Erbsünde ist für die christliche Anthropologie und die kirchliche Morallehre von grundlegender Bedeutung. Es unterscheidet den katholischen Standpunkt insbesondere von allen (neu-)heidnischen Theorien, denen zufolge das Spontan-Natürliche Maßstab des sittlich Guten ist. Die Kirche lehnt diesen falschen Naturalismus ab. Sie lehrt die Erkennbarkeit des sittlich Guten durch die Vernunft, predigt die Notwendigkeit des asketischen Kampfes zu seiner Verwirklichung trotz innerer und äußerer Schwierigkeiten, auf die der Mensch dabei stößt, und besteht auf der Unersetzlichkeit der Tugenden zum dauerhaften sittlich guten Handeln. Im Bereich der Sexualität geht es dabei v.a. um die Tugend der Keuschheit.

Zur Verdeutlichung mögen einige wenige Passagen aus *dem Katechismus der katholischen Kirche* dienen:

Die menschliche Natur ist nicht durch und durch verdorben, wohl aber in ihren natürlichen Kräften verletzt. Sie ist der Verstandesschwäche, dem Leiden und der Herrschaft des Todes unterworfen und zur Sünde geneigt; diese Neigung zum Bösen wird "Konkupiszenz" genannt. Indem die Taufe das Gnadenleben Christi spendet, tilgt sie die Erbsünde und richtet den Menschen wieder auf Gott aus, aber die Folgen für die Natur, die geschwächt und zum Bösen geneigt ist, verbleiben im Menschen und verpflichten ihn zum geistlichen Kampf (KKK 405).

Weil der Mensch ein aus Geist und Leib zusammengesetztes Wesen ist, besteht in ihm eine gewisse Spannung: die Neigungen des Geistes und die des Leibes liegen in einem gewissen Widerstreit. Aber dieser Konflikt ist ein Erbe der Sünde: er folgt aus ihr und bestätigt sie zugleich. Wir erleben ihn im täglichen geistlichen Kampf (KKK 2516).

Keuschheit bedeutet die geglückte Integration der Geschlechtlichkeit in die Person und folglich die innere Einheit des Menschen in seinem leiblichen und geistigen Sein. Die Geschlechtlichkeit, in der sich zeigt, daß der Mensch auch der körperlichen und biologischen Welt angehört, wird persönlich und wahrhaft menschlich, wenn sie in die Beziehung von Person zu Person, in die vollständige und zeitlich unbegrenzte wechselseitige Hingabe von Mann und Frau eingegliedert wird.

Die Tugend der Keuschheit wahrt somit zugleich die Unversehrtheit der Person und die Ganzheit der Hingabe (KKK 2337).

3) Die Ausübung der Geschlechtskraft unterliegt dem Sittengesetz

Wiederum soll ein ausführlicher lehramtlicher Text, diesmal aus der Erklärung der Glaubenskongregation *Persona humana* zu einigen Fragen der Sexualethik (1975) diese These belegen:

Der Mensch (...) kann in den Fragen der Moral bei der Beurteilung der Grundwerte nicht einfach nach seinem persönlichen Belieben verfahren: "Im Inneren seines Gewissens entdeckt der Mensch ein Gesetz, das er sich nicht selbst gibt, sondern dem er gehorchen muß... Denn der Mensch hat ein Gesetz, das von Gott seinem Herzen eingeschrieben ist, dem zu gehorchen eben seine Würde ist und gemäß dem er gerichtet werden wird" (GS 16).

Ferner hat Gott uns Christen durch seine Offenbarung den Heilsplan zu erkennen gegeben und uns Christus, den Erlöser und Heiland, in seiner Lehre und seinem Beispiel als die höchste und unveränderliche Lebensnorm hingestellt: "Ich bin das Licht der Welt. Wer mir nachfolgt wird nicht in der Finsternis gehen, sondern er wird das Licht des Lebens haben" (Joh 8,12).

Es kann deshalb keine wahre Stärkung der Würde des Menschen geben, wenn nicht die grundlegende Ordnung seiner Natur gewahrt wird. Gewiß haben sich in der Geschichte der Zivilisation viele konkrete Umstände und Bedürfnisse des menschlichen Lebens geändert und werden sich noch weiter ändern; doch jeder Wandel in den Sitten und jede Lebensweise muß sich innerhalb der Grenzen halten, die durch die unveränderlichen Prinzipien gesetzt sind, welche in den konstitutiven Elementen und den wesentlichen Beziehungen der menschlichen Person gründen; diese Elemente und Beziehungen übersteigen die veränderlichen geschichtlichen Umstände (PH 3).

Nachdem die Glaubenskongregation den Einwand zurückgewiesen hat, daß die Normen des natürlichen Sittengesetzes wandelbaren kulturellen Bedingtheiten unterliegen - zuletzt mit dem Hinweis auf den Beistand des Hl. Geistes, dessen sich die Kirche auch bei der Auslegung des Sittengesetzes erfreut -, wendet sie diese allgemeinen Prinzipien auch auf die Sexualität an:

Es gibt in diesem Bereich Prinzipien und Normen, die die Kirche ohne Zögern stets als einen Bestandteil ihrer Lehre überliefert hat, wie sehr auch die Meinungen und Sitten in der Welt zu ihnen im

Gegensatz gestanden haben mögen. Diese Prinzipien und Normen haben ihren Ursprung keineswegs in einer bestimmten Kulturform, sondern in der Erkenntnis des Gesetzes Gottes und der menschlichen Natur. Deshalb können sie auch nicht unter dem Vorwand einer neuen kulturellen Situation als überholt angesehen oder in Zweifel gezogen werden (...).

Als das Konzil von der "geschlechtlichen Anlage des Menschen und seiner menschlichen Zeugungsfähigkeit" gesprochen hat, hat es betont, daß diese "in wunderbarer Weise all das überragen, was es Entsprechendes auf niedrigeren Stufen des Lebens gibt" (GS 51). *Darauf hat es in besonderer Weise die Prinzipien und Regeln dargelegt, die die menschliche Geschlechtlichkeit in der Ehe betreffen und ihre Grundlage in der Finalität ihrer spezifischen Funktion haben.*

In diesem Zusammenhang erklärt das Konzil, daß die sittliche Qualität der geschlechtlichen Begegnungen in der Ehe, die wahrer, menschlicher Würde entsprechen, "nicht allein von der guten Absicht und Bewertung der Motive abhängt, sondern auch von objektiven Kriterien, die sich aus dem Wesen der menschlichen Person und ihrer Handlungen ergeben und die sowohl den vollen Sinn gegenseitiger Hingabe als auch den einer wirklich humanen Zeugung in wirklicher Liebe wahren" (GS 51, vgl. auch GS 49).

Diese letzten Worte fassen kurz die Lehre des Konzils (...) über die Finalität der leiblichen Hingabe und über das wichtigste Kriterium für seine sittliche Bewertung zusammen: es ist die Beachtung seiner Finalität, die diesem Akt seine Würde gewährleistet.

Derselbe Grundsatz, den die Kirche aus der göttlichen Offenbarung und der eigenen authentischen Interpretation des Naturgesetzes schöpft, begründet auch ihre traditionelle Lehre, nach der der Gebrauch der Geschlechtskraft nur in der rechtsgültigen Ehe seinen wahren Sinn und seine sittliche Rechtmäßigkeit erhält (PH 5).

4) Die Befolgung des Sittengesetzes ist mit Hilfe der Gnade möglich

Was die oftmals behauptete faktische Unmöglichkeit der Befolgung bestimmter von der Kirche verkündeter Moralnormen - insbesondere im Bereich der Sexualität - betrifft, kann ein Passus einer Ansprache Johannes Pauls II. vor den Teilnehmern an einem Kurs für verantwortete Elternschaft als Orientierung herangezogen werden, den der Papst selbst in der Enzyklika *Veritatis splendor* (1993) zitiert und der die Zusammenhänge zwischen Gesetz, Gnade und Freiheit verdeutlicht:

Es wäre ein schwerwiegender Irrtum, den Schluß zu ziehen, die von der Kirche gelehrte Norm sei an sich ein "Ideal", das dann, wie man sagt, den konkreten Möglichkeiten des Menschen angepaßt, abgemessen und entsprechend abgestuft werden müsse: nach "Abwägen der verschiedenen in Frage stehenden Güter". Aber welches sind "die konkreten Möglichkeiten des Menschen"? Und von welchem Menschen ist die Rede? Von dem Menschen, der von der Begierde beherrscht wird, oder von dem Menschen, der von Christus erlöst wurde? Schließlich geht es um folgendes: um die Wirklichkeit der Erlösung durch Christus. Christus hat uns erlöst! Das bedeutet: Er hat uns die Möglichkeit geschenkt, die ganze Wahrheit unseres Seins zu verwirklichen; Er hat unsere Freiheit von der Herrschaft der Begierde befreit. Und auch wenn der erlöste Mensch noch sündigt, so ist das nicht der Unvollkommenheit der Erlösungstat Christi anzulasten, sondern dem Willen des Menschen, sich der jener Tat entspringenden Gnade zu entziehen (VS 103).

b) Zu den konkreten Forderungen nach einer „Liberalisierung“ der kirchlichen Sexualmoral

1. "Anerkennung der verantworteten Gewissensentscheidung in Fragen der Sexualmoral (z.B. Empfängnisregelung)"

Wenn man die verschiedenen lehramtlichen Äußerungen zum Thema Gewissen durchsieht, fällt auf, daß die Kirche - anders als die Proponenten einer "freieren" Moral - nie von *Gewissensentscheidung*, sondern immer nur von *Gewissensurteil* spricht (vgl. VS 61, KKK 1776-1802). Das Gewissen entscheidet nicht, es urteilt über die sittliche Qualität des eigenen Tuns. In Übereinstimmung mit den Einsichten des gesunden Menschenverstandes versteht die Kirche seit eh und je das Gewissen als ein Urteil der Vernunft, in welchem der Mensch erkennt, ob eine konkrete Handlung, die er beabsichtigt, gerade ausführt oder schon getan hat, sittlich gut oder schlecht ist. Bei allem, was er sagt und tut, ist der Mensch verpflichtet, sich genau an das zu halten, wovon er weiß, daß es recht und richtig ist. Durch das Gewissensurteil vernimmt und erkennt der Mensch die Anordnungen des göttlichen Gesetzes (KKK 1778).

Das Gewissen ist der verborgenste Kern und das Heiligtum des Menschen, in dem er allein ist mit Gott, dessen Stimme in seinem Innersten widerhallt (GS 16, KKK 1795). Es ist daher Pflicht des Menschen, nach den objektiven sittlichen Maßstäben zu suchen, nach denen er, wenn er nicht sündigen will, sein Handeln auszurichten hat. Dabei steht er zuweilen vor Situationen, die das Gewissensurteil unsicher und die Entscheidung schwierig machen. Er soll jedoch stets nach dem Richtigen und Guten suchen und den Willen Gottes, der im göttlichen Gesetz zum Ausdruck kommt, erkennen (KKK 1787).

Wie die Erfahrung zeigt, ist es nicht nur möglich, daß der Mensch im Gewissen irrt - was bisweilen ohne Schuld geschehen kann, wenn er sich aufrichtig um die Wahrheit bemüht hat -; es kann auch der Fall eintreten, daß er sich wider bessere Einsicht gegen den Spruch seines Gewissens entscheidet. In diesen, oft durch das soziale Umfeld "begünstigten" Situationen kommt es dann oft zum Versuch - zum ersten Mal geschah dies im Grunde bereits nach der Sünde Adams im Paradies -, das eigene Verhalten zu rechtfertigen und gegebenfalls sogar das göttliche Gebot für unangemessen zu erklären. Es ist leicht zu erkennen, daß ein solcher geistiger Vorgang die Verantwortung des Menchen für das Böse, das er tut, keineswegs mindert, sondern vielmehr die Verhärtung in der Sünde fördert.

Angesichts der objektiven Schwierigkeit, auf die der durch die Erbsünde geschwächte und die Leidenschaften vielfach gefesselte menschliche Verstand gerade auch bei der Erkenntnis der sittlichen Wahrheit stößt, spricht der kirchliche Glaube von einer "moralischen Notwendigkeit" der göttlichen Offenbarung (vgl. z.B. DS 3005; 3875; 3876); und es ist leicht einsichtig, daß die von Christus gestiftete kirchliche Lehrautorität gerade in Sittenfragen für das Wohl des Menschen allergrößte Bedeutung besitzt, wie das Konzil in Erinnerung gerufen hat: *Bei ihrer Gewissensbildung müssen die Gläubigen die heilige und sichere Lehre der Kirche sorgfältig vor Augen haben. Denn nach dem Willen Christi ist die katholische Kirche die Lehrerin der Wahrheit; ihre Aufgabe ist es, die Wahrheit, die Christus ist, zu verkünden und authentisch zu lehren, zugleich auch die Prinzipien der sittlichen Ordnung, die aus dem Wesen des Menschen selbst hervorgehen, autoritativ zu erklären und zu bestätigen* (DH 14).

Im Anschluß an dieses Wort des Konzils weist Johannes Paul II. jene Theorien zurück, die - in eklatantem Gegensatz zur Offenbarung und zur ständigen kirchlichen Lehre - das Gewissen als "schöpferische Instanz" verstehen möchten, und erklärt dann: *Die Autorität der Kirche, die sich zu moralischen Fragen äußert, tut also der Gewissensfreiheit keinerlei Abbruch: nicht nur, weil die Freiheit des Gewissens niemals Freiheit "von" der Wahrheit, sondern immer nur Freiheit "in" der Wahrheit ist, sondern auch weil das Lehramt an das christliche Gewissen nicht ihm fremde Wahrheiten heranträgt, wohl aber ihm die Wahrheiten aufzeigt, die es bereits besitzen sollte, indem es sie, ausgehend vom ursprünglichen Glaubensakt, zur Entfaltung bringt. Die Kirche stellt sich immer nur in den Dienst des Gewissens, indem sie ihm hilft, nicht hin- und hergetrieben zu werden von jedem Windstoß der Lehrmeinungen, dem Betrug der Menschen ausgeliefert* (vgl. Eph 4,14), *und nicht von der Wahrheit über das Gute des Menschen abzukommen, sondern, besonders in den schwierigen Fragen, mit Sicherheit die Wahrheit zu erlangen und in ihr zu bleiben* (VS 64).

Von der Kirche zu fordern, den Menschen in so schwierigen moralischen Fragen, wie Ehe und Sexualität sie beinhalten, allein zu lassen, heißt im Grunde, sie dazu anzustiften, zum Schaden des Menschen und der Gesellschaft eine Pflicht unerfüllt zu lassen, die zum Kern ihrer von Christus empfangenen Sendung gehört: Darum geht zu allen Völkern und macht alle Menschen zu meinen Jüngern, tauft sie auf den Namen des Vaters und des Sohnes und des Heiligen Geistes, und lehrt sie, alles zu befolgen, was ich euch geboten habe. Seid gewiß: Ich bin bei euch alle Tage bis zum Ende der Welt (Mt 28,19-20).

2. "Keine Gleichsetzung von Empfängnisregelung und Abtreibung"

Empfängnisregelung und Abtreibung sind von der Kirche niemals gleichgesetzt worden. Eine solche Gleichsetzung ist unmöglich, weil mit dem Ausdruck Empfängnisregelung auch moralisch statthafte Handlungen - wie etwa die periodische Enthaltsamkeit aus sittlich berechtigten Gründen - bezeichnet werden können. Aber auch wenn man mit Empfängnisregelung schlicht Empfängnisverhütung meint, setzt die Kirche beides nicht gleich. Empfängisverhütung ist zwar zweifellos objektiv Sünde, genauso wie die Abtreibung objektiv Sünde ist. Beide Sünden sind aber verschiedener Art und haben - auch wenn jede von ihnen den Menschen von Gott trennt - sicherlich verschiedenes Gewicht. Johannes Paul II. hatte diesen Vorwurf der Gleichbewertung der beiden Sünden zu dem Zeitpunkt, als ihn das Kirchenvolks-Begehren nochmals aufgriff, gerade erst zurückgewiesen, freilich nicht ohne im selben Atemzug auf den geistigen Zusammenhang hinzuweisen, der immer deutlicher zwischen diesen beiden Verfehlungen zutage tritt.

Es wird häufig behauptet, die sichere und allen zugänglich gemachte Empfängnisverhütung sei das wirksamste Mittel gegen die Abtreibung. Sodann wird die katholische Kirche beschuldigt, de facto der Abtreibung Vorschub zu leisten, weil sie weiter hartnäckig die moralische Unerlaubtheit der Empfängnisverhütung lehrt. Bei genauerer Betrachtung erweist sich der Einwand tatsächlich als trügerisch. Denn es mag sein, daß viele auch in der Absicht zu

Verhütungsmitteln greifen, um in der Folge die Versuchung der Abtreibung zu vermeiden. Doch die der "Verhütungsmentalität" - die sehr wohl von der verantwortlichen, in Achtung vor der vollen Wahrheit des ehelichen Aktes ausgeübten Elternschaft zu unterscheiden ist - innewohnenden Pseudowerte verstärken nur noch diese Versuchung angesichts der möglichen Empfängnis eines unerwünschten Lebens. In der Tat hat sich die Abtreibungskultur gerade in Kreisen besonders entwickelt, die die Lehre der Kirche über die Empfängnisverhütung ablehnen. Sicherlich sind vom moralischen Gesichtspunkt her Empfängnisverhütung und Abtreibung ihrer Art nach verschiedene Übel: die eine widerspricht der vollständigen Wahrheit des Geschlechtsaktes als Ausdruck der ehelichen Liebe, die andere zerstört das Leben eines Menschen; die erste widersetzt sich der Tugend der ehelichen Keuschheit, die zweite widersetzt sich der Tugend der Gerechtigkeit und verletzt direkt das göttliche Gebot "du sollst nicht töten".

Aber trotz dieses Unterschieds in ihrer Natur und moralischen Bedeutung stehen sie, als Früchte ein und derselben Pflanze, sehr oft in enger Beziehung zueinander. Sicherlich gibt es Fälle, in denen jemand unter dem Druck mannigfacher existentieller Schwierigkeiten zur Empfängnisverhütung und selbst zur Abtreibung schreitet; selbst solche Schwierigkeiten können jedoch niemals von der Bemühung entbinden, das Gesetz Gottes voll und ganz zu befolgen. Aber in sehr vielen anderen Fällen haben solche Praktiken ihre Wurzeln in einer Mentalität, die von Hedonismus und Ablehnung jeder Verantwortlichkeit gegenüber der Sexualität bestimmt wird, und unterstellen einen egoistischen Freiheitsbegriff, der in der Zeugung ein Hindernis für die Entfaltung der eigenen Persönlichkeit sieht. Das Leben, das aus der sexuellen Begegnung hervorgehen könnte, wird so zum Feind und muß absolut vermieden werden, und die Abtreibung wird zur einzig möglichen Antwort und Lösung bei einer mißlungenen Empfängnisverhütung.

Leider tritt der enge Zusammenhang, der mentalitätsmäßig zwichen der Praxis der Empfängnisverhütung und jener der Abtreibung besteht, immer mehr zutage; das beweisen auf alarmierende Weise auch die Anwendung chemischer Präparate, das Anbringen mechanischer Empfängnishemmer in der Gebärmutter und der Einsatz von Impfstoffen, die ebenso leicht wie Verhütungsmittel verbreitet werden und in Wirklichkeit als Abtreibungsmittel im allerersten Entwicklungsstadium des neuen menschlichen Lebens wirken (EV 13).

3. "Mehr Menschlichkeit statt pauschaler Verurteilung (z.B. in bezug auf voreheliche Beziehungen oder in der Frage der Homosexualität)"

Vom Standpunkt des Glaubens, ja in gewissem Sinne bereits vom Standpunkt des gesunden Menschenverstandes aus ist klar, daß unterschieden werden muß zwischen der Sünde als objektiver, zu verurteilender Verfehlung einerseits und dem Sünder andererseits, dessen subjektive Schuld im letzten dem Urteil Gottes anheimgestellt bleibt. Er verdient ein mehr oder weniger großes Maß an Verständnis, mag in manchen Fällen wegen eines unüberwindlich irrigen Gewissens keine moralische Schuld auf sich geladen haben, braucht aber jedenfalls Hilfe, um seine bedauerliche Lage zu überwinden. Wahrhaft menschlich handelt nicht, wer den irrenden, schwankenden oder gar verstockten Sünder in seinem Verhalten bestärkt, sondern wer sich auf geeignete Weise darum bemüht, ihm die Verkehrtheit seines Tuns einsichtig zu machen und ihm zu helfen, sich zu bessern.

Es ist immer kirchliche Überzeugung gewesen, die Johannes Paul II. in *Veritatis splendor* mit größtem Nachdruck eingeschärft und ausführlich begründet hat, *daß es Objekte menschlicher Handlungen gibt, die sich "nicht auf Gott hinordnen" lassen, weil sie in radikalem Widerspruch zum Gut der nach seinem Bild geschaffenen Person stehen. Es sind dies die Handlungen, die in der moralischen Überlieferung der Kirche "in sich schlecht" (intrinsece malum) genannt wurden: Sie sind immer und an und für sich schon schlecht, d.h. allein schon aufgrund ihres Objektes, unabhängig von den weiteren Absichten des Handelnden und den Umständen. Darum lehrt die Kirche - ohne im geringsten den Einfluß zu leugnen, den die Umstände und vor allem die Absichten auf die Sittlichkeit haben -, "daß es Handlungen gibt, die durch sich selbst und in sich, unabhängig von den Umständen, wegen ihres Objektes immer schwerwiegend unerlaubt sind*" (RP 17) (VS 80, vgl. KKK 1756, 1761).

Wenn man solche Verhaltensweisen, von denen das Konzil eine ganze Reihe aufgezählt hat (vgl. GS 27) und zu denen auch die direkt gewollten Verstöße gegen die rechte Ordnung des Geschlechtslebens zählen (vgl. HV 14, PH 10), als unsittlich bezeichnet, nimmt man keine Pauschalverurteilung vor, sondern bringt nur zum Ausdruck, daß ein konkretes Tun - etwa Masturbation, vorehelicher Geschlechtsverkehr, homosexuelle Praktiken, Eheonanismus usw. - bereits von seinem moralischen Inhalt her absolut verwerflich ist und folglich auch nicht durch den Verweis auf eine angeblich gute Absicht oder auf bestimmte mildernde Umstände gerechtfertigt werden kann.

Im konkreten Zusammenhang mit den Schwierigkeiten mancher Ehepaare, die Lehre von *Humanae vitae* zu befolgen, hat Johannes Paul II. die allgemeine Haltung der Kirche als Lehrerin und Mutter gegenüber Personen in sittlicher Not sehr klar beschrieben:

Als Lehrerin wird sie nicht müde, die sittliche Norm zu verkünden, welche die verantwortliche Weitergabe des Lebens bestimmen muß. Diese Norm ist nicht von der Kirche geschaffen und nicht ihrem Gutdünken überlassen. Im Gehorsam gegen die Wahrheit, die Christus ist, dessen Bild sich in der Natur und der Würde der menschlichen Person spiegelt, interpretiert die Kirche die sittliche Norm und legt sie allen Menschen guten Willens vor, ohne ihren Anspruch auf Radikalität und Vollkommenheit zu verbergen.

Als Mutter steht die Kirche den vielen Ehepaaren zur Seite, die in diesem wichtigen Punkt sittlichen Lebens Schwierigkeiten haben. Sie kennt sehr wohl ihre Lage, die oft belastend und manchmal wirklich quälend ist wegen vielfältiger Schwierigkeiten persönlicher und sozialer Art. Sie weiß, daß viele Ehepaare hier nicht nur im Tun Schwierigkeiten haben, sondern schon im Verstehen der Werte, um die es in der sittlichen Norm geht.

Aber es ist die eine Kirche, die zugleich Lehrerin und Mutter ist. Deswegen hört die Kirche niemals auf, aufzurufen und zu ermutigen, die eventuellen ehelichen Schwierigkeiten zu lösen, ohne je die Wahrheit zu verfälschen oder zu beeinträchtigen. Sie ist nämlich davon überzeugt, daß es zwischen dem göttlichen Gesetz, das Leben weiterzugeben, und jenem, die echte eheliche Liebe zu fördern, keinen wirklichen Widerspruch geben kann (vgl. GS 51). Darum muß die konkrete pastorale Führung der Kirche stets mit ihrer Lehre verbunden sein und darf niemals von ihr getrennt werden. Ich wiederhole deshalb mit derselben Überzeugung die Worte meines Vorgängers: "In keinem Punkt Abstriche an der Heilslehre Christi zu machen, ist hohe Form seelsorglicher Liebe" (HV 29) (FC 33).

Was die konkreten Verhaltensweisen betrifft, für die das Kirchenvolks-Begehren exemplarisch Nachsicht statt Verurteilung erwartet, muß es hier genügen, die traditionelle Lehre der Kirche in Erinnerung zu rufen.

Im Hinblick auf die vorehelichen Beziehungen lehrt der Katechismus: *Unzucht ist die körperliche Vereinigung zwischen einem Mann und einer Frau, die nicht miteinander verheiratet sind. Sie ist ein schwerer Verstoß gegen die Würde dieser Menschen und der menschlichen Geschlechtlichkeit selbst, die von Natur aus auf das Wohl der*

Ehegatten sowie auf die Zeugung und Erziehung von Kindern hingeordnet ist. Zudem ist sie ein schweres Ärgernis, wenn dadurch junge Menschen verdorben werden (KKK 2353).

Ein Verhältnis liegt vor, wenn ein Mann und eine Frau sich weigern, ihrer auch die sexuelle Intimität einbegreifenden Beziehung eine öffentliche Rechtsform zu geben. (...) Der Ausdruck "Verhältnis" bezeichnet unterschiedliche Situationen: Konkubinat, Ablehnung der Ehe als solcher und Unfähigkeit, sich durch langfristige Verpflichtungen zu binden. Alle diese Situationen verletzen die Würde der Ehe; sie zerstören den Grundgedanken der Familie; sie schwächen den Sinn für die Treue. Sie verstoßen gegen das moralische Gesetz: Der Geschlechtsakt darf ausschließlich in der Ehe stattfinden; außerhalb der Ehe ist er stets eine schwere Sünde und schließt vom Empfang der Heiligen Kommunion aus (KKK 2390).

Manche, die zu heiraten beabsichtigen, beanspruchen heute eine Art Versuchsrecht. Wenn auch der Wille zur Heirat fest ist, besteht doch die Tatsache, daß verfrühte geschlechtliche Beziehungen "keineswegs die Aufrichtigkeit und die Treue der zwischenmenschlichen Beziehungen von Mann und Frau zu gewährleisten noch sie vor allem gegen Laune und Begierlichkeit zu schützen vermögen" (PH 7). Die leibliche Vereinigung ist nur dann moralisch zu rechtfertigen, wenn zwischen dem Mann und der Frau eine endgültige Lebensgemeinschaft gegründet worden ist. Die menschliche Liebe läßt den bloßen "Versuch" nicht zu. Sie verlangt eine endgültige und ganze gegenseitige Hingabe der beiden Partner (KKK 2391).

Zum Thema Homosexualität heißt es:

Homosexuell sind Beziehungen von Männern und Frauen, die sich in gechlechtlicher Hinsicht ausschließlich oder vorwiegend zu Menschen gleichen Geschlechtes hingezogen fühlen. Homosexualität tritt in verschiedenen Zeiten und Kulturen in sehr wechselhaften Formen auf. Ihre psychische Entstehung ist noch weitgehend ungeklärt. Gestützt auf die Heilige Schrift, die sie als schlimme Abirrung bezeichnet, hat die kirchliche Überlieferung stets erklärt, "daß homosexuelle Handlungen in sich nicht in Ordnung sind" (PH 8). Sie verstoßen gegen das natürliche Gesetz, denn die Weitergabe des Lebens bleibt beim Geschlechtsakt ausgeschlossen. Sie entspringen nicht einer wahren affektiven und geschlechtlichen Ergänzungsbedürftigkeit. Sie sind in keinem Fall zu billigen (KKK 2357).

Eine nicht geringe Anzahl von Männern und Frauen sind homosexuell veranlagt. Sie haben diese Veranlagung nicht selbst gewählt; für die meisten von ihnen stellt sie eine Prüfung dar. Ihnen ist mit Achtung, Mitleid und Takt zu begegnen. Man hüte sich, sie in irgendeiner Weise ungerecht zurückzusetzen. Auch diese Menschen sind berufen, in ihrem Leben den Willen Gottes zu erfüllen und, wenn sie Christen sind, die Schwierigkeiten, die ihnen aus ihrer Veranlagung erwachsen können, mit dem Kreuzesopfer des Herrn zu vereinen (KKK 2358).

Homosexuelle Menschen sind zur Keuschheit gerufen. Durch die Tugenden der Selbstbeherrschung, die zur inneren Freiheit erziehen, können und sollen sie sich - vielleicht auch mit Hilfe einer selbstlosen Freundschaft -, durch das Gebet und die sakramentale Gnade Schritt für Schritt, aber entschieden der christlichen Vollkommenheit annähern (KKK 2359).

4. "Anstelle der lähmenden Fixierung auf die Sexualmoral stärkere Betonung anderer wichtiger Themen (z.B. Friede, soziale Gerechtigkeit, Bewahrung der Schöpfung...)"

Diese Forderung offenbart eine erstaunliche Unkenntnis des Inhaltes der kirchlichen, insbesondere der päpstlichen Lehrverkündigung. Von den formell wichtigsten Lehrschreiben Johannes Pauls II., also von seinen zwölf Enzykliken, ist kein einziges dem Thema Sexualmoral gewidmet. Hingegen finden sich unter ihnen drei sehr umfangreiche Sozialenzykliken, die ausführlich zu den vom Kirchenvolks-Begehren gewünschten Themen Stellung beziehen. Die fünf nachsynodalen Apostolischen Schreiben des Pontifikates, die auf die ausführlichen Beratungen der den Weltepiskopat repräsentierenden Generalversammlungen der Bischofssynode zurückgehen und deshalb große gesamtkirchliche Bedeutung besitzen, behandeln die Themen "Katechese", "Ehe und Familie", "Versöhnung und Buße", "Sendung der Laien" und "Priesterausbildung". Unter ihnen findet sich also nur eines - *Familiaris consortio* -, das unter anderem auch Probleme der Ehe- und Sexualmoral behandelt.

Und wenn man - um einen ungefähren Eindruck von der inhaltlichen Gewichtung der normalen päpstlichen Lehrtätigkeit zu gewinnen - aufs Geratewohl etwa den letzten der jährlich erscheinenden vollständigen Dokumentationsbände "Der Apostolische Stuhl" durchsieht - er ist 1.600 Seiten stark -, findet man in dem etwa 1.200 Begriffe enthaltenden Register unter den Stichworten *Ehemoral,*

Empfängnisregelung und *Empfängnisverhütung* je einen Verweis, unter *Sexualität* sechs Verweise. Dagegen beziehen sich 20 Hinweise auf Aussagen über *Gerechtigkeit* und 25 auf Texte über *Frieden*, ganz zu schweigen von hunderten anderen Themen, die der Papst im Laufe eines Jahres mehr oder weniger ausführlich behandelt hat: von *Dialog, Freiheit* oder *Entwicklung* bis zu *Menschenrechten*, *Gesellschaft* und *Liebe*.

Daß bei nicht wenigen der Eindruck entstehen konnte, die kirchliche Verkündigung habe sich auf Themen der Sexualität fixiert, ist im übrigen nicht schwer zu erklären. In diesem Bereich gibt es - nicht erst seit heute - wunde Punkte im persönlichen Verhalten vieler Menschen, deren Korrektur schmerzhaft und schwierig ist. Dazu kommt ein immer deutlicher werdendes Phänomen: *Weit verbreitete subjektivistische, utilitaristische und relativistische Tendenzen treten nicht einfach als pragmatische Positionen mit Gewohnheitscharakter auf, sondern unter theoretischem Gesichtspunkt als feste Konzeptionen, die ihre volle kulturelle und gesellschaftliche Legitimität beanspruchen* (VS 106). Die negativen, von gewissen Massenmedien weiter verstärkten Auswirkungen auf die Gläubigen sind offensichtlich; ein weiteres Umsichgreifen dieser Kultur des Egoismus und des Todes gefährdet die menschliche Gesellschaft in ihrer Gesamtheit. Die Kirche kann nicht schweigen. Sie darf in erster Linie nicht dulden, daß mehr oder weniger in ihrem Namen von Theologie und Pastoral in zunehmendem Maß versucht wird, schwere Verstöße gegen das fünfte und sechste Gebot Gottes zu rechtfertigen. Sie ist verpflichtet, klärend und mahnend ihre Stimme zu erheben. Wo kein Interesse mehr für das Wort Gottes besteht und keine Bereitschaft zur Bekehrung vorliegt, wird dann natürlich dieser - vergleichsweise winzige - Ausschnitt ihrer Verkündigung allein wahrgenommen und naturgemäß als Belästigung empfunden. Was wiederum die Dringlichkeit der kirchlichen Verkündigung in diesen Fragen bestätigt.

5. Forderung: "Frohbotschaft statt Drohbotschaft"

Der Titel dieser fünften und letzten Forderung des Kirchenvolks-Begehrens ist ein altbekannter klerikaler Slogan, dem zweifellos so manches Positive abzugewinnen ist. Wer wünscht sich nicht eine Verkündigung, die für Gott und die Ausbreitung seines Reiches begeistert, die zum Guten motiviert, in den Schwierigkeiten Mut macht und inmitten der unvermeidlichen Probleme und Leiden des Lebens glaubhaft und tröstend an Gottes Vatergüte erinnert? Niemand wird den Initiatoren widersprechen wollen, wenn sie eine Glaubensverkündigung erhoffen, die nicht bloß Gebote vorschreibt und für den Fall ihrer Nichterfüllung göttliche Strafgerichte in Aussicht stellt. Schon Augustinus hat im berühmten 4. Buch von *De doctrina christiana* für die Predigt gefordert, sie dürfe nicht nur belehren und zur Reue hinführen, sondern müsse auch ergötzen: *doceat, delectat, flectat*.

Bei näherer Untersuchung dessen, was die Kirchenvolks-Begehrens-Proponenten sich unter diesem "neuen" Seelsorgestil vorstellen, kann die Zustimmung freilich nicht mehr so uneingeschränkt ausfallen. Sie erklären: "Das Zentrum der christlichen Frohbotschaft ist die bedingungslose Liebe Gottes zu allen Menschen. Die besondere Zuwendung Jesu galt den Ausgegrenzten und an den Rand Gedrängten. Der befreiende und erlösende Charakter dieser Liebe soll daher auch im Mittelpunkt der kirchlichen Verkündigung und Seelsorge stehen".

Dazu ist zuerst zu sagen, daß man die Liebe Gottes zu den Menschen sicherlich das Zentrum der christlichen Botschaft wird nennen können, daß es aber irreführend ist, diese Liebe als "bedingungslos" zu bezeichnen. Es erübrigt sich, Zeugnisse dafür aus der Schrift anzuführen, denn im Alten wie im Neuen Testament wird unentwegt die Bekehrung des einzelnen als *Bedingung* für das Wirksamwerden der göttlichen Barmherzigkeit gefordert. Auch daß Christus sich den Ausgegrenzten besonders zugewandt hat, kann bis zu einem gewissen Grad zugegeben werden, man wird aber gleichzeitig darauf hinweisen müssen, daß das Ziel der Zuwendung des Herrn die *Bekehrung* dieser Personen gewesen ist. Niemals hat die Liebe Christi darin bestanden, ein sündhaftes Verhalten gutzuheißen: *Amen, das sage ich euch: Zöllner und Dirnen gelangen eher in das Reich Gottes als ihr. Denn Johannes ist gekommen, um euch den Weg der Gerechtigkeit zu zeigen, und ihr habt ihm nicht geglaubt; aber die Zöllner und die Dirnen haben ihm geglaubt. Ihr habt es gesehen und doch habt ihr nicht bereut und ihm nicht geglaubt* (Mt 21,31 f.).

Der "befreiende und erlösende Charakter dieser Liebe" soll durchaus im Mittelpunkt der kirchlichen Pastoral stehen, dabei darf aber nicht vergessen werden, daß diese Liebe Christi die vollkommene Treue zum Willen seines Vaters einschließt, der den Sohn ja deshalb zu den Menschen gesandt hat, um "die Sünde der Welt" durch sein Ganzopfer am Kreuz hinwegzunehmen.

Aus dem bisher Gesagten ergibt sich auch die Antwort auf die folgenden Erläuterungen im Textdes Kirchenvolks-Begehrens: "In der Nachfolge Jesu müssen also Begleitung und Solidarität Vorrang haben vor angstmachenden und einengenden Normen". Eine Begleitung des Sünders, ohne seine Bekehrung zu erstreben, hätte mit der Nachfolge Jesu wenig gemein; eine Solidarität mit der Sünde ist unchristlich; und die sittlichen Normen, die ja auf dem göttlichen Gesetz beruhen, werden nur von dem, der Gott nicht liebt, als einengend befunden, und auch nur *ihm* können sie angst machen.

Zuletzt heißt es im Kirchenvolks-Begehren im Hinblick auf seine letzte Forderung: "Mehr Verständnis und Versöhnungsbereitschaft im Umgang mit Menschen in schwierigen Situationen, die einen neuen Anfang setzen möchten (z.B. wiederverheiratete Geschiedene, verheiratete Priester ohne Amt), anstelle von unbarmherziger Härte und Strenge sind gefordert". Wenn jemand in einer schwierigen Situation einen neuen Anfang setzen möchte, wird ihm die Kirche selbstverständlich mit Verständnis und Milde begegnen, nicht mit Härte und Strenge. So hat es gute katholische Seelsorge zu allen Zeiten gehalten. Aber sie hat auch stets das Wort Christi an die Ehebrecherin als normativ betrachtet: *Hat dich keiner verurteilt? (...) Auch ich verurteile dich nicht. Geh und sündige von jetzt an nicht mehr!* (Joh 8,10 f.). Gott vergibt alles. Aber er vergibt dem reuigen Sünder, der, eben weil er bereut, den festen Vorsatz hat, die Sünde und die Gelegenheit zur Sünde zu meiden. Und Gott vergibt durch die Vermittlung der Kirche, der er auf Erden die Binde- und Lösegewalt übertragen hat. Ihrem Urteil hat sich daher der Sünder zu unterwerfen. Ein Neuanfang mit Gott gegen die Lehre und die Disziplin der Kirche ist im Raum katholischen Denkens nicht möglich.

Was die beiden vom Kirchenvolks-Begehren erwähnten konkreten Situationen eines von der Kirche zu erleichternden Neuanfangs anbelangt, handelt es sich zweifellos um schwierige Probleme. Daß eine Wiederzulassung zum priesterlichen Dienst für jemanden, der seine Verpflichtung zum ehelosen Leben aufgekündigt, damit die geltende kirchliche Diziplin grob verletzt und entsprechend schweres Ärgernis verursacht hat, im Normalfall nicht in Frage kommen kann, leuchtet jedem ein, der nicht den Fehler begeht, das persönliche Wohl des einzelnen über das allgemeine Wohl der Kirche zu stellen. Und was die Zulassung von wiederverheirateten Geschiedenen zu den Sakramenten angeht, kann sich die Kirche nicht über den eindeutigen Willen Christi hinwegsetzen, der die Unauflöslichkeit der Ehe wiederhergestellt und sakramental bekräftigt hat. In *Familiaris consortio* hat Johannes Paul II. im Anschluß an die Generalversammlung der Bischofssynode 1980 die geltende Disziplin nachdrücklich eingeschärft und ihren unaufgebbaren Charakter begründet: *Die Kirche bekräftigt (...) ihre auf die Heilige Schrift gestützte Praxis, wiederverheiratete Geschiedene nicht zum eucharistischen Mahl zuzulassen. Sie können nicht zugelassen werden; denn ihr Lebensstand und ihre Lebensverhältnisse stehen in objektivem Widerspruch zu jenem Bund der Liebe zwischen Christus und der Kirche, den die Eucharistie sichtbar und gegenwärtig macht. Darüber hinaus gibt es noch einen besonderen Grund pastoraler Natur: Ließe man solche Menschen zur Eucharistie zu, bewirkte dies bei den Gläubigen hinsichtlich der Lehre der Kirche über die Unauflöslichkeit der Ehe Irrtum und Verwirrung.*

Die Wiederversöhnung im Sakrament der Buße, das den Weg zum Sakrament der Eucharistie öffnet, kann nur denen gewährt werden, welche die Verletzung des Zeichens des Bundes mit Christus und der Treue zu ihm bereut und die aufrichtige Bereitschaft zu einem Leben haben, das nicht mehr im Widerspruch zur Unauflöslichkeit der Ehe steht. Das heißt konkret, daß, wenn die beiden Partner aus ernsthaften Gründen - zum Beispiel wegen der Erziehung der Kinder - der Verpflichtung zur Trennung nicht nachkommen können, sie sich verpflichten, völlig enthaltsam zu leben, das heißt, sich der Akte zu enthalten, welche Eheleuten vorbehalten sind (FC 84).

Als die Glaubenskongregation vor einiger Zeit diese Lehre wieder in Erinnerung rief, tat sie dies - durchaus im Sinne jener vom Kirchenvolks-Begehren gewünschten verständnisvoll-solidarischen Seelsorge, aber ohne die Liebe gegen die Wahrheit auszuspielen - nicht ohne den ausdrücklichen Hinweis, *es sei in fürsorgender Liebe alles zu tun, was die Gläubigen, die sich in einer irregulären ehelichen Situation befinden, in der Liebe zu Christus und zur Kirche stärken kann. Nur so wird es ihnen möglich sein, die Botschaft von der christlichen Ehe uneingeschränkt anzuerkennen und die Not ihrer Situation aus dem Glauben zu bestehen. Die Pastoral wird alle Kräfte einsetzen müssen, um glaubhaft zu machen, daß es nicht um Diskriminierung geht, sondern einzig um uneingeschränkte Treue zum Willen Christi, der uns die Unauflöslichkeit der Ehe als Gabe des Schöpfers zurückgegeben und neu anvertraut hat. Das Mit-Leiden und Mit-Lieben der Hirten und der Gemeinschaft der Gläubigen ist nötig, damit die betroffenen Menschen auch in ihrer Last das süße Joch und die leichte Bürde Jesu erkennen können. Süß und leicht ist ihre Bürde nicht dadurch, daß sie gering und unbedeutend wäre, sondern sie wird dadurch leicht, daß der Herr - und mit ihm die ganze Kirche - sie mitträgt. Zu dieser eigentlichen, in der Wahrheit wie in der Liebe gleichermaßen gründenden Hilfe hinzuführen, ist die Aufgabe der Pastoral, die mit aller Hingabe angegangen werden muß* (Kongr. für die Glaubenslehre, "Schreiben über den Kommunionempfang von wiederverheirateten geschiedenen Gläubigen",14.9.1994, 10).

Ein sachlicher und gelassener Dialog

Interview mit der "Wiener Kirchenzeitung", 20. Oktober 1996

1) Welches sind die positiven Ergebnisse der "Wallfahrt der Vielfalt" nach Mariazell, zu der Österreichs Bischöfe eingeladen hatten?

Als ich am 8. September die Basilika von Mariazell betrat, bemerkte ich, daß Bischöfe und Pilger aus verschiedenen Nachbarländern und mehrere Gruppen unterschiedlicher Charismen anwesend waren, wie die Gemeinschaft der Seligpreisungen, die Gemeinschaft Emmanuel u.a.

Diese Feststellung erinnerte mich an die Kirche in Jerusalem, wo - nach dem Bericht der Apostelgeschichte - die Apostel einmütig im Gebet verharrten, "zusammen mit den Frauen und mit Maria, der Mutter Jesu, und mit seinen Brüdern" *(Apg 1,14)*.

Für mich war das gemeinsame Gebet ein gutes Zeichen der "Wallfahrt der Vielfalt", zu der Österreichs Bischöfe eingeladen hatten.

Bemerkenswert war die Anwesenheit der Mitglieder neuer, in anderen Ländern entstandener Bewegungen, die seit einiger Zeit auch in Österreich wirken und ihre Tätigkeit im Namen Christi und seiner Kirche entfalten.

Jede Begegnung, jedes Gespräch, jeder Dialog sollte zur Einheit beitragen: Man lernt dabei einander kennen, schätzen und viele Aspekte der Probleme zu sehen, was Voraussetzung für das Finden richtiger Lösungen ist.

In Mariazell konnte man erfahren, wie vielfältig auch in unserer Zeit die Geistesgaben oder Charismen sind, die - in der Einheit des Heiligen Geistes verbunden - zum Gemeinwohl, zum Aufbau der Kirche, die der geheimnisvolle Leib Christi ist, beitragen (vgl. 1 Kor 12,1-31).

2) Ist eine Kirchenversammlung eine gute Möglichkeit, die Erneuerung der Kirche zu beraten?

Die Erneuerung der Kirche beginnt mit der Erneuerung des Herzens jedes einzelnen Mitglieds der Gemeinschaft der an Christus Glaubenden: daß jeder sich prüft und vor Gott fragt,

- ob seine Gedanken mit den Gedanken Gottes in Einklang sind,
- ob seine Art zu sprechen diesen guten Gedanken entspricht,
- ob sein Handeln mit diesen guten Ideen und Worten übereinstimmt.

Ferner ist jeder berufen, zu erkennen, welche Gaben er erhalten und welche Aufgaben er in der Kirche zu erfüllen hat.

Eine solche persönliche Prüfung macht uns auch fähig, den Nächsten besser zu verstehen und ihm zu helfen.

Folglich kann ein wertvolles Gespräch geführt werden auf der Ebene
- der Familie, die das Konzil als Hauskirche bezeichnet,
- der Gruppe, die verschiedene Schichten einer Gemeinschaft bildet,
- der Gemeinde, die die Glaubenden an einem Ort sammelt,
- der Diözese, die Teilkirche der Weltkirche ist,
- der Nationen, Kontinente und der Weltkirche.

Solche Impulse finden sich auch im dritten Kapitel des Apostolischen Schreibens "*Tertio millennio adveniente*", das an die Bischöfe, Priester und Gläubigen zur Vorbereitung auf das Jubeljahr 2000 gerichtet ist.

Jedes Land hat seine eigene Vorgangsweise, um die Erneuerung der Kirche zu fördern und ihre Identität zu bewahren. Die Kirche bejaht jene Initiativen, die die Dynamik und die Lebendigkeit der Kirche entfalten. Die Leitung dieser Initiativen ist aber den Bischöfen unterstellt, die in Gemeinschaft mit dem Nachfolger Petri das Fundament der Teilkirchen sind. Damit wird die Richtigkeit des Glaubens, wird dessen Lebendigkeit und dessen Wirksamkeit gesichert.

Eine Art Kirchenversammlung wäre der sogenannte Katholikentag, der von Zeit zu Zeit in Deutschland und Österreich abgehalten wird; in Österreich fand er zuletzt im Jahr 1983 statt.

Um überall in der Kirche einen fruchtbaren Dialog zu ermöglichen, braucht es bestimmte Regeln und eine gemeinsame Basis, d.h. die Heilige Schrift, die Kirchenväter, die Kirchengeschichte, die Tradition, die Lehre der Kirche im allgemeinen sowie in unserer Zeit im besonderen die Dokumente des Papstes, des II. Vatikanischen Konzils, die nachkonziliaren Dokumente.

Auf dieser breiten und sicheren Basis kann ein sachlicher, gelassener und wirksamer Dialog für die Erneuerung der einzelnen an Christus Glaubenden und der ganzen Kirche stattfinden.

Um die Kirche im Lichte Christi zu erneuern, muß man den Willen Gottes kennen und den Kairos dafür entdecken.

Christus, der von sich selbst gesagt hat: "*Ich bin das Licht der Welt*" (Joh 8,12), mahnt die an ihn Glaubenden, Licht der Welt (vgl.Mt 5,14) und Sauerteig (vgl. Mt 13,33) zu sein.

3) Welchen Stellenwert hat das persönliche Zeugnis in der Verkündigung?

Die Kirche verehrt besonders die Märtyrer, weil diese ihren Glauben durch die Hingabe des Lebens bezeugt haben. Ein solches persönliches Zeugnis wirkt anziehender und überzeugender als Worte es je vermögen: "Worte bewegen, Beispiele aber reißen hin".

Das persönliche Zeugnis des Glaubens hat große Anziehungskraft. Das wirksamste Zeugnis besteht in der Hingabe des eigenen Lebens, um in der Verkündigung der Frohen Botschaft des Heils Gott mehr zu gehorchen als den Menschen.

Christus, der menschgewordene Gott, hat das größte Zeugnis der Liebe gegeben. Die Märtyrer sind seinem Beispiel gefolgt.

Märtyrer sein, bedeutet Zeuge sein, Zeugnis ablegen.

Die Kirche hat im Lauf ihrer Geschichte immer Märtyrer gehabt. Mit Tertullian, einem christlichen Schriftsteller und Rechtsgelehrten des zweiten Jahrhunderts, kann man sogar sagen, daß die Kirche gerade durch das Blut der Märtyrer wächst.

Auch in unserem Jahrhundert hat die Kirche viele solcher Zeugen, die wegen ihres Glaubens an Christus das irdische Leben hingegeben haben.

Solche Glaubenszeugen sind u.a.: Bernhard Lichtenberg und Karl Leisner, die am 23. Juni d.J. in Berlin seliggesprochen wurden, sowie die österreichischen Märtyrerpriester Otto Neururer und Jakob Gapp, deren Seligsprechung am 24. November 1996 in Rom stattfindet.

Sr. Restituta Kafka, deren Seligsprechungsprozeß bereits abgeschlossen ist, wird in absehbarer Zeit ebenfalls seliggesprochen.

Am 3. September d.J. wurde der Erzbischof von Gitega in Burundi auf grausame Weise ermordet.

Während meiner Tätigkeit als Vertreter des Heiligen Vaters habe ich ihn als einen Mann des Friedens und der Versöhnung kennengelernt.

Als ich noch in Burundi war, sagte er einmal lächelnd zu mir: "Unsere Kirche in Burundi braucht Märtyrer, um ihr Wachstum fortzusetzen! Das Blut der Märtyrer ist der Same für neue Christen".

Zu den Zeugen der Verkündigung gehören aber auch alle Christen, die sich täglich bemühen, das Wort Gottes zu hören, es zu betrachten und in die Tat umzusetzen.

Legaten - Gesandte für eine "Kirche ohne Grenzen"

Vortrag vor dem Katholischen Akademikerverband in Wien, 20. März 1990

P. Dr. Alois Kraxner als Ihr Geistlicher Assistent hat mich zu Beginn des Advents 1989 eingeladen, diesen heutigen Abend bei Ihnen im Katholischen Akademikerverband der Erzdiözese Wien zu verbringen und vorgeschlagen, das folgende Thema zu behandeln:

"DIE AUFGABEN EINES APOSTOLISCHEN NUNTIUS NACH DEM ZWEITEN VATIKANISCHEN KONZIL".

Dafür braucht es die Klärung einiger Begriffe und den Blick in die Geschichte.

1. "Apostolischer Nuntius" heißt: ständiger diplomatischer Vertreter des Papstes. Im kirchlichen Gesetzbuch lesen wir:
"*Den Gesandten des Papstes wird das Amt übertragen, den Papst selbst bei den Teilkirchen oder auch bei den Staaten und öffentlichen Autoritäten, zu denen sie entsandt sind, auf Dauer zu vertreten*" (CIC 1983, Can. 363).

2. Der Papst hat dieses Recht schon in den ersten Jahrhunderten der Kirchengeschichte ausgeübt: Päpstliche Gesandte finden sich erstmals auf Ökumenischen Konzilen von Nizäa im Jahre 325, von Konstantinopel 381 usw. Solche Gesandte heißen "Legati a latere" und haben geistliche Aufgaben. Als erste Diplomatische Vertreter des Papstes kann man jedoch die Apokrisiare am Hof von Konstantinopel vom 5. bis zum 8. Jahrhundert bezeichnen.

3. Mitte des 15. Jahrhunderts beginnt die Geschichte der Ständigen Gesandten; im Lauf des 16. Jahrhunderts werden die ersten ständigen Nuntiaturen errichtet.

Als erste ständige Nuntiatur gilt die von Venedig im Jahre 1500 in der Folge wurden die ständigen Nuntiaturen in Österreich, Deutschland, Belgien, Schweiz, Spanien, usw. errichtet. Auf einer in der Wiener Nuntiatur hängenden Tafel läßt sich ersehen, daß der erste Nuntius im Jahre 1529 in Österreich residiert hat. Heute abend spricht zu Ihnen der 88. Nuntius in Wien!

Nach diesen Vorbemerkungen soll eine Reihe von Fragen zunächst beantwortet werden:

1. Welche rechtlichen Grundlagen bestehen bezüglich des Diplomatischen Vertreters des Heiligen Vaters?

Der Codex Iuris Canonici, den Papst Johannes Paul II. als Resultat des II. Vatikanischen Konzils erstellen ließ, sagt:
"*Der Papst besitzt das angeborene und unabhängige Recht, seine Gesandten zu ernennen und sie zu den Teilkirchen in den verschiedenen Nationen oder Regionen wie auch zugleich zu den Staaten und öffentlichen Autoritäten zu entsenden, desgleichen sie zu versetzen oder abzuberufen, allerdings unter Wahrung der Normen des internationalen Rechts, soweit es die Entsendung und Abberufung von Gesandten bei den Staaten betrifft*" (Can. 362).

Die Wiener Diplomatischen Konventionen von 1815 und 1961 haben dieses Recht auch durch ein besonderes Rangreglement für die Vertreter des Heiligen Stuhles anerkannt.

2. Was bestimmt das II. Vatikanische Konzil über die Nuntiaturen?

Das Dekret des Zweiten Vatikanischen Konzils über die Hirtenaufgabe der Bischöfe in der Kirche legt fest, daß die Nuntiaturen in ihrer rechtlichen Stellung und Organisation zu den Behörden der römischen Kurie gehören:
"*Bei der Ausübung der höchsten, vollen und unmittelbaren Gewalt über die Gesamtkirche bedient sich der Papst der Behörden der römischen Kurie. Diese versehen folglich ihr Amt in seinem Namen und mit seiner Vollmacht zum Wohle der Kirchen und als Dienst, den sie den geweihten Hirten leisten.*
"*Die Väter des Heiligen Konzils wünschen jedoch, daß diese Behörden, die zwar dem Papst und den Hirten der Kirche eine vorzügliche Hilfe geleistet haben, eine neue Ordnung erhalten, die den Erfordernissen der Zeit, der Gegenden und der Riten stärker angepaßt ist, besonders was ihre Zahl, Bezeichnung, Zuständigkeit, Verfahrensweise und die Koordinierung ihrer Arbeit angeht. Desgleichen wünschen sie, daß unter Berücksichtigung des den Bischöfen eigenen Hirtenamtes das Amt der päpstlichen Legaten genauer abgegrenzt werde*" *(CD 9)*.

Was sind sie und wofür dienen die Behörden der Römischen Kurie, von denen das Konzil spricht?

Diese Frage kann man so beantworten:
Diese Behörden der römischen Kurie "*sind Hilfsorgane des Papstes, die in seinem Namen und mit seiner Vollmacht, das heißt kraft*

ordentlicher stellvertretender Gewalt, ihres Amtes walten. Der Papst bedient sich ihrer in Ausübung seiner obersten Hirtengewalt über die Gesamtkirche, wobei das Wirken dieser Behörden auf das Wohl der Teilkirchen bezogen ist, aus denen und in denen die eine und einzige katholische Kirche besteht (vgl. "Lumen Gentium" Artikel 23 Absatz 2*), und dadurch zugleich ein Dienst für die Vorsteher der Teilkirchen ist*" (LThK XIII/Vatikanum II/2, Kommentar Prof. Mörsdorf, S. 161).

"*In Anerkennung der vorzüglichen Hilfe, welche die kurialen Behörden dem Papst wie den Hirten der Kirche geleistet haben, wird eine Neuordnung erbeten, die den Erfordernissen der Zeit, der Gebiete und der Riten stärker angepaßt ist, besonders was ihre Zahl, Bezeichnung, Zuständigkeit, Verfahrensweise und die Koordination ihrer Arbeit angeht*" (Ibd.).

3. Hat der Papst diesem Wunsch der Konzilsväter entsprochen?

Die Wünsche des Zweiten Vatikanischen Konzils hat Paul VI. am 24. Juni 1969 mit dem Motuproprio "Sollicitudo omnium Ecclesiarum - Über die Aufgaben der Legaten" erfüllt. Darin benutzt der Papst oft die Dokumente des II. Vatikanischen Konzils, wie

- die Dogmatische Konstitution über die Kirche "Lumen gentium",
- das Dekret über den Ökumenismus "Unitatis redintegratio",
- das Dekret über die Missionstätigkeit der Kirche "Ad gentes ",
- das Dekret über das Verhältnis der Kirche zu den nichtchristlichen Religionen "Nostra aetate",
- das Dekret über die Hirtenaufgabe der Bischöfe in der Kirche "Christus Dominus",
- die Pastoralkonstitution über die Kirche in der Welt von heute "Gaudium et spes".

Es ist notwendig, dieses Dokument genau anzusehen, um eine vertiefte Sicht der Fragen zu erhalten.

3. Hat die Institution der Päpstlichen Legaten ein theologisches Fundament?

Papst Paul VI. sagt, daß die Aufgaben des Papstes dessen Präsenz in den einzelnen Kirchen und einen intensiven Beziehungsaustausch erfordern: zum Beweis dafür zitiert der Papst die Heilige Schrift und das Konzil:

"*Die Sorge um die Gesamtkirche, die Uns Gott nach seinem geheimen Ratschluß auferlegt hat und über die Wir ihm Rechenschaft schulden macht es erforderlich, daß Wir als Stellvertreter Christi für die ganze Kirche in den verschiedenen Teilen der Welt in angemessener Weise*

gegenwärtig sind und die Verhältnisse der einzelnen Kirchen genau kennen.
"Der Bischof von Rom hat nämlich kraft seines Amtes volle, höchste und universale Gewalt über die Kirche und kann sie immer frei ausüben, da sie eine ordentliche und unmittelbare Gewalt ist".
"Er ist außerdem als Nachfolger Petri das immerwährende, sichtbare Prinzip und Fundament für die Einheit der Vielheit von Bischöfen und Gläubigen (LG 23), und es ist deshalb eine seiner Hauptaufgaben, daß er den bischöflichen Dienst in Einheit und ungeteilt erhalte (LG 18). Der ewige Hirt hat ihm auch, da er seinem Stellvertreter die Schüssel des Himmelreiches übertrug und ihn zum Felsen und Fundament seiner Kirche machte, den Auftrag erteilt, seine Brüder zu bestärken (vgl. Mt 16,18 und Lk 22,32); er soll sie leiten und in seinem Namen geeint bewahren, er soll ihnen aber auch helfen und sie stützen, durch sein Wort und in gewisser Weise durch seine Gegenwart". (Joh 14,6)" [vgl. NA 2].

5. Könnte man den notwendigen Beziehungsaustausch nicht auch durch Briefwechsel und durch den Besuch der Bischöfe "ad limina Apostolorum" erreichen?

Der Papst antwortet mit einem "nicht allein, sondern auch":
"Die rechte Ausübung dieser Unserer vielen Aufgaben macht einen intensiven Beziehungsaustausch dringend notwendig zwischen Uns und Unsern Brüdern im Bischofsamt wie den ihnen anvertrauten Kirchen. Diese Beziehungen können nicht allein durch Briefwechsel unterhalten werden, sondern sie erfordern auch den Besuch der Bischöfe ‚ad limina Apostolorum' und von Unserer Seite die Entsendung von Geistlichen, die Uns vertreten und entweder einen besonderen Auftrag erfüllen oder ständig bei den Bischöfen der verschiedenen Nationen bleiben.
Gewiß, der moderne Fortschritt hat Uns in providentieller Hilfe ermöglicht, auch persönlich in ferne Kontinente zu kommen, um Unsere Söhne und Brüder zu besuchen, und damit ist Unserem apostolischen Wirken eine neue Form gegeben. Aber die vielen und schweren Aufgaben, die Uns hier in Rom zurückhalten, machen die häufige Wiederholung dieser wertvollen Besuche unmöglich. Das bestärkt Uns in der Überzeugung, daß den Mitteln der Beziehungen, deren sich Unsere Vorgänger schon bedient und die Wir oben erwähnt haben, höchste Bedeutung zuzumessen ist.
Auch das II. Vatikanische Konzil hat unter doppeltem Aspekt den Wert und den Nutzen dieser Gewohnheit bestätigt. Einerseits wünscht es, daß eine größere Zahl von Bischöfen, Priestern und Laien aus den verschiedenen Nationen in der Kurie anwesend seien, anderseits

fordert es von uns, daß das Amt und die Obliegenheiten Unserer Legaten genauer abgegrenzt werden".

6. Warum vertreten so viele Legaten bei den verschiedenen Ortskirchen und bei den Staaten in aller Welt den Papst?

Die päpstliche Antwort lautet so:
"*Es ist ja klar einzusehen, daß der Bewegung zum Zentrum und Herzen der Kirche hin eine andere Bewegung entsprechen muß, die vom Mittelpunkt der Kirche zur Peripherie führt und auf gewisse Weise alle Kirchen und jede einzelne, alle und jeden einzelnen Oberhirten und Gläubigen erreicht. Der Schatz der Wahrheit, der Gnade und der Einheit, den Wir in Christus Unserem Erlöser erhalten haben und den Wir hüten und verwalten, soll so allen verkündet und dargeboten werden.*
...Durch Unsere Legaten, die bei den verschiedenen Nationen weilen, nehmen Wir selbst teil am Leben Unserer Kinder, gliedern Uns gleichsam in ihre Gemeinschaft ein und werden leichter und sicherer mit ihren Anliegen und tiefsten Wünschen bekannt".

7. Welche innerkirchlichen Aufgaben obliegen dem Nuntius?

"*Aufgabe des päpstlichen Legaten ist es vor allem, den Bischöfen, Priestern, Ordensleuten und allen Christgläubigen zu helfen; diese erlangen durch dieses Amt deswegen Stütze und Schutz, weil der päpstliche Legat jene höhere Autorität repräsentiert, die allen zum Guten dienen soll. Das Amt des Legaten steht nicht über der Vollmacht des Bischofs, noch ersetzt oder beeinträchtigt es diese, im Gegenteil, er schützt und stärkt sie durch brüderlich klugen Rat. Der Apostolische Stuhl hat ja stets als gültige Norm für die Leitung der Kirche die Unseres Vorgängers, des heiligen Gregor des Großen, befolgt, die er so formuliert hat: "Wenn die jedem einzelnen Bischof zustehende Jurisdiktion nicht gewahrt wird, was geschieht dann anderes, als daß die kirchliche Ordnung, die durch Uns behütet werden soll, durch Uns verwirrt und durcheinander gebracht wird?*"

8. Welche Verhältnis hat ein Nuntius zur Bischofskonferenz?

Papst Paul VI. konkretisiert diese Beziehung wie folgt:
"*Im Verhältnis zu den Bischofskonferenzen bedenke der päpstliche Legat stets, daß ihre Aufgabe und ihr Dienst von größter Bedeutung sind. Deshalb soll er mit ihnen enge Beziehungen pflegen und jede mögliche Hilfe bieten*".

9. Welche diplomatischen Aufgaben obliegen einem Nuntius?

Als Oberhirte der gesamten Kirche beantwortet Papst Paul VI. in seinem Motuproprio ausführlich unsere Frage:
"*In diesen gewiß sehr großen Aufgaben bei den einzelnen Kirchen erschöpft sich jedoch der Dienst Unserer Legaten nicht. Wir entsenden sie auch zu den höchsten Trägern der Staatsgewalt, nämlich dorthin, wo die katholische Kirche gleichsam verwurzelt oder doch wenigstens irgendwie gegenwärtig ist. Das Recht dazu liegt von Natur aus in dem Uns eigenen geistlichen Amte und ist zudem im Laufe der Jahrhunderte durch gewisse geschichtliche Ereignisse sehr begünstigt worden*".

10. Welche Prinzipien sollen die Beziehungen zwischen Kirche und Staat regeln?

Hier die Antwort des Papstes:
"*Freilich ist es nicht zu leugnen, daß die Ziele von Kirche und Staat unterschiedlicher Ordnung angehören. Kirche und Staat sind aber, jeweils in der ihnen eigenen Ordnung, vollkommene Gesellschaften. Ihnen stehen daher - in dem einem jeden von ihnen zukommenden Bereich - die ihnen eigenen Rechte und Mittel zur Verfügung, und sie können ihre Gesetze anwenden. Aber es ist auch wahr, daß beide zum Wohle des gleichen Untergebenen arbeiten, nämlich des Menschen, der von Gott berufen ist, das ewige Heil zu erlangen. Er wurde ja auf die Erde gestellt, daß er durch ein Leben der Arbeit, im friedlichen Zusammenschluß mit seinesgleichen auf seinen und den allgemeinen Wohlstand bedacht sei und mit Hilfe der göttlichen Gnade so sein Heil erwirke*".

11. Ist eine Zusammenarbeit zwischen Kirche und Staat möglich?

Dazu stellt das Dokument Pauls VI. fest:
"*Daraus ergibt sich, daß Kirche und Staat - da sie nun einmal zum Wohle des einzelnen wie auch der Gemeinschaft der Völker zusammenwirken sollen - notwendig eine gegenseitige, wahrhaft ehrliche Verständigung erstreben und durch offene Beziehungen wechselseitiger Zusammenarbeit und gegenseitiger Koordinierung schaffen, fördern und stärken; anderseits auch etwaige Zwistigkeiten, die vielleicht entstehen, vermeiden oder sie schlichten. So sollen sie die große Hoffnung der Menschen auf Frieden zwischen den Nationen, auf innere politische Ruhe jeden Landes und schließlich dessen Entwicklung verwirklichen*".

"Dieses gegenseitige Gespräch sucht der Kirche die freie Ausübung ihrer Tätigkeit zu sichern, sodaß sie imstande ist, der ihr von Gott anvertrauten Sendung zu entsprechen; zugleich vermittelt es aber auch den staatlichen Autoritäten die allzeit friedlichen und segensreichen Pläne der Kirche und bietet ihnen zur Erlangung des sozialen Wohles die wertvolle Hilfe ihrer geistigen Kräfte, ihrer Einrichtungen und Unternehmungen an. Das vertrauensvolle Gespräch erfolgt durch die offiziellen Beziehungen zwischen Kirche und Staat, die durch das Völkerrecht geschaffen wurden. Es dient dazu, nutzvolle Verständigung zu erreichen und eine wirklich für alle heilsame Tätigkeit zu entfalten".

Über die Beziehungen zwischen Kirche und Staat, hat das Zweite Vatikanische Konzil wörtlich gesagt:
"Die politische Gemeinschaft und die Kirche sind auf je ihrem Gebiet voneinander unabhängig und autonom. Beide aber dienen, wenn auch in verschiedener Begründung, der persönlichen und gesellschaftlichen Berufung der gleichen Menschen. Diesen Dienst können beide zum Wohl aller um so wirksamer leisten, je mehr und besser sie rechtes Zusammenwirken miteinander pflegen; dabei sind jeweils die Umstände von Ort und Zeit zu berücksichtigen. Der Mensch ist ja nicht auf die zeitliche Ordnung beschränkt, sondern inmitten der menschlichen Geschichte vollzieht er ungeschmälert seine ewige Berufung. Die Kirche aber, in der Liebe des Erlösers begründet, trägt dazu bei, daß sich innerhalb der Grenzen einer Nation und im Verhältnis zwischen den Völkern Gerechtigkeit und Liebe entfalten. Indem sie nämlich die Wahrheit des Evangeliums verkündet und alle Bereiche menschlichen Handelns durch ihre Lehre und das Zeugnis der Christen erhellt, achtet und fördert sie auch die politische Freiheit der Bürger und ihre Verantwortlichkeit" (GS 76).

12. Hat der Heilige Stuhl auch Vertretungen bei den Internationalen Organisationen?

Diese Frage ist besonders interessant für die Österreicher, in deren Hauptstadt eines der bedeutendsten internationalen Zentren: das Vienna International Center (VIC) seinen Sitz hat.

Kann und soll der Dienst eines päpstlichen Gesandten auch in überstaatlicher Weise diesen internationalen Institutionen, zumeist Organisationen, gelten?

Wenn ja, welches geistliche Interesse hat die Kirche dabei?

Papst Paul VI. begründet die Repräsentanz der Universalkirche auf internationaler Ebene so:

"Das Verlangen aller Menschen guten Willens nach einem friedlichen Zusammenleben der Nationen und der Förderung der Entwicklung der Völker, findet auch Ausdruck in der Errichtung der modernen internationalen Organisationen, die ihr Wissen, ihre Erfahrung und ihr Ansehen allen zur Verfügung stellen und keine Arbeit scheuen, um den Frieden und die Entwicklung aller Völker zu mehren".

Die Beziehungen des Heiligen Stuhles zu diesen Organisationen sind von der Sorge um das "bonum commune humanitatis", um das Gemeinwohl der Menschheit, um den Frieden, um die Entwicklung in allen Ländern, um die Zusammenarbeit der Völker, um die Förderung des geistlichen, moralischen und wirtschaftlichen Wohls der gesamten Menschheitsfamilie getragen. Wie Sie wissen, ist in der sogenannten UNO-City in Wien auch der Heilige Stuhl vertreten.

13. Können Laien als Delegaten und Beobachter bei Internationalen Organisationen berufen werden?

Papst Paul VI. hat dies ausdrücklich in seinem Grunddokument, auf das wir uns heute immer beziehen, festgehalten:
"Den Heiligen Stuhl vertreten auch jene Geistlichen und Laien, die als Leiter oder Mitglieder in die päpstliche Mission bei internationalen Organisationen oder bei Konferenzen und Kongressen berufen werden. Sie werden Delegaten oder Beobachter genannt, je nachdem der Heilige Stuhl Mitglied der internationalen Organisation ist oder nicht und je nachdem ob er an einer Konferenz mit oder ohne Stimmrecht teilnimmt".

Die Kirche, die "ohne Grenze" ist, paßt sehr gut in diesen Rahmen der Internationalen Organisationen.

Der Heilige Stuhl hat in seiner Geschichte immer jene Internationalen Organisationen gefördert, die Ausdruck der menschlichen Familie und zugleich der Familie Gottes sind!

14. Wie werden die Aufgaben eines Nuntius beschrieben?

Das erwähnte nachkonziliare Motuproprio Papst Pauls VI. nennt: "Aufgaben im allgemeinen" und "ordentliche Aufgaben".

15. Was ist mit allgemeinen Aufgaben gemeint?

Einheit zwischen dem Apostolischen Stuhl und der örtlichen Teilkirche, Sorge um das Wohl des Landes, Vertretung der Interessen

milienaudienz bei Papst Paul VI. am 9. 6. 1971.

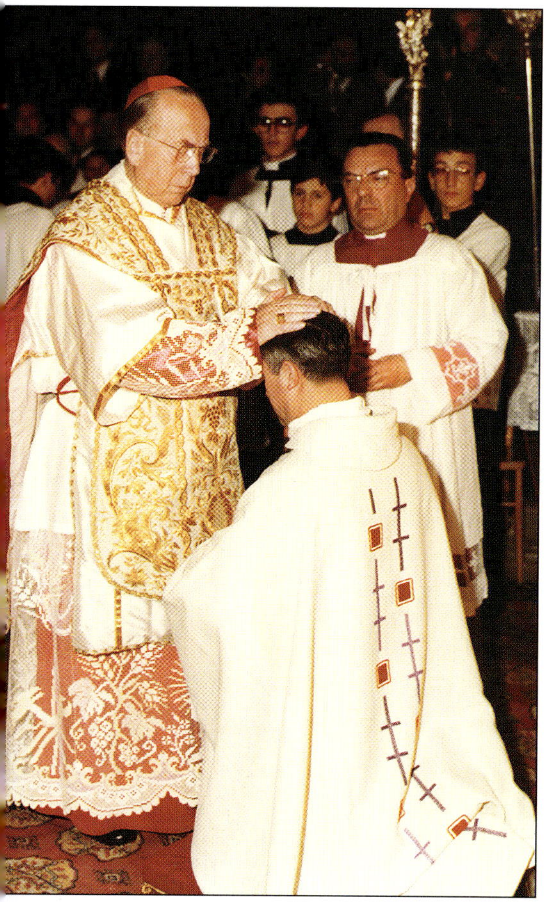

chofsweihe durch Kardinal Franz König
ltamura am 26. 11. 1978.

Neujahrsempfang des Diplomatischen Corps beim
Bundespräsidenten Dr. Thomas Klestil am 19. 1. 1994.

Glockenweihe in Karnburg am 16. 6. 1996.

Unterzeichnung des 5. Zusatzvertrages zwischen dem Hl. Stuhl und der Republik Österreich zur Regelung von vermögensrechtlichen Beziehungen. 21. Dezember 1995.

Feier des 75. Geburtstages von Univ.-Prof. Dr. Johannes Schasching SJ. Wien, 11. März 1992.

äßlich des Besuches des Hl. Vaters Johannes Paul II. in Gabon mit Präsident Omar Albert Bongo.
2. 1982

ndung des Taufsakraments in Wien am 2. 6. 1996.

Besuch im Herz-Jesu-Krankenhaus am 21. 12. 1994.

Krankenprozession in Lourdes am 26. 4. 1992.

Mit dem spanischen Königspaar und Bundespräsident Dr. Klestil in Wien. 10. Juni 1995.

Mit Bischof Dr. Franz Žak am 15. Septembe 1991.

der Kirche bei den Staatsregierungen, Beziehungen zu den anderen christlichen Gemeinschaften und nicht-christlichen Religionen.

16. Welche sind die ordentlichen Aufgaben?

Regelmäßige Berichterstattung, Information, Beurteilung "in Wahrheit und Billigkeit" der Verhältnisse der Kirche in jenem Land, in das der Nuntius entsandt wurde:
"*Die ordentliche Aufgabe des päpstlichen Legaten besteht darin, den Apostolischen Stuhl regelmäßig in Wahrheit und Billigkeit zu informieren über die Verhältnisse der Kirchen, zu denen er entsandt wurde, wie auch über alles, was sich auf das kirchliche Leben und das Wohl der Seelen bezieht*".

17. Welche Aufgaben hat der Nuntius bei Bischofsernennungen?

Was dieses Thema betrifft, möchte ich jenes päpstliche Reglement zitieren, das einen päpstlichen Gesandten bezüglich der "Berichterstattung" und der allfälligen Bischofsernennungen verpflichtet:
"*Hinsichtlich der Ernennung von Bischöfen und anderen ihnen gleichgestellten Ordinarien ist es Aufgabe des päpstlichen Legaten, den üblichen Informativprozess einzuleiten und die Namen geeigneter Kandidaten den zuständigen Kurialbehörden vorzulegen. Er soll einen genauen Bericht beifügen, in dem er gewissenhaft vor dem Herrn seine eigene Meinung und Stellungnahme abgibt, welcher Kandidat ihm als der geeignetere erscheint*".

Dabei ist ein Nuntius beauftragt:
"*a. frei und mit gebührender Vorsicht Geistliche wie auch kluge Laien, die ihm zu nützlicher und vertrauenswürdiger Auskunft geeignet erscheinen, um ihre Ansicht bitten. Aus verständlicher und schuldiger Rücksichtnahme auf jene, die Rat erteilen, sowie auf jene, die ihn erfragten, wie auch aus der Natur der Befragung selbst, ist ihnen die Pflicht der Geheimhaltung aufzuerlegen;*
b. nach den Normen vorgehen, die vom Apostolischen Stuhl über die zum bischöflichen Dienst Vorzuschlagenden erlassen sind und die Kompetenz der Bischofskonferenz vor Augen haben;
c. rechtmäßig gewährte Privilegien und wohlerworbene Rechte und jene besondere, vom Apostolischen Stuhl approbierte Verfahrensweise beachten".

Alle diese Normen und Richtlinien können nicht voneinander getrennt werden. Es ist die Aufgabe eines päpstlichen Legaten sie zu befolgen, zu analysieren, aber auch eine zusammenfassende persönliche Meinung aus den Beurteilungselementen zu finden. Er ist immer nur der Berichterstatter, der eine Information, eine Nachricht weiterleitet. Er ist, wie das lateinische Wort, der "Nuntius" und hat sich keine andere, irgendwie zusätzliche, Rolle anzumaßen, die seinem Amte nicht zukommt.

Eine letzte Entscheidung aber fällt ein Nuntius in dieser Frage nicht.

18. Was gilt noch für Bischofsernennungen?

Die Sache der Bischofsernennungen ist so wichtig, daß derselbe Papst Paul VI. ein besonderes Dokument darüber am 25. März 1972 veröffentlichen ließ, dessen Titel "Richtlinien bezüglich der Bischofsernennungen" ist.

Die erwähnten Richtlinien wurden sodann im Codex Juris Canonici von 1983 zusammengefaßt: Dabei ist die Rolle des Papstes, der Bischöfe und des Gesandten des Papstes klar festgehalten:

a. Rolle des Papstes:
"*Der Papst ernennt die Bischöfe frei oder bestätigt die rechtmäßig Gewählten*" (Can. 377 - § 1.).

b. Rolle der Bischöfe:
"*Wenigstens alle drei Jahre haben die Bischöfe einer Kirchenprovinz oder, wo die Umstände dies anraten, die Bischofskonferenzen nach gemeinsamer Beratung und geheim eine Liste von Priestern, auch von Mitgliedern der Institute des geweihten Lebens, die für das Bischofsamt besonders geeignet sind, zu erstellen und sie dem Apostolischen Stuhl zu übersenden; dabei bleibt es das Recht jedes einzelnen Bischofs, hiervon unabhängig dem Apostolischen Stuhl Namen von Priestern mitzuteilen, die er für den bischöflichen Dienst für würdig und geeignet hält*" (Can. 377 - § 2.).

c. Rolle des Gesandten des Papstes:
"*Wenn nichts anderes rechtmäßig bestimmt ist, hat der Gesandte des Papstes, wann immer ein Diözesanbischof oder ein Bischofskoadjutor zu ernennen ist, in bezug auf den dem Apostolischen Stuhl vorzulegenden sogenannten Dreiervorschlag je einzeln zu ermitteln und dem Apostolischen Stuhl selbst zusammen mit seinem Votum mitzuteilen, was der Metropolit und die Suffraganbischöfe der Provinz, zu der die zu besetzende Diözese gehört bzw. mit der sie zusammengeschlossen ist, und der Vorsitzende der Bischofskonferenz vorschlagen; darüber hinaus soll der päpstliche Gesandte einige aus*

dem Konsultorenkollegium und dem Kathedralkapitel anhören, und, wenn er es für angebracht hält, soll er auch die Ansicht anderer aus dem Welt- und Ordensklerus sowie von Laien, die sich durch Lebensweisheit auszeichnen, einzeln und geheim erfragen" (Can. 377 - § 3.).

19. Welche sind die für Bischofskandidaten erforderten Qualitäten?

Diese werden im Can. 378 festgelegt:
"*Hinsichtlich der Eignung der Kandidaten für das Bischofsamt wird gefordert, daß der Betreffende*
1. sich auszeichnet durch festen Glauben, gute Sitten, Frömmigkeit, Seeleneifer, Lebensweisheit, Klugheit sowie menschliche Tugenden und die übrigen Eigenschaften besitzt, die ihn für die Wahrnehmung des Amtes, um das es geht, geeignet machen;
2. einen guten Ruf hat;
3. wenigstens fünfunddreißig Jahre alt ist;
4. wenigstens seit fünf Jahren Priester ist;
5. den Doktorgrad oder wenigstens den Grad des Lizentiaten in der Heiligen Schrift, in der Theologie oder im kanonischen Recht an einer vom Apostolischen Stuhl anerkannten Hochschuleinrichtung erworben hat oder wenigstens in diesen Disziplinen wirklich erfahren ist".

20. Warum Geheimhaltung?

Die geheime Vorschläge-Einholung hat folgende Gründe:
- Freiheit und Unabhängigkeit der Befragten zu bewahren;
- Spaltungen und Parteienbildung unter den Gläubigen zu vermeiden, was die pastorale Tätigkeit stören, Unruhe stiften und Leidenschaft entfesseln könnte;
- die Würde und die Wertschätzung von Kandidaten zu bewahren, denen geschadet werden könnte, wenn eventuelle - begründete oder unbegründete, falsche oder wahre - Informationen an die Öffentlichkeit kämen.

21. Die letzte Frage anläßlich dieses Treffens mit dem Katholischen Akademikerverband möchte ich von mir aus so formulieren:

Wie kann ein Mensch, sei er auch der Gesandte des Papstes, so viele schwierige Aufgaben erfüllen?

Diese Frage habe ich mir selbst zuallererst zu stellen.

Eine Antwort wird von Mensch zu Mensch je verschieden sein; dies kann jedoch allgemein gesagt werden:

Der Vertreter des Papstes kommt in ein Land nicht in seinem eigenen Namen, sondern in Namen des Vicarius Christi,
- dem die Sorge um die Gesamtkirche übertragen ist;
- der alle seine Kräfte für das Reich Gottes großmütig einsetzt;
- der keine privaten Interessen in der Erfüllung seiner Aufgabe als Vicarius Christi auf der Erde, als Fundament der Kirche, verfolgt.

Der Nuntius lebt in einem Land nicht wie ein Fremder, sondern wie ein Mitglied der "Kirche ohne Grenze",
- der überall Brüder findet, die denselben Glauben haben;
- der mit anderen Christen die Hoffnung für eine bessere Gesellschaft, für eine lebendigere Kirche weiterträgt;
- der die Einheit der Familie Gottes in Wahrheit und Liebe in jeder Nation zu fördern beabsichtigt.

Die Kirche in Afrika

Kurzreferat in der Religionspädagogischen Akademie der Erzdiözese Wien, 9. Mai 1990

I. ALLGEMEINE INFORMATIONEN ÜBER DIE MISSIONSTÄTIGKEIT DER KIRCHE

Unser Herr Jesus Christus hat seine Sendung im Auftrag des Vaters allumfassend, universal, katholisch aufgefaßt: "*Mir ist alle Macht gegeben im Himmel und auf der Erde. Darum geht zu allen Völkern, und macht alle Menschen zu meinen Jüngern; tauft sie auf den Namen des Vaters und des Sohnes und des Heiligen Geistes, und lehrt sie, alles zu befolgen, was ich euch geboten habe. Seid gewiß: Ich bin bei euch alle Tage bis zum Ende der Welt*" (Mt 28, 18-20).

Papst Pius XI. sagte einmal: Die missionarische Tätigkeit und Evangelisierung ist das Göttlichste aller Werke, das bis zum Ende der Welt mit Gottes Gnade getan werden soll.

Der Völkerapostel betrachtete die Evangelisierung als ein Bedürfnis des Herzens und mit dem heiligen Eifer eines Bekehrten rief er aus: "*Weh mir, wenn ich das Evangelium nicht verkünde!*" (1 Kor 9,16)
Anschließend an diese Texte der Heiligen Schrift möchte ich die heutigen Strukturen, die Lehre und die Bestimmungen der Kirche über die Missionstätigkeit darstellen.

A. Kongregation für die Evangelisierung der Völker.

1) Die Kongregation für die Evangelisierung der Völker wurde von Papst Gregor XV. mit der Konstitution "Inscrutabili Divinae" vom 22. Juni 1622 kanonisch errichtet.

Das darin festgeschriebene Programm ist heute noch gültig:
"1. Loslösung der Mission von weltl. Einflüssen,
2. Vertretung des päpstlichen Amtes durch Apostolische Delegaten,
3. Aufbau des einheimischen Klerus,
4. Vermehrung der Missionsdiözesen und Ausbau der kirchlichen Hierarchie". (LTK. B.8 Propaganda-Kongregation).

2) In der Konstitution "Pastor Bonus" vom 28. Juni 1988 über die Römische Kurie wird u.a. festgelegt, daß die "Kongregation für die Evangelisierung der Völker" die Aufgabe hat, die Tätigkeit und die

Zusammenarbeit der Missionare in der ganzen Welt zu leiten und zu koordinieren.

3) Das II. Vatikanische Konzil hat in allgemeiner Form von der missionarischen Dimension der Kirche in seinen verschiedenen Dokumenten, in besonderer Weise jedoch im "Dekret über die Missionstätigkeit der Kirche" gesprochen.

In der Einleitung dieses Dekrets heißt es:

"*Zur Völkerwelt von Gott gesandt, soll die Kirche ‚das allumfassende Sakrament des Heils' sein. So müht sie sich gemäß dem innersten Anspruch ihrer eigenen Katholizität und im Gehorsam gegen den Auftrag ihres Stifters, das Evangelium allen Menschen zu verkünden. Denn auch die Apostel, auf die die Kirche gegründet worden ist, haben den Spuren Christi folgend, ‚das Wort der Wahrheit verkündet und Kirchen gezeugt' .Pflicht ihrer Nachfolger ist es, diesem Werk Dauer zu verleihen, ‚damit das Wort Gottes seinen Lauf nehme und verherrlicht werde' (2 Thess 3,1) und die Herrschaft Gottes überall auf Erden angekündigt und aufgerichtet werde.*

In der gegenwärtigen Weltlage, aus der für die Menschheit eine neue Situation entsteht, ist die Kirche, die da ist Salz der Erde und Licht der Welt, mit verstärkter Dringlichkeit gerufen, dem Heil und der Erneuerung aller Kreatur zu dienen, damit alles in Christus zusammengefaßt werde und in ihm die Menschen eine einzige Familie und ein einziges Gottesvolk bilden.

Im Dank gegen Gott ob der trefflichen Arbeit, die durch den hochherzigen Einsatz der ganzen Kirche bislang vollbracht wurde, will diese heilige Synode deshalb die Grundsätze der missionarischen Tätigkeit umreißen und die Kräfte aller Gläubigen sammeln, damit das Volk Gottes, auf dem schmalen Weg des Kreuzes voranschreitend, die Herrschaft Christi des Herrn, vor dessen Augen die Jahrhunderte stehen, ausbreite und seiner Ankunft die Wege bahne" (Ad gentes n.1).

"*Die pilgernde Kirche ist ihrem Wesen nach ‚missionarisch' (d.h. als Gesandte unterwegs), da sie selbst ihren Ursprung aus der Sendung des Sohnes und der Sendung des Heiligen Geistes herleitet gemäß dem Plan Gottes des Vaters*" (ib N. 2).

4) Das Kanonische Recht von 1983 widmet der Missionstätigkeit der Kirche den Titel II des Buches betreffend den Verkündigungsdienst der Kirche:

Can.781 - "*Die ganze Kirche ist ihrer Natur nach missionarisch, und das Werk der Evangelisierung ist als grundlegende Aufgabe des Volkes*

Gottes anzusehen; daher haben alle Gläubigen, im Wissen um die ihnen eigene Verantwortung, ihren Teil zur Missionsarbeit beizutragen."

Can.782 - § 1. *"Die oberste Leitung und Koordinierung der Vorhaben und Aktionen, die zur Missionsarbeit und zur missionarischen Zusammenarbeit gehören, kommt dem Papst und dem Bischofskollegium zu.*
§ 2. *Die einzelnen Bischöfe haben als Förderer der Gesamtkirche und aller Kirchen für die Missionsarbeit besondere Sorge zu tragen, vor allem dadurch, daß sie in ihrer Teilkirche missionarische Vorhaben anregen, pflegen und erhalten".*

Can. 783 - *"Da die Mitglieder der Institute des gottgeweihten Lebens sich kraft ihrer Weihe dem Dienst für die Kirche widmen, sind sie verpflichtet, sich je nach der Eigenart ihres Instituts, in besonderer Weise in der Missionsarbeit einzusetzen".*

Can. 784 - *"Zu Missionaren, d.h. zu solchen, die von der zuständigen kirchlichen Autorität zur Missionsarbeit ausgesandt werden, können Einheimische oder Nichteinheimische bestellt werden, und zwar Weltkleriker oder Mitglieder von Instituten des geweihten Lebens oder von Gesellschaften des apostolischen Lebens oder andere Laien."*

Can.785 - § 1. *"Zur Missionsarbeit sind Katechisten hinzuzuziehen, Laien nämlich, die gebührend ausgebildet sind und durch ein christliches Leben hervorragen, die sich unter der Leitung eines Missionars der Darlegung der Lehre des Evangeliums und der Ordnung von liturgischen Feiern und von Werken der Caritas widmen.*
§ 2. *Die Katechisten sind in dazu bestimmten Schulen oder, wo diese fehlen, unter der Leitung von Missionaren auszubilden."*

Can. 786 - *"Durch die spezifische Missionstätigkeit wird die Kirche den Völkern und Gruppen, in denen sie noch nicht Wurzel gefaßt hat, eingepflanzt; dies wird von der Kirche vor allem dadurch geleistet, daß sie solange Verkünder des Evangeliums aussendet, bis die jungen Kirchen voll eingerichtet sind, d.h. ausgestattet mit eigenen Kräften und hinreichenden Mitteln, mit denen sie das Werk der Evangelisierung selbst weiterführen können".*

Can.787 - § 1. *"Die Missionare haben durch das Zeugnis ihres Lebens und ihres Wortes mit den nicht an Christus Glaubenden einen ehrlichen Dialog zu führen, sodaß diesen in einer ihrer Eigenart und*

Kultur entsprechenden Weise die Wege zur Erkenntnis der Botschaft des Evangeliums geöffnet werden.

§ 2. *Sie haben dafür zu sorgen, denjenigen, die sie zur Annahme der Botschaft des Evangeliums bereit erachten, die Glaubenswahrheiten so zu lehren, daß diese, frei darum bittend, zum Empfang der Taufe zugelassen werden können.*"

B. - Allgemeine Informationen über die Kirche in Afrika.

Aus dem zuletzt herausgegebenen Jahrbuch 1987 ergibt sich:

- Fläche des Afrikanischen Kontinents 30.331.310 Km^2 (S. 35)
- Bewohner Afrikas 600 Mio (ib)
- Katholiken 80 Mio (ib)
- Kirchliche Bezirke (Erzdiözesen,
- Diözesen, Vikariate, Präfekturen) 411 (ib)
- Pfarren, Missionsstationen und
- andere pastorale Zentren 80.484 (ib)
- Bischöfe insgesamt: 485
- davon residierende 374
- Weihbischöfe 111 (S. 102)
- Diözesanpriester 8.560 (S. 87)
- Ordenspriester 10.311 (S. 87)
- Ständige Diakone 233 (S. 87)
- Ordensmänner 5.374 (S. 87)
- Ordensfrauen 40.174 (S. 87)
- Laienmissionare 1.330 (S. 87)
- Katechisten 225.090 (S. 87)
- Knabenseminare 231
- Knabenseminaristen 31.187
- Priesterseminare 100
- Seminaristen 8.581

II. ÜBERLEGUNGEN UND HOFFNUNG FÜR DIE KIRCHE IN AFRIKA

Es ist zu erwähnen, daß in Afrika das Evangelium von Missionaren verkündigt wurde, die Mitglieder verschiedener internationaler Ordensgemeinschaften waren.

Die Evangelisierung begann am Ende des vergangenen Jahrhunderts.

Die Missionierung war überwiegend von den Merkmalen der christlichen Tradition der europäischen Länder geprägt: Frankreich, England, Belgien, Deutschland, Portugal, Spanien, Holland, Irland, Italien, Polen, Österreich, Schweiz etc.

In den letzten Jahrzehnten sind Missionare von Amerika und Asien dazugekommen, aus Kanada, USA, Kolumbien, Argentinien, Chile, Mexiko, Paraguay, Uruguay, Indien, Vietnam, Korea, Thailand.

Als der politische Unabhängigkeitsprozeß um das Jahr 1960 begann, waren bereits die Früchte der Evangelisierung augenfällig: viele Gläubige, die erste Generation der einheimischen Priester, die ersten einheimischen Bischöfe, die Errichtung der Diözesen, der kirchlichen Provinzen, der Bishofskonferenzen und die einheimischen Ordenskongregationen.

Die Priester- und Ordensberufe nehmen heute bei den einheimischen Kongregationen wie auch bei den internationalen Ordensinstituten ständig zu.
Die meisten Bischöfe sind einheimische.
Die Zahl der Katholiken und Christen nimmt jedes Jahr zu.
Ein bestimmter Gärungsprozeß zur Konversion ist im Gang, besonders bei den Anhängern traditioneller Religionen.

Die Spannungen zwischen Missionaren und einheimischen Priestern, die in den sechziger Jahren hier und dort entstanden waren, nehmen allmählich ab. Die Feststellung, daß zahlreiche Landsleute die frohe Botschaft Christi, des Befreiers der Welt, noch nicht kennen, läßt die Streitigkeiten überwinden."*Die Ernte ist groß, aber es gibt nur wenig Arbeiter. Bittet also den Herrn der Ernte, Arbeiter für seine Ernte auszusenden*" (Mt 9,37) Die Tätigkeit für das allgemeine Wohl der Kirche verlangt die Einheit, die Kommunikation und die Zusammenarbeit. Man vergißt daher die Mängel, die Fehler und die Mißverständnisse der Vergangenheit.

Ihrer Sendung bewußt arbeiten die einheimischen und nichteinheimischen Priester großmütig im Weinberg des Herrn; daher bringen sie bleibende Frucht (Joh 15,16).

Wie im Gleichnis vom Sämann bringt die Verkündigung des Wortes Gottes reiche Frucht "*...teils hundertfach, teils sechzigfach, teils dreißigfach...*" (Mt 13,3-23).

Einige Diözesen, kirchliche Provinzen und Ordenskongregationen Afrikas senden heute schon Missionare in andere Diözesen, in andere kirchliche Provinzen, in andere Länder.

Die europäische Missionskongregation von Scheut z.B., die viele Berufe in Zaire hat, läßt seit einigen Jahren junge Priesterkandidaten in Japan studieren, damit sie in Japan als Missionare bleiben, um später auch auf dem chinesischen Festland das Evangelium verkünden zu können.

Die genannte Kongregation von Scheut hat als besonderes Ziel die Evangelisierung jener Völker, die die Gabe des Glaubens an Unseren Herrn Jesus Christus noch nicht erhalten haben, wie eben das chinesische Volk.

Von einheimischen wie von nicht einheimischen Kirchenverantwortlichen wird es schon verspürt: Der Heilige Geist leitet seine Kirche, ein neues stürmisches Pfingsten ist im Gang, die Apostelgeschichte wiederholt sich. Es gibt Menschen, denen das Wort Gottes gepredigt wurde, weil aber diese es abweisen und nicht für wert erachten, wenden sich die Missionare an andere Menschen: "*denn so hat uns der Herr aufgetragen: Ich habe dich zum Licht für die Völker gemacht, bis an das Ende der Erde sollst du das Heil sein.Als die Heiden das hörten, freuten sie sich und priesen das Wort des Herrn; und alle wurden gläubig, die für das ewige Leben bestimmt waren. Das Wort des Herrn aber verbreitete sich in der ganzen Gegend*" (Apg 13, 47-49).

Wenn ich die Missionen in Afrika besuchte, habe ich oft gesagt: Ich lese hier, in der Realität der Kirche von Afrika, die Apostelgeschichte,

-wo das Staunen über die Gottes Großtaten spürbar ist,

-wo die Atmosphäre der Befreiung geschaffen wird,

- wo die Hoffnung auf einen erneuerten Menschen sich erfüllt,

-wo die Lehre des Papstes und der Bischöfe mit Respekt angenommen wird,

-wo die Gemeinschaften, die vorwiegend aus jungen Menschen bestehen, im Brotbrechen und im Gebet beharrlich werden,

-wo die Kirche durch die Hilfe des Heiligen Geistes wächst (Apg 9,31): durch die großzügige Einsatzbereitschaft und das Zeugnis aller Mitglieder der Kirche: Bischöfe, Priester, Missionare, Ordensleute, Katechisten, Mitglieder katholischer Bewegungen, Lehrer und einfache Christen.

Oft habe ich in Afrika jene Worte Unsres Herrn Jesus Christus betrachtet, und verwirklicht gesehen, über die ich früher nicht ausreichend nachgedacht hatte: "*Wahrlich, wahrlich, ich sage euch:*

Wer an mich glaubt, wird die Werke, die ich vollbringe, auch vollbringen, und er wird noch größere vollbringen, denn ich gehe zum Vater" (Joh 14,12).

Liebe Professoren, liebe Studenten! In Afrika habe ich oft das Geheimnis der Kirche "ohne Grenzen" meditiert, die "*das Sakrament, das heißt Zeichen und Werkzeug für die innigste Vereinigung mit Gott wie für die Einheit der ganzen Menschheit ist*" („Lumen Gentium" N.1)

Die Menschen sehnen sich bewußt oder unbewußt nach dieser Einheit. Die Welt legt Schwierigkeiten, Hindernisse für die Einheit in den Weg, die eine Frucht der Wahrheit und der Liebe ist. Angesichts dieser Situation, betrachten wir die Worte des Herrn: "*Seht, die Stunde kommt, und sie ist schon da, in der ihr versprengt werdet, jeder in sein Haus, und mich werdet ihr allein lassen. Aber ich bin nicht allein, denn der Vater ist bei mir. Dies habe ich zu euch gesagt, damit ihr in mir Frieden habt. In der Welt seid ihr in Bedrängnis; aber habt Mut: Ich habe die Welt besiegt" (Joh 16,32-33). "Und das ist der Sieg der die Welt besiegt hat: unser Glaube*" (1 Joh 5,4).

Liebe Freunde, lieben Sie die Kirche, "unsere Mutter," durch Ihre persönliche Heiligung, durch die Ausstrahlung der Wahrheit, die die Finsternis verschwinden läßt, durch die Liebe, in der sich die unendliche Liebe Gottes spiegelt.

Mögen Sie durch Ihre Taten der Liebe und durch Ihr glaubwürdiges Zeugnis das "Fünfte" Evangelium schreiben.

Mögen Sie die neuen Generationen die Frohe Botschaft Gottes verstehen lassen.
Mögen Sie die Menschen von heute den vollkommenen Sinn des irdischen und des ewigen Lebens erfahren lassen.

Mögen Sie alle Menschen ermutigen, damit sie Mitarbeiter Gottes werden, um mit seiner Gnade seinen Heilsplan zu verwirklichen.

Und im Augenblick der Entmutigung versuchen Sie die Tiefe der Worte Christi zu verstehen: "*Ich bin bei euch alle Tage bis zum Ende der Welt*" (Mt 28,20).

Priester aus und für Afrika

Vortrag zur Inaugurationsfeier des Studienjahres 1990/1991 der Philosophisch-Theologischen Hochschule Heiligenkreuz, 2. Oktober 1990

Meine unmittelbaren Erfahrungen beziehen sich auf die Kirche in den Ländern Burundi, Kamerun, Äquatorial-Guinea und Gabun. Manche dieser Erfahrungen haben jedoch eine Charakteristik, die überall in der Weltkirche festgestellt werden kann.

Die Kirche in Afrika gewinnt im Ganzen der Weltkirche immer mehr an Bedeutung und Gewicht.

Der Zuwachs der Priester von 1988 auf 1989 betrug in Afrika 5.128 und erreichte die Gesamtzahl von 18.871 Priestern. Afrika verzeichnet daher einen bedeutenden Priesterzuwachs.

Auch wenn die vorgelegten Zahlen nicht im einzelnen zu analysieren und zu beurteilen sind, bringen sie dennoch zum Ausdruck, daß die Kirche in Afrika in der Frage der Priesterausbildung ihre spezifische Erfahrung besitzt.

Für Kamerun weist die Statistik 255 Priesterseminaristen aus. Jede der vier Kirchenprovinzen Kameruns hat ein Priesterseminar.
Die Gesamtzahl der Diözesen in Kamerun ist 17.

Dazu ist ein Priesterseminar für Ordensleute mit zirka 70 Priesterkandidaten hinzufügen.

Die Bevölkerungszahl Kameruns liegt bei 10 Millionen, jene der Katholiken bei mehr als 3 Millionen. Etwa 400 einheimische und 435 Priester aus anderen Ländern wirken in Kamerun.

Über die Priesterausbildung im allgemeinen lohnt es zu erinnern:

1. Das Dekret "Optatam Totius Ecclesiae" des II. Vatikanischen Konzils vom 28. Oktober 1965 stellt einige allgemeine Grundsätze fest, die für die Priesterausbildung notwendig sind.

Was die Bedeutung der Priesterausbildung betrifft, lesen wir in dem erwähnten Dokument:

"Die erstrebte Erneuerung der gesamten Kirche hängt zum großen Teil vom priesterlichen Dienst ab, der vom Geist Christi belebt ist; dessen ist sich die Heilige Synode voll bewußt. Deshalb unterstreicht sie die entscheidende Bedeutung der priesterlichen Ausbildung und weist einige grundlegende Leitsätze auf; durch sie sollen die schon durch Jahrhunderte praktisch bewährten Gesetze bestätigt und Neuerungen in sie eingeführt werden, die den Konstitutionen und Dekreten dieses Heiligen Konzils wie auch den veränderten Zeitumständen entsprechen. Da eine solche Priesterausbildung wegen der Einheit des katholischen Priestertums für alle Priester des Welt- und Ordensklerus und aller Riten notwendig ist, sind diese Vorschriften, die unmittelbar den Diözesanklerus betreffen, mit entsprechender Anpassung auf alle anzuwenden" („Optatam Totius", Vorwort).

Im Bewußtsein der Vielfalt der Weltkirche spricht das Dekret über die Neuordnung der Priesterausbildung in den einzelnen Völkern mit solchen Worten:

"Bei der großen Verschiedenheit der Völker und Gebiete können nur allgemeine Gesetze aufgestellt werden. Darum soll für die einzelnen Völker und Riten eine eigene Ordnung der Priesterausbildung eingeführt werden. Sie ist von den Bischofskonferenzen aufzustellen, von Zeit zu Zeit zu revidieren und vom Apostolischen Stuhl zu approbieren. In ihr sollen die allgemeinen Gesetze den besonderen örtlichen und zeitlichen Verhältnissen so angepaßt werden, daß die Priesterausbildung immer den pastoralen Erfordernissen der Länder entspricht, in denen die Priester ihren Dienst auszuüben haben" (Optatam Totius, N.1)

2. Die Kongregation für das Katholische Bildungswesen - um dem Wunsch des Konzils zu entsprechen - veröffentlichte am 6. Jänner 1970 eine "Ratio Fundamentalis", in der sie die Grundprinzipien für die Priesterausbildung beschreibt und womit dieselbe Kongregation die Bischofskonferenzen der verschiedenen Nationen einlädt - nach dem Wunsche des II. Vatikanischen Konzils - die "Ratio Fundamentalis" für jede Nation zu bearbeiten.

3. Wie schon viele Bischofskonferenzen der Welt hat auch die Bischofs-konferenz von Kamerun die Regelung für die Priesterausbildung bearbeitet, wovon ich Sie heute gerne informieren möchte

Das Dokument wurde im Februar 1985 auch von der Kongregation für die Evangelisierung der Völker approbiert. Diese nationale Ausbildungsordnung für die Kirche in Kamerun wurde von allen

Bischöfen gutgeheißen und betrifft alle Seminarien des Landes, das heißt sowohl die Knabenseminare als auch die Priesterseminare.

Der Titel der Ratio Nationalis lautet: "Former des Prêtres pour l'Eglise du Cameroun": "Priesterausbildung für die Kirche in Kamerun".

Im Vorwort dieses Dokumentes wird so das Verhältnis zum II. Vatikanischen Konzil und zu den nachkonziliaren Dokumenten der zuständigen Kongregation für die Ausbildung der Priester beschrieben:

„Das Konzilsdekret über die Ausbildung der Priester ‚Optatam Totius', stellt in seinem Vorwort fest: *‚Die Erneuerung der gesamten Kirche hängt zum großen teil vom priesterlichen Dienst ab, der vom Geist Christi belebt ist'* (Optatam Totius, Vorwort)

Am 6. Jänner 1970 promulgierte die Kongregation für das Katholische Bildungswesen die ‚Ratio Fundamentalis', die unter Beachtung des Konzilsdekretes eine Zusammenfassung der Grundprinzipien für die Priesterausbildung festlegte.

Die Bischofskonferenz des Kamerun hat sich in ihrer 7. und 8. Sitzung unter anderm mit dem spirituellen und materiellen Leben des kamerunesischen Priesters befaßt. Außerdem haben die Christen von Kamerun bei verschiedenen Gelegenheiten ihre Meinung über jenen Typus von Priestern, den sie sich wünschen, zum Ausdruck gebracht.
Wenn man all dies berücksichtigt, zeichnet sich das Bild des Priesters ab, wie ihn die Kirche in Kamerun und das kamerunesische Volk braucht.

Es ist eine Kirche, die ihre eigene Geschichte hat und voll im Wachstum steht:
- Sie ist hier schon fest verwurzelt, obwohl manche Aspekte des Lebens noch tiefgreifender evangelisiert werden müssen;
- Sie ist mancherorts noch im Stadium der Erstevangelisierung.

Ein Kamerun, reich an ethischen und kulturellen Unterschieden, voller Lebenskraft und um eine ganzheitliche Entwicklung bemüht;
Ein Kamerun, das sich im Wandel befindet, wo unsere traditionellen Werte mit der hochtechnischen Zivilisation konfrontiert sind und wo der Sinn für das Religiöse bedroht ist, entweder durch Materialismus, durch Kritik und Gleichgültigkeit aus dem Westen, oder durch verschiedene falsche Formen der Religiosität (Sekten, Synkretismus, usw) oder durch eine Rückkehr zum Heidentum (Hexerei, Polygamie, usw.).

Unter diesen Umständen ist es nötig, Priester zu haben, die fähig sind, den heutigen Menschen von Kamerun zu sagen, wer Jesus Christus ist. Deshalb möchten wir einige allgemeine Richtlinien geben, die sich aus der Natur des Amtspriestertums selbst, sowie aus den Direktiven der Kirche und aus den Erwartungen unseres Volkes ableiten. Diese Richtlinien möchten jedoch flexibel und offen sein, um in unserem Lande die Kreativität und das Suchen anzuregen. Sie betreffen alle Diözesen Kameruns."

ERSTER TEIL

A. Priester – Männer ihres Volkes

Im ersten Teil des Dokumentes der Bischofskonferenz von Kamerun über die Eigenschaften der Priester liest man:
"Hier nennen wir einige Charakteristiken, welche Priester, die für die Kirche im Kamerun auszubilden sind, aufweisen sollten.

Sie sind Männer aus ihrem Milieu, dessen authentische Werte sie, im Lichte des Evangeliums betrachtet, akzeptieren.
Sie sind Männer, mit Gemeinschaftssinn; das setzt Gastfreundschaft, Solidarität, Großzügigkeit, eine einladende Haltung, Loyalität, Aufrichtigkeit, Offenheit gegenüber anderen und Dialogbereitschaft voraus.
Sie sind Männer mit Willenskraft und Mut, ausgeglichen und reif;
Sie sind Männer, die sich der herrschenden Denkströmungen wohl bewußt sind und die die Bedürfnisse der Welt richtig einzuschätzen wissen.

B. Priester - Jünger Jesu Christi

"*Nicht ihr habt mich erwählt, sondern ich habe euch erwählt und dazu bestimmt, daß ihr euch aufmacht und Frucht bringt und daß eure Frucht bleibt*" (Joh 15,16).

Sie sind Männer des Glaubens, Zeugen der Hoffnung und beseelt von der Liebe Christi.
Sie sind Männer, die die Seligpreisungen Christi befolgen und Armut, Gerechtigkeit, Barmherzigkeit, Demut und Reinheit leben.
Sie sind Männer, die in das Gebet Christi zu seinem Vater einstimmen, in dem er für seine Jünger betet.
Sie sind Männer, die das Opfer und das Kreuz auf sich nehmen.

Kurz, sie sind Männer, deren höchstes Ziel es ist, wie Paulus sagen zu können: "*Nicht mehr ich lebe, sondern Christus lebt in mir*" (Gal 2,20).

C. Priester - wahre Hirten für alle

Sie sind Hirten nach dem Beispiel Christi, der sein Leben hingibt für seine Schafe; der gekommen ist, nicht um sich bedienen zu lassen, sondern um zu dienen.

Sie sind Zeugen für den Glauben, den sie verkünden.

Sie sind gute Zuhörer, mitfühlend und barmherzig; sie nehmen in ihre Gebete die Freuden und Sorgen ihrer Leute mit hinein.

Sie sind Männer, die ihre Familie und ihre Umgebung mit der Liebe Christi lieben, aber gleichzeitig sind sie frei davon und völlig für ihre eigene Sendung verfügbar.

Sie sind Männer, die ihren Verpflichtungen treu sind.

Sie sind kompetente Männer, mit einem sicheren Urteilsvermögen, diskret und selbstlos.

Sie sind Hirten, die mit ihren Mitbrüdern vereint sind, solidarisch in der gleichen Sendung, die im selben apostolischen Werk zusammenarbeiten, treu der "sakramentalen Brüderlichkeit", die die Priester untereinander und mit ihrem Bischof vereint.

So führen also die Priester, als Verkünder der Botschaft Christi, als Zeugen für die Liebe Gottes zur Welt, ein Leben gemäß dem Wort Gottes, das sie zu predigen haben; als Spender des Mysteriums des Heils sollen sie, im Zentrum ihres eigenen Dienstes, um ihre eigene Heiligung bemüht sein.

ZWEITER TEIL

A. Die Berufung zum priesterlichen Dienst

Im zweiten Teil des Dokuments wird die Bedeutung der Berufung zum priesterlichen Dienst und die Pastoral der Förderung der Priesterberufe klar gestellt:

Die Berufung fügt sich in den weiteren Rahmen der christlichen Berufung ein, die im Sakrament der Taufe wurzelt, und die ein Ruf zur Heiligkeit, zum Zeugnis und zur Einheit mit Gott ist.

Innerhalb dieser allgemeinen Berufung jedes Christen gibt es besondere Formen des Rufes: darunter ist jener, sich ganz dem Herrn zu schenken, sei es im geweihten Leben, sei es im priesterlichen Dienst. Diese letztere Berufung ist ein Ruf zu einem Dienst an der Kirche in Zusammenarbeit mit dem Bischof in einem "Presbyterium". Das Amtspriestertum ist eine Weihe zum Dienst an Christus und am Volk Gottes, eine Weihe, die sich durch die "Ordination" vollzieht, die den Menschen in Christus, den Priester und Hirten, umwandelt.

Diese Berufung umfaßt mehrere Aspekte:
Sie hat einerseits *eine göttliche Dimension*, denn sie ist ein Geheimnis der Gnade, das das Innerste des Menschen betrifft; dieses Geheimnis verleiht ihm die nötigen Fähigkeiten.
Sie hat *eine menschliche Dimension*, denn ihre Weckung und Erhaltung setzt Vermittler (Gemeinschaften, Priester) voraus; sie zeigt sich in deutlichen Zeichen (Fähigkeiten, rechte Absicht, Großzügigkeit, Dienstbereitschaft, Verfügbarkeit...).
Sie hat *eine kirchliche Dimension*, denn sie entsteht inmitten von christlichen Gemeinschaften und ist bestimmt zum Dienst an der Kirche; sie ist der Ruf des Bischofs, der frei und gewissenhaft unter denen, die die erforderlichen Fähigkeiten und Voraussetzungen aufweisen, Mitarbeiter auswählt. Solange diese Berufung noch nicht durch den Ruf des Bischofs und die Weihe bestätigt wurde, kann sie nicht als etwas Erworbenes betrachtet werden, das gegen jeden Zweifel verteidigt werden müßte; sie ist niemals ein persönlicher Besitz; sie ist der gnädige Ruf Gottes, der Wachsamkeit im Glauben und Verfügbarkeit erfordert.

Sie entwickelt sich im Verlauf einer persönlichen Geschichte. Die anfänglichen Motivationen sind oft gleichzeitig vom Evangelium motiviert und menschlich: der Wunsch, Jesus Christus nachzufolgen, ein Ideal zu verwirklichen, ein Vorbild nachzuahmen, usw. Allmählich werden sie gereinigt und klären sich.
Diese Berufung zeigt sich auf verschiedene Weisen in den verschiedenen Lebensaltern des Menschen: in der Jugend, in Menschen reiferen Alters, und auch, wie die beständige Erfahrung der Kirche bezeugt, im Knabenalter, wo sie sich nicht selten, wie ein "Same", verbunden mit einer starken Frömmigkeit, einer brennenden Liebe zu Gott und zum Nächsten, und einer Herzensneigung zum Apostolat darstellt"

B. Die pastorale Sorge um die Berufungen

Die Pastoral der Berufungen zielt im wesentlichen auf die Weckung und Begleitung der Berufungen zum geweihten Leben, und besonders zum priesterlichen Dienst hin. Sie sucht, alle aktiven Kräfte des Volkes

Gottes zu mobilisieren. Daher "sollten die Bischöfe die größte Sorge tragen, die gemeinsamen Bemühungen von Priestern, Ordensleuten und Laien, besonders von Eltern und Lehrern und auch von katholischen Vereinigungen, zu nützen im Rahmen einer allgemeinen, organisch koordinierten pastoralen Sorge"

Die Priester spielen in ihrem Dienst als Erzieher zum Glauben eine entscheidende Rolle durch ihren pastoralen Einfluß auf die Familien und mehr noch durch ihr Zeugnis der Freude in der Treue zu ihrem Amt und zu ihrem priesterlichen Leben. Es liegt ihnen am Herzen, den Wunsch zum Priestersein zu wecken und jene jungen Menschen herauszufinden, die Anzeichen für die Berufung aufzuweisen scheinen.

Die Rolle der Familie ist dabei auch sehr bedeutend; sie soll das gute Erdreich darstellen, in dem sich das christliche Leben entfalten kann.

In diesem Klima lernen die Kinder, den Priester zu respektieren und zu achten. Die Familien sollen so großzügig sein, daß sie in völliger Selbstlosigkeit einen ihrer Söhne herschenken, wenn der Herr ihn ruft, unter Wahrung der völligen Entscheidungsfreiheit des Kandidaten und des Bischofs.

Auch die ganze christliche Gemeinschaft (im besonderen der Ordensleute, Lehrer und Katecheten) trägt diese Sorge um die Berufungen mit. Sie sollte beständig um diese Berufungen beten, sie ermutigen und mit allen Mitteln unterstützen. Es ist dafür Sorge zu tragen, daß in diesen Gemeinschaften eine richtige Vorstellung von der Berufung und vom priesterlichen Dienst verbreitet wird.

Jede Diözese sollte die geeigneten Mittel für diese Pastoral finden: Tage der geistlichen Berufung, Besinnungs- oder Einkehrtage, "Berufungs-Camps", usw. Diese sollten in einem Klima der harmonischen Zusammenarbeit mit den Ordensinstituten und in Zusammenhang mit den Institutionen der Priesterausbildung durchgeführt werden.

DRITTER TEIL

Der dritte Teil spricht von den Knabenseminaren und ähnlichen Institutionen:

Die Kleinen Seminare, die jeweils dem Diözesanbischof unterstehen, sind in ihrer Zielsetzung deutlich auf das Priesterseminar hin orientiert. Sie werden als eine Stufe in der priesterlichen Ausbildung gesehen, die in einer Erziehungsgemeinschaft verwirklicht werden soll, in der ein familiärer Geist herrscht. Besonders wird auch die Bedeutung der Familie und der Pfarre betont, aus denen die Kleinen Seminaristen kommen. Das Dokument nennt vier verschiedene Arten von Kleinen Seminaren:

- Das normale Kleine Seminar;
- das Seminar für Spätberufene:
- das "Seminary-College", das neben den Seminaristen auch andere externe Schüler zuläßt;
- das "Hostel-Seminary - Séminaire foyer", dessen Seminaristen in Schulen außerhalb des Seminars unterrichtet werden.

VIERTER TEIL

A. Der Zweck der Priesteseminare

Die unmittelbare Vorbereitung für den priesterlichen Dienst.

B. Die Dauer und der Verlauf der Ausbildung

Die Ausbildung im Priesterseminar dauert mindestens sieben Jahre, in manchen Seminaren sogar acht. In verschiedenen Abschnitten sollen zunächst zwei - möglichst drei - Jahre Philosophie studiert werden. Darauf folgt das Studium der Theologie in vier Jahren, das in zwei Zyklen zu je zwei Jahren aufgeteilt werden kann.
Der erste Ausbildungsabschnitt ist dem Studium der Philosophie gewidmet. In dieser Zeit sollen jedoch auch der Glaube vertieft, das Gebet gelehrt und die persönliche Reife gefördert werden.

Ein genaues Urteil über die Berufung soll ermöglicht werden. Die Studierenden sollen auch in das Mysterium Christi, in die Heilige Schrift und in die Liturgie eingeführt werden. Im ersten Jahr sollte auch eine "systematische spirituelle Initiation" stattfinden, die von einem dazu beauftragten Mitarbeiter geleitet werden soll.

Im zweiten Ausbildungsabschnitt der Theologie sollen die Kandidaten die geistlichen Dienstämter des Lektors und Akolythen erhalten.

Wo ein Pastoraljahr vorgesehen ist, soll dieses zwischen dem ersten und zweiten Zyklus der Theologie liegen, damit die pastorale Erfahrung in den zweiten Zyklus der Theologie eingebracht werden kann. Die Diakonatsweihe ist für das Ende des dritten Jahres der Theologie vorgesehen, die Priesterweihe zum Abschluß der Theologie.

Zielbereiche in der Priesterausbildung

Das Dokument nennt folgende Zielbereiche für das Priesterseminar:
- Gemeinschaftsleben
- menschliche Ausbildung
- intellektuelle Ausbildung
- spirituelle Ausbildung
- pastorale Ausbildung.

C. Die Beauftragten für die Ausbildung

Das Dokument weist dem Rektor des Priesterseminars eine umfassende Verantwortung für alle Bereiche der Ausbildung zu; er ist den zuständigen Bischöfen direkt verantwortlich. Größter Wert jedoch wird auf die Teamarbeit aller ständigen Mitarbeiter gelegt, die gemeinsam für die Ausbildung, für die Beurteilung der Berufung im "foro externo" und für die Weiheempfehlung der Kandidaten an den Bischof verantwortlich sind.

Besondere Aufgaben sind zugewiesen: Dem Rektor, dem Spiritual, dem Dekan, der die Studien organisiert, und dem Ökonom, der die materiellen Belange wahrnimmt und die Alumnen in wirtschaftlichen Belangen und Buchhaltung unterweist. Trotz verschiedener Aufgaben sind alle ständigen Mitarbeiter gemeinsam für die ganze Ausbildung verantwortlich.

Als äußerst wichtig wird die ständige Nähe des Mitarbeiterteams zu den Alumnen angesehen; es sollten den Mitarbeitern keine größeren pastoralen Aufgaben außerhalb des Seminars zugeteilt werden. Alle sollten so viel wie möglich am Seminarleben teilnehmen, vor allem am Gebet.

Die Hauptaufgabe des ständigen Mitarbeiterteams ist das Lehren und die geistliche Führung. Einige davon wie z.B. der Vizerektor, der Studiendekan, der Spiritual und der Ökonom sind engere Mitarbeiter des Rektors; andere übernehmen andere Aufgaben, z.B. Bibliothekar, in der Kommunität.

Das ständige Mitarbeiterteam kann auch Dozenten vorschlagen, die nicht im Seminar wohnen: diese werden vom Delegaten der Provinzialkonferenz mit Zustimmung der Bischöfe ernannt.

D. Gemeinschaftsleben

Was gegenüber heutigen Priesterseminarien in andren Ländern auffällt, ist die Intergration aller an der Ausbildung Beteiligten in das Gemeinschaftsleben des Seminars. Es wird nicht nur die Erziehung durch Gemeinschaft bejaht, sondern auch in diesem umfassenden Gemeinschaftsleben die Einübung auf das "Presbyterium" für die Alumnen angestrebt. Die Bischöfe sehen die Seminargemeinschaft als eine lebendige Zelle der Kirche, die in Glaube, Hoffnung und Liebe alle vereint.

E. Menschliche Ausbildung

In dieser Seminargemeinschaft verwirklicht sich für die Seminaristen eine wichtige Frage ihrer menschlichen Formung:

Die Seminaristen sollen zu freien und verantwortungsbewußten Männern geformt werden, die ihr Leben Christus für den Dienst am Menschen zu weihen befähigt sind. Sie sollen aber auch in christlicher Weise jene Werte sich aneignen, die das Volk von Kamerun hochhält: Interesse für andere, Solidarität, Gastfreundschaft usw.

Die Bischöfe nennen viele Ziele, die im konkreten Seminarleben gelernt und praktiziert werden sollen:
- Reinlichkeit und geordneter Lebensrhythmus,
- Entfaltung der natürlichen Begabungen,
- Selbstkontrolle und menschliche Reife,
- ausgewogenes Urteil,
- Ausdauer in Arbeit,
- Lebensbereitschaft,
- Mut in Schwierigkeiten und
- Treue zum gegebenen Wort.

Für solche Ziele sehen die Bischöfe im Seminarleben viele Anlässe von der treuen Erfüllung der Seminarordnung und der zugewiesenen Aufgaben bis zur Handarbeit und zum Sport.

F. Intellektuelle Ausbildung

Die verschiedenen Etappen der Studien haben große Bedeutung, werden jedoch nicht als das oberste Ziel des Seminars angesehen. Oberstes Ziel ist es, im Geist des Evangeliums Diener Christi auszubilden, die Hirten für die Kirche in Kamerun heute und morgen sein sollen. Dies erfordert auch eine Unterweisung über das reiche Erbe Afrikas, besonders jenes von Kamerun.

Im dreijährigen Studium der Philosophie soll der Anfänger ein persönliches Verhältnis zu Christus gewinnen, seinen Glauben vertiefen und ihn auch in den Glauben der Kirche einbringen. Er soll die priesterliche Berufung kennen und das priesterliche Leben in Freiheit wählen. Eine erste Begegnung mit der Heiligen Schrift und der Liturgie soll diesen Weg ergänzen.

Allein schon das zeitliche Ausmaß des Philosophiestudiums zeigt die große Bedeutung der Philosophie für die Ausbildung. Die Seminaristen sollen eine gesunde und kohärente Kenntnis vom Menschen, von der Welt und von Gott erhalten und damit auch ihre Persönlichkeit zum Dienst in der Gemeinschaft und Kirche formen. Dabei soll auch immer ein geistiger Bezug zur Kultur Afrikas hergestellt werden, sodaß neben den üblichen philosophischen Disziplinen auch Ethnologie, Anthropologie, Soziologie, Linguistik, Psychologie und Pädagogik, Religionsgeschichte und Religionsphänomenolo-gie gelehrt werden.

Das oberste Ziel des Studiums der Theologie ist die Kenntnis der Erlösung durch Christus und des göttlichen Heilplans. Im Licht des Glaubens und unter der Leitung des Lehramtes der Kirche soll der persönliche Glaube vertieft werden und die menschliche Wirklichkeit im Licht des Evangeliums erkannt werden. Es wäre nicht ausreichend, nur eine rein äußerliche Kenntnis der Glaubenslehre zu haben; der Studierende soll sie sich geistlich und geistig aneignen.

Im Zentrum der Theologie wird die Schrift gesehen; daher ist eine gesunde biblische Ausbildung notwendig. Der Dozent soll nicht nur Methoden der biblischen Exegese und exegetische Probleme vortragen, sondern auch die Grundzüge der einzelnen Bücher der Bibel vermitteln und vor allem eine persönliche und gesunde Kenntnis des Wortes Gottes ermöglichen. Auch die Kommentare der Väter sollen herangezogen werden.

Für die *Dogmatische Theologie* wird die Thomistische Schule zur vernünftigen Durchdringung der Glaubenslehre empfohlen.

Ethik und Gesellschaftslehre sollen im ersten Zyklus studiert werden, während die spezielle Familien- und Sozial-Moraltheologie zusammen mit der katholischen Soziallehre nach dem Praxisjahr gelehrt werden sollen.
Die *Kirchengeschichte* wird bewußt als theologische Wissenschaft konzipiert, sodaß der Studierende nicht nur ein Wissen historischer Fakten erwirbt, sondern auch die Bedeutung der Tradition der Kirche und ihre Entwicklung als fortgesetzte Treue zu Christus und zum Evangelium begreift. Fragen des Ökumenismus und der Geschichte der

Kirche Kameruns vervollständigen das Programm der Kirchengeschichte.

Die *Spirituelle Theologie* wird als die Krönung der theologischen Lehre betrachtet. Die Spiritualität des Priestertums, aber auch der Familie, soll gelehrt werden.

Weitere Fächer des Studiums sind *Liturgiewissenschaft, Kirchenrecht, Pastoraltheologie*, *Homiletik* und *Fundamentaltheologie*, die bereits im ersten Studienabschnitt doziert wird.

Große Bedeutung wird der selbständigen Arbeit und zusätzlichen Vertiefung durch Quellenlektüre, Seminare, Teamwork und Zeitschriftenlektüre zuerkannt. Eine umfassende Prüfungsordnung überwacht den Fortschritt der Studien. Normalerweise soll der akademische Grad eines "Baccalaureat" das Studium abschließen.

G. Die spirituelle Ausbildung

Die trinitarische Gemeinschaft von Vater, Sohn und Geist wird zum Leitbild der Spiritualität erklärt. Das Dokument nennt diese vier Ziele in der spirituellen Formung:
- Gebet,
- Hirtenliebe,
- Selbstverleugnung aus Liebe zu Christus und
- Zölibat.

a) Das Seminar soll Männer des Gebetes ausbilden. Allmählich soll der Seminarist in das priesterliche Beten und in die genaue Kenntnis der Liturgie eingeführt werden. Die tägliche Feier der Eucharistie soll die Mitte und der Höhepunkt der ganzen Liturgie sein. Die Seminaristen sollen in das Stundengebet eingeführt werden, die persönliche und die gemeinsame Anbetung pflegen, ihre marianische Frömmigkeit vertiefen und den Rosenkranz beten. Liturgische afrikanische Musik soll die Gebetsformen bereichern. Persönliches Gebet, eine halbstündige tägliche Betrachtung, Schriftlesung und andere geistliche Lektüre gehören zum täglichen spirituellen Weg des Seminaristen.

b) Das spirituelle Leben muß auch zur Hirtenliebe formen: Tieferes Verstehen der Kirche, loyaler Gehorsam und geeignete Diskussion über Vorgänge in der Kirche sollen dazu beitragen.

c) Die Zugehörigkeit zu Christus verlangt Entsagung, Opfer und Selbstverleugnung. Wer Christus nachfolgt, muß sich ständig bekehren und daher oft und würdig das Sakrament der Buße empfangen und im Geiste der Armut leben.

d) Der priesterliche Zölibat drückt die persönliche und ausschließliche Nachfolge Christi aus, für den Dienst an den Menschen und um des Himmelreiches willen. Der Zölibat soll nicht als ein auferlegtes Gesetz gesehen, sondern in der tiefsten Vereinigung mit Christus bejaht und gelebt werden. Ohne das Einssein wäre die Jungfräulichkeit nichts anderes als Bürde.

H. Die pastorale Ausbildung

Die pastorale Ausbildung soll den Priester befähigen, alle Menschen zu Christus zu führen, ohne sich an eine bestimmte Gruppe zu binden. Sie soll ihn für das "Milieu" seiner Tätigkeit vorbereiten, dessen Eigenarten und Sprache er möglichst kennen soll. Erfahrene Priester sollen die Alumnen einführen und deren pastorale Fähigkeiten beurteilen. Eine besondere Bedeutung haben das Pastoraljahr, die pastorale Mitarbeit in den Ferien und andere pastorale Aufträge gegen Ende der Ausbildung.

FÜNFTER TEIL

Besondere Wichtigkeit messen die Bischöfe auch der späteren Betreuung, der Priesterfortbildung, zu. Besonders im ersten Priesterjahr sollen die Neupriester sehr aufmerksam betreut werden. Vor allem sogenannte "Animatoren", die besonders ausgebildet sind, sollen diese Aufgaben übernehmen.

SECHSTER TEIL

In der „Ratio Nationalis“ betonen die Bischöfe ihre kollegiale Verantwortung durch die Bischofskonferenz für die Priesterausbildung in ganz Kamerun. Während die Kleinen Seminare der direkten Verantwortung des einzelnen Diözesanbischofs unterliegen, fallen die Priesterseminare, die Interdiözesane Seminare für die einzelnen Kirchenprovinzen sind, unter die Verantwortung der Bischöfe der Provinz, die kollegiale Entscheidung auf der Provinzialkonferenz treffen.

SCHLUSS

Ich versuchte einen Einblick zu geben
- in das Wesentliche der Priesterausbildung in Kamerun und
- in die kirchliche Realität von Afrika.

Vieles von dem, was die Kirche in Kamerun beraten und beschlossen hat, ist für jedes Priesterseminar der Universalkirche gültig und auch Ihnen vertraut; manches bezieht sich auf die örtlichen Besonderheiten; manches davon ist ein Versuch für die Zukunft der Priesterausbildung.

Viele der vorgestellten Themen werden in den kommenden Wochen von der Bischofssynode in Rom besprochen und beraten. Ganz entscheidend wird es sein, daß der Priester von heute und morgen seine priesterliche Identität findet und bewahrt.

"Der Priester handelt "in 'Persona Christi'", so sagt es auch das II. Vatikanische Konzil. Dies ist das große Geheimnis des geweihten Priesters. Ich bin der Meinung, daß die „Ratio Nationalis" der Kirche in Kamerun diesem Gedanken gefolgt ist und ihn zur Anwendung in der Priesterausbildung gebracht hat.

Ich hoffe, daß diese Darstellung des Dokuments über die Priesterausbildung in Kamerun nützlich ist, um die Lebendigkeit der Kirche in diesem Land aufzuzeigen, die sicher von der Gnade Gottes und von der Mitarbeit der Verantwortlichen der Kirche in Kamerun abhängt.

Ich danke für Ihre geschätzte Aufmerksamkeit und schließe meinen Vortrag mit den besten Segenswünschen für Ihre Hochschule und für alle, die hier lehren, mitarbeiten und lernen.

Möge die Philosophisch-Theologische Hochschule von Heiligenkreuz zu einer vertieften Kenntnis der Frohen Botschaft beitragen.

Möge diese Hochschule eine großzügige Liebe zur geheimnisvollen Realität unserer Mutter Kirche in den Herzen der jungen Generationen von Priestern wecken.

Mögen die Vorlesungen dieser Institution der Kirche zum vollständigen Verständnis der verschiedenen Aspekte, der vielfältigen Dimensionen der Kirche als Stiftung Gottes auf Erden und als Gemeinschaft von Jüngern Christi führen, die berufen sind
- Licht der Welt (Mt 5,14),
- Salz der Erde (Mt 5,13),

- Seele einer beständigen Erneuerung und Verbesserung der Mitglieder der
Menschheitsfamilie zu sein, die auf Erden zerstreut ihren Weg nimmt.

Weltkirche und Ortskirche: Einheit und Gemeinschaft

Vortrag bei der "Arbeitsgemeinschaft der Gemeinden der Katholiken aus Afrika und Asien" in Wien, 9. Februar 1992

Wir wollen uns heute mit dem folgenden Thema beschäftigen:

"Die Bedeutung Weltkirchlicher Präsenz in der Ortskirche".

Um dieses Thema zu behandeln, werden wir zuerst über die Weltkirche und dann über die Ortskirche sprechen.

Das Zweite Vatikanische Konzil hat das Thema "Kirche" in der dogmatischen Konstitution, die mit dem Wort "Lumen Gentium" (Licht der Völker) beginnt, dargelegt. Das Licht, das Christus ist, ist auch das Licht der Kirche. In Christus ist die Kirche das Licht der Völker.

Prof. Grillmeier S.J. schreibt in seinem Kommentar über dieses Dokument des II. Vatikanischen Konzils unter anderem:
"*Damit ist schon das ekklesiologisch-missionarische Reformprogramm des Konzils umrissen. Die Herrlichkeit Christi, das neue Schöpfungslicht (vgl. 2 Kor 4,6) soll auf dem Antlitz der Kirche widerstrahlen und allen Völkern aufleuchten durch die Verkündigung des Evangeliums. Im Laufe des Konzils wurde auf das Augustinuswort hingewiesen: 'Durch seine Kirche kommt er (Christus) zu den Völkern und durch die Kirche spricht er zu den Völkern'. Von hier aus ist das Reformprogramm des Konzils verständlich, 'daß das Zeichen Christi auf dem Antlitz der Kirche klarer erstrahle*' (Artikel 15, Schluß)." (Lexikon für Theologie und Kirche, Verlag Herder, S 156-157).

Nach dieser Einleitung, dazu einige Gedanken:

Die Kirche hat viele Aspekte; ich beabsichtige, nur einige davon zu betrachten:
I. Die Kirche ist eine geheimnisvolle Wirklichkeit Gottes auf Erden.
II. Die Kirche ist eine sichtbare Realität.
III. Die Kirche in der Welt.
IV. Die Ortskirchen und die Bischofskonferenzen.

I. DIE KIRCHE IST EINE GEHEIMNISVOLLE WIRKLICHKEIT GOTTES AUF ERDEN

1) Das Geheimnis der Kirche:

Vom II. Vatikanischen Konzil wird in den Haupttexten verschiedener Dokumente die Kirche ein Geheimnis genannt. Das I. Kapitel der dogmatischen Konstitution ist überschrieben mit: "Das Mysterium der Kirche" (LG, 1-8).

Die Kirche ist die Kundmachung und die Verwirklichung der Geheimnisse der Liebe Gottes zum Menschen. Die Pastoralkonstitution über die Kirche in der Welt von heute, die von Christus als Alpha und Omega spricht, beschreibt das Geheimnis der Kirche mit folgenden Worten:
"Während sie selbst der Welt hilft oder von dieser vieles empfängt, strebt die Kirche nach dem einen Ziel, nach der Ankunft des Reiches Gottes und der Verwirklichung des Heiles der ganzen Menschheit.
Alles aber, was das Volk Gottes in der Zeit seiner irdischen Pilgerschaft der Menschenfamilie an Gutem mitteilen kann, kommt letztlich daher, daß die Kirche das 'allumfassende Sakrament des Heiles' ist, welches das Geheimnis der Liebe Gottes zu den Menschen zugleich offenbart und verwirklicht" (Gaudium et Spes, 45).

2) Die Kirche ist die Verwirklichung des Heilsplanes des Dreieinigen Gottes

(LG, 2-5; GS,40).

a) Gott, der Vater hat die Kirche gewollt für die Einheit der Menschheitsfamilie, für das Heil seines Volkes:

"Der ewige Vater hat die ganze Welt nach dem völlig freien, verborgenen Ratschluß seiner Weisheit und Güte erschaffen. Er hat auch beschlossen, die Menschen zur Teilhabe an dem göttlichen Leben zu erheben. Und als sie in Adam gefallen waren, verließ er sie nicht, sondern gewährte ihnen jederzeit Hilfen zum Heil um Christi, des Erlösers willen, 'der das Bild des unsichtbaren Gottes ist, der Erstgeborene aller Schöpfung' (Kol 1, 15). Alle Erwählten aber hat der Vater vor aller Zeit 'vorhergekannt und vorherbestimmt, gleichförmig zu werden dem Bild seines Sohnes, auf daß dieser der Erstgeborene sei unter den vielen Brüdern' (Röm 8,29). Die aber an Christus glauben, beschloß er in der heiligen Kirche zusammenzurufen. Sie war schon seit dem Anfang der Welt vorausbedeutet; in der Geschichte des Volkes Israel und dem Alten Bund wurde sie auf wunderbare Weise vorbereitet, in den letzten Zeiten gestiftet, durch die Ausgießung des Heilige Geistes offenbart, und am Ende der Weltzeiten wird sie in Herrlichkeit vollendet werden. Dann werden, wie bei den heiligen Vätern zu lesen ist, alle Gerechten von Adam an, 'von dem gerechten Abel bis zum letzten Erwählten', in der allumfassenden Kirche beim Vater versammelt werden" (LG 2).

b) Gott, der Sohn ist Mensch geworden, um den Willen des Vaters zu erfüllen: Daher hat er das Reich der Himmel auf Erden begründet, das heißt die Kirche:
"Es kam also der Sohn, gesandt vom Vater, der uns in ihm vor Grundlegung der Welt erwählt hat und zur Sohnesannahme vorherbestimmt hat, weil es ihm gefallen hat, in Christus alles zu erneuern (vgl. Eph 1, 4-5.10). Um den Willen des Vaters zu erfüllen, hat Christus das Reich der Himmel auf Erden begründet, uns sein Geheimnis offenbart und durch seinen Gehorsam die Erlösung gewirkt. Die Kirche, das heißt das im Mysterium schon gegenwärtige Reich Christi, wächst durch die Kraft Gottes sichtbar in der Welt. Dieser Anfang und dieses Wachstum werden zeichenhaft angedeutet durch Blut und Wasser, die der geöffneten Seite des gekreuzigten Jesus entströmten (vgl. Joh 19,34), und vorherverkündet durch die Worte des Herrn über seinen Tod am Kreuz: ‚Wenn ich von der Erde erhöht bin, werde alle an mich ziehen' (Joh 12, 32). Sooft das Kreuzesopfer, in dem Christus, unser Osterlamm, dahingegeben wurde (1 Kor 5,7), auf dem Altar gefeiert wird, vollzieht sich das Werk unserer Erlösung. Zugleich wird durch das Sakrament des eucharistischen Brotes die Einheit der Gläubigen, die einen Leib in Christus bilden, dargestellt und verwirklicht (1 Kor 10, 17). Alle Menschen werden zu dieser Einheit mit Christus gerufen, der das Licht der Welt ist: Von ihm kommen wir, durch ihn leben wir, zu ihm streben wir hin" (LG. 3).

c) Gott der Heilige Geist vollendet im Verlauf der Heilsgeschichte den Plan Gottes des Vaters und des Sohnes für alle Generationen bis ans Ende der Welt.

Der Heilige Geist führt alle Menschen in die ganze Wahrheit und vollendet das Werk der Heiligung.
"Als das Werk vollendet war, das der Vater dem Sohn auf Erden zu tun aufgetragen hatte (Vgl Joh 17,4), wurde am Pfingsttag der Heilige Geist gesandt, auf daß er die Kirche immerfort heilige und die Gläubigen so durch Christus in einem Geiste Zugang hätten zum Vater (vgl. Eph 2,18). Er ist der Geist des Lebens, die Quelle des Wassers, das zu ewigem Leben aufsprudelt (vgl. Joh 4,14; 7, 28-39); durch ihn macht der Vater die in der Sünde gestorbenen Menschen lebendig, um endlich ihre sterblichen Leiber in Christus aufzuerwecken (vgl. Röm 8,10-11). Der Geist wohnt in der Kirche und in den Herzen der Gläubigen wie in einem Tempel (vgl. 1 Kor 3,16; 6,19), zu ihnen betet er und bezeugt ihre Annahme an Sohnes Statt (vgl. Gal 4,6; Röm 8,15-16.26). Er führt die Kirche in alle Wahrheit ein (vgl. Joh 16,13), eint sie in Gemeinschaft und Dienstleistungen, bereitet und lenkt sie durch die verschiedenen hierarchischen und charismatischen Gaben und

schmückt sie mit seinen Früchten (vgl. Eph 4,11-12; 1 Kor 12,4; Gal 5,22). Durch die Kraft des Evangeliums läßt er die Kirche allezeit sich verjüngen, erneut sie immerfort und geleitet sie zur vollkommenen Vereinigung mit ihrem Bräutigam. Denn der Geist und die Braut sagen zum Herrn Jesus: 'Komm' (vgl. Off 22,17).
So erscheint die ganze Kirche als 'das von der Einheit des Vaters und des Sohnes und des Heiligen Geistes her geeinte Volk'" (LG 4).

Die Kirche ist für die Menschen. Die Kirche hat den Auftrag, jedem Menschen zu helfen, auf daß dieser

- das Geheimnis Gottes entdecke (GS 4) und
- die Liebe Gottes zum Menschen erscheine (GS 45).

In ihrer geheimnisvollen Realität ist die Kirche "*die eine, heilige, katholische und apostolische Kirche*", die wir im "Credo" bekennen (LG 8). Alle Menschen, alle Völker sind gerufen, das Volk Gottes zu bilden, Mitglieder der Kirche zu werden und auch die Einheit der Menschheitsfamilie wieder herzustellen:
"*Zum neuen Gottesvolk werden alle Menschen gerufen. Darum muß dieses Volk eines und ein einziges bleiben und sich über die ganze Welt und durch alle Zeiten hin ausbreiten. So soll sich das Ziel des Willens Gottes erfüllen, der das Menschengeschlecht am Anfang als eines gegründet und beschlossen hat, seine Kinder aus der Zerstreuung wieder zur Einheit zu versammeln (vgl. Joh 11,52). Dazu sandte nämlich Gott seinen Sohn, den er zum Erben des Alls gemacht hat (vgl. Hebr 1,2), daß er Lehrer, König und Priester aller sei, das Haupt des neuen und allumfassenden Volkes der Söhne Gottes. Dazu sandte Gott schließlich den Geist seines Sohnes,den Herrn und Lebensspender, der für die ganze Kirche und die Gläubigen einzeln und insgesamt der Urgrund der Vereinigung und Einheit in der Lehre der Apostel und in der Gemeinschaft, im Brotbrechen und im Gebet ist (vgl.Apg 2.42)*" (LG 13).

II. DIE KIRCHE IST EINE SICHTBARE REALITÄT

Damit die Kirche ihre Aufgabe in der Welt zu jeder Zeit erfüllen kann, hat ihr Stifter, Unser Herr Jesus Christus, sie verfaßt und geordnet als Gesellschaft mit den geeigneten Mitteln sichtbarer und gesellschaftlicher Einheit (GS 40). Diese Verfassung der Kirche ist hierarchisch:

"*Um Gottes Volk zu weiden und immerfort zu mehren, hat Christus der Herr in seiner Kirche verschiedene Dienstämter eingesetzt, die auf das Wohl des ganzen Leibes ausgerichtet sind. Denn die Amtsträger, die*

mit heiliger Vollmacht ausgestattet sind, stehen im Dienste ihrer Brüder, damit alle, die zum Volke Gottes gehören und sich daher der wahren Würde eines Christen erfreuen, in freier und geordneter Weise sich auf das nämliche Ziel hin ausstrecken und so zum Heile gelangen.
Diese Heilige Synode setzt den Weg des Ersten Vatikanischen Konzils fort und lehrt und erklärt feierlich mit ihm, daß der ewige Hirt Jesus Christus die heilige Kirche gebaut hat, indem er die Apostel sandte wie er selbst gesandt war vom Vater (vgl. Joh 20, 21). Er wollte, daß deren Nachfolger, das heißt die Bischöfe, in seiner Kirche bis zur Vollendung der Weltzeit Hirten sein sollten. Damit aber der Episkopat selbst einer und ungeteilt sei, hat er den heiligen Petrus an die Spitze der übrigen Apostel gestellt und in ihm ein immerwährendes und sichtbares Prinzip und Fundament der Glaubenseinheit und der Gemeinschaft eingesetzt. Diese Lehre über Einrichtung, Dauer, Gewalt und Sinn des dem Bischof von Rom zukommenden heiligen Primates sowie über dessen unfehlbares Lehramt legt die Heilige Synode abermals allen Gläubigen fest zu glauben vor. Das damals Begonnene fortführend, hat sie sich entschlossen, nun die Lehre von den Bischöfen, den Nachfolgern der Apostel, die mit dem Nachfolger Petri, dem Stellvertreter Christi und sichtbaren Haupt der ganzen Kirche, zusammen das Haus des lebendigen Gottes leiten, vor allen zu bekennen und zu erklären" (LG 18).

Alle Mitglieder der Kirche - jeder gemäß seiner Aufgabe und seinem Amt - sind verpflichtet, die Einheit, die Gemeinschaft und die Zusammenarbeit zum allgemeinen Wohl dieser sichtbaren Realität der Kirche zu fördern.

In der Tat soll jedes Mitglied der Kirche ein guter Verwalter der vielfältigen Gnade Gottes sein (vgl. Christifideles Laici, 45, 5-6).

III. DIE KIRCHE IN DER WELT

Die Kirche hat den Auftrag, die Sendung Unseres Herrn Jesus Christus fortzusetzen, der seinen Jüngern sagte: "*Wie mich der Vater gesandt hat, so sende ich euch*" (Joh 20,21).

Vor seinem Leiden, seinem Tod und seiner Auferstehung hat Unser Herr für seine Jünger so gebetet: Vater, "*wie du mich in die Welt gesandt hast, so habe auch ich sie in die Welt gesandt*" (Joh 17,18).

Im Dekret über die Missionstätigkeit der Kirche haben die Bischöfe auf dem Konzil diese Aufgabe der Kirche so beschrieben:

"Zur Völkerwelt von Gott gesandt, soll die Kirche 'das allumfassende Sakrament des Heils' sein. So müht sie sich gemäß dem innersten Anspruch ihrer eigenen Katholizität und im Gehorsam gegen den Auftrag ihres Stifters, das Evangelium allen Menschen zu verkünden. Denn auch die Apostel, auf die die Kirche gegründet worden ist, haben, den Spuren Christi folgend, 'das Wort der Wahrheit verkündet und Kirchen gezeugt'. Pflicht ihrer Nachfolger ist es, diesem Werk Dauer zu verleihen, 'damit das Wort Gottes seinen Lauf nehme und verherrlicht werde' (2 Thess 3,1) *und die Herrschaft Gottes überall auf Erden angekündigt und aufgerichtet werde.*

In der gegenwärtigen Weltlage, aus der für die Menschheit eine neue Situation entsteht, ist die Kirche, die da ist Salz der Erde und Licht der Welt, mit verstärkter Dringlichkeit gerufen, dem Heil und der Erneuerung aller Kreatur zu dienen, damit alles in Christus zusammengefaßt werde und in ihm die Menschen eine einzige Familie und ein einziges Gottesvolk bilden" (Ad gentes, 1).

Die Kirche entfaltet ihre Tätigkeit für das Heil der Welt (LG, 17), für die Verkündigung der frohen Botschaft an alle Geschöpfe (Mk 16,15), um das Geheimnis Gottes, des letzten Zieles der Menschen, offenkundig zu machen:

"Der heutige Mensch ist unterwegs zur volleren Entwicklung seiner Persönlichkeit und zu einer immer tieferen Einsicht und Durchsetzung seiner Rechte. Da es aber der Kirche anvertraut ist, das Geheimnis Gottes, des letzten Zieles der Menschen, offenkundig zu machen, erschließt sie dem Menschen gleichzeitig das Verständnis seiner eigenen Existenz, das heißt die letzte Wahrheit über den Menschen. Die Kirche weiß sehr wohl, daß Gott, dem sie dient, allein die Antwort ist auf das tiefste Sehnen des menschlichen Herzens, das an den Gaben der Erde nie voll sich sättigen kann. Sie weiß auch darum, daß der Mensch unter dem ständigen Antrieb des Geistes niemals dem Problem der Religion gegenüber ganz gleichgültig sein kann, wie es nicht nur die Erfahrung so vieler vergangener Jahrhunderte, sondern auch das vielfältige Zeugnis unserer Zeit beweist. Denn immer wird der Mensch wenigstens ahnungsweise Verlangen in sich tragen, zu wissen, was die Bedeutung seines Lebens, seines Schaffens und seines Todes ist. Schon das reine Dasein der Kirche als solches erinnert ihn an diese Probleme. Gott allein, der den Menschen nach seinem Bild geschaffen und von der Sünde erlöst hat, gibt auf diese Fragen die erschöpfende Antwort in seiner Offenbarung in seinem Sohn, der Mensch geworden ist. Wer Christus, dem vollkommenen Menschen, folgt, wird auch selbst mehr Mensch" (GS, 41).

Die Kirche fühlt sich solidarisch mit der menschlichen Gesellschaft, mit allen Völkern und Nationen, ohne Unterschied von Kontinent, Sprache, Hautfarbe usw; sie fühlt sich eng verbunden mit der ganzen Menschheitsfamilie, und beabsichtigt, durch ihre Tätigkeit den Menschen auf seiner ganzen Pilgerschaft zu begleiten.

"*Freude und Hoffnung, Trauer und Angst der Menschen von heute, besonders der Armen und Bedrängten aller Art, sind auch Freude und Hoffnung, Trauer und Angst der Jünger Christi. Und es gibt nichts wahrhaft Menschliches, das nicht in ihren Herzen seinen Widerhall fände. Ist doch ihre eigene Gemeinschaft aus Menschen gebildet, die, in Christus geeint, vom Heiligen Geist auf ihrer Pilgerschaft zum Reich des Vaters geleitet werden und eine Heilsbotschaft empfangen haben, die allen auszurichten ist. Darum erfährt diese Gemeinschaft sich mit der Menschheit und ihrer Geschichte wirklich engstens verbunden*" (GS, 1).

Die Kirche in der Welt glaubt so, "*durch ihre einzelnen Glieder und als ganze viel zu einer humaneren Gestaltung der Menscheitsfamilie und ihrer Geschichte beitragen zu können*" (GS, 40).

"*So geht denn diese Kirche, zugleich 'sichtbare Versammlung und geistliche Gemeinschaft', den Weg mit der ganzen Menschheit gemeinsam und erfährt das gleiche irdische Geschick mit der Welt und ist gewissermaßen der Sauerteig und die Seele der in Christus zu erneuernden und in die Familie Gottes umzugestaltenden menschlichen Gesellschaft*" (ebd.).

Was die Kirche und die Politik in der Gesellschaft betrifft, möchte ich das nachsynodale Apostolische Schreiben von Papst Johannes Paul II. "Christifideles Laici" über die Berufung und Sendung der Laien in die Kirche und Welt zitieren, wo man eine Zusammenfassung der Lehre der Kirche über dieses Thema lesen kann, in der der Papst auch alle Christen als Adressaten und Mitverantwortliche der Politik betrachtet: "*Die Liebe, die dem Menschen dient und ihn liebt, kann nicht von der GERECHTIGKEIT getrennt werden: Die eine und die andere verlangen jede auf ihre Weise die volle Anerkennung der Rechte der Person, auf die die Gesellschaft mit all ihren Strukturen und Institutionen hingeordnet ist.*

Um die zeitliche Ordnung als Dienst am Menschen christlich zu inspirieren, können die Laien nicht darauf verzichten, sich in die 'Politik' einzuschalten, das heißt in jene vielfältigen und verschiedenen Initiativen auf wirtschaftlicher, sozialer, gesetzgebender, verwaltungsmäßiger und kultureller Ebene, die der organischen und systematischen Förderung des ALLGEMEINWOHLS dienen. Wie die Synodenväter wiederholt feststellen, haben alle und jeder einzelne die Pflicht und das Recht, sich an der Politik zu beteiligen, wenn auch in verschiedener und komplementärer Weise und Ebene und aufgrund verschiedener und komplementärer Aufgaben und Verantwortungen. Die Anklagen des Arrivismus, der Idolatrie der Macht, des Egoismus und Korruption, die nicht selten gegen Regierungsvertreter, Abgeordnete und Parlamente, dominierende Klassen und politische Parteien erhoben werden, sowie die verbreitete Meinung, die Politik sei ein Bereich unbedingter moralischer Gefährdung, rechtfertigen in keiner Weise den Skeptizismus oder die Abwendung der Christen von den öffentlichen Angelegenheiten. Vielmehr gewinnt gerade auf diesem Hintergrund das Wort des II. Vatikanischen Konzils seine volle Bedeutung: 'Die Kirche ihrerseits zollt der Arbeit jener, die sich zum Dienst an den Menschen für das Wohl des Staates einsetzen und die Lasten eines solchen Amtes tragen, Anerkennung und Achtung' (GS, 75).

Eine Politik, die auf die Person und auf die Gesellschaft ausgerichtet ist, findet ihre Rechtfertigung in der Bemühung um das Allgemeinwohl als dem Wohl aller Menschen und des ganzen Menschen, ein Wohl, das der freien und verantwortlichen Annahme der einzelnen und der Gruppen angeboten wird. 'Die politische Gemeinschaft - so lesen wir in der Konstitution Gaudium et Spes - besteht also um dieses Gemeinwohls willen; in ihm hat sie ihre letztgültige Rechtfertigung und ihren Sinn, aus ihm leitet sie ihr ursprüngliches Eigenrecht ab. Das Gemeinwohl aber begreift in sich die Summe aller jener Bedingungen gesellschaftlichen Lebens, die den Einzelnen, den Familien und gesellschaftlichen Gruppen ihre eigene Vervollkommung voller und ungehinderter zu erreichen gestatten' (ebd, 74).

Eine Politik, die auf den Menschen und auf die Gesellschaft ausgerichtet ist, findet darüber hinaus ihre Richtlinie in der Verteidigung und Förderung der Gerechtigkeit.

Bei der Ausübung der öffentlichen Macht ist die GESINNUNG DES DIENSTES entscheidend. Nur sie kann neben der notwendigen Kompetenz und Fähigkeit das Wirken der Politiker 'durchsichtig' und 'rein' erhalten, so wie das Volk es berechtigterweise fordert. Voraussetzung dafür ist die Bekämpfung und die entschiedene Überwindung von Versuchungen, wie die der Unlauterkeit und Lüge, des Vergeudens der öffentlichen Mittel zugunsten von Wenigen und mit gewinnsüchtigen Interessen, des Gebrauchs von zweideutigen und unerlaubten Mitteln, um die Macht auf jeden Fall zu erobern, festzuhalten und zu vermehren.

Wie die Konstitution Gaudium es Spes hervorhebt, sollen die in der Politik engagierten Laien die Autonomie der irdischen Wirklichkeiten respektieren: 'Sehr wichtig ist besonders in einer pluralistischen Gesellschaft, daß man das Verhältnis zwischen der politischen Gemeinschaft und der Kirche richtig sieht, sodaß zwischen dem, was die Christen als Einzelne oder im Verbund im eigenen Namen als Staatsbürger, die von ihrem christlichen Gewissen geleitet werden, und dem, was sie im Namen der Kirche zusammen mit ihren Hirten tun, klar unterschieden wird.

Die Kirche, die in keiner Weise hinsichtlich ihrer Aufgabe und Zuständigkeit mit der politischen Gemeinschaft verwechselt werden darf, noch auch an irgendein politisches System gebunden ist, ist zugleich Zeichen und Schutz der Transzendenz der menschlichen Person.

Zugleich müssen die Laien - so wird es heute als dringende Notwendigkeit und Verantwortung empfunden - Zeugnis geben für jene menschlichen Werte des Evangeliums, die zutiefst mit der politischen Tätigkeit verbunden sind: Freiheit und Gerechtigkeit, Solidarität, treue und selbstlose Hingabe an das Wohl aller, einfacher Lebensstil, Vorliebe für die Armen und für die Letzten. Voraussetzung dafür ist, daß solche Werte von lebendiger Teilhabe am Leben der Kirche getragen und durch ihre Soziallehre aufgeklärt sind.

Stil und Mittel zur Verwirklichung einer Politik, die die wahre Entfaltung des Menschen zum Ziel haben will, sind gegeben in der Solidarität. Sie erweckt die aktive und verantwortliche Teilnahme aller am politischen Leben, angefangen bei den einzelnen Bürgern bis hin zu den verschiedenen Gruppen, von den Gewerkschaften bis hin zu den Parteien: Gemeinsam und einzeln sind wir alle Adressaten und Beteiligte an der Politik. Wie auch in der Enzyklika SOLLICITUDO REI SOCIALIS festgehalten, ist die Solidarität in diesem Sinn nicht ein Gefühl vagen Mitleids oder oberflächlicher Rührung wegen der Leiden vieler Menschen nah oder fern. Im Gegenteil, sie ist die feste und beständige Entschlossenheit, sich für das 'Gemeinwohl' einzusetzen, das heißt für das Wohl aller und eines jeden, weil wir alle für alle verantwortlich sind.

Die politische Solidarität will heute in einer Spannweite, die über die einzelne Nation oder einzelne Blöcke von Nationen hinausgeht und sich als kontinental oder universal darstellt, verwirklicht werden.

Die von allen erwünschte, aber leider noch nicht ausgereifte Frucht der solidarischen politischen Tätigkeit ist der FRIEDE. Angesichts aller Phänomene, die den Frieden verneinen oder bedrohen, können die Laien nicht indifferent, distanziert oder unberührt bleiben: Gewalt und Krieg, Folter und Terrorismus, Konzentrationslager, Militarisierung der Politik, Rüstung, Bedrohung durch die Nuklearwaffen. Als Jünger Jesu, der der 'Friedensfürst' (Jes 9,5) *und 'unser Friede'* (Eph 2,14) *ist, müssen die Laien durch die Bekehrung des 'Herzens', wie durch ein Engagement zugunsten der Wahrheit, der Freiheit, der Gerechtigkeit und der Liebe, die unverzichtbare Fundamente des Friedens sind, 'Frieden stiften'* (Mt 5,8).

Die Laien müssen mit allen, die in Wahrheit den Frieden suchen, zusammenarbeiten und die spezifischen nationalen und internationalen Organismen benutzen, um von der Basis her einen Prozeß der Bewußtseinsbildung auszulösen, der die beherrschende Kultur des Egoismus, des Hasses, der Rache und der Feinschaft überwindet und auf allen Ebenen eine Kultur der Solidarität fördert. Sie ist 'der Weg zum Frieden und zugleich zur Entwicklung'. Die Synodenväter haben die Christen aufgefordert, unannehmbare Formen der Gewalt abzulehnen, den Dialog und die Friedensbereitschaft zu pflegen und sich einzusetzen für die Errichtung einer gerechten sozialen und internationalen Ordnung" (CL Nr.42).

Kraft ihrer Sendung in der Welt und für die Welt nimmt die Kirche am internationalem Leben teil; sie nimmt im Rahmen ihrer spezifischen Natur an der Prüfung und an der Lösung der Probleme von Fortschritt und Entwicklung der Welt teil (Vgl. GS, 63,64,83).

IV. DIE ORTSKIRCHEN UND DIE BISCHOFSKONFERENZEN

Nachdem wir die Kirche als die Weltkirche betrachtet haben, möchte ich ein Wort über die Ortskirchen und die Bischofskonferenzen hinzufügen.

Das kanonische Recht von 1983, das eine Zusammenfassung der Dokumente des II. Vatikanischen Konzils darstellt, beschreibt die Bischofskonferenz mit folgenden Worten:
"*Die Bischofskonferenz, als ständige Einrichtung, ist der Zusammenschluß der Bischöfe einer Nation oder eines bestimmten Gebietes, die gewisse pastorale Aufgaben für die Gläubigen ihres Gebietes nach Maßgabe des Rechts gemeinsam ausüben, um das höhere Gut, das die Kirche den Menschen gewährt, zu fördern, besonders durch Formen und Methoden des Apostolates, die den*

zeitlichen und örtlichen Umständen in geeigneter Weise angepaßt sind" (CIC, Can 447).

Die verschiedenen Bischofskonferenzen, die in allen Kontinenten und in allen Nationen errichtet worden sind, sind Ausdruck der einen, heiligen, katholischen und apostolischen Kirche, die auf Petrus und seinen Nachfolgern gegründet ist:
"*Du bist Petrus, und auf diesen Felsen werde ich meine Kirche bauen, und die Mächte der Unterwelt werden sie nicht überwältigen. Ich werde dir die Schlüssel des Himmelreichs geben; was du auf Erden binden wirst, das wird auch im Himmel gebunden sein, und was du auf Erden lösen wirst, das wird auch im Himmel gelöst sein*" (Mt 16, 18-19).

Die auf dem Wort Gottes gegründete Kirche ist auf Fels gebaut.

Während fast 2000 Jahren der Existenz der Kirche stürzte der Platzregen auf sie herab, die Wasserfluten kamen, die Winde bliesen und fielen über jenes Haus her. Aber es stürzte nicht ein, denn es war auf Felsen gegründet.

Ob die Zeitgenossen und sogar die Jünger Unseres Herrn Jesus Christus selbst diese Worte unseres Erlösers völlig ermessen haben, ist fraglich.

Ob viele Menschen unserer Zeit und sogar Jünger Jesu Christi diese Worte verstehen, ist auch fraglich.

Wer aber die Kirchengeschichte der vergangenen Jahrhunderte betrachtet, kann die Wahrheit der Worte Unseres Erlösers verstehen.

Viele Mächtige haben versucht, den christlichen Glauben aus den Herzen ihrer Untertanen auszurotten! Aber die Diktatoren sind verschwunden, der Glaube der Gläubigen jedoch hat noch tiefere Wurzeln geschlagen und noch mehr Früchte gebracht!

Sollten die Ereignisse der Geschichte in der Welt, besonders aber die im Jahre 1989, nicht auch dazu beitragen, das zu glauben, was der wahre Befreier der Menschen gesagt hat? Nämlich: "*Himmel und Erde werden vergehen, aber meine Worte werden nicht vergehen*" (Mt 24,35).

"*Seid gewiß: Ich bin bei euch alle Tage bis zum Ende der Welt*" (Mt 28,20).

"*In der Welt seid ihr in Bedrängnis; aber habt Mut: Ich habe die Welt besiegt*" (Joh 16,33).

Über den Beitrag der Kirche in den Ländern Osteuropas zum Beginn einer neuen Epoche heißt es in der Enzyklika „Centesimus Annus" unter anderem:
"*Einen wichtigen, ja entscheidenden Beitrag hat dabei der Einsatz der Kirche für die Verteidigung und die Förderung der Menschenrechte geleistet. In stark ideologisierten Milieus, wo eine völlig einseitige Beeinflussung das Bewußtsein von der gemeinsamen menschlichen Würde trübte, hat die Kirche klar und nachdrücklich geltend gemacht, daß jeder Mensch, welche persönlichen Überzeugungen er auch immer haben mag, das Ebenbild Gottes in sich trage und daher Achtung verdiene. In dieser Aussage hat sich die große Mehrheit des Volkes oft wiedererkannt, und das hat zur Suche nach Kampfformen und politischen Lösungen geführt, die der Würde des Menschen mehr entsprechen*" (C.A., N. 22).

Diese Feststellungen sind auch ein klarer Beweis für die Notwendigkeit, die Nützlichkeit, die Wirksamkeit der innigen Beziehungen zwischen der Weltkirche und den Teilkirchen.

Der Stifter der Kirche hat Petrus als Fels bestimmt, auf den die Gesamtkirche gegründet ist; die Apostel und ihre Nachfolger. Die Bischöfe sind das Fundament der einzelnen Teilkirchen.

Alle anderen Mitglieder der Kirche - Priester, Ordensleute, Laien - sind lebendige Steine dieses wunderbaren und sicheren Bauwerkes Gottes.
Ein lebendiges Mitglied der Kirche braucht Einheit, Gemeinschaft und Zusammenarbeit.
Dieses Anliegen hat Christus in seinem hohenpriesterlichen Gebet beim letzten Abendmahl mit seinen Jüngern ausgesprochen:

"*Daß alle eins seien, damit die Welt glaubt*" (Joh 17,21).
Diese Sehnsucht sollten alle Christen in der Welt haben.

Wie Sie wissen, war ich elf Jahre als Apostolischer Nuntius in Burundi, Kamerun, Gabun und Äquatorial-Guinea tätig. Ich kenne die Sehnsucht der jungen Menschen in den Entwicklungsländern, Kontakte zu knüpfen, eine moderne Ausbildung zu erhalten und die sozioökonomische Situation in ihren Ländern zu verbessern.

Erlauben Sie mir, liebe Studenten aus Afrika und Asien, aus diesem Anlaß einige Worte an Sie zu richten:

Seid Euch der großartigen Möglichkeit bewußt, hier in Österreich eine Ausbildung zu erhalten: andere junge Menschen aus Euren Ländern haben diese Chance nicht.

Ihr glaubt an Gott; denkt daran, daß jeder von Euch seinen Platz in den Plänen Gottes hat: Gott liebt jeden von Euch, Er will Euch die Verwirklichung eines Plans auch zugunsten Eurer Nationen anvertrauen.

Gott rechnet mit Euch, um mit Euch eine bessere Welt aufzubauen, um eine Zivilisation der Liebe durch Euch zu errichten.
Als wirksame Mitarbeiter Gottes sollt ihr aufrichtig auf Gottes Gebote achten, die Eurem Gewissen eingeschrieben sind; seid redlich, durchsichtig, mutig, lauter, respektvoll gegenüber Euren Verwandten, Professoren, Lehrern, gegenüber anderen jungen Studenten: Mädchen und Burschen.

Seid auf der Hut vor jenen, die Euch eine Zukunft ohne Mühe versprechen, Vergnügen ohne Verantwortlichkeit, Erfolg ohne Engagement, Gewinn ohne gerechte Verteilung.
Es wäre ein Jammer, wenn sich einige von Euch vom Egoismus versklaven ließen, von Passivität und vielleicht auch von Gewalt, von Unbeherrschtheit, von Drogen.
Alle diese Dinge sind eines Menschen unwürdig.

Die Kirche und alle gutgesinnten Menschen sind fest davon überzeugt: die jungen Leute sind an sich ideal gesinnt und großzügig. Ihr, liebe Studenten, wollt, daß Euer Leben dienstbar sei für jemanden, für etwas. Die Kirche schätzt Euch, denn Ihr seid fähig, ehrlich zu lieben, so wie Gott Euch liebt.
Denkt an Eure Kameraden, die vielleicht Euch gegenüber benachteiligt sind, die Eure Vorteile nicht genießen!
Lernt, solidarisch zu sein.
Entfaltet Eure Intelligenz, und seid gleichzeitig herzlich und freigebig.
Bereitet Euch sorgfältig darauf vor, Eure Aufgaben in Euren Familien und in Eurer Gesellschaft verantwortlich zu erfüllen.
Die Gesellschaft braucht in der Tat die jungen, ausgebildeten Generationen, um mehr Verteilung des Wohlstands, mehr Gerechtigkeit, mehr Bruderliebe zu erreichen.
Die Welt hat Sehnsucht nach der Wahrheit ohne Heuchelei.

Liebe junge Menschen aus Afrika und Asien, auch Ihr wünscht eine solche Gesellschaft, eine solche Welt.

Um wirksam eine bessere Welt aufzubauen, sollt Ihr Euch persönlich engagieren, den moralischen Preis dafür bezahlen: den Preis der großzügigen, strengen und konsequenten Bemühungen, um die Wahrheit zu entdecken, um eine Zivilisation der Liebe zu stiften.

Die Erneuerung, die Verbesserung der Welt verlangt zuerst eine Erneuerung, eine Verbesserung eines jeden von uns.
Die Erneuerung der Gesellschaft verlangt einen Kampf: nicht einen Kampf gegen jemanden, gegen andere Menschen, sondern den Widerstand gegen das Böse, das in uns selbst und in der Welt verborgen ist.
Dieser Widerstand verlangt Opfergeist.

Habt Vertrauen, liebe junge Menschen aus Afrika und Asien: Ihr könnt die Welt verbessern, erneuern, umgestalten! Ihr könnt dies alles durch Euer gutes Verhältnis zu Gott. Wenn Ihr tiefer nachdenkt, wird sich während Eurer Studien die Überzeugung in Euch festigen, daß es zwischen Glauben und Wissenschaft keinen Gegensatz gibt, sondern Übereistimmung und Einklang.

Durch die irdischen Dinge kann man zum unsichtbaren Gott, dem Schöpfer der Welt, zu unserem Vater im Himmel gelangen. In Ihm entdeckt der Mensch seine Würde und den Sinn seines Lebens.

Von Ihm, von Gott, werdet Ihr, liebe junge Leute, Licht empfangen, um zu begreifen, daß alle Menschen Brüder und Schwestern sind; von Ihm werdet Ihr Kraft bekommen, um die eigene persönliche Entfaltung, die Entfaltung jedes Menschen, jeder Gemeinde und jeder Nation zu verwirklichen.
Mit Gott werdet Ihr die Menschheitsfamilie als die Familie Gottes erkennen.

Ich wünsche allen Verantwortlichen und Mitgliedern dieses Instituts, daß es bleibende Früchte für die ganze Familie Gottes auf Erden bringen möge: die Früchte des Friedens, dessen Grund in der Wahrheit, Liebe, Gerechtigkeit und in der verantwortlichen Freiheit liegt.

Im Dienst der "Communio"

Festvortrag bei der Österreichischen Gesellschaft für Kirchenrecht, 20. Jänner 1994

Der Vorstand der Österreichischen Gesellschaft für Kirchenrecht hat mich gebeten, über das Thema "Der kirchenrechtliche Ertrag einer Nuntiatur in einem afrikanischen Land" zu sprechen.

Dieser Vortrag ist in drei Teile gegliedert:

I. Kirchenrechtliche und historische Überlegungen über die Aufgabe eines Nuntius
II. Ertrag einer Nuntiatur im allgemeinen
III. Ertrag einer Nuntiatur in einem afrikanischen Land wie Kamerun

I. Kirchenrechtliche und historische Überlegungen über die Aufgabe eines Nuntius

Um dieses Thema in seiner Besonderheit zu behandeln, glaube ich, ist es notwendig,
- zuerst die Rechtsgestalt eines Nuntius darzulegen, die ein theologisches Fundament hat und
- sodann historische und kirchenrechtliche Elemente zu erwähnen, die ein Beweis dafür sind, daß jede menschliche Institution einer bestimmten Entwicklung unterstellt ist, um sich besser an die sich verändernden Umstände anzupassen, ohne ihren wesentlichen Zweck zu verlieren.

Ich möchte daher nachfolgende Überlegungen voranstellen:

Zielrichtung der Aufgaben eines Nuntius im CIC

Kapitel V im Teil II Sektion I im II. Buch des CIC über das Volk Gottes wird betitelt mit "Gesandte des Papstes".

Hier, in diesem Kapitel, werden die Hauptaufgaben eines Nuntius aufgezeigt, und zwar
- Vertretung des Papstes bei den Teilkirchen,
- Vertretung bei den Staaten und bei den Internationalen Organisationen.

Historischer Rückblick

Schon in den ersten Jahrhunderten der Kirchengeschichte begegnen uns päpstliche Gesandte, als "Legati a latere" auf verschiedenen Konzilien, wie beispielsweise auf dem von Nizäa 325. Während es bei diesen um geistliche Aufgaben ging, stellen sich die Apokrisiare am Hof von Konstantinopel vom 5. bis zum 8. Jahrhundert als diplomatische Vertreter des Papstes dar.

Mitte des 15. Jahrhunderts beginnt die Geschichte der ständigen päpstlichen Gesandten, im Laufe des 16. Jahrhunderts werden die ersten ständigen Nuntiaturen errichtet. In dieser Zeit nimmt die Ausbildung des Gesandtschaftswesens im heutigen Sinn, des Austausches ständiger diplomatischer Vertreter zwischen den Nationen, ihren Anfang.

Als erste ständige Nuntiatur gilt die von Venedig im Jahre 1500: in der Folge wurden die ständigen Nuntiaturen in Österreich, Deutschland, Belgien (seinerzeit: österreichische Niederlande), Schweiz, Spanien usw. errichtet. Auf einer in der Wiener Nuntiatur hängenden Tafel läßt sich ersehen, daß der erste Nuntius im Jahre 1529 hier residiert hat. Heute ist es der 88. Nuntius in Wien, der zu Ihnen spricht.

Wie Sie wissen, hat es in der österreichischen Geschichte außer der Wiener auch eine Grazer Nuntiatur gegeben. Nach anfänglicher Mitbeauftragung von nach Süddeutschland entsandten Nuntien für den innerösterreichischen Hof in Graz bestand ab 1580 auch eine eigene Nuntiatur in Graz, die aber nach der Wahl des innerösterreichischen Landesfürsten (Ferdinand II.) zum Kaiser (1619) nur mehr kurze Zeit bestehen blieb. Ab 1622 wurde sie nicht mehr besetzt.

Der päpstliche Gesandte

Nach dem Codex Iuris Canonici von 1983, den Papst Johannes Paul II. als das letzte Dokument des II. Vatikanischen Konzils bezeichnet, besitzt der Papst das angeborene und unabhängige Recht, seine Gesandten zu ernennen, sie zu den Teilkirchen in verschiedene Nationen oder Regionen zu entsenden, um pastorale Aufgaben zu erfüllen. Zugleich erhalten die Gesandten des Papstes den Auftrag, die guten Beziehungen zwischen Kirche und Staat zu fördern. Selbstverständlich wird er bei Entsendung seiner Gesandten zu den Staaten die hierfür maßgeblichen völkerrechtlichen Normen wahren.

Die Wiener Diplomatischen Konventionen von 1815 und 1961 haben dieses Recht auch durch ein besonderes Rangreglement für die Vertreter des Heiligen Stuhles anerkannt.

Nuntien

Die Wiener Diplomatenkonvention vom 18. April 1961, BGBl. Nr.66/1966 kennt drei Rangklassen der Missionschefs:
a) die Klasse der Botschafter oder Nuntien,
b) die der Gesandten und Internuntien und
c) die der Geschäftsträger (Art.13 Abs.1).

Bezüglich des Grundsatzes, daß sich die Rangfolge der Missionschefs nach dem Zeitpunkt der Überreichung des Beglaubigungsschreibens (Art. 13 in Verbindung mit Art.16 Abs.2) richtet, hält sie an einer Ausnahme fest: nach Art. 66 Abs.3 bleibt die Übung unberührt, die ein Empfangsstaat hinsichtlich des Vorranges des Vertreters des Heiligen Stuhles angenommen hat oder künftig annimmt.

Hier ist auf die in der diplomatischen Tradition ausgebildete Stellung des Nuntius als Doyen des Diplomatischen Korps angespielt. Es hängt also vom Empfangsstaat ab, ob er dem Vertreter des Hl.Stuhls diese Stellung zuerkennt, wie dies bei den meisten europäischen Staaten, aber auch außerhalb Europas, so bei den Ländern Mittel- und Südamerikas, der Fall ist. In einigen wenigen Ländern gibt es auch heute noch ständige päpstliche Gesandte ohne diplomatischen Charakter (z.B. Sierra Leone, Südafrika, Malaysia und Brunei). Sie führen in der Regel den Titel Apostolischer Delegat.

Das II. Vatikanische Konzil

Papst Paul VI. hat dem Wunsch des II. Vatikanischen Konzils (CD Art.9) entsprochen und das päpstliche Gesandtschaftswesen neu geordnet. Als Ergebnis dieser Neuordnung erging am 24. Juni 1969 das Motuproprio "Sollicitudo omnium Ecclesiarum". Naturgemäß haben bei dieser Rechtserneuerung die Dokumente des II. Vatikanischen Konzils, insbes. die Dogmatische Konzilskonstitution über die Kirche, das Ökumenismus- und das Missionsdekret, die Dekrete über das Verhältnis zu den nichtchristlichen Religionen und über das Hirtenamt der Bischöfe und selbstverständlich auch die Pastoralkonstitution "Gaudium et spes" ihren Niederschlag gefunden.

Der Codex von 1983

Die wesentlichen Grundzüge der im Motuproprio enthaltenen Regelungen sind in den CIC 1983 eingegangen. Verständlicherweise kann ein Codex, der das ganze Kirchenrecht umfaßt, nicht in gleicher Weise ins Detail gehen wie dies ein speziell dem Gesandtschaftsrecht gewidmetes Dokument tut. Das besagte Kapitel des CIC 1983 stellt sich nicht als Ex-integro-Regelung auf diesem Gebiet dar. Ergänzend gelten die detaillierteren Bestimmungen des Motuproprio weiter.

Im folgenden wird aus der deutschen Übersetzung des Motuproprio von Papst Paul VI. "Über die Aufgaben der Legaten des römischen Papstes" (Paulinus-Verlag Trier) zitiert.

Präsenz des Petrusamtes bei den Teilkirchen

Papst Paul VI., der das erwähnte Motuproprio mit den Worten "Sollicitudo omnium Ecclesiarum" einleitet, war sich seiner Aufgabe, die Glieder der Kirche zur Einheit zu verbinden und der daraus resultierenden Notwendigkeit der Präsenz in den einzelnen Kirchen und des intensiven Beziehungsaustausches mit diesen bewußt, wenn er sagt:
"*Die Sorge um die Gesamtkirche, die Uns Gott nach seinem geheimen Ratschluß auferlegt hat und über die Wir ihm Rechenschaft schulden, macht es erforderlich, daß Wir als Stellvertreter Christi für die ganze Kirche in den verschiedenen Teilen der Welt in angemessener Weise gegenwärtig sind und die Verhältnisse der einzelnen Kirchen genau kennen*" (ebd. S.41).

Der Papst ist sich auch dessen bewußt, daß er diese Aufgabe nicht alleine ausführen kann:
"*Die rechte Ausübung dieser Unserer vielen Aufgaben macht einen intensiven Beziehungsaustausch dringend notwendig zwischen Uns und Unsern Brüdern im Bischofsamt wie den ihnen anvertrauten Kirchen. Diese Beziehungen können nicht allein durch Briefwechsel unterhalten werden, sondern sie erfordern auch den Besuch der Bischöfe ‚ad limina Apostolorum‘ und von Unserer Seite die Entsendung von Geistlichen, die uns vertreten und entweder einen besonderen Auftrag erfüllen oder ständig bei den Bischöfen der verschiedenen Nationen bleiben*" (ebd. S.43).

Es geht dabei um einen gegenseitigen Austausch:
"*Es ist klar einzusehen, daß der Bewegung zum Zentrum und Herzen der Kirche hin eine andere Bewegung entsprechen muß, die vom Mittelpunkt der Kirche zur Peripherie führt und auf gewisse Weise alle Kirchen und jede einzelne, alle und jeden einzelnen Oberhirten und Gläubigen erreicht. Der Schatz der Wahrheit, der Gnade und der Einheit, den Wir in Christus Unserem Erlöser erhalten haben und den Wir hüten und verwalten, soll so allen verkündet und dargeboten werden*" (ebd. S.45).

Papst Paul VI. unterstreicht die innerkirchlichen Aufgaben der Nuntien:

"*Aufgabe des päpstlichen Legaten ist es vor allem, den Bischöfen, Priestern, Ordensleuten und allen Christgläubigen zu helfen; diese erlangen durch dieses Amt deswegen Stütze und Schutz, weil der päpstliche Legat jene höhere Autorität repräsentiert, die allen zum Guten dienen soll. Das Amt des Legaten steht nicht über der Vollmacht des Bischofs, noch ersetzt oder beeinträchtigt es diese, im Gegenteil, er schützt und stärkt sie durch brüderlich klugen Rat. Der Apostolische Stuhl hat ja stets als gültige Norm für die Leitung der Kirche die Unseres Vorgängers, des heiligen Gregor des Großen, befolgt, die er so formuliert hat: "Wenn die jedem einzelnen Bischof zustehende Jurisdiktion nicht gewahrt wird, was geschieht dann anderes, als daß die kirchliche Ordnung, die durch Uns behütet werden soll, durch Uns verwirrt und durcheinander gebracht wird?*" (ebd. S.47).

Diplomatische Aufgaben

In der Pastoralkonstitution des II. Vatikanischen Konzils über die Kirche in der Welt von heute heißt es:

"*Die Politische Gemeinschaft und die Kirche sind auf je ihrem Gebiet voneinander abhängig und autonom. Beide aber dienen, wenn auch in verschiedener Begründung, der persönlichen und gesellschaftlichen Berufung der gleichen Menschen. Diesen Dienst können beide zum Wohl aller umso wirksamer leisten, je mehr und besser sie rechtes Zusammenwirken miteinander pflegen; dabei sind jeweils die Umstände von Ort und Zeit zu berücksichtigen. Der Mensch ist ja nicht auf die zeitliche Ordnung beschränkt, sondern inmitten der menschlichen Geschichte vollzieht er ungeschmälert seine ewige Berufung. Die Kirche aber, in der Liebe des Erlösers begründet, trägt dazu bei, daß sich innerhalb der Grenzen einer Nation und im Verhältnis zwischen den Völkern Gerechtigkeit und Liebe entfalten. Indem sie nämlich die Wahrheit des Evangeliums verkündet und alle Bereiche menschlichen Handelns durch ihre Lehre und das Zeugnis der Christen erhellt, achtet und fördert sie auch die politische Freiheit der Bürger und ihre Verantwortlichkeit*" (GS 76).

Damit klingen die Grundlagen für die diplomatischen Aufgaben des Nuntius an.

Über diese Aufgaben heißt es im Motuproprio:

"*Freilich ist es nicht zu leugnen, daß die Ziele von Kirche und Staat unterschiedlicher Ordnung angehören... (S.47). ... Daraus ergibt sich, daß Kirche und Staat - da sie nun einmal zum Wohle des einzelnen wie auch der Gemeinschaft der Völker zusammenwirken sollen - notwendig eine gegenseitige, wahrhaft ehrliche Verständigung*

erstreben und durch offenen Dialog Beziehungen wechselseitiger Zusammenarbeit und gegenseitiger Koordinierung schaffen, fördern und stärken; anderseits auch etwaige Zwistigkeiten, die vielleicht entstehen, vermeiden oder sie schlichten. So sollen sie die große Hoffnung der Menschen auf Frieden zwischen den Nationen, auf innere politische Ruhe jeden Landes und schließlich dessen Entwicklung verwirklichen".
...Dieses gegenseitige Gespräch sucht der Kirche die freie Ausübung ihrer Tätigkeit zu sichern, sodaß sie imstande ist, der ihr von Gott anvertrauten Sendung zu entsprechen; zugleich vermittelt es aber auch den staatlichen Autoritäten die allzeit friedlichen und segensreichen Pläne der Kirche und bietet ihnen zur Erlangung des sozialen Wohles die wertvolle Hilfe ihrer geistigen Kräfte, ihrer Einrichtungen und Unternehmungen an. Das vertrauensvolle Gespräch erfolgt durch die offiziellen Beziehungen zwischen Kirche und Staat, die durch das Völkerrecht geschaffen wurden. Es dient dazu, nutzvolle Verständigung zu erreichen und eine wirklich für alle heilsame Tätigkeit zu entfalten" (ebd. S.49).

Es gilt das Wort des II. Vatikanischen Konzils:
"*Die Kirche, die in keiner Weise hinsichtlich ihrer Aufgabe und Zuständigkeit mit der politischen Gemeinschaft verwechselt werden darf noch auch an irgendein politisches System gebunden ist, ist zugleich Zeichen und Schutz der menschlichen Person*" (GS 76).

Präsenz bei Internationalen Organisationen

Paul VI. begründet die Repräsentanz der Universalkirche auf internationaler Ebene so:
"*Das Verlangen aller Menschen guten Willens, es möge ein friedliches Zusammenleben unter den Nationen sein und die Entwicklung der Völker gefördert werden, findet auch Ausdruck in Unseren Tagen in der Errichtung der modernen internationalen Organisationen, die ihr Wissen, ihre Erfahrung und ihr Ansehen allen zur Verfügung stellen und keine Arbeit scheuen, um den Frieden und die Entwicklung aller Völker zu mehren*" (ebd. S.49).

In diesem Zusammenhang lohnt es zu erwähnen, was das II. Vat.Konzil in der dogmatischen Konstitution "Lumen gentium" unterstreicht:
"*Die Kirche ist ja in Christus gleichsam das Sakrament, das heißt Zeichen und Werkzeug für die innigste Vereinigung mit Gott wie für die Einheit der ganzen Menschheit*" (LG 1).
Die Beziehungen des Heiligen Stuhls zu den Internationalen Organisationen sind von der Sorge um das "bonum commune

humanitatis", um das Gemeinwohl der Menschheit, um den Frieden, um die Entwicklung in allen Ländern, um die Zusammenarbeit der Völker, um die Förderung des geistlichen, moralischen und wirtschaftlichen Wohls der gesamten Menschheitsfamilie getragen.

Wie Sie wissen, ist in der sogenannten UNO-City in Wien auch der Heilige Stuhl vertreten. Sowohl beim Büro der Vereinten Nationen in Wien als auch bei der Internationalen Atomenergiekommission und bei der Organisation für industrielle Entwicklung hat der Hl.Stuhl einen ständigen Vertreter, eine Aufgabe, die zur Zeit dem Wiener Nuntius zukommt.

Auch Laien können als Delegierte und Beobachter bei Internationalen Organisationen berufen werden. Beispielsweise ist der Delegierte des Hl.Stuhls bei UNIDROIT (Internationales Institut zur Vereinheitlichung des Privatrechts) der Ihnen zumindest dem Namen nach bekannte Professor Pio Ciprotti, der kürzlich verstorben ist (vgl. „L'Osservatore Romano“, 17 Dezember 1993, N.289, Pag.2).

Die Repräsentanten des Hl.Stuhls bei internationalen Organisationen oder bei Konferenzen und Kongressen werden Delegaten oder Beobachter genannt, je nachdem ob der Heilige Stuhl Mitglied der internationalen Organisation ist oder nicht, und ob er an der Konferenz mit oder ohne Stimmrecht teilnimmt.

In diesem Zusammenhang möchte ich besonders die bedeutungsvolle Rolle der päpstlichen Vertreter bei der "Konferenz für Sicherheit und Zusammenarbeit in Europa" in Wien, sowie bei allen Nachfolgekonferenzen der Helsinki - KSZE erwähnen, die die Geltung der Menschenrechte für alle Menschen ohne Ansehen von Nation, Geschlecht, Religion, Hautfarbe oder sonstige Unterschiede mit großem Erfolg fordert.

Die Kirche, die "ohne Grenze" ist, paßt sehr gut in diesen Rahmen der Internationalen Organisationen. Der Heilige Stuhl hat in seiner Geschichte immer jene internationalen Organisationen gefördert, die Ausdruck der menschlichen Familie und zugleich der Familie Gottes sind!

Wenn Sie einen Band "L'Attivita della Santa Sede", beispielsweise den Band des Jahres 1984 nehmen, sehen Sie, daß es internationale Aktivitäten auch in Afrika gibt, bei denen der Hl.Stuhl vertreten war:

- am 21. Mai 1984 in Nairobi bei der Inauguration des Sitzes der Vereinten Nationen in Nairobi

- vom 30. April - 11. Mai 1984 in Libreville, bei der 7. Sitzung der Kommission über die menschliche Siedlungstätigkeit (HABITAS)
- vom 16.-25. Juli 1984 in Harare in Zimbabwe, bei der XVIII. Regional-konferenz der FAO für Afrika.
- vom 5.-8. November 1984 in Lomé, beim Internationalen Kolloquium des "Club d'Afrique".

Spezifische Aufgabe eines Nuntius

Die Aufgabe des Nuntius zielt nach dem obzitierten nachkonziliaren Mutoproprio auf die Einheit zwischen dem Apostolischen Stuhl und der örtlichen Teilkirche, auf die Sorge um das Wohl des Landes, auf die Vertretung der Interessen der Kirche bei der Staatsregierung, und auf die Beziehungen zu den anderen christlichen Gemeinschaften und zu den nichtchristlichen Religionen.

Dem Nuntius kommt die regelmäßige Berichterstattung, die Information, die Beurteilung der Verhältnisse der Kirche im betreffenden Land "in Wahrheit und Billigkeit" zu.

Bischofsbestellungen

"*Hinsichtlich der Ernennung von Bischöfen und anderen ihnen gleichgestellten Ordinarien ist es Aufgabe des päpstlichen Legaten, den üblichen Informativprozeß einzuleiten und die Namen geeigneter Kandidaten den zuständigen Kurialbehörden vorzulegen. Er soll einen genauen Bericht beifügen, in dem er gewissenhaft vor dem Herrn seine eigene Meinung und Stellungnahme abgibt*" (ebd. S.57).

Dabei ist ein Nuntius beauftragt:
"*a) frei und mit gebührender Vorsicht Geistliche wie auch kluge Laien, die ihm zu nützlicher und vertrauenswürdiger Auskunft geeignet erscheinen, um ihre Ansicht zu bitten. Aus verständlicher und schuldiger Rücksichtnahme auf jene, die Rat erteilen, sowie auf jene, die ihn erfragten, wie auch aus der Natur der Befragung selbst, ist ihnen die Pflicht der Geheimhaltung aufzuerlegen;*
b) nach den Normen vorzugehen, die vom Apostolischen Stuhl über die zum bischöflichen Dienst Vorzuschlagenden erlassen sind und die Kompetenz der Bischofskonferenz vor Augen zu haben; zur Zeit finden sich diese Bestimmungen in der Ihnen bekannten Instruktion vom 25. März 1972 (AAS 64, 1972, 386-391).
c) rechtmäßig gewährte Privilegien und wohlerworbene Rechte und die besondere, vom Apostolischen Stuhl approbierte Verfahrensweise zu beachten" (ebd. S.59).

Alle diese Normen und Richtlinien können nicht voneinander getrennt werden. Es ist die Aufgabe eines päpstlichen Legaten sie zu befolgen, zu analysieren, aber auch eine zusammenfassende persönliche Meinung aus den Beurteilungselementen zu finden. Er ist immer nur der Berichterstatter, der eine Information, eine Nachricht weiterleitet. Er ist, wie das lateinische Wort sagt, "Nuntius" und hat sich keine andere, irgendwie zusätzliche Rolle anzumaßen, die seinem Amte nicht zukommt.

Eine letzte Entscheidung fällt ein Nuntius in dieser Frage nicht.

II. Ertrag einer Nuntiatur in jedem Land

Aus dem oben Gesagten können wir ableiten, daß die Aufgaben eines Gesandten des Papstes in allen Kontinenten, in allen Nationen, in allen Ortskirchen gleich sind.

Selbstverständlich hat jedes Land seinen Geschichtsablauf und seine eigene Kultur. Jede Ortskirche erlebt ein eigenes Moment des Wachstums und der Entfaltung.

Ein Vertreter des Hl.Stuhls hat den Auftrag, einerseits die Besonderheit jedes Landes und jeder Ortskirche festzustellen, andererseits dazu beizutragen, daß jedes Volk und jede Gemeinschaft von Glaubenden an Christus zur Weltkirche hin offen bleibt.

Jede Nation ist Mitglied der Familie der Nationen.

Jede Ortskirche ist Glied des einzigen mystischen Leibes Christi, d.h. der einen, heiligen, katholischen und apostolischen Kirche, die zur Verherrlichung Gottes und zum Heil der Seelen von Christus selbst, dem Retter der Menschen, gestiftet wurde.

Diese Worte lassen uns an das denken, was das II. Vat.Konzil über die Kirche geschrieben hat:
"*Die Kirche ist ja in Christus gleichsam das Sakrament, das heißt Zeichen und Werkzeug für die innigste Vereinigung mit Gott wie für die Einheit der ganzen Menschheit*" (LG 1).

Ein Gesandter des Papstes ist berufen, seinen Beitrag bei der Erfüllung der Hauptaufgabe des Petrusamtes, des Petrusdienstes, zu leisten.

a) Der Ertrag einer Nuntiatur wird an den Leistungen zum Aufbau jener Einheit aller Glaubenden an Christus gemessen, für die Christus selbst vor seinem Leiden, vor seinem Tod und vor seiner Auferstehung gebetet hat:

"Aber ich bitte nicht nur für diese hier, sondern auch für alle, die durch ihr Wort an mich glauben. Alle sollen eins sein: Wie du, Vater in mir bist und ich in dir bin, sollen auch sie in uns sein, damit die Welt glaubt, daß du mich gesandt hast. Und ich habe ihnen die Herrlichkeit gegeben, die du mir gegeben hast; denn sie sollen eins sein, wie wir eins sind, ich in ihnen und du in mir. So sollen sie vollendet sein in der Einheit, damit die Welt erkennt, daß du mich gesandt hast und die Meinen ebenso geliebt hast wie mich. Vater, ich will, daß alle, die du mir gegeben hast, dort bei mir sind, wo ich bin. Sie sollen meine Herrlichkeit sehen, die du mir gegeben hast, weil du mich schon geliebt hast vor der Erschaffung der Welt. Gerechter Vater, die Welt hat dich nicht erkannt, ich aber habe dich erkannt, und sie haben erkannt, daß du mich gesandt hast. Ich habe ihnen deinen Namen bekannt gemacht und werde ihn bekannt machen, damit die Liebe, mit der du mich geliebt hast, in ihnen ist und damit ich in ihnen bin" (Joh 17,20-26).

Situationen mit Mißverständnissen können immer eintreten. Spannungen, Spaltungen, Streitigkeiten gehören zum menschlichen Leben: ihnen vorzubeugen bzw. sie zu überwinden ist Aufgabe jedes Christen, jedes Priesters, jedes Bischofs und besonders des Nachfolgers Petri, dem Christus gesagt hat:

"Du bist Petrus, und auf diesen Felsen werde ich meine Kirche bauen, und die Mächte der Unterwelt werden sie nicht überwältigen. Ich werde dir die Schlüssel des Himmelreiches geben; was du auf Erden binden wirst, das wird auch im Himmel gebunden sein, und was du auf Erden lösen wirst, das wird auch im Himmel gelöst sein" (Mt 16,18-19).

b) Die Leistungen einer Nuntiatur sind ertragreich, wenn sie die Communio unter allen Glaubenden an Christus fördern und zum Dialog mit der Welt ermutigen.

Die Kirche hat den Auftrag, die frohe Botschaft Gottes überall in der Welt zu verkündigen. Um dieses Ziel zu erreichen, muß die Kirche mit den Menschen den Dialog führen.

Je mehr die Kirche ihrer Sendung sich bewußt ist, desto mehr fördert sie den Dialog mit dem Respekt vor der Einheit in der Verschiedenheit der Charismen und ihrer Rangordnung innerhalb der Kirche selbst. Ein solcher Dialog, in Wahrheit und Liebe durchgeführt, ermöglicht dann auch den fruchtbaren Dialog

- mit anderen christlichen Kirchen und Konfessionen,
- mit anderen Religionen,
- mit den traditionellen religiösen Gegebenheiten,
- mit den Nicht-Glaubenden.

Papst Paul VI. hat diese Idee in seiner Enzyklika "Ecclesiam suam" vom 6.August 1964 ausführlich dargelegt, und um sie zu verwirklichen, schuf er drei Sekretariate, die in Päpstliche Räte umbenannt wurden:

- den Päpstlichen Rat zur Förderung der Einheit der Christen,
- den Päpstlichen Rat für den Interreligiösen Dialog,
- den Päpstlichen Rat für den Dialog mit den Nichtglaubenden

c) Der Ertrag einer Nuntiatur ist ganz allgemein segensreich, wenn alle Glaubenden ermutigt werden, begeisterte und wirksame Mitarbeiter in der Kirche zu sein, im Sinne des Völkerapostels Paulus, der in seinem Brief an die Epheser auch uns, den Menschen am Ende des zweiten Jahrtausends, sagt:

"*Wir sollen nicht mehr unmündige Kinder sein, ein Spiel der Wellen, hin und her getrieben von jedem Widerstreit der Meinungen, dem Betrug der Menschen ausgeliefert, der Verschlagenheit, die in die Irre führt. Wir wollen uns, von der Liebe geleitet, an die Wahrheit halten und in allem wachsen, bis wir ihn erreicht haben. Er, Christus, ist das Haupt. Durch ihn wird der ganze Leib zusammengefügt und gefestigt in jedem einzelnen Gelenk. Jedes trägt mit der Kraft, die ihm zugemessen ist. So wächst der Leib und wird in Liebe aufgebaut*" (Eph 4,14).

Das Ziel der Christen soll das Gemeinwohl aller Glaubenden an Christus sein, die eine geheimnisvolle Wirklichkeit Gottes auf Erden bilden.

Die Kirche braucht Christen, die "in Wahrheit und Liebe" gegründet sind (vgl. Eph 3,17), die ihren Glauben immer mehr vertiefen, die Früchte des Glaubens bringen und auch den Mitmenschen dazu verhelfen.

Um dieses Ziel zu erreichen, benötigt die Kirche geeignete Strukturen, die die Ausbildung des Menschen, die Entfaltung seiner Talente ermöglichen. Deswegen betont die Kirche die Bedeutung der Kultur jedes Landes, was die Förderung der Universalität, d.h. die Öffnung zur Wahrheit, zur ganzen Wahrheit in allen Bereichen, einschließt.

Um nicht nur allgemein zu fordern, sondern auch dies zu konkretisieren, hat die Kirche Universitäten und Kulturinstitute in allen Kontinenten und zu allen Zeiten gefördert.

Papst Johannes Paul II. hat in Yaoundé, der Hauptstadt von Kamerun, über dieses Thema anläßlich der Begegnung mit den Akademikern und Studenten u.a. gesagt:
"Ihr kennt den Eifer, den die Kirche seit den Anfängen der Evangelisierung ganz besonders in eurem Land aufgeboten hat, um Schulen zu gründen. Die Kirche hat auch die mittelalterlichen Universitäten, d.h. die ersten Universitäten gegründet. Heute nimmt die Kirche, indem sie in gewissem Sinn die Autonomie der irdischen Wirklichkeiten in bezug auf ihre eigene geistliche (geistige) Verantwortung anerkennt, gern Anteil am Fortschritt der Universitäten, und sie lädt all ihre Söhne und Töchter ein, ihren Beitrag im Dienst des Fortschrittes zu leisten und für seine Unverfälschtheit zu bürgen. Sie selbst fährt fort, katholische Universitäten zu gründen, die eine Symbiose des Glaubens und der Kultur erleichtern" ("Vertieft euren Glauben!" Ansprache des Papstes beim Treffen mit Akademikern und Studenten in Yaoundé (Kamerun) am 13. August", „L'Osservatore Romano", 27.September 1985, Nr. 39, S.5, Nr.5).

III. Ertrag einer Nuntiatur in einem afrikanischen Land wie Kamerun

1.) Aufgrund dieser Begegnung des Papstes mit den Akademikern von Kamerun faßte man den Gedanken der Errichtung eines katholischen Instituts in Yaoundé, worüber ich einige nähere Informationen geben möchte:

Das "Institut catholique" von Yaoundé

Am 13. August 1985 hatte Papst Johannes Paul II. im "Palais de Congrès" von Yaoundé in seiner Ansprache an die Intellektuellen Kameruns die Bedeutung der Universitäten und die Wichtigkeit eines wissenschaftlichen Zentrums für eine vertiefte theologische Forschung auf hohem Niveau betont. Am gleichen Tag hatte er gegenüber den Bischöfen im Zusammenhang mit der Betonung der Inkulturation des Christentums das Anliegen der Gründung eines "Institut Catholique" in Kamerun zum Ausdruck gebracht.
Dies war der Startschuß für die Bischöfe, mit der Vorbereitung der Errichtung eines solchen Instituts zu beginnen.

a) Sorge der Bischofskonferenzen nach dem CIC

Wie Sie wissen, haben - nach dem CIC 1983 (c.809) - die Bischofskonferenzen dafür Sorge zu tragen, daß, soweit möglich und ratsam, in geeigneter Weise, in ihrem Gebiet verteilt, Universitäten oder Fakultäten bestehen, in denen die verschiedenen Wissenschaften unbeschadet ihrer wissenschaftlichen Autonomie in Forschung und Lehre unter Berücksichtigung der katholischen Lehre gepflegt werden.

b) Vergleichbare Einrichtungen in Afrika

Unter den afrikanischen Verhältnissen freilich ist ohne tatkräftige Hilfe des Hl.Stuhls ein solches Anliegen nur schwer realisierbar.

Bis 1987 entstanden in Afrika namhafte Einrichtungen dieser Art.
- Das "Institut superieur de Théologie" in Ambatoroka (Madagaskar, April 1960)
- die Universität von Asmara (Äthiopien, September 1960)
- Das "Catholic Institute" von Westafrika in Port Harcourt (Nigerien, November 1981)
- das "Institut catholique" für Westafrika in Abidjan (Elfenbeinküste, August 1975)
- das "Catholic Higher Institute" für Ostafrika in Nairobi (Kenia, Mai 1984) und
- die "Facultés Catholiques" in Kinshasa (Zaire, November 1987).

c) Der Bereich der ACERAC (Vereinigung der Bischofskonferenzen von Zentralafrika)

So war es von größter Wichtigkeit, auch im Bereiche der ACERAC ein "Institut catholique" zu gründen. Dieses Institut soll nicht nur der Kirche Kameruns, sondern auch den Ländern Kongo, Gabun, Äquatorialguinea, Zentralafrikanische Republik und Tschad, deren Bischofskonferenzen sich zur ACERAC (Vereinigung der Bischofskonferenzen von Zentralafrika) zusammengeschlossen haben, dienen.

Am 5. Juli 1989 wurde in Yaoundé ein Vertrag zwischen dem Hl.Stuhl und der Republik Kamerun über das "Institut Catholique" von Yaoundé unterzeichnet, der die Unterschriften des Außenministers von Kamerun, Jacques Roger BOOH-BOOH und des damaligen Gesandten des Papstes, Msgr. Dr.Donato Squicciarini, trägt.

d) Anliegen auch der Republik Kamerun

Die Errichtung einer katholischen Universität kommt nicht nur dem religiösen Anliegen, der Inkulturation des christlichen Glaubens, sondern auch der Vertiefung der Bildung und der Entwicklung des betreffenden Landes zugute.

In einer Ansprache am 12. August 1989 hat der Präsident der Republik Kamerun, Paul Biya, - in Anwesenheit der Verantwortlichen von Politik, Kultur, Verwaltung und Religion - der Kirche für ihren Beitrag für das Bildungswesen in Kamerun gedankt und die Gründung des "Institut catholique" als höchst bedeutsame Mitwirkung am kulturellen und sozialen Fortschritt des ganzen Volkes begrüßt. Zu diesem Anlaß sagte er u.a.:
"Der Heilige Stuhl hat in der Entwicklung unseres Landes eine entscheidende Rolle gespielt, vor allem in den Bereichen der Erziehung, der Gesundheit und der Landwirtschaft.
An dieser Stelle soll auch gesagt werden, daß mehrere Generationen von Kamerunern in den verschiedenen Bildungsstätten der Kirche erzogen wurden und daß es dieselbe Kirche ist, die ihren Weg mit einer hervorragenden Wirksamkeit zugunsten des kulturellen und sozialen Fortschritts unseres ganzen Volkes fortsetzt" (Discours de S.E.Paul Biya à l'occasion de la présentation des Corps Constitues à S.S. le Pape Jean-Paul II, Palais de l'Unité à Yaoundé, le 12 Août 1985).

2.) Nach diesen Informationen möchte ich meine persönliche Erfahrung in Kamerun hinzufügen:
Zu Beginn meiner Tätigkeit als Apostolischer Nuntius (von 1981-1989) hatte Kamerun nur eine kirchliche Provinz; 1982 erhielt es vier Kirchenprovinzen. Auch die Zahl der Diözesen, deren es anfangs nur 13 gab, stieg auf 17 und beträgt derzeit 21.

Diese Steigerung bewirkte die Vermehrung der Priesterseminare von anfänglich zwei auf fünf: d.h. jede der vier Kirchenprovinzen hat ein eigenes Priesterseminar. Überdies gibt es ein Priesterseminar für die Ordensleute in Kamerun. Jede Diözese unterhält ein Knabenseminar.

Bedeutsam für diese Entwicklung ist auch die ständige Zunahme der Orden und der Kongregationen, die ihrerseits neue Niederlassungen schaffen konnten; das Ansteigen der Ordensberufe wiederum ermöglicht es, die entsprechende Auswahl bei den Bewerbern zu treffen.

Verbunden mit dem erfreulichen Wachstum der Kirche in diesen Ländern - wo vor 100 Jahren das Evangelium noch kaum bekannt war - sind natürlich entsprechende Probleme. Diese werden von den Gesandten des Papstes zusammen mit den Verantwortlichen der

Teilkirchen geprüft, und man ist bemüht, sie nach bestem Wissen und Gewissen vernünftig zu lösen, im Vertrauen auf Christus, der allen Nachfolgern der Apostel wie auch allen an ihn Glaubenden sagt:
"*Seid gewiß: ich bin bei euch alle Tage bis zum Ende der Welt*" (Mt 28,20).

Die Geschichte und die Erfahrung der Weltkirche tragen im besonderen zu einer guten und soliden Gestaltung der jungen Teilkirchen in allen Kontinenten, Regionen und Nationen bei.

In diesen Aufgabenstellungen bemühen sich die Gesandten des Papstes in den mehr als 150 Ländern - mit der Hilfe Gottes und der Unterstützung der Bischöfe, der Priester, der Ordensleute, der kirchlichen Institutionen, wie Universitäten, Fakultäten, Gesellschaften der christlichen Vereinigungen und aller Glaubenden - tätig zu sein; auch für sie dürfen die Worte des Herrn gelten:
"... *Ich habe euch erwählt und dazu bestimmt, daß ihr euch aufmacht und Frucht bringt und daß eure Frucht bleibt*" (Joh 15,16).

Die Entfaltung der Nuntiaturen in Afrika

Zu diesem Anlaß sei auch bemerkt, daß es zu Beginn des Unabhängigkeitsprozesses (1959/60) in Afrika nur zwei oder drei Apostolische Nuntiaturen gab. Auf Ersuchen ziviler und kirchlicher Behörden in den verschiedenen Ländern unterhält heute beinahe jedes afrikanische Land (mehr als 50) diplomatische Beziehungen mit dem Heiligen Stuhl. Von den etwa 30 residierenden Nuntien sind manche für zwei, drei oder vier Länder zuständig.

Man kann also abschließend sagen:

Die Nuntiaturen tragen zum Aufbau der Kirche in der Welt bei, gemeinsam mit allen Verantwortlichen der verschiedenen Teilkirchen und mit der Unterstützung aller Glaubenden an Christus, der seine Kirche auf Petrus, den Fels, gebaut hat!

Verantwortung der Christen in der Gesellschaft

Vortrag anläßlich der Tagung der Arbeitsgemeinschaft der Katholischen Verbände (AKV) in Eisenstadt, 21. Oktober 1989

I.

Dieses Zusammentreffen gibt mir die Möglichkeit Sie, liebe Brüder und Schwestern in Christus, persönlich kennen zu lernen;

Sie, als engagierte Christen, zur Förderung Ihrer vier großen Anliegen zu ermutigen:

a. Religio
b. Patria (Vaterland)
c. Scientia (Wissenschaft)
d. Amicitia (Brüderlichkeit/Solidarität)

a. Die *Religion* erklärt uns das Verhältnis des Menschen zu Gott. Der HERR hat den Menschen nach seinem Bild und Gleichnis erschaffen; Ihm sind wir ähnlich! Dadurch ist der Mensch deutlich vom Tier unterschieden. Dies gründet darin, daß der Mensch "Person" ist, ausgestattet mit Vernunft und freiem Willen. So hat der Mensch auch teil an der göttlichen Natur (Gen 1,26 u. 27).

b. *Patria* Jeder Christ soll seine Heimat und sein Volk lieben. Das Konzil sagt: Die Staatsbürger sollen eine hochherzige, treue Vaterlandsliebe pflegen, freilich ohne geistige Enge, vielmehr so, daß sie dabei das Wohl der ganzen Menschheitsfamilie im Auge behalten, die ja durch die mannigfachen Bande zwischen den Rassen, Völkern und Nationen miteinander verbunden ist (GS 75). Das menschgewordene Wort, unser Herr Jesus Christus ist das Modell dieser Vaterlandsliebe und der Weltsolidarität (GS 32). Diese Liebe gründet in Gott, dem Schöpfer der Welt und Vater aller Menschen (Mt 6,9 & Lk 11,2)

c. *Scientia* Die Wissenschaft bedeutet die verantwortungsvolle Aufgabe der Menschen, über die Schöpfung zu herrschen (Gen 1,28). Das 2. Vatikanische Konzil hat einige Prinzipien zur richtigen Förderung der Wissenschaft und Kultur genannt, die die Menschen vom Sichtbaren zum Unsichtbaren führen sollen (GS 15).

d. *Amicitia* - freundschaftliche Liebe betont das tiefe Bedürfnis des Menschen, geliebt zu werden und wahre Freunde zu haben. Unser Erlöser und Retter Jesus Christus hat seine Jünger nicht mehr Knechte, sondern Freunde genannt (Joh 15,15). Wiederum ist es das 2. Vatikanische Konzil, das den Wert der Freundschaft hervorhebt: die Laien helfen durch Freundschaft und Erfahrungsaustausch geistlich einander, gewinnen Kraft zur Überwindung der Unannehmlichkeiten eines allzu isolierten Lebens und Tuns und dadurch bringt auch ihr Apostolat reichere Frucht (AA 17).

II.

Nach dieser Vorrede über die Bedeutung Ihrer verschiedenen Mitgliedsorganisationen für die Teilkirchen und für die Weltkirche gestatten Sie mir noch einige Überlegungen zum Thema Ihrer Versammlung.

Das Thema lautet: "Christ und Weltgestaltung, Neu-Evangelisierung in Europa".

Das 2. Vatikanische Konzil spricht in seinen Dokumenten oft von der verantwortlichen Rolle der Laien für die Umgestaltung der Welt und für die Verkündigung des Evangeliums:

a. Was die Gestaltung oder besser eine ständige *Umgestaltung der Welt* betrifft, schreibt das Konzil: "*Die Laien sollen, auch in Zusammenarbeit, die Einrichtung und Verhältnisse der Welt, da wo Gewohnheiten zur Sünde aufreizen, so zu heilen suchen, daß dies alles nach der Norm der Gerechtigkeit umgestaltet wird und der Ausübung der Tugenden eher förderlich als schädlich ist. Auf diese Weise erfüllen sie die Kultur und die menschlichen Leistungen mit sittlichem Wert. Gleichzeitig wird dadurch das Ackerfeld der Welt besser für den Samen des Gotteswortes bereitet, und es öffnen sich der Kirche weiter die Tore für die Verkündigung des Friedens in der Welt*" (LG 36).

b. Was die Aufgaben der Laien in der *Evangelisierung der Welt* betrifft, sagt das 2. Vatikanische Konzil: "*Die Laien hingegen, die auch am priesterlichen, prophetischen und königlichen Amt Christi teilhaben, verwirklichen in Kirche und Welt ihren eigenen Anteil an der Sendung des ganzen Volkes Gottes. Durch ihr Bemühen um die Evangelisierung und Heiligung der Menschen und um die Durchdringung und Vervollkommnung der zeitlichen Ordnung mit dem Geist des Evangeliums üben sie tatsächlich ein Apostolat aus. So legt ihr Tun in dieser Ordnung offen für Christus Zeugnis ab und dient dem Heil der Menschen. Da es aber dem Stand der Laien eigen ist, inmitten der Welt und der weltlichen Aufgaben zu leben, sind sie von Gott berufen, vom Geist Christi beseelt nach Art des Sauerteigs ihr Apostolat in der Welt auszuüben*" (AA 2).

c. Nun einige Betrachtungen über das besondere Thema einer *Neu-Evangelisierung* in Europa. Dieses Wort könnte als Neologismus betrachtet werden; daher treten auch andere synonyme oder sinnverwandte Wörter wie zum Beispiel "Reevangelisierung" "Dauerevangelisierung", "Selbstevangelisierung" und ähnliches auf.

Um etwas Vernünftiges über die Neu-Evangelisierung von Europa zu sagen, sollen wir uns zunächst fragen:

Was ist eigentlich das Evangelium?

Von den vielen möglichen Antworten werde ich nur einige aufgreifen:

Das Evangelium ist
- die Vollendung der Offenbarung (DV 2)
- die Quelle jeder Wahrheit und jeder Sittlichkeit für alle, die das Geschenk des Glaubens erhalten haben (DV 7)
- die Botschaft Gottes, die ihre Gültigkeit bis ans Ende der Welt bewahren wird (Mt 28,20): "der Himmel und die Erde werden vergehen, meine Worte aber werden nicht vergehen" (Mt 24,35; Mk 13,31; Lk 21,33)
- die Kraft Gottes zum Heil für jeden, der glaubt (Röm 1,16; DV 17).

Welches Ziel beziehungsweise welchen Zweck hat das Evangelium, die gute Nachricht?

Das Evangelium ergeht an die Menschheit, um
- die Menschen mit Gott zu versöhnen: "ja, Gott hat in Christus die Welt mit sich versöhnt (II Kor 5,19)...Wir, die Christen sind also die Botschafter (der Versöhnung) an Christi Statt"(II Kor 5,20),
- um die Bekehrung des Herzens, die Veränderung der Mentalität (Apg 3,19; Mt 13,15; Mt 3,2) zu bewirken.
- um die Befreiung von der Sünde, die die Wurzel jeden Übels ist (Mt 26,28; Joh 8,34; 20,23), zu ermöglichen.

Welche Früchte bringt das Evangelium?

Die Frohe Botschaft Gottes an die Menschen verkündet den Menschen
- die wahre und tiefe Freude: "ich verkünde euch eine große Freude" (Lk 2,10)
- den Frieden für die Menschen, die guten Willens sind (Lk 2,14) und die den Frieden stiften: "selig die Friedensstifter, denn sie werden Söhne Gottes heißen" (Mt 5,9)
- das Licht denen, die in Finsternis und in Todesschatten sitzen, um unsere Füße zu lenken auf den Weg des Friedens" (Lk 1,79)

- die Idee der ehrlichen Brüderlichkeit unter allen Menschen in allen Kontinenten, in allen Ländern: "ihr alle aber seid Brüder" (Mt 23,8)
- die Idee der wirklichen Freiheit als der Frucht der Wahrheit: "und die Wahrheit wird euch frei machen" (Joh 8,32)
- die wahre und endgültige Gleichberechtigung vor dem gerechten Richter (II Tim 4,8).

Wer soll evangelisieren?

Das nachsynodale Apostolische Schreiben "Christifideles laici" Papst Johannes Pauls II. über die Berufung und die Sendung der Laien in Kirche und Welt gibt die umfassendste Antwort zu dieser Frage. Diese Antwort ist das Ergebnis der Bischofssynode von 1987, an der der Papst und hunderte Vertreter des Weltepiskopats, Priester, Diakone, Ordensleute und Laien aus der Kirche aller Kontinente und Nationen ohne Unterschied von Rasse, Farbe und Sprache teilgenommen haben.

In dem obenerwähnten Dokument wird klar und bestimmt festgehalten, daß alle Mitglieder der Kirche - daher auch alle Laien - mitverantwortlich für die Kirche in ihrer Sendung und in der Verkündigung der Evangeliums sind.

III.

Neu-Evangelisierung

a. In der Nummer 34 seines Apostolischen Schreibens geht der Heilige Vater auf jene Situationen ein, die eine Neu-Evangelisierung dringend machen. Wohlstand und Konsumismus haben die Menschen der Länder in der Ersten Welt dazu verleitet, so zu leben, "als wenn es Gott nicht gäbe". Es ist nicht nur der ausdrückliche Atheismus, der besorgniserregend und zersetzend ist; denn, religiöse Indifferenz und fast inexistente religiöse Praxis sind genauso gefährdend. Der christliche Glaube wird aus den zentralen Ereignissen des Lebens, wie Geburt, Leid und Tod, immer mehr ausgeschlossen, auch wenn noch traditionelle und ritualistische Ausdrucksformen des Glaubens erhalten sind. Gewaltige Rätsel und Fragestellungen bleiben für den Menschen unbeantwortet und versuchen die Menschen sogar zur Zerstörung des menschlichen Lebens.

b. Der Heilige Vater sieht aber auch die Gefahren für jene Länder, in denen noch die traditionelle christliche Frömmigkeit und Religiosität im Volk erhalten blieben; auch hier drohen Säkularisierung und

Verbreitung der Sekten. Diese noch lebendigen Traditionen können jedoch nur dann zu einer Kraft wahrer Befreiung werden, wenn eine neue Evangelisierung die Vertiefung eines reinen und festen Glaubens gewährleistet.

Die christliche Substanz der Gemeinden in diesen Ländern und Nationen muß erneuert werden, damit die christliche Substanz der menschlichen Gesellschaft sich erneuern kann.
In diesem Kontext des Indifferentismus, der Säkularisierung, des Atheismus und des Verlustes christlicher Substanz auf vielen Ebenen spricht der Heilige Vater von der Aufgabe der Laien

IV.

Herzensanliegen des Papstes

Im Anschluß an das Apostolische Schreiben, möchte ich meinen Vortrag mit diesen Überlegungen fortführen:
Die Verkündigung des Evangeliums ist die Aufgabe der Kirche überall auf der Welt zu gunsten jedes einzelnen Menschen und aller Generationen eines jeden Zeitalters.

Die Worte Unseres Herrn Jesus Christus bleiben immer aktuell: "Darum geht zu allen Völkern, und macht alle Menschen zu meinen Jüngern; tauft sie auf den Namen des Vaters und des Sohnes und des Heiligen Geistes, und lehrt sie, alles zu befolgen, was ich euch geboten habe. Seid gewiß: ich bin bei euch alle Tage bis zum Ende der Welt" (Mt 28,19-20).

Diese Worte bedeuten, daß jeder Mensch evangelisiert werden soll, daß jede Generation die "Gute Nachricht" Gottes empfangen und, daß jeder evangelisierte Mensch die Errungenschaft des Glaubens auch selbst fördern soll.

Der Glaube, der von den Vorfahren in unser Herz gesät wurde, soll in uns wachsen, mit uns reifen in ständiger Konfrontation mit dem Wort Gottes, in andauernder Ausbildung, mit steter Beherrschung unserer unüberlegten Antriebe.

Wenn der Glaube nicht in jedem Christen mitreift, kann dies zum Verlust des christlichen Glaubensbewußtseins und der christlichen Glaubensüberzeugung führen. Daher lädt die Liturgie ein, zu Gott zu beten: "mache uns würdig, Christen zu heißen, und gib uns die Kraft, Christen zu sein" (Schlußgebet des Gedenktages des heiligen Ignatius von Antiochien).

Deswegen sprechen Papst Johannes Paul II. wie auch die Bischöfe und die anderen Verantwortlichen in der Kirche von "Reevangelisierung" oder von "Neuevangelisierung". In der heutigen Welt braucht man Christen:

- die das Wesen und die Werte der Gottesbotschaft kennen,
- die fähig sind, den Plan Gottes zu verstehen, die Liebe Gottes für jeden Menschen auszustrahlen und
- die handlungsfähig sind, jene bessere Welt zu bauen, wo Gerechtigkeit, Friede, Wahrheit, verantwortungsvolle Freiheit herrschen, und wo die Rechte der Menschen mit den Rechten Gottes vereint sind.

Dies gilt für alle Kontinente, für alle Nationen und daher auch für Österreich.

V.

Neu-Evangelisierung in Europa, in Österreich

Die Neu-Evangelisierung des europäischen Kontinents ist ein besonderes Herzensanliegen des heutigen Nachfolgers Petri, Papst Johannes Pauls II.; anläßlich seines zweiten Pastoralbesuchs in Österreich - Tor zu Ost-Europa und Schnittpunkt des ganzen europäischen Kontinents - hat der Heilige Vater die Bedeutung der Neu-Evangelisierung hervorgehoben.

Zum Thema Neu-Evangelisierung hat der Papst den Österreichern u.a. gesagt: "*Wir wollen Gott danken, daß in vielen Menschen dieses Landes noch ein tiefer, starker Glaube vorhanden ist und daß sich viele redlich darum bemühen, aus dem Glauben zu leben und ihn durch Werke der Liebe zu bezeugen. Ebenso wissen wir aber auch, daß bei nicht wenigen der Glaube bedauerlicherweise verflacht oder in Gewohnheit und Brauchtum erstarrt ist. Wieder andere sind in den letzten Jahren in nicht geringer Zahl sogar - aus welchen Gründen auch immer - aus der Kirche ausgetreten. Das Ausmaß der Säkularisierung als Folge von Wohlstand und religiöser Gleichgültigkeit ist auch bei Euch im Leben des einzelnen, der Familie und vor allem der Öffentlichkeit weit fortgeschritten. Der Glaube hat im konkreten Leben des Alltags an Kraft verloren. Nicht nur einige vereinzelte pastorale Initiativen sind heute gefordert, ein umfassende Neu-Evangelisierung wird immer notwendiger, die bei den einzelnen, bei den Familien und Gemeinden beginnt und die verschütteten Quellen des Glaubens und einer überzeugten Christusnachfolge neu zum Fließen bringt*" (BK 3).

SCHLUSSWORT

Zum Schluß darf ich noch einmal den Wunsch zum Ausdruck bringen, daß die Arbeitsgemeinschaft Katholischer Verbände wirksam und überzeugend ihren Beitrag zur Neu-Evangelisierung in Österreich, in Europa und für die ganze Welt erbringe.

Mit gutem Grund hat in Ihrer Gemeinschaft das Prinzip "religio" den Vorrang vor allen anderen Werten. "Religio" ist für Sie nicht irgendeine willkürliche religiöse Bindung; "religio" ist für Sie der wahrhaft gelebte und bezeugte katholische Glaube. Die Werte "Vaterland", "Wissenschaft" und "Freundschaft" brauchen ihren Grund im Glauben des Menschen an Gott und im Glauben an das Heil durch Gott. Wenn Sie mit ganzem Herzen das Anliegen der Neu-Evangelisierung aufgreifen, werden Sie auch in Ihrer Gemeinschaft mit neuem Eifer dem vorrangigen Prinzip "religio" Aufmerksamkeit schenken. Verwenden Sie viele Mühe, der Jugend, die in Ihre Gemeinschaft eintritt, ein solides und vollständiges Wissen der Glaubenslehre zu vermitteln. Niemals fehle im Tun Ihrer Gemeinschaft das Gebet, das sakramentale Leben und das aufmerksame Hinhören auf das Wort Gottes.

Eine Gemeinschaft, die bewußtes Christsein fordert und fördert, wird auch jene Menschen für die Kirche, für die Wissenschaft und für das Wohl des Staates formen, die für die Sendung des Laien in der Welt von heute sich zur Verfügung stellen. Politik, Wissenschaft, Kunst, Kultur und viele Anliegen der Humanität warten darauf, daß überzeugte Christen ihre Verantwortung für die Welt und für die Neu-Evangelisierung ihrer Völker übernehmen.

Ihrer Arbeitsgemeinschaft, Ihrem Tun und Ihrem Bemühen sei Gottes Hilfe durch die Fürsprache der "Magna Mater Austriae" in reichem Maß geschenkt.

Katholische Schule als Ort der Begegnung

Worte an die „Vereinigung der Förderer des Abteigymnasiums" Seckau, 10. März 1990

Mit einem Brief von Herrn Dr. Alexander Kragora und Pater Albert haben Sie mich eingeladen, über das folgende Thema zu sprechen: "Erwartungen undVorstellungen der Kirche in einer katholischen Privatschule".

I.

Als Vertreter des Heiligen Vaters, der Weltkirche, der elf Jahre lang in Afrika war, bin ich gerne dieser Einladung gefolgt.

Die Rolle, die die katholische Schule in der alten Geschichte der Entfaltung Europas und anderer westlichen Länder gespielt hat, wird heute von der Kirche, in der heutigen Geschichte der Entwicklungsländer Afrikas, verwirklicht.

Die missionarischen Schulen, die ein christliches Zeugnis der Liebe Gottes sind, tragen wirksam bei, die Bildung der jungen Generationen und daher die Erneuerung der Gesellschaft, zu fördern.

Die meisten der heute Verantwortlichen in diesen Ländern, haben ihre Ausbildung in christlichen Missionsschulen erhalten. Deswegen werden solche Schulen sehr gewünscht, geliebt und hochgeschätzt.

Das Staatsoberhaupt von Kamerun, Präsident Paul Biya, hat in seiner Ansprache am 12. August 1985, anläßlich des Pastoralbesuches Seiner Heiligkeit Papst Johannes Pauls II. - vor allen Vertretern des politischen Lebens Kameruns und des Diplomatischen Corps - wörtlich gesagt:

"Die katholische Kirche hat in der Entwicklung unseres Landes eine Rolle ersten Ranges im Bereich der Ausbildung, wie auch auf den Gebieten des Gesundheitswesens und der Landwirtschaft gespielt.
Es ist angebracht, zu diesem Anlaß zu erwähnen, daß viele Generationen der Republik Kamerun in den verschiedenen Institutionen der Kirche ihre Ausbildung erhalten haben. Dieselbe Kirche setzt diesen Beitrag mit einer bemerkenswerten Wirksamkeit im kulturellen und sozialen Fortschritt des ganzen Volkes fort".

Könnten wir nicht dasselbe von der Geschichte der Kirche und der Geschichte der europäischen Länder sagen: die Kirche hat überall die vollständige Ausbildung des Menschen gefordert: für seine Gesundheit, für seine Kultur, für seine Entfaltung !

II.

Die zeitgemäße Gültigkeit der Aufgaben der katholischen Schule wird auch heute noch voll anerkannt. Die verantwortlichen Mitglieder der Kirche sind davon tief überzeugt. Die verschiedenen Dokumente des II. Vatikanischen Konzils geben die Gründe des Engagements der Kirche in den verschiedenen Bereichen an: für das Wohl, für die Gesundheit, für den Fortschritt des Menschen. Das Dekret über die missionarische Tätigkeit der Kirche sagt u.a.:

"Die Anwesenheit der Christen in den menschlichen Gemeinschaften muß von jener Liebe beseelt sein, mit der Gott uns geliebt hat, der will, daß wir einander mit derselben Liebe begegnen.
Die christliche Liebe erstreckt sich auf alle, ohne Unterschied von Rasse, gesellschaftlicher Stufe oder Religion; sie erwartet nicht Gewinn oder Dankbarkeit; denn wie Gott sich uns mit ungeschuldeter Liebe zugewandt hat, so sind auch die Gläubigen in ihrer Liebe auf den Menschen selbst bedacht und lieben ihn mit der gleichen Zuwendung, mit der Gott den Menschen gesucht hat. Wie also Christus durch die Städte und Dörfer zog, jederlei Krankheit und Gebrechen heilend zum Zeichen der kommenden Gottesherrschaft, so ist auch die Kirche durch ihre Kinder mit Menschen jeden Standes verbunden, besonders aber mit den Armen und Leidenden, und gibt sich mit Freuden für sie hin. Sie nimmt an ihren Freuden und Schmerzen teil; sie weiß um die Erwartungen und die Rätsel des Lebens, sie leidet mit in den Ängsten des Todes. Denen, die Frieden suchen, bemüht sie sich in brüderlichem Gespräch zu antworten, indem sie ihnen Frieden und Licht aus dem Evangelium anbietet.

Bei der Aufrichtung einer gesunden Wirtschafts- und Sozialordnung sollen die Christgläubigen ihre Arbeit einsetzen und mit allen anderen zusammenarbeiten. Mit besonderer Sorge mögen sie sich der Erziehung der Kinder und der heranwachsenden Jugend durch Schulen verschiedener Typen annehmen; diese Schulen soll man nicht bloß als ein hervorragendes Mittel zur Bildung und zum Aufstieg der christlichen Jugend betrachten, sondern gleichzeitig als äußerst wertvollen Dienst an den Menschen, besonders an den Entwicklungsvölkern, um die menschliche Würde zu höherer Geltung zu bringen und um bessere menschliche Lebensbedingungen vorzubereiten. Ferner sollen sie sich an den Anstrengungen der Völker beteiligen, die sich bemühen, im Kampf gegen Hunger, Unwissenheit und Krankheit bessere Lebensverhältnisse zu schaffen und den Frieden in der Welt zu festigen. Es soll der Wunsch der Gläubigen sein, bei dieser Tätigkeit in kluger Weise bei den Vorhaben mitzuarbeiten, die von privaten sowie öffentlichen Institutionen, von Regierungen, internationalen Organen, von den verschiedenen christlichen Gemeinschaften und auch von den nichtchristlichen Religionen unternommen werden.

Dabei will sich die Kirche auf keine Weise in die Leitung des irdischen Staatswesens einmischen. Sie beansprucht kein anderes Recht, als mit Gottes Hilfe in Liebe und treuer Bereitschaft den Menschen zu dienen. Die Jünger Christi hoffen, durch die enge Verbindung mit den Menschen in ihrem Leben und Arbeiten ein wahres Zeugnis abzulegen und auch da zu deren Heil beizutragen wo sie Christus nicht ganz verkünden können. Sie suchen ja nicht den rein materiellen Fortschritt und Wohlstand der Menschen, sondern sie fördern ihre Würde und ihre brüderliche Gemeinschaft, indem sie religiöse und sittliche Wahrheiten vermitteln, die Christus mit seinem eigenen Licht erhellt hat; auf diese Weise öffnen sie langsam einen volleren Zugang zu Gott. So wird den Menschen in der Erlangung des Heil durch die Liebe zu Gott und zum Nächsten geholfen; das Geheimnis Christi beginnt aufzuleuchten, indem der neue Mensch erschienen ist, der nach Gott erschaffen wurde, in dem Gottes Liebe sich geoffenbart hat" (Ad gentes N. 12*)*.

Um klare Ideen über diese Problematik zu gewinnen, sollte man besonders folgende Dokumente des II. Vatikanischen Konzils und der postkonziliaren Zeit vor Augen haben:
1- Die Erklärung über die christliche Erziehung
2- Das Dekret über das Apostolat der Laien
3- Das Dekret über die Missionstätigkeit der Kirche
4- Das Dekret über die sozialen Kommunikationsmittel
5- Das Dekret über die Hirtenaufgabe der Bischöfe in der Kirche
6- Die Dogmatische Konstitution über die Kirche.

Die erwähnten Dokumente vertreten die Lehre aller Bischöfe der Welt in Verbindung mit dem Papst als Oberhaupt des Apostelkollegiums.

Von den päpstlichen postkonziliaren Dokumenten, verzeichne ich nur die wichtigsten, wie diese:
1- Die Enzyklika "Ecclesiam Suam" von Papst Paul VI. vom 6.8.1964
2- Die Enzyklika "Populorum progressio“ von Papst Paul VI. vom 26.03.1967.

3- Das Apostolische Schreiben "Evangelii nuntiandi" von Papst Paul VI. vom 8. Dezember 1975 und aus der Feder Papst Johannes Paul II.:
4- Das Apostolische Schreiben "Catechesi tradendae" vom 16. Oktober 1979,
5- Die Enzyklika "Laborem exercens" vom 14. September 1981, und schließlich
6- Die Enzyklika "Sollicitudo rei socialis", vom 30.12.1987.

Die zuständige Kongregation für das Katholische Bildungswesen hat drei besonders wertvolle Dokumente über das spezifische Thema der Katholischen Schule herausgegeben:
1- "Die Katholische Schule" vom 25. November 1977
2- "Der katholische Laie - Zeuge des Glaubens in der Schule" vom 15. Oktober 1982 und
3- "Die religiöse Dimension der Erziehung in der katholischen Schule", vom 7. April 1988.

Die erwähnten Dokumente wurden aufgezeichnet, einerseits um die Quelle der Lehre der Weltkirche anzugeben, anderseits, um die Sorge der Kirche für einige so wichtige Punkte ihrer Tätigkeit in Erscheinung zu bringen.

III.

Mit dem weiten Blick auf die vergangene Geschichte und ihre heutige Gegenwart haben wir einige Fragen zu stellen, die uns die Erwartungen und Vorstellungen der Kirche bezüglich der Katholischen Privatschule klarer vor Augen führen.

1) Welche Beziehungen bestehen zwischen der katholischen Schule und der Heilsmission der Kirche?

In den genannten Dokumenten wird geantwortet:
Die katholische Schule ist ein Hilfsmittel in der Ausübung des Dienstes, den die Kirche im Namen Gottes, für die Verwirklichung des Heilsplans zu Gunsten aller Menschen leisten soll.

Die katholische Schule will, im Bezug zum Evangelium, beitragen, jedem Menschen Christus als "Weg, Wahrheit und Leben" erkennen und anerkennen zu lassen.

In unserer pluralistischen Gesellschaft peilt die katholische Schule die Begegnung der Kirche mit jeder Kultur an: "*Aus dieser Sicht kommt der katholischen Schule nach Art und Möglichkeit der Umstände ein eigener Platz im Schulsystem der verschiedenen Länder zu. Wenn die Kirche diese zusätzliche Möglichkeit für die Wahl einer Schule anbietet, tut sie dies mit der Absicht, der Einladung zur Zusammenarbeit nachzukommen, die heute in einer vom Kulturpluralismus geprägten Welt auch an sie ergeht*" (Die katholische Schule, Kongregation für das Katholische Bildungswesen N. 14).

2) Welchen Beitrag kann die katholische Schule zur Auseinander-setzung der Kirche mit der Umwelt leisten?

"*Die Kirche ist schließlich fest überzeugt, daß die katholische Schule mit ihrem Bildungsplan, den sie den Menschen unserer Zeit anbietet, eine ihr eigene kirchliche Aufgabe, die dringend und unersetzlich ist, erfüllt. Durch die katholische Schule nimmt die Kirche tatsächlich am kulturellen Gedankenaustausch mit einem Beitrag teil, der eigenständig und wirksam den wahren Fortschritt auf eine ganzheitliche Ausbildung des Menschen hin fördert. Das Verschwinden der katholischen Schule würde daher einen unermeßlichen Verlust für die Kultur, für den Menschen und für seine natürliche und übernatürliche Bestimmung darstellen*" (ib. N. 15).

3) Welche Antwort kann die Kirche zu den Einwänden gegen die katholische Schule geben?

Die Verantwortlichen der katholischen Schule, die die einzelnen Einwände kennen, wissen, daß die katholische Schule - wie jede menschliche Stiftung - eine Erneuerung und eine Anpassung an die Erfordernisse der heutigen Lebensumstände braucht, ohne ihre wesentliche Identität zu verlieren.

Daher betont die Kirche die Wichtigkeit der katholischen Schule in unserer Zeit und stellt einige Überlegungen zur heutigen Situation wie diese dar:
"*Die tatsächliche Lage der katholischen Schule kann übrigens in ihrer Gesamtheit nur erfaßt werden, wenn man sie im weiteren Bereich der gegenwärtigen allgemeinen Schulpolitik betrachtet. Abgesehen von den Forderungen der Vertreter der Entschulungstheorie, die an Bedeutung zu verlieren scheint, ist die Schule im Begriff, in unserer gegenwärtige Welt eine hervorragende Stellung einzunehmen. Dieser Rang kommt ihr schon auf Grund der ihr eigenen Tätigkeit und Geltung zu, sei es in ihrer sozialen Bedeutung (Mitbestimmung der Eltern, Demokratisierung, Chancengleichheit), sei es, daß sie mehr und mehr die Erziehungsaufgaben anderer Einrichtungen übernimmt, sei es, daß die Pflichtschulzeit immer länger wird* (ib N. 24).

IV.

Mit den drei vorhergehenden Fragen habe ich die Vorstellungen der Weltkirche über die katholische Privatschule in Kürze geschildert: natürlich bedarf es einer tieferen Überlegung, mit Hilfe der obenerwähnten Dokumente, um eine ausreichende Antwort über die einzelne konkrete Probleme zu geben.

Was die Erwartungen der Kirche betrifft, möchte ich von diesen nur zwei erwähnen:

a) Die Kirche hofft, daß die katholische Schule beiträgt, die richtige Synthese zwischen Glauben und Kultur zu vollziehen:
„Wenn die Katholische Schule in ihrer Unterrichtsarbeit den Schülern helfen will, die Synthese zwischen Glauben und Kultur zu vollziehen, geht sie von einer tiefen Auffassung vom menschlichen Wissen aus und sucht auf keine Weise diesen Unterricht dem Zweck zu entfremden, der ihm in der Schulbildung zukommt" (ib. N. 38)

b) Eine andere wichtige Erwartung der Kirche ist der Beitrag der katholischen Schule dazu, daß jeder Mensch durch eine umfassende Ausbildung befähigt wird, die Synthese zwischen Glauben und Leben zu vollziehen.

c) Solche Ziele zu erreichen, ist nicht leicht: daher verlangt die Weltkirche einerseits einen mutigen und gemeinsamen Einsatz für die katholische Schule, anderseits spricht sie Worte der Ermutigung für die Eltern, für die Erzieher, besonders für die Ordensgemeinschaften aus:

"Im Bewußtsein der Aufgabe, die der katholischen Schule anvertraut ist, will das Dokument der Kongregation für das Katholische Bildungswesen - ohne den vielen Katholiken, die im staatlichen Schulwesen der verschiedenen Länder tätig sind, den Wert ihres christlichen Lebenszeugnisses abzusprechen oder zu mindern - alle Bemühungen zur Förderung dieser Schule ermutigen. In der heutigen pluralistischen Gesellschaft ist die katholische Schule tatsächlich imstande, mehr denn je einen unschätzbaren und notwendigen Dienst zu leisten. Während sie unaufhörlich auf die Werte des Evangeliums hinweist, wird sie zur Vorkämpferin einer neuen und besseren Welt, im Gegensatz zu einer Gesellschaft, die der Genußsucht, dem Leistungs- und Konsumdenken verfallen ist" (ib N. 91).

d) Die Bischöfe wurden eingeladen, ihr Augenmerk vor allem anderen den Grundideen zu schenken:

"Das Dokument richtet an die einzelnen Bischofskonferenzen die ehrerbietige Einladung, ihr Augenmerk den Leitgedanken zuzuwenden, die die Katholische Schule beseelen, sie auszuarbeiten und in bestimmte Bildungspläne einzubauen, die den besonderen Umständen und Anforderungen der verschiedenen Richtungen und Stufen des Schulwesens in den einzelnen Ländern entsprechen" (ib. N. 92).

Der Gesandte des Malteserordens in Österreich und Hochschulprofessor Robert Prantner, der ja Oblate ihrer Abtei ist, hat mir vom großen Ruf Ihres Abteigymnasiums in ganz Österreich berichtet. Er erwähnte dabei besonders die Lebensweisheit Ihres Ordensvaters St. Benedikt, die den Geist der Lehrer und Schüler bestimmt: ein ausgeglichenes Maß der Mitte zwischen den belastenden Extremhaltungen unserer Zeit zu vefolgen. Jene "discretio spiritum", die als Vermächtnis des Ordensvaters zu allen Zeiten das benediktinische Mönchtum durchwaltet, befähigt Sie den jungen Menschen einen wirklichen Dienst zur schöpferischen Entfaltung ihrer Anlagen und Talente zu erweisen. Als Christen, die nach der Matura die Abtei verlassen, sind diese dann besonders geeignet, auch den Geist des Zweiten Vatikanischen Konzils in ihrem eigenen Leben und in der Gesellschaft zu entfalten.

Schluß

Liebe Mitglieder und Freunde der Vereinigung der Förderer des Abteigymnasiums Seckau, ich wünsche Ihnen, daß Ihr verdienstvolle Engagement dazu beiträgt, daß immer mehr Früchte zugunsten der Jugend unserer Zeit erbracht werden: für eine beständige, ausgeglichene, bleibende Erneuerung der Gesellschaft, hier in der schönen Steiermark, aber auch in den anderen Bundesländern Österreichs und in aller Welt.

Möge Ihre Schule von Seckau gute und zahlreiche Berufe für das Reich Gottes fördern, die die Hoffnung der Kirche in Österreich, in Europa, in der Welt seien!

Die Verantwortung der Publizisten

Vortrag beim Dreiländertreffen der deutschsprachigen katholischen Publizisten, Schloß Puchberg, 22. September 1990

Es ist mir eine Freude, hier bei diesem Dreiländertreffen der deutschsprachigen katholischen Publizisten zu Ihnen sprechen zu können. Gerne habe ich die Einladung von Herrn Dr. Feichtlbauer angenommen, mit der er schon vor einem Jahr, unmittelbar nach meinem Amtsantritt als Nuntius in Österreich, an mich herangetreten ist.

Das Gesamtthema Ihrer Tagung "Neuevangelisierung Europas" - hat aufgrund der historischen Entwicklungen der letzten Monate eine ungeahnte neue Dimension erhalten.
Die jüngsten Ereignisse in den Ostblockländern bieten uns als Katholiken die große "Chance", den Wert der Frohen Botschaft wieder zu betrachten, die christlichen Wurzeln der europäischen Zivilisation wieder zu entdecken.

Es handelt sich um unsere große Verantwortung gegenüber Gott und den Menschen.

Ich will mein Referat in drei Abschnitte gliedern:

I. Die Sicht des II. Vatikanischen Konzils über die Aufgaben der katholischen Publizisten.
II. Der Beruf des katholischen Publizisten als Charisma.
III. Die Verantwortung der katholischen Publizisten und die Neuevangelisierung Europas.

I. DIE SICHT DES II. VATIKANISCHEN KONZILS ÜBER DIE AUFGABE DER KATHOLISCHEN PUBLIZISTEN

A) Über die Kommunikationsmittel im allgemeinen

Am Ende seiner zweiten Sitzungsperiode hat das II. Vatikanum neben der vielbeachteten und folgenreichen Luturgiekonstitution auch das Dekret über die sozialen Kommunikationsmittel "Inter mirifica" verabschiedet.

In diesem Dokument wird klar ausgesagt: Die Kirche ist sich bewußt, daß sie ihren Evangelisierungsauftrag in der modernen Welt nicht wirksam erfüllen kann, wenn sie nicht auch der Frage "Medien" vorrangig ihre Aufmerksamkeit zuwendet.

Warum hat das Konzil das Thema der Komunikationsmittel behandelt?

Die Kirche weiß um den wichtigen Beitrag zur Information und zur Erholung und Bildung des Geistes („Inter mirifica" N.2), den die sozialen Kommunikationsmittel leisten können. Sie weiß auch, daß die Medien der Ausbreitung und Festigung des Gottesreiches („Inter mirifica" N.2) dienen sollen. Und sie weiß ebenfalls, daß die Menschen diese technischen Erfindungen gegen Gottes Schöpfungsplan und zu ihrem eigenen Schaden mißbrauchen können („Inter mirifica" N.2).

Im Anschluß an diese einleitenden Überlegungen im 1. Kapitel wird festgehalten:
"*Die katholische Kirche ist von Christus, dem Herrn, gegründet, um allen Menschen das Heil zu bringen, und darum der Verkündigung des Evangeliums unbedingt verpflichtet. Deshalb hält sie es für ihre Pflicht, die Heilsbotschaft auch mit Hilfe der sozialen Kommunikationsmittel zu verkündigen und Grundsätze über deren richtige Anwendung aufzustellen*" („Inter mirifica" N.3).

Die Aufgaben der Laien.

Zu diesen Grundsätzen zählt das Konzil das Recht der Kirche, sich zur Erfüllung ihrer Sendung aller dieser Mittel zu bedienen, und die Pflicht der Hirten, dafür zu sorgen, daß die Gläubigen diese Mittel zur Erlangung des Heiles auf rechte Weise benützen. Und es betont:

"*Im übrigen gehört es vor allem zur Aufgabe der Laien, die sozialen Kommunikationsmittel mit echt humanem und christlichem Geist zu beseelen, um so den großen Erwartungen der Menschheit und dem Plane Gottes voll zu entsprechen*" („Inter mirifica" N.3).

Sittliche Werte und Kommunikationsmittel

Selbstverständlich betont das Dekret an erster Stelle die für den nutzbringenden Umgang mit den Medien vorauszusetzenden Kenntnisse der sittlichen Wertordnung und die Bereitschaft, sie auch auf diesem Gebiet zu verwirklichen (vgl. „Inter mirifica" N.4).

Es behandelt dann, ohne daß wir hier näher auf diese Frage eingehen könnten, einige heftig umstrittenen Probleme („Inter mirifica" N.5) wie das Recht auf Information, das stets der Wahrheit und der menschliche Rücksichtnahme verpflichtet bleibt (vgl. „Inter mirifica" N.5);
die Freiheit der Kunst, die mit den sittlichen Normen verbunden sein soll implizieren (vgl. IM N.6);
die Schilderung, Beschreibung oder Darstellung des sittlich Bösen, die ihre Berechtigung haben kann, sich aber auch den ethischen und moralischen Gesetzen unterordnen muß.

Diese Darstellung des Bösen "*kann die Erhabenheit des Wahren und Guten offenbaren und dabei besonders wirksame dramatische Effekte erzielen. Doch auch sie muß sich den ethischen Forderungen unterordnen, wenn sie nicht eher Schaden als Nutzen stiften will, vor allem bei Themen, deren Behandlung eine gewisse Zurückhaltung gebietet oder die im erbsündlich belasteten Menschen leicht niedrige Instinkte wecken*"(„Inter mirifica" N.7).

Öffentliche Meinung

Nachdem das Dekret den bestimmenden und richtunggebenden Einfluß der öffentlichen Meinung auf das private und gesellschaftliche Leben hervorgehoben und die daraus abzuleitende positive Pflicht unterstrichen hat, zur Bildung und Verbreitung richtiger öffentlicher Meinungen bei(zu)tragen („Inter mirifica" N.8), behandelt es verschiedene sittliche Aspekte wie:
- das Verhalten der Medienkonsumenten und der öffentlichen Gewalt („Inter mirifica" N.9),
- die Funktion der Jugend und der Eltern („Inter mirifica" N.10) und
- die Medienleute selbst.

Über die Bildung der öffentlichen Meinung ist auch die Lehre von Papst Pius XII in seiner Enzyklika über Film, Funk und Fernsehen "Miranda prorsus" vom 8. September 1957, wie auch des postkonziliaren Dokumentes "Communio et progressio" vom 25. Mai 1971, zu beachten.

B) Besondere Verantwortlichkeit der Autoren der Kommunikations-mittel.(„Inter mirifica" N.11)

Wir wollen wegen der Wichtigkeit diesen Passus in seiner vollen Länge zitieren:
" *Eine besondere Verantwortung für die sozialen Kommunikationsmittel tragen die Journalisten, Schriftsteller, Schauspieler, Regisseure, Produzenten, Geldgeber, Verleiher,*

Theaterleiter, Agenten, Kritiker und überhaupt alle, die irgendwie bei der Produktion und Verbreitung sozialer Kommunikationsmittel beteiligt sind. Die Größe und der Ernst ihrer Verpflichtungen unter den heutigen gesellschaftlichen Verhältnissen liegen klar auf der Hand. Ihre Information und Einwirkung können dem Menschen Segen oder Fluch bringen.
Ihre Aufgabe wird es darum sein, die wirtschaftlichen, politischen und künstlerischen Belange so aufeinander abzustimmen, daß sie dem Gemeinwohl niemals zuwiderlaufen. Um dies wirksamer zu erreichen, empfiehlt es sich, Berufsvereinigungen beizutreten, die ihren Mitgliedern Achtung vor dem Sittengesetz in ihren beruflichen Arbeiten und Pflichten auferlegen - wenn nötig, auch unter Eingehung der gegenseitigen Verpflichtung, festgelegte moralische Richtlinien zu beobachten. Immer aber mögen sie daran denken, daß ein großer Teil der Leser und Zuschauer aus Jugendlichen besteht. Diese brauchen Schriften und Darbietungen mit sauberer Unterhaltung und Anregung zum Guten. Sie sollen auch dafür sorgen, daß Darbietungen religiösen Inhalts ernsten und erfahrenen Bearbeitern anvertraut und mit gebotener Ehrfurcht gestaltet werden. („Inter mirifica" *N.11).*

C) Die Sicht der Konzilsväter bezüglich der Kommunikationsmittel und das Katholische Apostolat.

In seinem 2. Kapitel befaßt sich das Dekret "Inter mirifica" mit verschiedenen konkreten Aspekten der Nutzbarmachung der Medien für die Evangelisierung, wie:
- Förderung der katholischen Presse,
- Ausbildung von katholischen Publizisten,
- technische Perfektion der katholischen Medien,
- diverse nationale und internationale Förderungsmaßnahmen u. dgl.
- die große apostolische Bedeutung der Kommunikationsmittel.

Für diesen besonderen Punkt wird betont:
"Alle Glieder der Kirche sollen einmütig und planmäßig darangehen, ohne Aufschub und mit größtem Eifer die sozialen Kommunikationsmittel in den vielfältigen Arbeiten des Apostolates, wie es Zeit und Umstände erfordern, zu benutzen und schädlichen Unternehmungen zuvorzukommen, besonders in den Gegenden, wo sittlicher und religiöser Fortschritt erhöhte Anstrengungen erfordert.

Die kirchlichen Oberhirten sollen auf diesem Gebiet, das mit ihrer Pflicht zur Verkündigung so eng verbunden ist, ihrem Auftrag eilends nachkommen. Auch die mit den sozialen Kommunikationsmitteln arbeitenden Laien sollen vor allem durch Erfüllung ihrer jeweiligen Berufsaufgabe mit Sachverstand und in apostolischem Geiste bereitwillig für Christus Zeugnis ablegen.

Sie sollen auch, je nach Möglichkeit, mit ihren technischaftlichen, kulturellen und künstlerischen Kräften die kirchliche Seelsorge unmittelbar unterstützen" („Inter mirifica" *N.13).*

II. DER BERUF DES KATHOLISCHEN PUBLIZISTEN ALS CHARISMA

Aus dem Gesagten wird klar, welches Gewicht den sozialen Kommunikationsmitteln für die Evangelisierung zukommt, und zwar nicht nur den katholischen Medien, sondern den Medien überhaupt, in denen Katholiken ihren Beruf ausüben, der wie kaum ein anderer in dieser historischen Stunde sich als Berufung erweist.

Diese Berufung soll an vorderster Linie dazu beitragen, den tragischen Bruch zwischen Evangelium und Kultur zu überwinden:(vgl. Paul VI, Apostolisches Schreiben "Evangelii Nuntiandi", 18-20: AAS 68 (1976), 18-19).

Über die Erfüllung dieser Sendung schreibt Papst Johannes Paul II. folgendes:
"*Die Kommunikationsmittel bieten sich heute als privilegierter Weg zur Schaffung und zur Weitergabe der Kultur an. Aufgrund der raschen und umwälzenden Entwicklung und Erneuerung und ihres weltweiten, zugleich bis zur Basis reichenden Einflusses wird auch die Welt der Medien zu einem neuen Grenzgebiet der Sendung der Kirche. Die berufliche Verantwortung der Laien auf diesem Gebiet, sei es der einzelnen, sei es der gemeinsamen Institutionen und Initiativen, muß in ihrer ganzen Bedeutung anerkannt und mit mehr materiellen, intellektuellen und pastoralen Mitteln unterstützt werden.*
Gebrauch und Aufnahme der Kommunikationsmittel verlangen nach einer Erziehung zum kritischen, von der Liebe zur Wahrheit getragenen Sinn, und einer umfassenden Verteidigung der Freiheit, der Ehrfurcht vor der personalen Würde, der Festigung der wahren Kultur der Völker durch die entschiedene und mutige Ablehnung jeder Form von Monopolisierung und Manipulierung.
Die personale Verantwortung der Laien schränkt sich aber nicht auf diese Verteidigung ein: Das heilbringende Evangelium muß auf allen Straßen der Welt, auch auf denen der Presse, des Kinos, der Radiosender, des Fernsehens und des Theaters verkündigt werden" (CL N.44).

Erinnern wir uns an die Aussage des Konzils im Einleitungstext zum Laienkapitel der Konstitution über die Kirche:
"*Die geweihten Hirten wissen sehr gut, wieviel die Laien zum Wohl der ganzen Kirche beitragen. Sie wissen ja, daß sie von Christus nicht bestellt sind, um die ganze Heilsmission der Kirche an der Welt allein auf sich zu nehmen, sondern daß es ihre vornehmliche Aufgabe ist, die Gläubigen so als Hirten zu führen und ihre Dienstleistungen und Charismen so zu prüfen, daß alle in ihrer Weise zum gemeinsamen Werk einmütig zusammenarbeiten*" (LG N.30).

Das Selbstbewußtsein der Kirche als einer communio, die für das Konzil so charakteristisch ist, als einer wesentlich missionarischen communio, wie "Christifideles laici" nachdrücklich hervorhebt, läßt deutlich sowohl die tragende und leitende Sendung der Hirten als auch die Unersetzlichkeit jener Gnadengaben erkennen, die der Heilige Geist im Volke Gottes austeilt, wie es ihm beliebt.

Die natürlichen Fähigkeiten zur Arbeit mit den Medien zu besitzen und sich dieser Arbeit mit Begeisterung zu widmen, um in ihr Gott zu dienen und zur Gestaltung der Kultur im Geist des Evangeliums beizutragen, bedeutet zweifelsohne ein Charisma empfangen, das Gott zum Aufbau seines Leibes, der Kirche, gewährt.

Hören wir daher die Ausführungen des Konzils über den Glaubenssinn und die Charismen des Gottesvolkes:
"*Derselbe Heilige Geist heiligt... nicht nur das Gottesvolk durch die Sakramente und die Dienstleistungen, er führt es nicht nur und bereichert es mit Tugenden, sondern teilt den Einzelnen, wie er will* (1 Kor 12,11), *seine Gaben aus und verteilt unter den Gläubigen jeglichen Standes auch besondere Gnaden. Durch diese macht er sie geeignet und bereit, für die Erneuerung und den vollen Aufbau der Kirche verschiedene Werke und Dienste zu übernehmen gemäß dem Wort: 'Jedem wird der Erweis des Geistes zum Nutzen gegeben'* (1 Kor 12, 7). *Solche Gnadengaben, ob sie nun von besonderer Leuchtkraft oder aber schlichter und allgemeiner verbreitet sind, müssen mit Dank und Trost angenommen werden, da sie den Nöten der Kirche besonders angepaßt und nützlich sind.* (vgl. 1 Thess 5, 12 u. 19-21) (LG N.12).

Es ist offenkundig, daß ein gläubiger Publizist heute zur Evangelisierung, zur Ausbreitung des Reiches Gottes viel beitragen kann. Seine Arbeit wird, wenn sie nach den Grundsätzen der christlichen Ethik, im vollen Einklang mit der Lehre der Kirche, mit professionellem Sachverstand und apostolischem Eifer in Angriff genommen wird, zur Humanisierung der Gesellschaft beitragen und der Lösung zahlreicher schwieriger Probleme den Weg bereiten, die letztlich nur durch die Wahrheit und die Liebe Christi gefunden werden kann. Seine Arbeit wird darüber hinaus stets der Festigung der Einheit der Kirche dienen - wiederum in Wahrheit und Liebe -, denn diese Einheit stellt jederzeit die unabdingbare Voraussetzung für ihre evangelisierende Kraft dar.

Wir wissen, daß der Gebrauch der Charismen von Anfang an auch Schwierigkeiten mit sich gebracht hat. Die Paulusbriefe dokumentieren dies und zeigen bereits die Notwendigkeit, sie allzeit der Rangordnung oder Hierarchie der Charismen selbst zu unterwerfen. Der Gebrauch der Charismen fordert Demut, d.h. Realismus, er fordert Bereitschaft, er fordert Teilhabe am Glaubenssinn der Universalkirche, ja ein sentire cum ecclesia, das aus der Liebe zur konkreten Kirche Christi hervorgeht und nicht aus der hypothetischen Liebe zu einer Kirche der Zukunft nach dem eigenen Geschmack!

Die Dogmatische Konstitution ermutigt uns, die geheimnisvolle Gesamtheit der Kirche zu betrachten:

"Der einzige Mittler Christus hat seine heilige Kirche, die Gemeinschaft des Glaubens, der Hoffnung und der Liebe, hier auf Erden als sichtbares Gefüge verfaßt und trägt sie als solches unablässig; so gießt er durch sie Wahrheit und Gnade auf alle aus. Die mit hierarchischen Organen ausgestattete Gesellschaft und der geheimnisvolle Leib Christi, die sichtbare Versammlung und die geistliche Gemeinschaft, die irdische Kirche und die mit himmlischen Gaben beschenkte Kirche sind nicht als zwei verschiedene Größen zu betrachten, sondern bilden eine einzige komplexe Wirklichkeit, die aus menschlichem und göttlichem Element zusammenwächst. Deshalb ist sie in einer nicht unbedeutenden Analogie dem Mysterium des fleischgewordenen Wortes ähnlich. Wie nämlich die angenommene Natur dem göttlichen Wort als lebendiges, ihm unlöslich geeintes Heilsorgan dient, so dient auf eine ganz ähnliche Weise das gesellschaftliche Gefüge der Kirche dem Geist Christi, der es belebt, zum Wachstum seines Leibes (vgl. Eph 4,16).

Dies ist die einzige Kirche Christi, die wir im Glaubensbekenntnis als die eine, heilige, katholische und apostolische bekennen. Sie zu weiden, hat unser Erlöser nach seiner Auferstehung dem Petrus übertragen (Jo 21, 17), *ihm und den übrigen Aposteln hat er ihre Ausbreitung und Leitung anvertraut* (vgl. Mt 28, 18ff), *für immer hat er sie als ‚Säule und Feste der Wahrheit' errichtet* (1 Tim 3,15). *Diese Kirche, in dieser Welt als Gesellschaft verfaßt und geordnet, ist verwirklicht in der katholischen Kirche, die vom Nachfolger Petri und von den Bischöfen in Gemeinschaft mit ihm geleitet wird. Das schließt nicht aus, daß außerhalb ihres Gefüges vielfältige Elemente der Heiligung und der Wahrheit zu finden sind, die als der Kirche Christi eigene Gaben auf die katholische Einheit hindrängen.*

Wie aber Christus das Werk der Erlösung in Armut und Verfolgung vollbrachte, so ist auch die Kirche berufen, den gleichen Weg einzuschlagen, um die Heilsfrucht den Menschen mitzuteilen. Christus Jesus hat, "obwohl er doch in Gottesgestalt war,... sich selbst entäußert und Knechtsgestalt angenommen" (Phil 2, 6); *um unseretwillen ,ist er arm geworden, obgleich er doch reich war‘* (2 Kor 8, 9). *So ist die Kirche, auch wenn sie zur Erfüllung ihrer Sendung menschlicher Mittel bedarf, nicht gegründet, um irdische Herrlichkeit zu suchen, sondern um Demut und Selbstverleugnung auch durch ihr Beispiel auszubreiten. Christus wurde vom Vater gesandt, ,den Armen frohe Botschaft zu bringen, zu heilen, die bedrückten Herzens sind‘* (Lk 4, 18), *,zu suchen und zu retten, was verloren war‘* (Lk 19, 10). *In ähnlicher Weise umgibt die Kirche alle mit ihrer Liebe, die von menschlicher Schwachheit angefochten sind, ja in den Armen und Leidenden erkennt sie das Bild dessen, der sie gegründet hat und selbst ein Armer und Leidender war. Sie müht sich, deren Not zu erleichtern, und sucht Christus in ihnen zu dienen. Während aber Christus heilig, schuldlos, unbefleckt war* (Hebr 7, 26) *und Sünde nicht kannte* (2 Kor 5, 21), *sondern allein die Sünden des Volkes zu sühnen gekommen ist* (vgl. Hebr 2, 17), *umfaßt die Kirche Sünder in ihrem eigenen Schoße. Sie ist zugleich heilig und stets der Reinigung bedürftig, sie geht immerfort den Weg der Buße und Erneuerung.*

Die Kirche ,schreitet zwischen den Verfolgungen der Welt und den Tröstungen Gottes auf ihrem Pilgerweg dahin‘ und verkündet das Kreuz und den Tod des Herrn, bis er wiederkommt (vgl. 1 Kor 11, 26). *Von der Kraft des auferstandenen Herrn aber wird sie gestärkt, um ihre Trübsale und Mühen, innere gleichermaßen wie äußere, durch Geduld und Liebe zu besiegen und sein Mysterium, wenn auch schattenhaft, so doch getreu in der Welt zu enthüllen, bis es am Ende im vollen Lichte offenbar werden wird"* (LG N.8).

Die katholischen Publizisten können - ihrer kirchlichen Berufung entsprechend - beitragen

- zum Ansehen ihrer Glaubensbrüder,
- zur Hilfe des Papstes und der Hirten in der Welt,
- zur Wirksamkeit der Tätigkeit unserer Missionare in allen Kontinenten, in allen Ländern,
- zur Förderung eines sachlichen Dialogs, damit die Stimme der frohen Botschaft in unserer zerstreuten Gesellschaft vernehmbar werde.

Es ist klar, welch enorme Bedeutung den Medien bei der Bildung der öffentlichen Meinung unter Katholiken und Nichtkatholiken bei oft heiklen Themen zukommt. Dies gilt in positiver Hinsicht; es gilt leider auch in negativer Hinsicht, sodaß die jüngst veröffentliche Instruktion über die kirchliche Berufung des Theologen sagen kann:

"*Das Gewicht einer künstlich gesteuerten öffentlichen Meinung übt mit dem Druck, sich konform zu verhalten, ebenfalls seinen Einfluß aus. Oft drohen die von den Massenmedien verbreiteten sozialen Modelle zu einem normgebenden Wert zu werden, und es verbreitet sich die Meinung, die Kirche dürfe sich nur zu Problemen äußern, die die öffentliche Meinung für wichtig hält, und dann in einer Weise, die dieser gefällt. Das Lehramt könne sich z.B. mit wirtschaftlichen und sozialen Fragen befassen, solle aber alles, was Ehe- und Familienmoral betrifft, dem Urteil des einzelnen überlassen*" (Nr.32 C).

Sie als katholische Publizisten sind dazu berufen
- die Heilsbotschaft zu verbreiten und ihren göttlichen - und daher nicht menschlichen - Ursprung klar zu machen,
- die Autorität des Papstes und der Bischöfe als einen Dienst der Wahrheit, zur Liebe und daher der Einheit zu verdeutlichen.

Die Nachfolger der Apostel sind in der Kirche bestellt zu erfüllen, was Christus selbst gesagt und getan hat: "*Der Menschensohn ist nicht gekommen, um sich dienen zu lassen, sondern um zu dienen und sein Leben hinzugeben als Lösegeld für viele*" (Mk 10, 45).

In dieser Vollmacht des Dienens - und daher nicht der bloßen Macht - soll der universale Sendungsauftrag Unseres Herrn Jesus Christus an die Apostel verstanden werden:
"*Mir ist alle Macht gegeben im Himmel und auf der Erde. Darum geht zu allen Völkern, und macht alle Menschen zu meinen Jüngern; tauft sie auf den Namen des Vaters und des Sohnes und des Heiligen Geistes, und lehrt sie, alles zu befolgen, was ich euch geboten habe. Seid gewiß: Ich bin bei euch alle Tage bis zum Ende der Welt*" (Mt 28,18-20).

Im dritten Kapitel des nachsynodalen Apostolischen Schreibens "Christifideles Laici" wird umfangreich über die Mitverantwortung der Laien für die Kirche in ihrer Sendung gesprochen und u.a. festgestellt:
"*Weil sie Glieder der Kirche sind, haben die Laien die Berufung und Sendung, das Evangelium zu verkünden. Aufgrund der christlichen Initiationssakramente und der Gaben des Heiligen Geistes sind sie dazu berufen und verpflichtet*" (CL N.33)

Es soll durchaus eine öffentliche Meinung auch innerhalb der Kirche geben. Nun mit äußerster Wahrhaftigkeit, mit echter Liebe und mit verantwortungsbewußter Klugheit kann sie gedeihen. Die Mahnungen von "Lumen gentium" sind ein Verweis auf die verantwortungsvolle und vertrauensvolle Solidarität, die zwischen Bischöfen und Laien bestehen soll:

"Die Laien sollen den Hirten ihre Bedürfnisse und Wünsche mit der Freiheit und dem Vertrauen, wie es den Kindern Gottes und den Brüdern in Christus ansteht, eröffnen. Entsprechend dem Wissen, der Zuständigkeit und hervorragenden Stellung, die sie einnehmen, haben sie die Möglichkeit, bisweilen auch die Pflicht, ihre Meinung in dem, was das Wohl der Kirche angeht, zu erklären... Die Laien sollen wie alle Christgläubigen das, was die geweihten Hirten in Stellvertretung Christi als Lehrer und Leiter in der Kirche festsetzen, in christlichem Gehorsam bereitwillig aufnehmen nach dem Beispiel Christi, der durch seinen Gehorsam bis zum Tod den seligen Weg der Freiheit der Kinder Gottes für alle Menschen eröffnet hat. Sie sollen auch nicht unterlassen, ihre Vorgesetzten Gott zu empfehlen, die ja wachen, um Rechenschaft für unsere Seelen zu geben, damit sie das mit Freude tun können und nicht mit Seufzen" (vgl. Hebr 13, 17) (LG N.37).

III. DIE VERANTWORTUNG DER KATHOLISCHEN PUBLIZISTEN ANGESICHTS EINER NEUEVANGELISIERUNG EUROPAS.

Diese Überlegungen über die Berufung des katholischen Publizisten haben ihre Gültigkeit in jeder Zeit, in jedem Kontinent und in jedem Land, daher auch in unseren Tagen, in Europa, in den deutschsprechenden Ländern. Sie selbst haben in den vergangenen Monaten wohl des öfteren darüber nachgedacht, was jene erstaunlichen "Zeichen der Zeit", die wir beobachten durften, für Sie selbst und Ihre Arbeit in den Medien bedeuten.

Der Freiheitsprozeß, der im ehemaligen Ostblock angelaufen ist, wäre ohne die Treibkräfte des Christentums niemals in Gang gekommen. Der Respekt für die katholische Kirche ist in den Ländern Ostmitteleuropas vielleicht verschieden. Aber es wird niemand bestreiten, daß das katholische Polen in diesem Befreiungsgeschehen eine führende Rolle gespielt hat und daß die neue Hoffnung, zu der diese Völker gefunden haben (und mit ihnen ganz Europa), in einem sehr erheblichen Maß auf das Wirken und auf das Wort des Papstes aus Polen zurückzuführen ist.

Für die Gläubigen im einstigen Ostblock - wie auch in Missionsländern und überall, wo Katholiken leiden und auf die Kraft des Kreuzes und der Auferstehung vertrauen - ist der Papst wie ein Leuchtturm für die Orientierung, ein rettender Fels, eine wahre Hoffnung.

Der Papst ist das immerwährende und sichtbare Prinzip und Fundament der Glaubenseinheit und der Gemeinschaft (LG N.18); mit ihm hat die Kirche in aller Welt in Einheit und Gemeinschaft zu stehen.

Als Nachfolger Petri ist der Papst das Oberhaupt des Kollegiums der Apostelnachfolger, dem Unser Herr Jesus Christus gesagt hat:

"*Du bist Petrus, und auf diesen Felsen werde ich meine Kirche bauen, und die Mächte der Unterwelt werden sie nicht überwältigen. Ich werde dir die Schlüssel des Himmelreichs geben; was du auf Erden binden wirst, das wird auch im Himmel gebunden sein, und was du auf Erden lösen wirst, das wird auch im Himmel gelöst sein*" (Mt 16, 18-19).

"Missionsland Europa": so haben Sie Ihr Dreiländertreffen überschrieben. Europa ist in Ost und West in vieler Hinsicht ein Missionsland. Eine große Evangelisierungsanstrengung ist notwendig, bei der auch Ihre Hilfe für die Verkündigung der frohen Botschaft in allen europäischen Ländern, vom Ozean bis zum Ural, erwartet wird.

Auch das westliche Europa, zu dem die deutschsprechenden Länder zählen, ist Missionsland geworden. An materiellen Mitteln fehlt es nicht, kirchliche Strukturen gibt es in Fülle, an technischer Perfektion herrscht kein Mangel, journalistisches Know-how und publizistisches Engagement sind vorhanden. Aber muß nicht die erste missionarische Anstrengung darauf gerichtet sein, die immer aufzubauende Einheit in der Kirche zu fördern?

Die Kirche in den Ländern Osteuropas hat wegen der ungebrochenen Treue der Hirten und der Gläubigen zum Nachfolger Petri und zur katholischen Einheit überlebt. Sie hat dem Druck des Marxismus-Leninismus durch Jahrzehnte standgehalten und zuletzt mit Gottes Hilfe und auf die Fürsprache seiner himmlischen Mutter die Menschen in eine neue Freiheit begleitet, die nun mit Verantwortung und christlicher Überzeugung zu gestalten ist.

Mit welch großem Vertrauen konnten die Katholiken immer zum Nachfolger Petri aufblicken; wie tröstlich war es in Zeiten der

Verfolgung, ein Teil der Kirche Christi zu sein, die auf dem Felsen Petri gebaut ist.

Kürzlich sagte mir ein Bischof aus Rumänien: "*Wir sind immer überzeugt gewesen: eine Mutter vergißt niemals ihre Kinder. Auch wenn sie nicht helfen kann, bleibt sie immer voller Hoffnung... sie wartet auf den passenden Zeitpunkt... die Situation wird sich sicher ändern. Solche Gedanken haben uns in den schwierigsten Momenten geholfen; der Papst und die Weltkirche haben unsere Erwartungen nicht getäuscht*".

Was von Rumänien gesagt wurde, ist die gelebte Geschichte aller Christen, aller Teilkirchen in allen Kontinenten, in allen Nationen, in allen Teilen der Welt.

Die Menschen in Westeuropa - auch die Christen - sind im Begriff, dem praktischen Materialismus nachzugeben, sich den Trends des dogmatischen Relativismus und des moralischen Permissivismus zu ergeben und die Quellen ihrer sittlichen Kraft versiegen zu lassen. Schon Paulus ruft den Christen zu: *Gleicht euch dieser Welt nicht an!* (Röm 12, 2).

Europa muß von seiner gefährlichen Sattheit geheilt werden.

Jahrhundertelang hat Europa Großes für die Menschheit geleistet. Europa muß nun seine innere Müdigkeit überwinden, um einer erneuerten Welt mit seinem Glauben, Wissen und Können zu dienen

Als Christen haben wir die große Aufgabe, das Licht der Welt (Mt 5,14-16), das Salz der Erde (Mt 5,13; Mk 9,49) zu sein.

Als katholische Publizisten können Sie durch die Kommunikationsmittel die Welt mit Wahrheit erhellen, den Menschen den Sinn des Lebens anzeigen, allen Christen den Glauben vertiefen helfen; Sie können allen helfen, die Frohe Botschaft Gottes mit Begeisterung anzunehmen.

Tun Sie dies mit dem gleichen Eifer wie der Völkerapostel Paulus, der in leidenschaftlicher Liebe für Christus und seine Kirche geschrieben hat:
"*Wenn ich nämlich das Evangelium verkünde, kann ich mich deswegen nicht rühmen; denn ein Zwang liegt auf mir. Weh mir, wenn ich das Evangelium nicht verkünde!*"

Hierin liegt auch die Stunde der Gnade für die Neuevangelisierung Europas, die eine geeinte Kirche braucht. Nur eine geeinte Kirche kann zu den christlichen Wurzeln des Kontinents zurückführen, von denen Papst Johannes Paul II. mit leidenschaftlicher Überzeugung spricht; zu jenen Wurzeln des Glaubens und der Gemeinschaft, deren immerwährendes Fundament der Stellvertreter Christi auf Erden ist.

Für eine Zivilisation des Friedens

Ansprache bei der Präsentation des Sammelbandes "Die Weltfriedensbotschaften Papst Johannes Pauls II." in Wien, 23. November 1992

Diese Feier sollte als eine Betrachtung über den unschätzbaren Wert des Friedens angesehen werden.

Der Friede ist die tiefe Sehnsucht eines jeden menschlichen Herzens, eines jeden Volkes; er erweckt das Interesse aller Menschen guten Willens.
Alle rufen zum Frieden auf! Trotzdem gibt es in den verschiedenen Teilen der Welt keinen Frieden.

Der Friede ist ständig in Gefahr, er ist immer bedroht!

Alle sehnen sich nach Frieden! Aber man vergißt manchmal, daß der Friede ein Werk der Gerechtigkeit ist; er ist die Frucht der Ordnung und des Respekts vor der Hierarchie der Werte. Der Aufbau des Friedens in jedem Herzen in jeder Familie, in jeder Gemeinschaft, in jeder Nation und in der ganzen Welt verlangt einen beständigen Einsatz.

Die Vertiefung in den Begriff des Friedens macht uns schöpferisch und ideenreich und gibt immer neue Kraft zur Verwirklichung des Friedens.

Der Aufbau des Friedens braucht den Beitrag aller Menschen. Zunächst muß jedoch die Wurzel jener Übel ausgerottet werden, die ein Wachstum des Friedens verhindern, d.h. der Egoismus, der in jedem Menschen steckt, die maßlose Ungleichheit in den sozialen Beziehungen, das Streben nach Macht, der Mangel an Respekt vor Menschenwürde und -rechten, der unbrüderliche Neid und das gegenseitige Mißtrauen.

Diese Übel entspringen nicht immer einem bewußt bösen Willen, sondern sind die Folgen eines Mangels an Überlegung.

Wenn die Ursachen des Unfriedens aufgezeigt sind, gilt es die Mittel zu prüfen, um zu heilen, um eine bessere Welt aufzubauen, um eine neue Zivilisation zu gründen, die auf jenen vier Hauptpfeilern ruht, d.h.
- auf echter Wahrheit, die den menschlichen Verstand erleuchtet,

- auf Freiheit, die Selbstbeherrschung und Respekt für andere einschließt,
- auf sachlicher Gerechtigkeit, die die eigenen Rechte und Pflichten mit denen der Mitmenschen verbindet und
- auf Liebe, die eine unerschöpfliche Quelle großzügiger Solidarität ist.

Allen, die dieses große Werk im Rahmen der eigenen Möglichkeiten und Talente erfüllen, gilt die Seligpreisung des "Fürsten des Friedens": "Selig, die Frieden stiften; denn sie werden Söhne Gottes genannt werden" (Mt 5,9).

Nach eher grundsätzlichen Gedanken möchte ich meine Dankesworte an alle richten, die auf verschiedener Ebene diese Feier mitgestalten, damit das höchste Gut des Friedens gefördert sei!

Zunächst danke ich herzlich dem Herrn Intendanten, der diese festliche Stunde hier, in diesem Atrium, vermittelt hat. Mein "Vergelt's Gott" gilt auch allen Verantwortlichen des Österreichischen Rundfunks.

Zu diesem Anlaß möchte ich die Wertschätzung des Heiligen Vaters, Papst Johannes Paul II., zum Ausdruck bringen, sei es für Ihre bedeutende Rolle in der Übermittlung von Ereignissen, Tatsachen und Meinungen, sei es in der objektiven Vorstellung von Idealen und Institutionen, die zur sachlichen Weiterbildung der Menschen dienen.

In seiner Botschaft vom 5. Juli d.J. zur erfolgreichen Solidaritäts-Initiative "Nachbar in Not" des ORF in Zusammenarbeit mit der Caritas und dem Roten Kreuz, hat Papst Johannes Paul II. diese Aktion als einen Beitrag für den Frieden bezeichnet und seine Wertschätzung mit folgenden Worten zum Ausdruck gebracht:

"Wenn wir den Frieden wollen - und wir alle wünschen ihn herbei - , müssen wir uns der Leiden so vieler Brüder und Schwestern, die alles verloren haben, annehmen und mit ihnen in reichem Maße unsere materiellen und geistlichen Güter teilen" ("L'Osservatore Romano" v.10.Juli 1992, N.28, S.1).

Gleicherweise möchte ich dem Vorsitzenden der Österreichischen Bischofskonferenz, Seiner Eminenz, Kardinal Dr. Hans Hermann Groer, danken, der - trotz so zahlreicher pastoraler Verpflichtungen in der Erzdiözese Wien - die Einladung angenommen hat, seine Überlegungen über das lebenswichtige Thema des Friedens darzulegen.

Sehr herzlich danke ich Seiner Eminenz, Kardinal Dr. Franz König, der sich sein Leben lang - in Verbindung mit dem Heiligen Stuhl - bemüht hat, immer neue Wege des Dialogs zu finden, die zum

Reifungsprozeß der Ereignisse in Mittel- und Osteuropa beigetragen haben.

Danken möchte ich auch dem hier anwesenden Verleger und Inhaber des renommierten Berliner Verlages Duncker & Humblot, Herrn Prof. Norbert Simon, der mit dem Wahlspruch "Vincit Veritas" eine weltweite wissenschaftliche Tätigkeit mit Mut und Großzügigkeit entfaltet, damit die Wahrheit, die wirklich frei macht, siegt.

Die einzelnen Friedensbotschaften werden jeweils von angesehenen Persönlichkeiten der Wissenschaft, des öffentlichen Lebens, der Diplomatie kommentiert:

Vielen möchte ich den herzlichen Dank aussprechen:

Herrn Altbundespräsident Dr. Rudolf Kirchschläger, Herrn Altbundespräsident Dr. Kurt Waldheim, Prof. Felix Ermacora, Prof. Hermann Haupt, Prof. Marian Heitger, S.E. Bischof Egon Kapellari, Prof. Heribert F. Köck, Botschafter Helmut Liedermann, Prof. Robert Prantner, S.Em., dem hochwürdigsten Herrn Kardinal Joseph Ratzinger, Herrn Bundesratspräsident Prof. Herbert Schambeck, Prof. Johannes Schasching SJ, Pater Heinrich Segur SJ und Prof. Rudolf Weiler.

Besonders möchte ich dem Präsidenten des österreichischen Bundesrates, Herrn Univ.-Prof. Dr. Herbert Schambeck, danken, der durch seine vermittelnde Rolle zum Verlagshaus Duncker & Humblot wesentlich zur Herausgabe des Sammelbandes "Die Weltfriedensbotschafen Papst Johannes Paul II." beigetragen hat.

Mein persönlicher Dank gilt auch dem außerordentlichen Gesandten und bevollmächtigten Minister Prof. DDr. Robert Prantner für sein wertvolles, sorgfältiges und großzügiges Mitwirken am Zustandekommen dieses Buches und dieser festlichen Feierstunde.

Ich danke sehr herzlich allen Anwesenden, die ihre kostbare Zeit unseren Gedanken widmen, um ihre Liebe für den Frieden zu bezeugen.

Möge dieser Sammelband ein Baustein zur Umsetzung weltweit wirkender Ideen sein, ein kleiner Beitrag zum Aufbau einer Zivilisation des Friedens!

Der Papst im Dienst der Menschenrechte und des Friedens

Referat vor der Österreichischen Gesellschaft für Völkerverständigung, 4. November 1993

Vorbemerkung

Der Heilige Stuhl ist das oberste Organ der katholischen Kirche. Unter diesem Terminus versteht man den Bischof von Rom gemeinsam mit den Verantwortlichen der verschiedenen päpstlichen Dikasterien in Rom.

Unter diesen Behörden ist für die internationalen Beziehungen des Heiligen Stuhls das Staatssekretariat von herausragender Bedeutung.

Die letzte Reorganisation des Staatssekretariats wurde von Johannes Paul II. 1988 angeordnet; dieses Amt wurde kraft der Apostolischen Konstitution "Pastor Bonus" in zwei Sektionen geteilt. Die Zweite Sektion entspricht dem ehemaligen Rat für die öffentlichen Angelegenheiten der Kirche und befaßt sich mit den Beziehungen des Heiligen Stuhls zu den Staaten und internationalen Organisationen. Nach österreichischen Verhältnissen könnte man den Kardinal-Staatssekretär etwa mit dem Bundeskanzler und den Sekretär der Zweiten Sektion mit einem Kanzleramtsminister vergleichen.

Die wichtigsten Bestimmungen betreffend die Aufgabe des Staatssekre-tariates wurden schließlich auch in den neuen Codex Juris Canonici von 1983 in den Canones 360-367 aufgenommen.

Zu den Aufgaben aller Vertreter des Heiligen Stuhls - ob mit oder ohne diplomatischen Charakter - gehört es unter anderem, "*sich mit Eifer zu interessieren für die Probleme des Friedens, des Fortschritts und der Zusammenarbeit der Völker hinsichtlich des geistigen, sittlichen und materialen Wohls der gesamten Menschheitsfamilie*" (vgl.can.365, Nr.5).

Tatsächlich eignet dem Heiligen Stuhl durch seine besondere religiöse Sendung in der Welt auch im Rahmen der Völkerrechtsgemeinschaft eine spezifische Friedensfunktion. Der Heilige Stuhl hat versucht, diese Funktion in verschiedenen Zeiten mit verschiedenen Mitteln wahrzunehmen.

I. Förderung des Friedens

Der Friede ist Ausgangspunkt und Erfüllung der Liebe zu Gott und zu den Menschen, in welcher das ganze Gesetz sich erfüllt. Friede entspringt und entspricht der Liebe.

In diesem Sinne bedeutet der Friede die tiefe Sehnsucht eines jeden menschlichen Herzens, eines jeden Volkes; er betrifft das Interesse aller Menschen guten Willens. Dennoch befindet sich der Frieden auf der Welt in permanenter Bedrohung. Alle sehnen sich nach diesem Frieden, vergessen aber, daß dieser kein bloßes Element des Gefühls und des Wollens allein ist,
sondern das Werk der Gerechtigkeit. Daraus wird bereits der Zusammenhang unserer heute zu behandelnden doppelten Thematik erkennbar. Friede ist die Frucht der Ordnung in der menschlichen Gesellschaft und des Respektes vor der Rangordnung der Werte. Der Aufbau des Friedens in jedem Herzen, in jeder Familie, in jeder Gemeinschaft, in jeder Nation und in der ganzen Welt verlangt eines jeden beständigen Einsatz.

Die Vertiefung in den Begriff des Friedens macht uns schöpferisch und ideenreich und gibt neue Kräfte zur Verwirklichung des Friedens durch die Tat. Lassen Sie mich die konkrete Darstellung der Friedensarbeit des Heiligen Stuhls noch ausführlicher vortragen:

Der Aufbau des Friedens bedarf des Beitrags aller Menschen. Zunächst muß jedoch die Wurzel jener Übel ausgerottet werden, die ein Wachstum des Friedens verhindern; dies sind:
- der Egoismus, der in jedem Menschen wie ein störender Fremdkörper steckt,
- die maßlose Ungleichheit in den sozialen Beziehungen,
- das Streben nach Macht,
- der Mangel an Respekt vor der Würde des Menschen und vor den aus dieser entspringenden Menschenrechten,
- der dem Geist der Brüderlichkeit widerstrebende Neid und
- das gegenseitige Mißtrauen.

Nicht immer entspringen diese Fehlhaltungen einem bewußt angelegten bösen Willen, sondern sind häufig eher Folgen eines Mangels an Denkkraft und Überlegung.

Wenn die Ursachen des Unfriedens aufgezeigt sind, gilt es, die geeigneten Mittel zu prüfen, um zu heilen, um eine bessere Welt aufzubauen, um eine neue Kultur der Zivilisation zu begründen, die auf den im folgenden genannten vier Hauptpfeilern beruhen:
1. - auf echter Wahrheit, die den menschlichen Verstand erleuchtet,

2. - auf Freiheit, die Selbstbeherrschung und Respekt für andere einschließt,

3. - auf sachlicher Gerechtigkeit, die die eigenen Rechte und Pflichten mit jenen der Mitmenschen verbindet und

4. - auf Liebe, die eine unerschöpfliche Quelle großzügiger Solidarität ist.

Allen, die dieses große Werk im Rahmen der eigenen Möglichkeiten und Talente erfüllen, gilt die Seligpreisung des "Fürstens des Friedens": "*Selig, die Frieden stiften; denn sie werden Söhne Gottes genannt werden*" (Mt 5,9).

Der große abendländische Kirchenlehrer Aurelius Augustinus, der dem Chorherrenorden dieser Babenbergerstadt Klosterneuburg seinen Geist geschenkt hat, bezeichnet den Frieden als "Ruhe in der Ordnung". Dies bedeutet in der einzelnen menschlichen Persönlichkeit nicht stagnierende Bewegungslosigkeit, sondern "Friede des Herzens". In diesem Sinne beanspruchen die Bemühungen um Ordnung in den Herzen der Menschen den ersten Rang in der Hierarchie des "peacemaking" und dann auch des "peacekeeping".

Die Geschichte der Universalkirche präsentiert uns eine große Vielfalt von Mühen um den Frieden in allen seinen Dimensionen. Den Worten folgten Taten im Streben nach Friedensschaffung und Friedensbewahrung. Blicken wir nur auf dieses unser 20. Jahrhundert, mit dem das 2. Jahrtausend nach der Menschwerdung des Göttlichen Wortes zu Ende geht. Es war durchzogen von zwei großen globalen Kriegen, die den ganzen Erdkreis bewegten und unsagbares Leid brachten. Seit der Mitte dieses Jahrhunderts sind es knapp 100 kleinere oder kleine Kriege, Bürgerkriege, bewaffnete Konflikte auf regionaler oder territorialer Ebene, aber auch im kategorialen, ideologiebegründeten Sinne. Seit der "Wende" von 1989, die Papst Johannes Paul II. in seinem Weltrundschreiben "Centesimus annus" im zeitgeschichtlichen und spirituellen Bereiche als Markstein besonderer Art deutete, bedrückt ein mehrdimensionaler Nationalitäten- und auch Religionskrieg den südslawischen Raum; die Nachfolgestaaten der ehemaligen Sowjetunion sind weder zur Ruhe noch zu einer stabilen Ordnung gelangt.

In diesen fünfzig Jahren seit dem Ende des 2. Weltkriegs haben die Päpste ununterbrochen zum Frieden aufgerufen, die Herzen der Staatenlenker und den Willen der Politiker beschworen und durch Emissäre im Rahmen der diplomatischen und kirchlichen Möglichkeiten Beiträge zur Befriedung geleistet. Dies gilt vor allem für Pius XII., Johannes XXIII., Paul VI. und Johannes Paul II. Darüber

hinaus aber schuf Papst Paul VI. die Institution des "Weltfriedenstages", am Neujahrstag eines jeden
Kalenderjahres angesetzt, der zugleich das Fest Mariae, der "Mutter der Kirche" begeht, die wir als "Regina pacis", als Königin des Friedens verehren. Mit diesen Weltfriedenstagen ist jeweils eine andere spezielle Thematik verbunden, die in den päpstlichen Botschaften zu diesem Anlaß behandelt und an die ganze Welt adressiert wird.

Gestatten Sie mir dazu einen chronologisch konzipierten Rückgriff.

a) Papst Pius XII.
Im Frühjahr des ersten Kriegsjahres 1939 wurde Kardinalstaatssekretär Eugenio Pacelli zum Papst gewählt, der den Namen Pius XII. annahm. Er ist als "Mahner zum Frieden" in einem mörderischen Blutvergießen in die Geschichte des 20. Jahrhunderts eingegangen. Am 24. August 1939, unmittelbar vor Ausbruch des Krieges, erinnerte Pius XII. in einer Radioansprache an die "Regierungen und Völker" noch einmal daran, daß eine Politik ohne sittliche Werte ihren eigenen Urheber zerstört. In letzter Stunde formuliert er den beschwörenden Appell: "*Unmittelbar droht die Gefahr, aber noch ist es Zeit. Nichts ist mit dem Frieden verloren, aber alles kann mit dem Krieg verloren sein!*".

Und in seiner Botschaft an die Welt vom 24. Dezember 1944, also ein halbes Jahr vor dem Kriegsende, spricht Pius XII. einen Gedanken aus, der aus den Erfahrungen der Völkerschlacht geboren, auch heute nichts von seiner Gültigkeit verloren hat: "*Eine Pflicht obliegt allen, eine Pflicht, die keine Verzögerung, keinen Aufschub, kein Wanken, kein Ausweichen duldet: nämlich alles zu tun, was möglich ist, um ein für allemal den Angriffskrieg als erlaubte Lösung internationaler Spannungen, als Werkzeug nationaler Bestrebungen, in Acht und Bann zu erklären.*"

Das Grundanliegen der Friedenslehre Pius XII. ist die Schaffung eines "christlichen Europa", in welchem die Menschenwürde respektiert und geschützt wird, eines Europas in Sicherheit und Zusammenarbeit, wie es Jahrzehnte später die Helsinki-Konferenz proklamiert, eines "christlichen Europa", in welchem die Imperative der Bergpredigt Friede und Einheit, Brüderlichkeit und einen auf Gottes Wort beruhenden "*Frieden in Freiheit*" schaffen. Pius XII. erblickt darin den Kern einer neuen Weltfriedensordnung.

b) Papst Johannes XXIII.

Zum großen "Papst des Friedens", der als solcher weit über die Grenzen der katholischen Kirche hinaus ins Bewußtsein der Völkergemeinschaft eingegangen ist, wurde Johannes XXIII.
Seine Enzyklika "Pacem in terris" vom 11. April 1963 ist eine Magna charta des Friedens geworden. Er fordert die Ausschaltung des Krieges als Mittel der Politik überhaupt.

Bereits 1962 hat er diese seine Meinung in die Tat umgesetzt: Als in den Oktobertagen eben dieses Jahres die Kubakrise zwischen der Sowjetunion und den Vereinigten Staaten ihrem Höhepunkt entgegentrieb, vermittelte er sehr erfolgreich im Verborgenen. Der Welt blieb ein Atomkrieg mit seinem Inferno erspart. Abrüstung, Rüstungskontrolle, begleitende Mechanismen internationaler Natur sollten begleitet werden von einer totalen Wandlung der Gesinnung der Völker und Staaten, auf eine Ächtung des Krieges hinzielend.

Das Gesetz des gegenseitigen Vertrauens der Völker, als Unterpfand für den Frieden, sollte den Wetteifer um gleiche Rüstungsstärke ersetzen.

c) Das II. Vatikanische Konzil
Während des von Papst Johannes XXIII. einberufenen und von Papst Paul VI. fortgeführten Zweiten Vatikanischen Konzils wurde das Schema "Gaudium et spes", über die Kirche in dieser Welt, beschlossen. Im Abschnitt Nr.79 wird gesagt:

"Obwohl die jüngsten Kriege unserer Welt ungeheuren materiellen und moralischen Schaden zugefügt haben, setzt der Krieg doch jeden Tag in irgendeinem Teil der Welt seine Verwüstungen fort. Es droht sogar beim Gebrauch wissenschaftlicher Waffen, gleich welcher Art, eine Barbarei der Kriegsführung, die die Kämpfenden zu Grausamkeiten verleitet, die jene vergangener Zeiten weit übersteigt. Die Kompliziertheit der heutigen Lage und die Verflochtenheit der internationalen Beziehungen ermöglichen außerdem neue hinterhältige und umstürzlerische Methoden, Kriege zu tarnen und in die Länge zu ziehen. In vielen Fällen gibt der Einsatz terroristischer Praktiken der Kriegsführung eine neue Gestalt.
Ja, wenn man alle Mittel, die sich schon in den Waffenlagern der Großmächte befinden, voll einsetzen wollte, würde sich daraus eine fast totale und gegenseitige Vernichtung des einen Gegners durch den anderen ergeben. Dazu kommen noch die zahllosen Verwüstungen in der Welt, die dem Gebrauch solcher Waffen als verhängnisvolle Nachwirkungen folgen".

Welch eine Aktualität im Hinblick auf den Balkankrieg unserer Tage!

d) Die Weltfriedensbotschaften Papst Pauls VI. und Papst Johannes Pauls II.

Mit Papst Paul VI. und dem gegenwärtigen Oberhaupt der katholischen Christenheit stehen die bereits erwähnten "Weltfriedensbotschaften" im Zentrum der kontinuierlichen Hirtensorge um den Frieden. Als wir dem Heiligen Vater zu Anfang dieses Jahres 1993 einen zweiten Sammelband der "Weltfriedensbotschaften" in deutscher Sprache überreichten, der jenen ersten ergänzte, in welchem ich die Botschaften Pauls VI. veröffentlichte, hat der Papst folgende Worte gesprochen:

"*Trotz aller Veränderungen der letzten Jahre bleiben die Verkündigung der Botschaft vom Frieden und der Auftrag, den Frieden zu schaffen, unverändert unsere Aufgabe. In der gegenwärtigen Zeit des Umbruchs erleben wir tagtäglich (nicht fern von den Grenzen Österreichs) die Schrecken des Krieges. Symptome eines übersteigerten Nationalismus und Fremdenhasses, Erscheinungen, die wir längst überwunden glaubten, brechen in Europa neu auf ...*"

Diese Ermahnung sollte uns allen sehr zu denken geben und unsere persönliche Friedensphilosophie zu neuen Einstellungen und Taten lenken. Sie wird fruchtlos bleiben, wenn wir sie nicht in den Bereich von Recht und Gerechtigkeit, der Sorge um die Rechte des Menschen integrieren. Dieses Thema wollen wir im zweiten Teil dieses Vortrages am Beispiel der jüngst in Wien stattgefundenen Weltkonferenz der UN für Menschenrechte überlegen.

II. Bemühungen des Heiligen Stuhls zur Förderung des Friedens und der Gerechtigkeit

Mit Gerechtigkeit bezeichnen wir im allgemeinen jene Tugend, die das Recht eines jeden achtet und jedem das Seine gewährt. In diesen Bereich fallen auch die 1948 deklarierten Menschenrechte. Ich möchte daher die Bemühungen des Heiligen Stuhls und der Vereinten Nationen für die Menschenrechte betonen.

Die Menschenrechte entspringen der Würde der menschlichen Person. Ihre lückenlose Geltung schafft die Atmosphäre der Einzelgerechtigkeit wie der sozialen Gerechtigkeit. Sie begründen den sozialen Frieden unter den Gruppen, den Regionen, Völkern und Staaten wie in der kontinentalen und in der Weltgemeinschaft.

Mit der Erklärung der Menschenrechte haben die Vereinten Nationen vor nunmehr 45 Jahren einen "Akt von größter Bedeutung" gesetzt. Papst Johannes XXIII., der in seinem Weltfriedensrundschreiben "Pacem in terris" die naturrechtlich begründeten Menschenrechte interpretiert, schließt sich diesen Aussagen an (Johannes XXIII., Pacem in terris, Nr.143). Die Weltorganisation der Vereinten Nationen hat in diesem nunmehr ablaufenden halben Jahrhundert einen bemerkenswerten und wesentlichen Beitrag zur Beachtung und Verwirklichung der Menschenrechte geleistet. Die Aufmerksamkeit, welche die Völkergemeinschaft den Menschenrechten zuwendet, wird immer größer. Sie wurden in nationalen, regionalen und internationalen Katalogen präzise festgelegt, und es wurden wichtige Institutionen geschaffen und Mechanismen eingerichtet, um die Menschenrechte der Einzelpersonen und gesellschaftlichen Gruppen zu gewährleisten.

Wenn die Menschenrechte, wie einleitend festgestellt, der unantastbaren Würde der menschlichen Person entspringen, so ist die Personhaftigkeit des Menschen in besonderer Weise zu beachten. Johannes XXIII. sagt darüber: "*Er (der Mensch) hat eine Natur, die mit Vernunft und Willensfreiheit ausgestattet ist; er hat daher aus sich Rechte und Pflichten, die unmittelbar und gleichzeitig aus seiner Natur hervorgehen*" (Pacem in terris, Nr.9). Diese der Würde des Menschen entsprechenden Rechte erklärt die Kirche aus der Schaffung des Menschen nach dem Bilde Gottes. (vgl. Gaudium et spes, Nr.12). So ist für die Kirche das Eintreten für die Rechte des Menschen ein zentraler Teil ihrer Sendung, wie Papst Johannes Paul II. in seinem Weltrundschreiben "Redemptor hominis" (Nr.10) festhält.

a) Die Weltkonferenz für die Menschenrechte in Wien im Juni 1993

Der Heilige Stuhl hat daher - letztmals auch auf der Weltkonferenz für die Menschenrechte der UN in Wien 1993 - auf deren universalen Charakter, ihre umfassende Gültigkeit hingewiesen. Es ist notwendig den Schutz der Menschenrechte weiter auszubauen.

Ebenso muß das Bewußtsein vom Einbau der Menschenrechte in die humane Ordnung vertieft werden. Die Menschenrechte sind im Gewissen eines jeden einzelnen Menschen zu befestigen.

Die Päpstliche Kommission "Justitia et Pax" veröffentlichte ein Dokument "Die Kirche und die Menschenrechte". Darin wird die "volle Anerkennung der Menschenrechte" (Nr.31) ausgeprochen. Die Kirche "*verteidigt nicht nur die Rechte ihrer eigenen Glieder, sondern die der ganzen Menschheitsfamilie, um die Rechte aller auf der Grundlage der gemeinsamen menschlichen Natur und des Naturrechts zu schützen*" (Nr.32).

Die Menschenrechte bestehen nicht aus sich selbst und für sich selbst, sondern für das Ziel der Realisierung von Menschenwürde und der Entfaltung der Persönlichkeit des Menschen.

Die Anwendung von Menschenrechten muß sich daher auch die Frage gefallen lassen, wozu diese Menschenrechte eingesetzt werden. In diesem Sinne ist es nicht gleichgültig,

- ob man vom Rechte der Meinungsäußerung für die Wahrheit oder für die Lüge Gebrauch macht,
- ob man vom Recht der Unantastbarkeit der Privatsphäre Gebrauch macht, um sein Leben nach seiner Facon zu gestalten oder um im privaten Bereich Menschen zu unterdrücken oder Verbrechen zu decken,
- ob man von den Grundrechten des Wirtschaftslebens Gebrauch macht, um Güter, die dem Menschen dienen, zu produzieren, zu verteilen und zu konsumieren, oder ob man sie zur Gefährdung oder Vernichtung menschlichen Lebens einsetzt, wie etwa durch den Anbau, die Verarbeitung und den Handel mit Drogen.

Daher ist es gerechtfertigt, wenn nationale, regionale oder internationale Dokumente die Menschenrechte in aller Regel nicht unterschiedslos gewährleisten, sondern ihren Schutz davon abhängig machen, daß durch den Gebrauch des Rechts nicht die Rechte anderer oder das "bonum commune humanitatis" verletzt werden. Freilich darf nicht unter Berufung auf das Gemeinwohl das Menschenrecht faktisch illusorisch gemacht und weitgehend ausgehöhlt werden: Die Begrenzung der Rechte muß nicht bloß durch irgendein öffentliches Interesse motiviert werden, sie darf auch nicht unverhältnismäßig sein. Dies bedeutet, daß das öffentliche Interesse nicht jedwede Beschränkung der Menschenrechte zu rechtfertigen vermag, sondern nur eine maßvolle, verhältnismäßige Beschränkung.

Soweit zum Grundsätzlichen, ohne dessen Erwägung das Engagement der Kirche wie der politischen nationalen und supranationalen Instanzen bezüglich der moralischen Verbindlichkeit relativiert werden könnte.

b) Europäische Konvention zum Schutz der Menschenrechte und Grundfreiheiten

Für die Umsetzung der Menschenrechte in die Tat bedarf es deren exakter Umschreibung. Dies betrifft sowohl die gewährleisteten Rechte als auch die Schranken ihrer Ausübung. Nur ein Beispiel soll in diesem Zusammenhang genannt werden: Die Europäische Konvention zum Schutz der Menschenrechte und Grundfreiheiten kann ein Vorbild sein. In dieser Konvention werden nicht nur die einzelnen Rechte genau umschrieben. Es werden auch die zulässigen Beschränkungen näher festgelegt: Schranken der gewährleisteten Menschenrechte können nur durch allgemein verbindliche Gesetze gezogen werden. Sie müssen auch ganz bestimmten, im Dokument selbst formulierten Zwecken entsprechen. Dazu zählen die nationale Sicherheit, die Aufrechterhaltung der Ordnung und die Verbrechensverhütung, der Schutz der Gesundheit, der Moral, des guten Rufes oder der Rechte anderer, wie auch das wirtschaftliche Wohl des Landes (bonum oeconomicum). Die Rechte dürfen auch nur in jenem Ausmaß eingeschränkt werden, wie es in einer demokratischen Gesellschaft zur Erreichung der genannten Ziele notwendig ist.

Wie steht es nun um die kirchlichen Aktivitäten, um die kirchliche "Menschenrechtsarbeit", um einen modernen Terminus zu gebrauchen? Wir haben eigentlich diese Frage schon in der Einleitung zu unserem zweiten Teil zu beantworten versucht. Dennoch möchte ich noch einmal auf Papst Johannes des XXIII. "Friedensenzyklika" hinweisen, die man auch als "Enzyklika der Menschenrechte" bezeichnen könnte. Papst Johannes XXIII. unterstreicht, daß die Beachtung der Menschenrechte wesentliche Grundlage für wahren internationalen Frieden sei. Man könne diesen nur "*in Respekt vor den Menschenrechten, in Wahrheit, Gerechtigkeit, Liebe und Freiheit verwirklichen*".

In der Pastoralkonstitution "Gaudium et spes" des Zweiten Vatikanischen Konzils wurde die Forderung nach der Achtung der in den Menschenrechten zum Ausdruck kommenden Würde des Menschen betont. Die Päpste Paul VI. und Johannes Paul II. haben immer wieder, insbesondere auch in ihren Reden vor der Generalversammlung der Vereinten Nationen und vor dem Europäischen Gerichtshof für Menschenrechte in Straßburg die Bedeutung eines umfassenden und ungeteilten Schutzes der Menschenrechte hervorgehoben.

c) Päpstlicher Rat "Justitia et Pax"

Besitzt nun eigentlich der Heilige Stuhl eine Institution, um die Menschen-rechte zu fördern?

Ja, es gibt ein solches Dikasterium, wie es im Sprachgebrauch der päpstlichen Institutionen heißt. Es ist der Päpstliche Rat "Justitia et Pax", den ich im Verlaufe meiner Ausführungen schon einmal erwähnte.

Die Päpstliche Kommission "Justitia et Pax" wurde von Papst Paul VI. mit dem Motuproprio "Catholicam Christi Ecclesiam" vom 6. Jänner

1967 zuerst versuchsweise errichtet und nach einer Neustrukturierung am 10. Dezember 1976 mit dem Motuproprio "Justitiam et Pacem" endgültig bestätigt.

Mit dem in Kraft treten der Apostolischen Konstitution "Pastor Bonus" von Johannes Paul II. vom 28. Juni 1988 erhielt dieses Dikasterium die neue Bezeichnung "Päpstlicher Rat für Gerechtigkeit und Frieden". Dieser Päpstliche Rat "Justitia et Pax" ist bemüht, die Menschen zugunsten des Friedens zu sensibilisieren, vor allem in der Feier des"Weltfriedenstages".

Seine Hauptaufgabe ist es, danach zu trachten, daß in der Welt Gerechtigkeit und Frieden im Sinne des Evangeliums und der Soziallehre der Kirche angestrebt werden, weiters das Bemühen um das Vertiefen und Verbreiten der Soziallehre der Kirche, besonders die Arbeitswelt betreffend.

Diese Behörde hat auf der Grundlage der verschiedenen Lehräußerungen der Päpste die wichtigsten Punkte wesentlicher Menschenrechtsgewährleistungen, sowohl im Bereiche von Freiheit und Gleichheit, wie auch in jenem bürgerlicher, wirtschaftlicher, sozialer und kultureller Rechte zusammengefaßt (vgl. "Die Kirche und die Menschenrechte", Nr.36 ff). Ich brauche sie nicht im einzelnen anzuführen, stellen sie doch jenen Grundstandard vor, der vom überwiegenden Teil der Völkergemeinschaft akzeptiert ist.

Es wäre eine Selbsttäuschung, wollte man sich über eine allgemeine und durchgängige Realisierung dieses "Standards" Illusionen machen. Das Konzil hat darüber gesprochen:
"*Was ferner zum Leben selbst in Gegensatz steht, wie jede Art Mord, Völkermord, Abtreibung, Euthanasie und auch der freiwillige Selbstmord; was immer die Unantastbarkeit der menschlichen Person verletzt, wie Verstümmelung, körperliche oder seelische Folter und der Versuch, psychischen Zwang auszuüben; was immer die menschliche Würde angreift, wie unmenschliche Lebensbedingungen, willkürliche Verhaftung, Verschleppung, Sklaverei, Prostitution, Mädchenhandel und Handel mit Jugendlichen, sodann auch unwürdige Arbeitsbedingungen, bei denen der Arbeiter als bloßes Erwerbsmittel und nicht als freie und verantwortliche Person behandelt wird: all diese und andere ähnliche Taten sind an sich schon eine Schande; sie sind eine Zersetzung der menschlichen Kultur, entwürdigen weit mehr jene, die das Unrecht tun, als jene, die es erleiden. Zugleich sind sie in höchstem Maße ein Widerspruch gegen die Ehre des Schöpfers*" (Gaudium et spes, Nr.27).

Der Heilige Stuhl, die Bischöfe und die Seelsorger mahnen unaufhörlich auf der jeweiligen Ebene ihrer Wirksamkeit: in vielen Staaten der Welt werden die Menschenrechte in zahlreichen Einzelfällen verletzt: Es gibt auf der Welt noch immer ungezählte Menschen,

- die sich nicht frei und ihrem Gewissen entsprechend äußern dürfen,
- die nicht in der Lage sind, ihren Glauben nach ihrem Gewissen frei zu bekennen und zu praktizieren,
- die in den Möglichkeiten, ihre Absichten in Medien um Ausdruck zu bringen, eingeschränkt sind,
- die einer erniedrigenden und unmenschlichen Behandlung ausgesetzt werden,
- die ohne rechtmäßige Entscheidung oder ausreichende Prüfung in Haft gehalten werden, oder
- die auf Grund ihrer Abstammung oder ihres Bekenntnisses diskriminiert sind.

Nicht zuletzt urgiert der Heilige Stuhl ein "Spezialproblem" hinsichtlich seiner Lösung: die konkrete und durchsetzbare Gewährleistung von "Minderheitenrechten" selbst in so ausgebauten Rechtsordnungen wie in dem europäischen System des Menschenrechtsschutzes ist verbesserungsbedürftig!

Aus all diesen genannten Erwägungen unterstützt der Heilige Stuhl alle Bestrebungen, den Schutz der Menschenrechte weiter auszubauen, zu befestigen und konkret in der Praxis der Politik zu verwirklichen. Dies gilt sowohl für die ergänzenden Formulierungen von Freiheitsrechten, für die Schaffung von Durchsetzungsmechanismen, wie für den Abbau gleichheits-widriger Diskriminierungen. Ausreichende soziale Rechte zählen dabei zu den wichtigsten Zielvorstellungen des Heiligen Stuhls.

d) Stiftung "Populorum Progressio" des Päpstlichen Rates "Cor unum"

In diesem Zusammenhang erwähne ich auch einen praktischen Schritt, der für den lateinamerikanischen Subkontinent von weitreichender Bedeutung ist: Am Tage vor der 500-Jahr-Feier des Beginns der Evangelisierung Lateinamerikas rief Papst Johannes Paul II. als Zeichen seines persönlichen Einsatzes die Stiftung "Populorum Progressio" ins Leben.

Sie erneuert - unter veränderter Form - einen Fonds, den bereits Papst Paul VI. schuf. Es war dies im Anschluß an sein Treffen mit den Landarbeitern am 23. August 1968 in Bogotá, wo er sich anläßlich der 2. Generalversammlung der lateinamerikanischen Bischöfe befand. Paul VI. benannte diesen Fonds nach seiner Enzyklika "Populorum progressio". Johannes Paul II. gab der neuen Stiftung den gleichen

Titel, um die ständige päpstliche Initiative - in Solidarität mit den Ärmsten - hervorzuheben.

e) Intervention des Heiligen Stuhls bei der Weltkonferenz für die Menschenrechte

Lassen Sie mich diesen Teil meiner Ausführungen abrunden.

Der Leiter der Delegation des Heiligen Stuhls bei der Weltkonferenz der Vereinten Nationen über Menschenrechte in Wien, Msgr. Jean-Louis Tauran, hat am 22. Juni dieses Jahres die offizielle Stellungnahme des Heiligen Stuhls zur Menschenrechtsproblematik abgegeben. Es gehe um die Unteilbarkeit der Menschenrechte, sodaß sich niemand auf ein Recht berufen kann, um sich für die Verletzung eines anderen zu rechtfertigen. Der Mensch ist Leib und Geist. Seine Rechte sind Rechte einer einzigen Person, die notwendig in eine Gemeinschaft eingefügt ist, weil der Mensch von Natur aus ein soziales Wesen ist: "*Es geht um die Universalität der Grundrechte, die sich aus der Tatsache ergibt, daß die Menschen an der gleichen Natur Anteil haben. Es gibt also ein universales, gemeinsames Gut, und deshalb gibt es eine universale Erklärung der Menschenrechte. Die regionalen Erfahrungen mit dem Schutz der Menschenrechte tragen zur Reifung des universalen Bewußtseins und zur Ausarbeitung von Normen bei, die das gemeinsame Erbe der Menschheit bereichern...*"

Und abschließend formuliert Erzbischof Jean-Louis Tauran: "*Angesichts der Spaltungskräfte und des Wiederaufkommens der Barbarei, die zuweilen unseren Planeten zu überschwemmen scheinen, bedeutet das Nachdenken über die Grundrechte des Menschen und ihre Abfassung in rechtsgültiger Form, daß man Gesten setzt und sich andere versagt. Es bedeutet, klar zu sagen, was menschlich und was unmenschlich ist.*"

So wesentlich hatte es schon Papst Johannes Paul II. in seiner Osterbotschaft 1991 gesagt:

"*Die Gesellschaft, die alle herbeiwünschen, kann nur auf eine internationale Ordnung gegründet sein, in der Recht und Freiheit für alle unteilbar sind*" (L'Osservatore Romano, dt., Nr.15, S.7, 7).

"*Wenngleich sich der Hl.Stuhl nicht gerade für die Beurteilung rein politischer oder technischer Fragen als zuständig erachtet, unterstützt er doch alles, was dazu führen kann, daß Menschen nicht gefoltert oder ausgebeutet werden, daß die Gedankenfreiheit, die freie Meinungsäußerung, die Versammlungsfreiheit, die Glaubensfreiheit und die Freiheit der Religionsausübung nicht willkürlich beschränkt und Minderheiten nicht unterdrückt werden*".

("Verkündigungsauftrag ist Kampf um die Menschenrechte", Interview mit dem Apostolischen Nuntius in Österreich, Erzbischof Dr.Donato Squicciarini, L'Osservatore Romano, Nr.26, 2. Juli 1993, S.4).

Lassen Sie mich schließen, indem ich unsere Fragestellung bezüglich der Förderung der Gerechtigkeit, aber auch der Friedensarbeit des Heiligen Stuhls noch einmal aufgreife und zugleich beantworte:

Ich erblicke den Beitrag der Weltkirche dazu in der "Evangelisierung". Das heißt darin, daß die Kirche dem Menschen die "Gute Nachricht" von einem Gott nahebringt, der ihn liebt, ihn umwandelt und ihn in seiner Würde als menschliche Person nach dem Bilde Gottes wiederherstellt. Dadurch trifft die katholische Kirche den Mittelpunkt des Kampfes um die Menschenrechte, die den Frieden mitgewährleisten. Ihre ganze Erziehungsarbeit ist ein beachtlicher Beitrag zur Umformung der Gesellschaft, damit sie dem Menschen besser dient.

Gestatten Sie, am Ende dieser gemeinsamen Überlegungen zwei Segenswünsche zum Ausdruck zu bringen:

Möge auch die Österreichische Gesellschaft für Völkerverständigung dazu beitragen, den tiefen und wahren Frieden in jedem Herzen zu fördern;

möge allen Mitgliedern dieser Gesellschaft in der Verwirklichung der Grundsätze der Gerechtigkeit in Österreich, in Europa, in der Welt vom Geber aller Gaben ein großer Erfolg geschenkt werden!

Kirche und Politik

Vortrag vor der österreichischen katholischen akademischen Vereinigung "Rhaeto Danubia" in Wien, 22. Februar 1994

Im Rahmen der großen Thematik "Kirche auf dem Weg ins 3. Jahrtausend" haben Sie mich gebeten, über das Thema "Kirche und Politik im vereinten Europa" zu sprechen. Diesem Wunsch komme ich gerne nach.

Die "Rhaeto-Danubia", die auf mehr als sechs Jahrzehnte Geschichte zurückblicken kann und die seit 1946 dem Cartellverband der katholisch-österreichischen Studentenverbindungen angehört, beweist durch dieses Thema ihre Aufmerksamkeit in bezug auf die Ereignisse der Gegenwart, um damit auch ihren Beitrag für die Gestaltung der zukünftigen Gesellschaft zu leisten. Für diesen Beitrag sind die vier Grundsätze der Verbindung "Religio, Scientia, Patria, Amicitia" besonders wichtig, ich würde sogar sagen unentbehrlich.

Nach dieser kurzen Einleitung möchte ich das Schema meines Vortrages darlegen:

I. Kirche und Politik im allgemeinen
II. Kirche und Politik im vereinten Europa auf dem Weg ins 3.Jahrtausend
III. Kirche und Politik in Österreich

I. Kirche und Politik im allgemeinen

Der erste Teil des Themas "Kirche und Politik im allgemeinen" gibt eine Darstellung der Lehre des II. Vatikanischen Konzils, wie sie besonders im Dokument "Gaudium et spes" dargelegt ist.

Das II. Vatikanische Konzil gründet darin wesentlich auf dem Evangelium. Denn als die Pharisäer die Steuerfrage stellten, gab Jesus ihnen die Antwort, die das Fundament der Unterscheidung zwischen dem religiösen und dem politischen Bereich im allgemeinen bildet:

"*So gebt dem Kaiser, was dem Kaiser gehört, und Gott, was Gott gehört!*" (Mt 22,21).

Unterscheidung zwischen Kirche und Politik

Unterscheidung bedeutet, daß die Verantwortlichen in Kirche und Politik ihre entsprechenden Bereiche sehr gut kennen, einander gegenseitig schätzen, untereinander sprechen und harmonisch zusammenarbeiten

- für die Ausbildung jedes Menschen
- für die Entfaltung der Talente jedes Bürgers und jedes Glaubenden
- für die personale Entwicklung jedes Menschen, die die leibliche, seelische und spirituelle Komponente umfaßt.

Die richtig verstandene Autonomie

Unterscheidung oder Autonomie bedeutet daher keinesfalls Trennung. Man kann nicht durch Mauern trennen, was eine Einheit ist.

Das Konzil hat diese Ideen im Dekret "Gaudium et spes" mit folgenden Worten zum Ausdruck gebracht:

"*Sehr wichtig ist besonders in einer pluralistischen Gesellschaft, daß man das Verhältnis zwischen der politischen Gemeinschaft und der Kirche richtig sieht, sodaß zwischen dem, was die Christen als Einzelne oder im Verbund im eigenen Namen als Staatsbürger, die von ihrem christlichen Gewissen geleitet werden, und dem, was sie im Namen der Kirche zusammen mit ihren Hirten tun, klar unterschieden wird.*

Die Kirche, die in keiner Weise hinsichtlich ihrer Aufgabe und Zuständigkeit mit der politischen Gemeinschaft verwechselt werden darf noch auch an irgendein politisches System gebunden ist, ist zugleich Zeichen und Schutz der Transzendenz der menschlichen Person" (Nr.76).

Kirche und politische Gemeinschaft in bezug auf den Menschen

"*Die politische Gemeinschaft und die Kirche sind auf je ihrem Gebiet voneinander unabhängig und autonom. Beide aber dienen, wenn auch in verschiedener Begründung, der persönlichen und gesellschaftlichen Berufung der gleichen Menschen*" *(Nr. 76)*.

Notwendigkeit der Zusammenarbeit

"*Diesen Dienst können beide zum Wohl aller um so wirksamer leisten, je mehr und besser sie rechtes Zusammenwirken miteinander pflegen; dabei sind jeweils die Umstände von Ort und Zeit zu berücksichtigen. Der Mensch ist ja nicht auf die zeitliche Ordnung beschränkt, sondern inmitten der menschlichen Geschichte vollzieht er ungeschmälert seine ewige Berufung. Die Kirche aber, in der Liebe des Erlösers begründet, trägt dazu bei, daß sich innerhalb der Grenzen einer Nation und im Verhältnis zwischen den Völkern Gerechtigkeit und Liebe entfalten. Indem sie nämlich die Wahrheit des Evangeliums verkündet und alle Bereiche menschlichen Handelns durch ihre Lehre und das Zeugnis der Christen erhellt, achtet und fördert sie auch die politische Freiheit der Bürger und ihre Verantwortlichkeit*" (Nr.76).

Kraft der Frohen Botschaft Gottes

"*Wenn die Apostel und ihre Nachfolger mit ihren Mitarbeitern gesandt sind, den Menschen Christus als Erlöser der Welt zu verkünden, so stützen sie sich in ihrem Apostolat auf die Macht Gottes, der oft genug die Kraft des Evangeliums offenbar macht in der Schwäche der Zeugen. Wer sich dem Dienst am Wort Gottes weiht, muß sich der dem Evangelium eigenen Wege und Hilfsmittel bedienen, die weitgehend verschieden sind von den Hilfsmitteln der irdischen Gesellschaft*" (Nr.76).

Irdische und geistige Dimension des Menschen

"*Das Irdische und das, was am konkreten Menschen diese Welt übersteigt, sind miteinander eng verbunden, und die Kirche selbst bedient sich des Zeitlichen, soweit es ihre eigene Sendung erfordert. Doch setzt sie ihre Hoffnung nicht auf Privilegien, die ihr von der staatlichen Autorität angeboten werden. Sie wird sogar auf die Ausübung von legitim erworbenen Rechten verzichten, wenn feststeht, daß durch deren Inanspruchnahme die Lauterkeit ihres Zeugnisses in Frage gestellt ist, oder wenn veränderte Lebensverhältnisse eine andere Regelung fordern. Immer und überall aber nimmt sie das Recht in Anspruch, in wahrer Freiheit den Glauben zu verkünden, ihre Soziallehre kundzumachen, ihren Auftrag unter den Menschen unbehindert zu erfüllen und auch politische Angelegenheiten einer sittlichen Beurteilung zu unterstellen, wenn die Grundrechte der menschlichen Person oder das Heil der Seelen es verlangen. Sie wendet dabei alle, aber auch nur jene Mittel an, welche dem Evangelium und dem Wohl aller je nach den verschiedenen Zeiten und Verhältnissen entsprechen*" (Nr.76).

Förderung des Friedens

"*In der Treue zum Evangelium, gebunden an ihre Sendung in der Welt und entsprechend ihrem Auftrag, alles Wahre, Gute und Schöne in der menschlichen Gemeinschaft zu fördern und zu überhöhen, festigt die Kirche zur Ehre Gottes den Frieden unter den Menschen*" (GS 76).

Nach diesem langen Zitat kann man zusammenfassend sagen: Die Beziehungen zwischen Kirche und Staat sollten immer geprägt sein von den Merkmalen gut verstandener Unabhängigkeit, einer gesunden Zusammenarbeit zum Dienst am einzelnen Menschen für seine harmonische Entfaltung sowie für den Frieden in jedem Menschen, in jeder Familie, in jeder Gemeinde, in jeder Gesellschaft, in jeder Nation, in der Welt!

Internationale Ordnung

Was den Aufbau der internationalen Ordnung betrifft, so spricht Art. 88 GS die Gläubigen eigens an:

"*Zum Aufbau einer internationalen Ordnung, in der die rechtmäßigen Freiheiten aller wirklich geachtet werden und wahre Brüderlichkeit bei allen herrscht, sollen die Christen gern und von Herzen mitarbeiten, und das um so mehr, als der größere Teil der Welt noch unter solcher Not leidet, daß Christus selbst in den Armen mit lauter Stimme seine Jünger zur Liebe aufruft. Das Ärgernis soll vermieden werden, daß einige Nationen, deren Bürger in überwältigender Mehrheit den Ehrennamen ,Christen' tragen, Güter in Fülle besitzen, während andere nicht genug zum Leben haben und von Hunger, Krankheit und Elend aller Art gepeinigt werden. Denn der Geist der Armut und Liebe ist Ruhm und Zeugnis der Kirche Christi*" (GS 88).

Die Präsenz der Kirche im internationalen Bereich

Die Kirche ist von ihrem göttlichen Sendungsauftrag her gerufen, auch beim Aufbau einer internationalen Ordnung präsent zu sein:
"*Kraft ihrer göttlichen Sendung verkündet die Kirche allen Menschen das Evangelium und spendet ihnen die Schätze der Gnade. Dadurch leistet sie überall einen wichtigen Beitrag zur Festigung des Friedens und zur Schaffung einer soliden Grundlage der brüderlichen Gemeinschaft unter den Menschen und Völkern, nämlich die Kenntnis des göttlichen und natürlichen Sittengesetzes*" (Nr.89).

Die Aufgabe der Christen in internationalen Organisationen

Die Aufgabe der Christen in den internationalen Organisationen sieht das Konzil so:
"*Eine hervorragende Form des internationalen Wirkens der Christen ist zweifellos die Mitarbeit, die sie einzeln und organisiert in den vorhandenen oder zu gründenden Institutionen zur Förderung der Zusammenarbeit unter den Nationen leisten. Darüber hinaus können*

die verschiedenen katholischen internationalen Organisationen auf vielfache Weise zum Aufbau einer friedlichen und brüderlichen Völkergemeinschaft beitragen.
Schließlich ist zu wünschen, daß die Katholiken zur rechten Erfüllung ihrer Aufgabe in der internationalen Gemeinschaft eine tatkräftige und positive Zusammenarbeit anstreben mit den getrennten Brüdern, die sich gemeinsam mit ihnen zur Liebe des Evangeliums bekennen, und mit allen Menschen, die den wahren Frieden ersehnen" (GS 90).

II. Kirche und Politik im vereinten Europa auf dem Weg ins dritte Jahrtausend

Um diesen Teil des Vortrages zu behandeln, werde ich die Erklärung der Sondersynode für Europa vor Augen haben, die in Rom Ende November/Anfang Dezember 1991 stattgefunden hat, und die den Titel trägt: "Seien wir Zeugen Christi, der uns befreit hat".
Sie, liebe Freunde, kennen sicher dieses Dokument, das von den Bischöfen West-, Mittel- und Osteuropas erarbeitet wurde.

Bedeutung der gegenwärtigen Stunde Europas

Diese Erklärung betont die Bedeutung der gegenwärtigen Stunde für den christlichen Glauben und für die Geschichte Europas.
Es handelt sich um eine Stunde von historischer Tragweite, die nicht verpaßt werden sollte.

Gemeinsame christliche Wurzeln Europas

Um diese gegenwärtige Stunde zu nützen und fruchtbar zu machen, sollte man die christlichen Wurzeln der europäischen Zivilisation entdecken, die ganz Europa so tief geprägt, viele Werte gebracht haben und heute noch bringen!
Die Bischöfe der Synode, die nach den Ereignissen von 1989 stattgefunden hat, haben über die Kirche in West-Europa folgendes bemerkt:

"*Bei der Betrachtung der religiösen, sozialen und kulturellen Situation der demokratischen Nationen Westeuropas können Licht und Schatten wahrgenommen werden. Innerhalb des politischen und institutionellen Bereichs der Demokratie und der Freiheit haben sich viele Früchte des wissenschaftlichen, technischen, sozialen und ökonomischen Fortschritts ergeben. Die Kirche selbst zeigt eine erneuerte Lebendigkeit, besonders in der biblischen und liturgischen Erneuerung sowie in der aktiven Teilnahme der Gläubigen am Leben der Pfarrei, in neuen gemeinschaftlichen Erfahrungen, in der wiederentdeckten Bedeutung des Gebets und des kontemplativen Lebens sowie in vielfältigen Formen selbstlosen Dienstes an Armen und Ausgegrenzten.*

Gefahr des praktischen Materialismus der westeuropäischen Länder

Andererseits verbreiten sich eine gewisse Gesinnung und ein gewisser Lebensstil, die nur darauf achten, daß die nächstliegenden Wünsche eines jeden befriedigt und zugleich die wirtschaftlichen Vorteile gefördert werden; zugleich wird in falscher Weise die Freiheit der einzelnen zu etwas Absolutem und wird jeder Vergleich mit der Wahrheit und den Gütern geleugnet, die den Rahmen und Bereich des einzelnen überschreiten. Obwohl der gewaltsam aufgezwungene Marxismus zusammengebrochen ist, ist der praktische Materialismus in ganz Europa sehr verbreitet. Wenn dieser auch nicht gewaltsam aufgezwungen wird, führt er dennoch die Menschen dazu, daß sie denken und handeln ,als ob es Gott nicht gäbe'.

Sehnsucht nach religiösen Werten - Ausbreitung der Sekten

Zugleich bleibt die Sehnsucht nach religiöser Erfahrung, mag sie auch in einer Fülle von Formen da sein, die schwierig miteinander vereinbar sind und häufig vom echten christlichen Glauben weit weg führen. Besonders die Jugendlichen suchen ihr Glück in vielen Zeichen, Bildern und auch vagen Entwürfen, und so neigen sie leicht zu neuen religiösen Formen und Sekten verschiedenen Ursprungs. In der Tat befindet sich ganz Europa heute vor der Herausforderung, eine neue Entscheidung für Gott zu treffen" (Nr.1).

Diese Festellungen haben die Notwendigkeit einer Neu-Evangelisierung augenfällig gemacht. Die Erklärung ermutigt daher alle verantwortlichen Mitglieder der Kirche, sich für dieses große Werk einzusetzen.

Prozeß der europäischen Einigung und KSZE

Mit dem Blick in die Zukunft ruft die Erklärung auch zum Aufbau eines zu universaler Soldarität offenen Europas auf:
"*Der Einigungsprozeß in Europa und in besonderer Weise die europäischen Einrichtungen und die Konferenz für Sicherheit und Zusammenarbeit in Europa bringen eine große Verantwortung der*

Kirchen mit sich. Denn das gemeinsame europäische Haus wird auf sicheren Fundamenten erbaut, wenn es nicht nur aus ökonomischen Gründen entsteht. Das neue Europa setzt bei seinem Aufbau stets den Konsens und die Anerkennung fundamentaler Werte voraus und fordert ein wirkliches Ideal. Unter diesem Gesichtspunkt ist der Beitrag der Kirche für das neue Europa keineswegs etwas Zweitrangiges; er muß die Bemühungen der christlichen Laien, die im sozialen und politischen Bereich tätig sind, begleiten.

Europa der Nationen

Während der Weg zur europäischen Einheit beschritten wird, stellt sich jetzt wiederum in mehreren Teilen Europas akut das Problem der Beziehungen zwischen den Nationen. Die Nationen sind lebendige kulturelle Ausformungen, die den Reichtum Europas zum Ausdruck bringen. Die nationalen Differenzierungen sollen also nicht verschwinden, sondern vielmehr beibehalten und gepflegt werden als historisch gewachsenes Fundament der europäischen Solidarität. Nachdem aber das marxistische Herrschaftssystem zugrundegegangen ist, welches mit erzwungener Gleichförmigkeit der Völker und Unterdrückung kleiner Nationen gekoppelt war, taucht nun nicht selten die Gefahr auf, daß die Völker Europas in Ost und West wiederum zu alten nationalistischen Konstellationen zurückkehren.

Nationale Identität

Die nationale Identität wird aber nur in der Öffnung auf andere Völker hin und in Solidarität mit ihnen vollendet. Konflikte müssen durch Gespräche und Verhandlungen gelöst werden, nicht aber durch den Gebrauch von Gewalt, in welcher Form auch immer, zur Unterdrückung des anderen. Nach dem Zeugnis der kroatischen Bischöfe hört auch während der Synode diese Gewalt nicht auf, ihr Vaterland zu zerstören. Man darf die Rechte von Minderheiten nicht vergessen, vielmehr müssen die Traditionen eines jeden Volkes gewahrt und gefördert werden. Die katholische Kirche anerkennt und bejaht den Wert der Nationen. Als eine Gemeinschaft aus mehreren Völkern übersteigt sie zugleich alle Partikularismen.

Teilkirche und Gesamtkirche

Die enge Verbindung mit der Gesamtkirche - mit und unter Petrus - hat die Teilkirchen oft auf wunderbare Weise davor bewahrt, von den einzelnen Systemen einer nationalen Herrschaft aufgesogen zu werden. Auch in der heutigen Situation behält dieses Prinzip der Katholizität ganz und gar seine Geltung" (Nr.10).

Die Aufgabe der Laien

Wenn auch diese Sendung allen Christen zukommt, so haben die Laien - Männer wie Frauen, Erwachsene wie Jugendliche - und ihre verschiedenen Zusammenschlüsse aufgrund ihres "Weltcharakters" hier doch eine besondere Sendung.

Für den Beitrag der Laien zum Aufbau eines neuen Europas sind besonders wichtig: Förderung der Würde des Menschen, Ehrfurcht vor dem unantastbaren Recht auf Leben, Recht auf Gewissens- und Religionsfreiheit, Ehe und Familie als primärer Ort des sozialen Engagements und der "Humanisierung", karitativer Dienst der Liebe und Werke der Barmherzigkeit, Sorge um das Allgemeinwohl und Engagement in der Politik, Verantwortung in der Wirtschaft, Sorge um die Bewahrung der Schöpfung, Evangelisierung im Bereich der Kultur, der Bildung und Erziehung sowie der Kommunikationsmittel (Bischofssynode Europa 1991, Nr.10, 1. Abs.).

Die Würde des Menschen

Es gibt, um das Schlußdokument der Europäischen Bischofssynode 1991 wieder aufzugreifen, keine Gemeinschaft, wenn die Menschen zu einem Kollektiv gemacht werden. Eine wahre Verpflichtung den anderen gegenüber kommt aber auch nicht zustande, wenn die einen gleichgültig neben den anderen leben und nur ihren eigenen Vorteil suchen. Wahre Gemeinschaft entsteht nur dann, wenn ein jeder die eigene Würde des Nächsten und die Unterschiedenheit als Reichtum wahrnimmt, ihm dieselbe Würde ohne Gleichmacherei zuerkennt und bereit ist, die eigenen Fähigkeiten und Gaben mitzuteilen (Nr. 4, Abs. 6).

Religionsfreiheit

Quelle und Mitte aller Menschenrechte ist "*die Religionsfreiheit, verstanden als Recht, in der Wahrheit des eigenen Glaubens und in Übereinstimmung mit der transzendenten Würde der eigenen Person zu leben*". "*Hinzu kommt, daß die religiösen Akte, womit sich der Mensch privat oder öffentlich aufgrund einer geistigen Entscheidung auf Gott hinordnet, ihrem Wesen nach die irdische und zeitliche Ordnung übersteigen. Demnach muß die staatliche Gewalt, deren Wesenszweck in der Sorge für das zeitliche Gemeinwohl besteht, das religiöse Leben der Bürger nur anerkennen und begünstigen, sie würde aber, wie hier betont werden muß, ihre Grenzen überschreiten, wenn sie so weit ginge, religiöse Akte zu bestimmen oder zu verhindern.*"

Die Religionsfreiheit gemäß diesen Begriffsbestimmungen durch "Centesimus annus" und "Dignitatis humanae" ist nicht nur durch Artikel 9 der Europäischen Menschenrechtskonvention, sondern in Österreich auch durch Artikel 15 Staatsgrundgesetz 1867 (übergeleitet durch das Bundesverfassungsgesetz 1920) garantiert, wonach jede gesetzlich anerkannte Kirche und Religionsgesellschaft das Recht der gemeinsamen öffentlichen Religionsausübung hat und darüber hinaus befugt ist, ihre inneren Angelegenheiten selbständig zu verwalten.

Subsidiarität

"*Eine übergeordnete Gesellschaft darf nicht in das innere Leben einer untergeordneten Gesellschaft dadurch eingreifen, daß sie diese ihrer Kompetenzen beraubt. Sie soll sie bei Bedarf unterstützen und ihr dazu helfen, ihr eigenes Handeln mit dem der anderen gesellschaftlichen Kräfte im Hinblick auf das Gemeinwohl abzustimmen*" (36).

Die Migration

"*Notlagen zeigen sich nicht nur in den Armutsregionen, sondern sie betreffen auch mit dem Anwachsen der Migration mehr und mehr das Gebiet Europas. Gerechtigkeit und Liebe drängen dazu, daß möglichst viele Menschen in ihren eigenen Ländern Brot, Arbeit und die Achtung ihrer menschlichen Würde finden können und nicht aus ihrer Heimat in ein unbekanntes Exil fliehen müssen. Zugleich muß man an die Notwendigkeit einer größeren Aufnahmebereitschaft erinnern, und dazu muß eine geeignete Geisteshaltung gefördert werden*" (Bischofssynode Europa 1991, Nr. 11).

III. Kirche und Politik in Österreich

Der dritte Teil des Vortrages zieht drei Aspekte in Betracht:

a) die geltenden Regelungen betreffend die spezifischen Beziehungen zwischen Kirche und Staat in Österreich.

b) Österreich im Rahmen von Europa

c) die Verantwortlichkeit der Laien in der Bewahrung und in der Förderung der guten Beziehungen zwischen Kirche und Staat in Österreich und in Europa.

a) Geltende Regelungen betreffend die spezifischen Beziehungen zwischen Kirche und Staat in Österreich

Die gesetzlich anerkannten Kirchen und Religionsgemeinschaften galten und gelten als öffentliche Korporationen. Sie sind nicht private Vereine, sondern öffentlichen Rechts. Ihnen steht die öffentliche Schule für den Religionsunterricht offen.

Die öffentlich-rechtliche Stellung, die den Kirchen eignet, führt weitgehend zu Parallelen mit dem Staat und mit öffentlichen Körperschaften, wie Kammern oder Gemeinden. Doch sind die Kirchen diesen nicht in allem gleichgestellt. Während Gemeinden und staatliche Körperschaften für ihr gesamtes Tun an die Grundsätze der österreichischen Bundesverfassung gebunden sind und der Kontrolle der Gerichtshöfe des öffentlichen Rechtes (Verfassungsgerichtshof, Verwaltungsgerichtshof) unterliegen, sind die Kirchen und Religionsgesellschaften in dem, was das österreichische Staatskirchenrecht die "inneren Angelegenheiten" nennt (Glaubenslehre, Kult, Organisation usw.), frei, es ist dies eine Sphäre, in die der Staat nicht eingreift.

Äußere Rechtsverhältnisse: Es gibt natürlich auch Angelegenheiten der Kirche(n), die so nach außen wirken, daß sie mit dem staatlichen Leben verbunden sind. So z.B. der Religionsunterricht in der Schule, die Militärseelsorge, die Anstaltsseelsorge (in Krankenanstalten, Gefängnissen usw.), die theologischen Fakultäten an staatlichen Universitäten; hierin gibt es besondere Regelungen mit dem Staat.

Das österreichische Konkordat vom 5. Juni 1933, von manchen auch nach dem Inkrafttreten als Konkordat vom 1. Mai 1934 bezeichnet, wird heute allgemein als zu Recht bestehend und gültig anerkannt.

Weitere Verträge zwischen Kirche und Staat:

Es gibt zwischen dem Hl.Stuhl und der Republik Österreich außer dem Konkordat von 1933 (1934) auch Verträge, die nur einzelne Teilbereiche der Rechtsbeziehungen regeln, so den Vermögensvertrag von 1960, den Schulvertrag von 1962 und die Verträge über die Errichtung der Diözesen: Eisenstadt 1960, Innsbruck 1964 (Innsbruck-Feldkirch; ab 1968 Innsbruck) und Feldkirch (1968).

Die Errichtung neuer Diözesen bedarf wie jede größere Änderung der territorialen Diözesanorganisation des Einvernehmens mit der Staatsgewalt (Art.III, Par.1 Konkordat). Übrigens werden in den erwähnten Diözesanerrichtungsverträgen auch finanzielle Hilfen seitens der Staatsgewalt gewährt.

Die Ernennung der Bischöfe erfolgt durch den Hl.Stuhl, mit einer Besonderheit bezüglich des Erzbischofs von Salzburg: Im Falle der Vakanz des erzbischöflichen Stuhles von Salzburg benennt der Hl.Stuhl dem Metropolitankapitel drei Kandidaten, aus welchen dieses "in freier, geheimer Abstimmung den Erzbischof" wählt (Art.IV, Par.1 Abs.3 Konkordat). Im übrigen bestimmt Art.4, Par.2 des Konkordates, daß vor der Ernennung residierender Bischöfe (Diözesanbischöfe) oder von Koadjutoren der Hl.Stuhl den Namen des in Aussicht Genommenen der Bundesregierung mitteilen wird, um zu erfahren, ob sie Gründe allgemeiner politischer Natur gegen die Ernennung geltend zu machen hat. Im Falle der Nichtbeantwortung kann der Hl.Stuhl nach 14 Tagen zur Ernennung schreiten. Die Regierung kann also nur aus Gründen allgemeinpolitischer Natur, nicht aus Gründen parteipolitischer Natur Bedenken erheben. Es gibt vergleichbare Klauseln auch in anderen Konkordaten und es gibt darüber - in Deutschland - auch einige Literatur.

Diesbezüglich aber lohnt es sich zu bemerken, was das II. Vat.Konzil im Dekret vom 28. Oktober 1965 über die Hirtenaufgabe der Bischöfe in der Kirche schreibt:

"*Das apostolische Amt der Bischöfe ist von Christus dem Herrn eingesetzt und verfolgt ein geistliches und übernatürliches Ziel. Daher erklärt die Heilige Ökumenische Synode, daß es wesentliches, eigenständiges und an sich ausschließliches Recht der zuständigen kirchlichen Obrigkeiten ist, Bischöfe zu ernennen und einzusetzen.*
Um daher die Freiheit der Kirche in rechter Weise zu schützen und das Wohl der Gläubigen besser und ungehinderter zu fördern, äußert das Heilige Konzil den Wunsch, daß in Zukunft staatlichen Obrigkeiten keine Rechte oder Privilegien mehr eingeräumt werden, Bischöfe zu wählen, zu ernennen, vorzuschlagen oder zu benennen. Die staatlichen Obrigkeiten aber, deren Wohlwollen gegenüber der Kirche die Heilige Synode dankbar anerkennt und hochschätzt, werden freundlichst gebeten, sie mögen auf die genannten Rechte oder Privilegien, die sie gegenwärtig durch Vertrag oder Gewohnheit genießen, nach Rücksprache mit dem Apostolischen Stuhl freiwillig verzichten" (Christus Dominus, Nr. 20).

Ferner ist hinzuweisen auf den Codex Iuris Canonici von 1983, der im Canon 377, Par.5 vorschreibt:
"*In Zukunft werden weltlichen Autoritäten keine Rechte und Privilegien in bezug auf Wahl, Nomination, Präsentation oder Designation von Bischöfen eingeräumt*" (can.377,Par.5).

Freiheitsgarantie: In diesem Zusammenhang soll gleich auch angemerkt werden, daß der Kirche der freie Verkehr mit Rom und die freie Ausübung innerkirchlicher Gesetzgebung, der Vollzug des Kultus und der Seelsorge garantiert ist (Art.1 Konkordat). Dies entspricht ja auch dem obzitierten Art. 15 StGG, der die Freiheit in den inneren Angelegenheiten gewährleistet.

Religionsunterricht und Privatschulen: Ein sehr wichtiger, das Konkordat ergänzender Vertrag zwischen dem Hl.Stuhl und der Republik Österreich ist der Schulvertrag von 1962, der den Religionsunterricht und die Katholischen Schulen betrifft. Die Bestimmungen des nur für die katholische Kirche geltenden Schulvertrages decken sich weitgehend mit denen des Religionsunterrichtsgesetzes, eines staatlichen, für alle gesetzlich anerkannten Kirchen und Religionsgemeinschaften geltenden Gesetzes und bieten so für die katholische Kirche praktisch eine zusätzliche, nämlich eine völkerrechtliche Absicherung des Religionsunterrichtes.

Religionsunterricht ist an nahezu allen Schultypen für Schüler, die einer gesetzlich anerkannten Kirche oder Religionsgemeinschaft angehören, Pflichtfach mit Abmeldungsmöglichkeit. Außerdem ist, wenn die Mehrheit der Schüler einer Klasse einem christlichen Bekenntnis angehört, in der betreffenden Klasse ein Kreuz anzubringen. Die Kirche hat auch die Möglichkeit, katholische Privatschulen mit Öffentlichkeitsrecht zu errichten. Die staatliche Subventionierung erfolgt durch Zuweisung "lebender Subventionen", d.h. durch Zuweisung staatlich angestellter und besoldeter Lehrer zur Dienstleistung, wobei die Kirche die Möglichkeit hat, Lehrer abzulehnen. In Ordensgemeinschaften gehörigen Schulen wird für ordenseigene Lehrkräfte eine staatliche Entschädigung gezahlt.

Theologische Fakultäten: Österreich hat vier staatliche Katholisch-Theologische Fakultäten (an den Universitäten Wien, Graz, Salzburg und Innsbruck). Niemand kann an den österreichischen theologischen Fakultäten lehren, der nicht das Placet des zuständigen Bischofs hat (Art. V, Konkordat). Im übrigen erfolgt die Bestellung der Hochschullehrer genauso wie an den anderen Fakultäten.

Neben den vier genannten Theologischen Fakultäten ist die Päpstliche Theologische Fakultät von Linz zu erwähnen, die nach den Bestimmungen betreffend Päpstliche Universitäten und Fakultäten ausbildet.

Anstaltsseelsorge: Selbstverständlich haben die zuständigen Ortsseelsorger oder sonstige hiezu kirchlich beauftragte Seelsorger freien Zutritt in öffentliche (staatliche) Spitäler, Heil-, Versorgungs- und dergleichen Anstalten, in Gefangenenhäuser, Strafanstalten, Anstalten für Erziehungsbedürftige und dergleichen "behufs freier Ausübung" des "geistlichen Amtes" an den "Anstaltsinsassen" (Art. XVI Konkordat).

b) Österreich im Rahmen von Europa

Dieser Aspekt des vielseitigen Themas wurde von Papst Johannes Paul II. in der Ansprache vom 25. April 1992 anläßlich des "ad limina"-Besuchs der österreichischen Bischöfe mit den folgenden Worten erwähnt:

"Möge Österreich mit seiner großen Geschichte und seinem Reichtum an Weisheit beitragen zu einem ‚Europa der Nationen'. Es kann helfen, die Mauern abzutragen, die durch Teilungen, Unverständnis und Streit entstanden sind; und es kann Achtung und Vertrauen fördern, um die vielschichtigen Probleme zu lösen, die vor allem nach den Ereignissen von 1989 entstanden sind.

Für Euer Land, das bald die tausendjährige Erinnerung des Namens ‚Österreich' feiert, für seine verantwortlichen Politiker, um Wohlergehen und Frieden und für die Kirche will ich die besondere Fürsprache der Gottesmutter erbitten" (Nr.14).

c) die Verantwortlichkeit der Laien in der Bewahrung und in der Förderung der guten Beziehungen zwischen Kirche und Staat in Österreich und in Europa

Auch was diese Seite der allgemeinen Thematik betrifft, möchte ich die Worte des Heiligen Vaters zitieren, die das Apostolat direkt betreffen:

"Das Laienapostolat in seinen besonderen Formen gehört seit langem zur prägenden Kraft in Eurem Land. Viele Organisationen und Bewegungen erfüllen heute auf verschiedene Weise ihre Sendung. Eine besondere Stellung nimmt die Katholische Aktion mit ihren Gliederungen ein, die ihre Mitarbeit am hierarchischen Apostolat unter der Oberleitung der Hierarchie selbst leistet. Die brüderliche Zusammenarbeit aller Kräfte des Laienapostolates wird am besten geeignet sein, den Wettstreit im Guten zu fördern, Machtstreben und Bevormundung aber auszuschließen, gemäß dem Wort Christi 'ihr alle aber seid Brüder'" (ebd.12).

Um mit Worten des II. Vatikanischen Konzils zu schließen - wir sind noch in der Epoche der Verwirklichung der Lehre des II. Vatikanischen Konzils - erlauben Sie mir daran zu erinnern, was die dogmatische Konstitution über die Kirche betreffend der Laien sagt:

"Sache der Laien ist es, kraft der ihnen eigenen Berufung in der Verwaltung und gottgemäßen Regelung der zeitlichen Dinge das Reich

Gottes zu suchen. Sie leben in der Welt, das heißt in all den einzelnen irdischen Aufgaben und Werken und den normalen Verhältnissen des Familien- und Gesellschaftslebens, aus denen ihre Existenz gleichsam zusammengewoben ist. Dort sind sie von Gott gerufen, ihre eigentümliche Aufgabe, vom Geist des Evangeliums geleitet, auszuüben und so wie ein Sauerteig zur Heiligung der Welt gewissermaßen von innen her beizutragen und vor allem durch das Zeugnis ihres Lebens, im Glanz von Glaube, Hoffnung und Liebe Christus den anderen kund zu machen. Ihre Aufgabe ist es also in besonderer Weise, alle zeitlichen Dinge, mit denen sie eng verbunden sind, so zu durchleuchten und zu ordnen, daß sie immer Christus entsprechend geschehen und sich entwickeln und zum Lob des Schöpfers und Erlösers gereichen" (LG 31).

Schluß

Vor 64 Jahren, am 30. Jänner 1930 haben sich sieben junge Männer zu einem Lebensbund zusammengeschlossen. In der Burschenstrophe, in der die Glieder dieses Bundes dem hohen Ideal, dem sie sich verpflichtet wissen, Ausdruck verleihen, heißt es:
"Rhäto-Danubias Burschen schützen Österreich".

In der Geschichte Rhaeto-Danubias wurde dies nie in einem verengten nationalistischen Sinn verstanden, sondern im Selbstbewußtsein eines Landes mit großer Geschichte und hoher Kultur, im Bewußtsein der unverzichtbaren österreichischen Identität, aber auch im Lichte des im Verbindungswahlspruch ausgesprochenen Glaubens, der uns lehrt, daß alle Menschen Brüder sind. Zu dieser Haltung, die den Wert des Eigenen kennt und pflegt, aber offen für Europa und für die Menschheitsfamilie ist, darf ich Rhäto-Danubia beglückwünschen.

Die vier Prinzipien der Verbindung mögen Kraft geben und auf eines hinweisen: Wenn heute Weichen für einen europäischen Zusammenschluß gestellt werden, so dürfen, wenn sich eine gute Gemeinschaft entfalten soll, die Werte nicht fehlen, die aus der christlichen Lebensordnung fließen: Menschenwürde, Religionsfreiheit, Subsidiarität, Solidarität.

Mögen wir im Rahmen unserer Möglichkeiten, unserer Talente und in dem Bereich, in dem wir tätig sind, den Spruch der Verbindung verwirklichen: "In fide firmitas", im Glauben liegt unsere Kraft!

In diesem Zusammenhang denken wir an die Worte des hl. Evangelisten Johannes, der uns noch heute die prophetischen Worte hören läßt, wenn die Versuchung der Entmutigung uns bedrängt:
"*In der Welt seid ihr in Bedrängnis; aber habt Mut:*
Ich habe die Welt besiegt" (Joh 16,33).

Die Christen in der Gesellschaft

Festvortrag anläßlich der Verleihung des Leopold-Kunschak-Preises in Wien, 12. März 1994

Die feierliche Überreichung der Leopold-Kunschak-Preise durch den Präsidenten des Kuratoriums, Herrn Bundesminister für Auswärtige Angelegenheiten Dr.Alois Mock, wird regelmäßig zum Anlaß genommen, auch einen Festvortrag in den Programmablauf einzubeziehen.

Entsprechend Ihrer freundlichen Einladung, hier zu diesem Anlaß zu sprechen, möchte ich gerne
- einige Daten aus dem Leben Leopold Kunschaks und
- einige seiner Worte zum Ausgangspunkt meiner Überlegungen machen.

a) Leopold Kunschak (1871-1953) war ein tüchtiger Handwerker, ein christlicher Parlamentarier und Gewerkschafter und schließlich Präsident des Österreichischen Nationalrates. Eben diese Persönlichkeit hat den "Kairos" ihrer Zeit verstanden und ausgelegt. Er hat eine Synthese
- von Christsein und politischem Engagement, sowie
- von katholischer Laienarbeit und fruchtbarer gesellschafts- und staats-politischer Wirksamkeit glaubwürdig vertreten und gelebt.

Leopold Kundschak lebte in einer Zeit, in welcher der Industrialisierungsprozeß voll im Gang war, als die Landwirtschaft sich mit technischem und wissenschaftlichem Fortschritt konfrontieren und harmonisieren mußte.
Hier wirkte die große weitblickende Intuition von Leopold Kunschak. Er verstand, daß man mit Mut, mit entschiedenem Einsatz und mit verständnisvollem Entgegenkommen die neuen Komponenten der Gesellschaft zu berücksichtigen habe. Daher dachte er auch an die Gründung einer christlich-sozialen Arbeiterbewegung.
Kunschak hat den Konflikt zwischen Kapital und Arbeit erlebt: es war die Zeit der Arbeiterfrage, in der der Geist der Erneuerung notwendig war, um die christlichen Grundsätze geltend zu machen und sie in die Tat umzusetzen.
Sein Leben erstreckt sich im Zeitraum des sozialen Aufbruchs des großen Papstes Leo XIII. mit seiner Enzyklika "Rerum novarum" bis in das Jahrzehnt nach Ende des furchtbaren Zweiten Weltkriegs. Die großen Gestalten der katholischen Soziallehre, nämlich die Päpste Pius XI. und Pius XII., sorgten sich mit besonderer Mühe gleichermaßen um

die Entfaltung der "Katholischen Aktion", wie der "Katholischen Verbände" als Träger der gesellschaftlichen Verantwortung des Laienapostolats.

b) Bei seiner Festrede am 1. Österreichischen Katholikentag des Jahres 1923 sagte der Gründer dieser Arbeiterbewegung:
"Die Entwicklung des sozialen Lebens im letzten Jahrhundert hat sich auf Wegen vollzogen, die immer weiter weg von Gott und seinem Gesetze führten. Auf diese Weise ist dem sozialen Empfinden, dem sozialen Denken und dem sozialen Tun der allein zielweisende Kompaß, der heiligste Rechtsbrief - der Begriff der Gotteskindschaft - verloren gegangen. Eine Gesellschaft aber, die den Begriff der Gotteskindschaft nicht kennt oder nicht anerkennt, ist seelenlos, ihr Leben ist nur Mechanik, sie ist lediglich fleischgewordener, spekulativer Wille."

Mit diesen Worten kennzeichnete Kunschak die Ursachen einer gefährlichen Entwicklung der Gesellschaft:
1) die Entfernung des Menschen von Gott und seinem Gesetz, weiters
2) den Verlust des Begriffs der Gotteskindschaft sowie
3) die Seelenlosigkeit in den menschlichen Beziehungen.

Nach 70 Jahren können wir feststellen, wie zutreffend diese Worte der Wirklichkeit entsprochen haben. Von den totalitären Regimen, die seither in verschiedenen Ländern herrschten, wurde eine willkürliche, unmenschliche und herzlose Politik ausgeübt.
Ihr steht die katholische Soziallehre mit ihren Grundsätzen und Zielen entgegen; davon will ich in dieser Stunde sprechen.

I. Die menschliche Gesellschaft

Die Kirche betrachtet jeden Menschen als solchen als Ebenbild Gottes und alle Menschen zusammen als Familie Gottes (vgl.GS Nr.23).
Daher ist die Liebe zu Gott, dem Schöpfer und Vater jedes Menschen, und zum Nächsten das erste und größte Gebot.
Die Liebe zu Gott kann nicht von der Liebe zum Mitmenschen getrennt werden. Sie ist in jenem Wort des Alten und Neuen Testaments ausgesprochen: "*Du sollst deinen Nächsten lieben wie dich selbst*" (Mt 22,39), und: *die Liebe ist die Erfüllung des Gesetzes* (Röm 13,9-10; 1 Joh 4,20).

Dieser Grundsatz ist von höchster Bedeutung für die immer mehr voneinander abhängig werdenden Menschen und für eine immer stärker international werdende Welt!
Man spricht heute immer mehr von der "Familie der Nationen", von der gegenseitigen Abhängigkeit menschlicher Personen und der menschlichen Gesellschaften.

Aus der gesellschaftlichen Natur des Menschen geht hervor, daß der Fortschritt der menschlichen Person und das Wachsen der Gesellschaft einander bedingen.
In dieser sich entwickelnden Welt ist die Förderung des Gemeinwohls eine Notwendigkeit. Aus der immer engeren und allmählich die ganze Welt erfassenden gegenseitigen Abhängigkeit ergibt sich die Pflicht zu einer Solidarität, die die Grenzen des eigenen Staates überschreitet und weltweite Dimensionen annimmt.
Gleichzeitig aber wächst das Bewußtsein der erhabenen Würde jeder Person; diese überragt die ganze Dingwelt und läßt erkennen, daß jede Person Träger allgemeingültiger und unverletzlicher Rechte und Pflichten ist.
Daraus folgen die Achtung der menschlichen Person, auch jene der Gegner, die wesentliche Gleichheit aller Menschen und die soziale Gerechtigkeit.
Für die Verwirklichung dieser Werte braucht es das Wachstum der Solidarität unter allen Menschen, damit alle Mitglieder der Menschheitsfamilie sich um den Aufbau ihrer Einheit bemühen!

II. Das Wirtschaftsleben: allgemeine Bestimmung der Güter

Diese Bemühungen werden Erfolg haben, wenn der Mensch als Urheber, Mittelpunkt und Ziel aller wissenschaftlichen und gesellschaftlichen Tätigkeit betrachtet wird.

Der Mensch soll der Herr des wirtschaftlichen Fortschritts sein, d.h. mit anderen Worten:
- der wirtschaftliche Fortschritt darf niemals der Herrschaft des Menschen entgleiten;
- die in der Gütererzeugung, in der Güterverteilung und in den Dienstleistungsgewerben geleistete Arbeit des Menschen hat den Vorrang vor allen anderen Faktoren des wirtschaftlichen Lebens, denn diese sind nur werkzeuglicher Art;
- die irdischen Güter sind für alle Menschen da: "*Gott hat die Erde mit allem, was sie enthält, zum Nutzen aller Menschen und Völker bestimmt; darum müssen diese geschaffenen Güter in einem billigen Verhältnis allen zustatten kommen; dabei hat die Gerechtigkeit die*

Führung, Hand in Hand geht mit ihr die Liebe. Wie immer das Eigentum und seine nähere Ausgestaltung entsprechend den verschiedenartigen und wandelbaren Umständen in die rechtlichen Institutionen der Völker eingebaut sein mag, immer gilt es, achtzuhaben auf diese allgemeine Bestimmung der Güter. Darum soll der Mensch, der sich dieser Güter bedient, die äußeren Dinge, die er rechtmäßig besitzt, nicht nur als ihm persönlich zu eigen, sondern muß er sie zugleich auch als Gemeingut ansehen in dem Sinn, daß sie nicht ihm allein, sondern auch anderen von Nutzen sein können" (GS Nr.69).

III. Das Leben der politischen Gemeinschaft

Das öffentliche Leben unserer Zeit bringt tiefgreifende Änderungen auch innerhalb der politischen Strukturen und Einrichtungen der Völker mit sich, als Folge ihrer kulturellen, wirtschaftlichen und gesellschaftlichen Entwicklung.

"*Diese Veränderungen haben großen Einfluß auf das Leben der politischen Gemeinschaft, vor allem hinsichtlich der Rechte und Pflichten aller bei der Ausübung der staatsbürgerlichen Freiheit, zur Verwirklichung des Gemeinwohls und bei der Ordnung der Beziehungen der Bürger untereinander und zur öffentlichen Gewalt.*

Aus dem lebendigeren Bewußtsein der menschlichen Würde wächst ja in den verschiedenen Teilen der Welt das Bestreben, eine neue politisch-rechtliche Ordnung zu schaffen, in der die Rechte der menschlichen Person im öffentlichen Leben besser geschützt sind, etwa das Recht auf Versammlungs-, Vereinigungs- und Meinungsfreiheit und das Recht auf privates und öffentliches Bekenntnis der Religion. Der Schutz dieser Personenrechte ist die notwendige Bedingung dafür, daß die Bürger einzeln oder im Verbund am Leben und der Leitung des Staates tätigen Anteil nehmen können" (GS Nr.73).

Um dieses Ziel am besten zu erreichen, braucht man die Mitarbeit der Einzelnen, der Familien und der verschiedenen Gruppen, aus denen sich die politische Gemeinschaft bildet.

Rolle der Familie in der Gesellschaft

In diesem Zusammenhang müssen wir daran erinnern, daß wir im Internationalen Jahr der Familie stehen, das von den Vereinten Nationen als solches proklamiert wurde.

"*Die Familie ist eine Gemeinschaft von Personen, die kleinste soziale Zelle und als solche eine für das Leben jeder Gesellschaft fundamentale Institution*" sagt uns Papst Johannes Paul II. in seinem Brief an die Familien vom 2. Februar dieses Jahres (vgl. Nr.17).

"*Die Rechte der Familie sind eng verknüpft mit den Menschenrechten*" (ebd. Nr. 17).

"*Es muß jede Anstrengung unternommen werden, damit sie als anfängliche Gesellschaft und in gewissem Sinn als "souverän" anerkannt wird! Ihre "Souveränität" ist für das Wohl der Gesellschaft unerläßlich. Eine wahrhaft souveräne und geistig starke Nation besteht immer aus starken Familien, die sich ihrer Berufung und ihrer Sendung in der Geschichte bewußt sind. Die Familie steht im Zentrum aller dieser Probleme und Aufgaben: sie in eine untergeordnete und nebensächliche Rolle zu versetzen, sie aus der ihr in der Gesellschaft gebührenden Stellung auszuschließen, heißt, dem echten Wachstum des gesamten Sozialgefüges einen schweren Schaden zufügen*" (ebd. Nr. 17).

Die Familie sollte daher in pastoraler Verantwortung, aber auch in rechtlicher, sozialer und wirtschaftlicher Hinsicht die ihr gebührende Förderung erfahren; damit komme ich auf das Verhältnis von politischer Gesellschaft und Kirche zu sprechen.

IV. Verhältnis von politscher Gesellschaft und Kirche

Dieses Thema wird im Dekret "Gaudium et spes" des II. Vat.Konzils mit klaren Worten dargelegt: In diesem Dokument werden verschiedenene Aspekte in Betracht genommen, wie die

Unterscheidung zwischen Kirche und Politik

Unterscheidung bedeutet, daß die Verantwortlichen in Kirche und Politk ihren eigenen Bereich gut kennen, einander schätzen, untereinander die Probleme der Gesellschaft besprechen und harmonisch zusammenarbeiten

- für die Ausbildung jedes Menschen
- für die personale Entfaltung der Talente jedes Bürgers und jedes Glaubenden
- für die harmonische Entwicklung jedes Menschen, die die leibliche, seelische und spirituelle Komponente umfaßt
- für eine gut überlegte kontinuierliche Gestaltung der sozialen Verhältnisse in jeder Nation, in jedem Kontinent, in der Welt.

Das Konzilsdokument betont auch die richtig vertandene Autonomie.

Unterscheidung oder Autonomie bedeutet daher keinesfalls Trennung. Man kann nicht durch Mauern trennen, was eine Einheit ist.
Das Konzil hat diese Begriffe in der pastoralen Konstitution "Gaudium et spes" so beschrieben:
"*Sehr wichtig ist besonders in einer pluralistischen Gesellschaft, daß man das Verhältnis zwischen der politischen Gemeinschaft und der Kirche richtig sieht, sodaß zwischen dem, was die Christen als Einzelne oder im Verbund im eigenen Namen als Staatsbürger, die von ihrem christlichen Gewissen geleitet werden, und dem, was sie im Namen der Kirche zusammen mit ihren Hirten tun, klar unterschieden wird* (Nr.76).

Transzendenz der menschlichen Person
Die Kirche, die in keiner Weise hinsichtlich ihrer Aufgabe und Zuständigkeit mit der politischen Gemeinschaft verwechselt werden darf, noch auch an irgendein politisches System gebunden ist, ist zugleich Zeichen und Schutz der Transzendenz der menschlichen Person" (ibd).

Zusammenarbeit zwischen Kirche und politischer Gesellschaft

Dabei sind die politische Gemeinschaft und die Kirche auf je ihrem Gebiet voneinander unabhängig und autonom (vgl. Nr.76).
Beide aber - politische Gemeinschaft und Kirche - dienen, wenn auch in verschiedener Begründung, der persönlichen und gesellschaftlichen Berufung der gleichen Menschen (vgl. Nr.76).

Es kommt darauf an, Unterscheidung, Autonomie, Unabhängigkeit von Kirche und politischer Gesellschaft in einer fruchtbaren Zusammenarbeit zu verbinden.

"*Diesen Dienst können beide zum Wohl aller um so wirksamer leisten, je mehr und besser sie rechtes Zusammenwirken miteinander pflegen; dabei sind jeweils die Umstände von Ort und Zeit zu berücksichtigen. Der Mensch ist ja nicht auf die zeitliche Ordnung beschränkt, sondern inmitten der menschlichen Geschichte vollzieht er ungeschmälert seine ewige Berufung. Die Kirche aber, in der Liebe des Erlösers begründet, trägt dazu bei, daß sich innerhalb der Grenzen einer Nation und im Verhältnis zwischen den Völkern Gerechtigkeit und Liebe entfalten. Indem sie nämlich die Wahrheit des Evangeliums verkündet und alle Bereiche menschlichen Handelns durch ihre Lehre und das Zeugnis der Christen erhellt, achtet und fördert sie auch die politische Freiheit der Bürger und ihre Verantwortlichkeit*" (Nr.76).

Die Wirksamkeit der Frohen Botschaft Gottes

Die Wirksamkeit der Frohen Botschaft Gottes gilt es zu sichern.
"*Wenn die Apostel und ihre Nachfolger mit ihren Mitarbeitern gesandt sind, den Menschen Christus als Erlöser der Welt zu verkünden, so stützen sie sich in ihrem Apostolat auf die Macht Gottes, der oft genug die Kraft des Evangeliums offenbar macht in der Schwäche der Zeugen. Wer sich dem Dienst am Wort Gottes weiht, muß sich der dem Evangelium eigenen Wege und Hilfsmittel bedienen, die weitgehend verschieden sind von den Hilfsmitteln der irdischen Gesellschaft*" (Nr.76).

Dimensionen des Menschen

Die Dimensionen des Menschen, die Grundrechte der Person und das Heil der Seele sind uns zu achten aufgetragen.
"*Das Irdische und das, was am konkreten Menschen diese Welt übersteigt, sind miteinander eng verbunden, und die Kirche selbst bedient sich des Zeitlichen, soweit es ihre eigene Sendung erfordert. Doch setzt sie ihre Hoffnung nicht auf Privilegien, die ihr von der staatlichen Autorität angeboten werden. Sie wird sogar auf die Ausübung von legitim erworbenen Rechten verzichten, wenn feststeht, daß durch deren Inanspruchnahme die Lauterkeit ihres Zeugnisses in Frage gestellt ist, oder wenn veränderte Lebensverhältnisse eine andere Regelung fordern. Immer und überall aber nimmt sie das Recht in Anspruch, in wahrer Freiheit den Glauben zu verkünden, ihre Soziallehre kundzumachen, ihren Auftrag unter den Menschen unbehindert zu erfüllen und auch politische Angelegenheiten einer sittlichen Beurteilung zu unterstellen, wenn die Grundrechte der menschlichen Person oder das Heil der Seelen es verlangen. Sie wendet dabei alle, aber auch nur jene Mittel an, welche dem Evangelium und dem Wohl aller je nach den verschiedenen Zeiten und Verhältnissen entsprechen*" (Nr.76).

In diesem Kontext sei das Wort Christi verstanden, der den Menschen jeder Zeit und jeder Generation sagt: "*Gebt dem Kaiser, was dem Kaiser gehört, und Gott, was Gott gehört*" (Mt. 22,21).

Diese Unterscheidung drückt eine Ordnung aus, deren Beachtung zur Friedenssicherung beitragen kann. Die Bemühungen für den Frieden sind für die Kirche ein ständiges Ziel.

"In der Treue zum Evangelium, gebunden an ihre Sendung in der Welt und entsprechend ihrem Auftrag, alles Wahre, Gute und Schöne in der menschlichen Gemeinschaft zu fördern und zu überhöhen, festigt die Kirche zur Ehre Gottes den Frieden unter den Menschen" (GS 76).

Um den Frieden zu fördern, hat Papst Paul VI. schon im Jahre 1967 die Initiative auf internationaler Ebene ergriffen, am 1. Jänner jeden Jahres einen Weltfriedenstag zu feiern. Papst Johannes Paul II. setzt diese Initiative fort. Wie Sie wissen, haben wir dieses Jahr schon den 27. Weltfriedenstag begangen, mit dem Thema: "Aus der Familie erwächst der Friede für die Menschheitsfamilie".

Zusammenfassend kann man sagen: Die Beziehungen zwischen Kirche und Staat sollten getragen sein von den Merkmalen
- einer richtig verstandenen Unabhängigkeit,
- einer fruchtbaren Zusammenarbeit im Dienst an der harmonischen Entfaltung der menschlichen Person,
- einer gemeinsamen Sorge für die Erhaltung der Familie, der Vielfalt der Gesellschaft und des Friedens in der Welt!

Internationale Ordnung

Was den Aufbau einer gerechten internationalen Ordnung betrifft, spricht Art. 88 des Konzilsdekrets „Gaudium et Spes“ davon im besonderen:

"Zum Aufbau einer internationalen Ordnung, in der die rechtmäßigen Freiheiten aller wirklich geachtet werden und wahre Brüderlichkeit bei allen herrscht, sollen die Christen gern und von Herzen mitarbeiten, und das um so mehr, als der größere Teil der Welt noch unter solcher Not leidet, daß Christus selbst in den Armen mit lauter Stimme seine Jünger zur Liebe aufruft. Das Ärgernis soll vermieden werden, daß einige Nationen, deren Bürger in überwältigender Mehrheit den Ehrennamen "Christen" tragen, Güter in Fülle besitzen, während andere nicht genug zum Leben haben und von Hunger, Krankheit und Elend aller Art gepeinigt werden. Denn der Geist der Armut und Liebe ist Ruhm und Zeugnis der Kirche Christi" (GS 88).

Die Präsenz der Kirche im internationalen Bereich

Die Präsenz der Kirche im Bereich der internationalen Beziehungen ist auch ein pastorales Anliegen.

Die Kirche ist von ihrem göttlichen Sendungsauftrag her gerufen, auch beim Aufbau einer internationalen Ordnung präsent zu sein:
"*Kraft ihrer göttlichen Sendung verkündet die Kirche allen Menschen das Evangelium und spendet ihnen die Schätze der Gnade. Dadurch leistet sie überall einen wichtigen Beitrag zur Festigung des Friedens und zur Schaffung einer soliden Grundlage der brüderlichen Gemeinschaft unter den Menschen und Völkern, nämlich die Kenntnis des göttlichen und natürlichen Sittengesetzes*" (Nr.89).

Die Aufgabe der Christen in internationalen Organisationen

Diese Aufgabe stellt sich auch in internationalen Organisationen, die das Konzil so sieht:
"*Eine hervorragende Form des internationalen Wirkens der Christen ist zweifellos die Mitarbeit, die sie einzeln und organisiert in den vorhandenen oder zu gründenden Institutionen zur Förderung der Zusammenarbeit unter den Nationen leisten. Darüber hinaus können die verschiedenen katholischen internationalen Organisationen auf vielfache Weise zum Aufbau einer friedlichen und brüderlichen Völkergemeinschaft beitragen.*
Schließlich ist zu wünschen, daß die Katholiken zur rechten Erfüllung ihrer Aufgabe in der internationalen Gemeinschaft eine tatkräftige und positive Zusammenarbeit anstreben mit den getrennten Brüdern, die sich gemeinsam mit ihnen zur Liebe des Evangeliums bekennen, und mit allen Menschen, die den wahren Frieden ersehnen" (GS 90).

Gründung der Päpstlichen Akademie der Sozialwissenschaften

Um den Dialog zwischen der Kirche und der politischen Gesellschaft im besonderen Bereich der Soziallehre und Sozialwissenschaft zu fördern, hat Papst Johannes Paul II. am 1. Jänner dieses Jahres (1994) durch ein Motu Proprio eine Päpstliche Akademie für Sozialwissenschaften errichtet. Diese neue Institution zielt darauf hin, die Lehre der Kirche auf diesem Gebiet stets auf die jeweiligen Umstände der Gesellschaft anzuwenden und zu entfalten.
Die Akademie wird den Dialog mit Fachleuten dieses Bereichs auf internationaler Ebene fördern.

Daher wurden bereits 31 Wissenschaftler aus den Bereichen Wirtschaft, Politik, Finanzwissenschaft und Soziallehre, Kultur,

Philosophie und Verfassungsrecht zu Mitgliedern dieser Akademie ernannt; diese Wissenschaftler stammen aus allen Kontinenten.

Österreich ist durch Ihnen bekannte Persönlichkeiten vertreten: den Jesuitenpater Prof. Dr.Johannes Schasching und den Bundesratsvizepräsidenten Prof. Dr. Herbert Schambeck. In der Stiftung zur Unterstützung der erwähnten Päpstlichen Akademie ist Österreich durch Prof. Dr.Schambeck und Prof. Dr.Strimitzer vertreten.

Durch diese Päpstliche Akademie für Sozialwissenschaften beabsichtigt der Papst, die Soziallehre der Kirche in neuer Weise mit den modernen Sozialwissenschaften in Verbindung zu bringen. Er ist davon überzeugt, daß eine menschengerechte Zukunft beides braucht:
- die Erkenntnisse der Sozialwissenschaften, aber ebenso die Grundsätze der katholischen Soziallehre.

Durch die Akademie wird die Entfaltung der Soziallehre der Kirche gefördert, die in einer modernen wissenschaftlichen Form in der Enzyklika "Rerum novarum" im Jahr 1891 zum ersten Mal dargelegt wurde.

Anläßlich der 100 Jahre seit der Veröffentlichung dieses historischen Dokuments hat Papst Johannes Paul II. die Enzyklika "Centesimus annus" an alle Bischöfe, an den Klerus, die Ordensleute, die Gläubigen der katholischen Kirche und an alle Menschen guten Willens gerichtet, in die er auch die Lehre des II. Vatikanischen Konzils sowie seiner Vorgänger Pius XI., Pius XII., Johannes XXIII. und Paul VI. einbringt.

Diesen dargebotenen Ausführungen möchte ich den Wunsch anschließen, daß auch das Kuratorium des Leopold-Kunschak- Preises - im Geist des Namensgebers - die Soziallehre der Kirche immer mehr vertiefen und anwenden möge zum Gemeinwohl Österreichs, Europas und der Welt!

Um dieses Ziel zu erreichen, wird eine Neuevangelisierung notwendig sein, eine Neuevangelisierung,
- die die Menschen die Nähe und die Liebe Gottes spüren läßt,
- die den Grund für die Würde des Menschen, nämlich Kind Gottes zu sein, neu entdeckt und
- die der menschlichen Gesellschaft eine "Seele" schenkt!

Jeder von uns kann im besonderen Aufgabenbereich seines Lebens dazu seinen Beitrag leisten, für den ich jedem einzelnen von Ihnen, beginnend mit den Preisträgern, Gottes Segen wünsche.

Die Päpste als Friedensstifter

Vortrag am Institut für Ethik und Sozialwissenschaften der Kath.-Theol. Fakultät der Universität Wien, 19. Jänner 1995

Als Apostolischer Nuntius in Österreich möchte ich dem Universitätszentrum für Friedensforschung für seine grundlegende Ausrichtung meine Wertschätzung zum Ausdruck bringen.

Die Tätigkeit des Universitätszentrums für Friedensforschung ist sehr nützlich; das Ziel ist die Förderung der Friedensforschung und die Verbreitung ihrer Ergebnisse.

Im Rahmen dieser Bemühungen für den Frieden werde ich über das Thema

"Die Weltfriedensbotschaften des Papstes"

sprechen.

Dieser Vortrag ist in fünf Teile gegliedert:

I. Friede - Sehnsucht jedes Menschen
II. Lehre des II. Vatikanischen Konzils
III. Friedensbemühungen der Päpste des 20. Jahrhunderts
IV. Papst Paul VI.
V. Die Aufgabe der Kirche beim Aufbau eines neuen Europa

I. FRIEDE - SEHNSUCHT JEDES MENSCHEN

Jeder Mensch sehnt sich nach Frieden! Jedes Volk sehnt sich bewußt oder unbewußt nach Frieden! Der Friede aber ist ein Werk der Gerechtigkeit: er ist die Frucht der Ordnung und des Respekts vor der Hierarchie der Werte.

Der Aufbau des Friedens in jedem Herzen, in jeder Familie, in jeder Gemeinschaft, in jeder Nation und in der ganzen Welt verlangt einen beständigen Einsatz; er braucht den Beitrag aller Menschen.

Der Friede kann sich nicht auf die Unechtheit wortreicher Rhetorik gründen.

Man kann nicht vom Frieden reden, wenn die bewährten Grundpfeiler des Friedens nicht anerkannt und geachtet werden, d.h. Wahrheit und Liebe, Gerechtigkeit und verantwortungsvolle Freiheit.

II. LEHRE DES II. VAT. KONZILS ÜBER DEN FRIEDEN

Der Friede ist auch die Zielvorstellung christlicher Heilsverkündigung. Seine Förderung bleibt unbeschadet wechselvoller Zeitenläufe ein Hauptanliegen christlicher Weltgestaltung. Die ganze Frohe Botschaft Gottes ist eine Botschaft des Friedens.

Schon die Engelsbotschaft bei der Geburt Christi verweist auf die mehrfache Dimension der Wirklichkeit des Friedens: Es bedarf nicht allein der Huld des Herrn, sondern auch des guten Willens und der ihn begleitenden Tat jedes einzelnen Menschen.

Entsprechend den Bedrohungen des Friedens hat daher die Kirche während mancher Phasen der Menschheitsgeschichte deutliche und augenfällige Akzente gesetzt, um den Frieden zu fördern bzw. zu bekräftigen.

Die Kirche bemüht sich, die Sehnsucht der Menschheit nach Frieden zu stillen! Darum hat das II. Vatikanische Konzil in seinem Dekret "Gaudium et spes" ein ganzes Kapitel dem Frieden gewidmet ("Die Förderung des Friedens und der Aufbau der Völkergemeinschaft", II. Hauptteil, fünftes Kapitel) .

Das Konzil faßt die Lehre der ganzen Kirche zusammen.
Die Bischöfe der ganzen Welt haben in diesem Dokument die verschiedenen Aspekte des Friedens dargelegt, wie folgende:

a) Wesen des Friedens:

Der Friede ist nicht nur das Gleichgewicht der gegensätzlichen Kräfte oder ein Mangel an Krieg, sondern vor allem ist er die Frucht jener Ordnung, die Gott in die menschliche Gesellschaft hineingeschrieben hat!

Der Friede entspricht der Liebe zum Mitmenschen. Er ist "Widerschein" und Auswirkung jenes Friedens, den Christus jedem Menschen durch sein Heilswerk ermöglicht, damit Versöhnung und Einheit der ganzen menschlichen Familie erreicht werden können!

b) Aufgabe des Friedens:

Alle Mitglieder der menschlichen Familie sind berufen, sich selbst zu prüfen, ob sie sich aufrichtig dafür einsetzen, den Frieden in ihrer Umwelt zu stiften, eine wirklich humanere Welt aufzubauen.

Der Aufbau des Friedens verlangt ein ständiges Bemühen!
Der Friede wird nicht durch Rüstungswettlauf erhalten: "*Darum muß noch einmal erklärt werden: Der Rüstungswettlauf ist eine der schrecklichsten Wunden der Menschheit, er schädigt unerträglich die Armen. Wenn hier nicht Hilfe geschaffen wird, ist zu befürchten, daß er eines Tages all das tödliche Unheil bringt, wozu er schon jetzt die Mittel bereitstellt*" (GS 81).

Um zum Frieden zu gelangen, müssen die Ursachen für Kriege und Gewalttätigkeiten aufgedeckt und überwunden werden: „*Nicht wenige entspringen allzu großen wirtschaftlichen Ungleichheiten oder auch der Verzögerung der notwendigen Hilfe. Andere entstehen aus Herrschsucht und Mißachtung der Menschenwürde und, wenn wir nach den tieferen Gründen suchen, aus Neid, Mißtrauen, Hochmut und anderen egoistischen Leidenschaften*" (GS 83).

Der Friede setzt das gegenseitige Vertrauen unter den Völkern voraus: "*Da der Friede an dem gegenseitigen Vertrauen der Völker erwachsen sollte, statt den Nationen durch den Schrecken der Waffen auferlegt zu werden, sollten alle sich bemühen, dem Wettrüsten ein Ende zu machen. Man soll wirklich mit der Abrüstung beginnen, nicht einseitig, sondern in vertraglich festgelegten gleichen Schritten und mit echten und wirksamen Sicherungen*" (GS 82).

c) Um die Probleme zugunsten des Friedens entschieden zu lösen, empfiehlt das II. Vatikanische Konzil tiefe, mutige und unermüdliche Forschungen anzustellen:
"*Internationale Kongresse befaßten sich damit. Man sollte dies alles als erste Schritte zur Lösung dieser so schwierigen Fragen ansehen und für die Zukunft noch intensiver fördern, wenn man praktikable Ergebnisse erreichen will. Indessen soll man sich hüten, sich nur auf die Anstrengungen einiger zu verlassen, ohne die eigene Einstellung zu überprüfen. Denn die Staatsmänner, die das Gemeinwohl ihres eigenen Volkes zu verantworten und gleichzeitig das Wohl der gesamten Welt zu fördern haben, sind sehr abhängig von der öffentlichen Meinung und Einstellung der Massen. Nichts nützt ihnen ihr Bemühen, Frieden zu stiften, wenn Gefühle der Feindschaft, Verachtung, Mißtrauen, Rassenhaß und ideologische Verhärtung die Menschen trennen und zu Gegnern machen. Darum sind vor allem eine neue Erziehung und ein neuer Geist in der öffentlichen Meinung dringend notwendig. Wer sich der Aufgabe der Erziehung, vor allem der Jugend, widmet und wer die öffentliche Meinung mitformt, soll es als seine schwere Pflicht ansehen, in allen eine neue Friedensgesinnung zu wecken. Wir alle müssen uns wandeln in unserer Gesinnung und müssen die ganze Welt und jene Aufgaben in*

den Blick bekommen, die wir alle zusammen zum Fortschritt der Menschheit auf uns nehmen können" (GS 82).

Diese Worte scheinen besonders mit Blick auf das Universitätszentrum für Friedensforschung geschrieben!

d) Die erwähnten Punkte ermutigen zum Aufbau einer internationalen Gesellschaft, die durch solide und sachliche Abkommen den Frieden in der Welt sichert.

Dazu braucht es eine internationale Autorität, die zuständig und befähigt ist, Konflikte zu lösen: "*Allerdings - der Krieg ist nicht aus der Welt geschafft. Solange die Gefahr von Krieg besteht und solange es noch keine zuständige internationale Autorität gibt, die mit entsprechenden Mitteln ausgestattet ist, kann man, wenn alle Möglichkeiten einer friedlichen Regelung erschöpft sind, einer Regierung das Recht auf sittlich erlaubte Verteidigung nicht absprechen. Die Regierenden und alle, die Verantwortung für den Staat tragen, sind verpflichtet, das Wohl der ihnen anvertrauten Völker zu schützen, und sie sollen diese ernste Sache ernst nehmen. Der Einsatz militärischer Mittel, um ein Volk rechtmäßig zu verteidigen, hat jedoch nichts zu tun mit dem Bestreben, andere Nationen zu unterjochen. Das Kriegspotential legitimiert auch nicht jeden militärischen oder politischen Gebrauch. Auch wird nicht deshalb, weil ein Krieg unglücklicherweise ausgebrochen ist, damit nun jedes Kampfmittel zwischen den gegnerischen Parteien erlaubt.*
Wer als Soldat im Dienst des Vaterlandes steht, betrachte sich als Diener der Sicherheit und Freiheit der Völker. Indem er diese Aufgabe recht erfüllt, trägt er wahrhaft zur Festigung des Friedens bei" (GS 79).

In diesem Rahmen ist die Errichtung und Entfaltung internationaler Organe, die den Frieden fördern, wünschenswert.

e) Ein anderes Mittel, den Frieden aufzubauen, ist die Schaffung internationaler Institutionen, die die Zusammenarbeit und die Sicherheit in den verschiedenen Bereichen der Ökonomie, des Handels sowie der Ausbildung der jungen Generationen fördern.

III. FRIEDENSBEMÜHUNGEN DER PÄPSTE DES 20. JAHRHUNDERTS

Nach dieser Erwähnung der Lehre der Kirche, möchte ich über die Friedensbemühungen der Päpste des 20. Jahrhunderts sprechen.

Die Friedensfunktion des Heiligen Stuhls wird hauptsächlich durch die Darlegung der Grundprinzipien der internationalen Ordnung sowie durch Ermahnen der Staaten und der Staatsmänner zu friedlichem und solidarischem Verhalten ausgeübt.

a) Papst Benedikt XV. (1914-1922)

Insbesondere seit dem Ersten Weltkrieg und damit seit Benedikt XV. haben es die Päpste immer wieder übernommen, zum Frieden aufzurufen.

Es ist bekannt, daß Papst Benedikt XV. sich während des I. Weltkrieges mit seiner Botschaft vom 1. August 1917 für den Frieden eingesetzt hat. Leider fanden die Gedanken dieses Papstes keinen Widerhall. So mußte sich der Papst darauf beschränken, in umfassenden Maße die durch den Krieg verursachten Leiden zu lindern. "Was er während und nach dem Kriege für die Kinder Deutschlands und Österreichs getan hat, ist der größte Ruhmestitel seines Pontifikates" (Hans Kühner, Lexikon der Päpste, S. 292).

b) Pius XI. (1922-1939)

Papst Pius XI. wählte als Wahlspruch "Pax Christi in Regno Christi", um damit die Fortsetzung des Programms seiner Vorgänger für die Bemühungen zugunsten des Friedens zu betonen. Ihm gelang es, die römische Frage zu lösen und den Frieden mit Italien wieder herzustellen.

c) Pius XII. (1939-1958)

Pius XII. hat während des II. Weltkriegs eine weltumspannende Friedensarbeit geleistet, deren Geschichte erst teilweise geschrieben ist. Bekannt ist vor allem sein Wort, mit dem der Papst die Verantwortlichen der Weltpolitik überzeugen wollte, den erwähnten Krieg zu vermeiden: "Nichts ist verloren mit dem Frieden. Alles kann verlorengehen mit dem Krieg" (Karl Forster, Friede und Gemeinschaft, Radiobotschaft Pius XII. am 24. August 1939 an die ganze Welt, S. 32).

d) Johannes XXIII. (1958-1963)

Johannes XXIII. ist als Friedensstifter allgemein anerkannt.

Am berühmtesten und - als Wegbereiterin - wohl auch besonders bedeutsam ist die im Jahr 1963, kurz vor seinem Tod veröffentlichte Enzyklika "Pacem in Terris", mit dem Untertitel "*Über den Frieden unter allen Völkern in Wahrheit, Gerechtigkeit, Liebe und Freiheit*".

Im Abschnitt über "die Beziehungen von Staat zu Staat" heißt es: "*Erfahrungsgemäß sind die Menschen sehr häufig und stark voneinander verschieden an Wissen, Tugend, Geisteskraft und an Besitz äußerer Güter. Daraus aber kann niemals ein gerechter Grund abgeleitet werden, warum jene, die den übrigen überlegen sind, andere irgendwie von sich abhängig machen; sie haben vielmehr eine weit größere, sich auf alle einzelnen erstreckende Verpflichtung, den anderen zu helfen, daß sie durch gegenseitiges Bemühen die Vollkommenheit erringen.*

Ähnlich kann es vorkommen, daß unter den Nationen die einen den anderen an wissenschaftlichem Fortschritt voraus sind, an menschlicher Kultur und wirtschaftlicher Entwicklung. Diese Vorzüge sind aber kein Freibrief dafür, andere in ungerechter Weise zu beherrschen, sondern sie schulden dafür einen größeren Beitrag zum gemeinsamen Fortschritt der Völker" (Pacem in Terris, 3. Teil).

IV. PAPST PAUL VI. (1963-1978)

Paul VI. hat die Solidarität der Reichen mit den Armen, der Industrialisierten mit den Ländern der Dritten Welt in seiner Enzyklika "Populorum progressio" von 1967 angesprochen; besonders die Beziehungen zwischen Entwicklung und Frieden werden in diesem Dokument behandelt. In der Enzyklika steht auch das berühmt gewordene Wort: "*Die Entwicklung der Völker ist der neue Name für Frieden*".

"*Das Problem von Entwicklung und Fortschritt - des einzelnen und der Völker - faszinierte den Geist und weckte die pastorale Sorge jenes ... großen Papstes, Pauls VI. In ganz besonderer Weise quälte ihn das Problem der Völker, 'die dem Hunger, dem Elend, den herrschenden Krankheiten, der Unwissenheit zu entrinnen suchen, die umfassender an den Früchten der Zivilisation teilhaben wollen..., die entschieden ihre vollere Entfaltung erstreben*'".

"*Absicht des Papstes war es, einen 'feierlichen Appell zu gemeinsamem Werk in Fragen der Entwicklung, einer umfassenden für jeden Menschen, einer solidarischen für die Menschheit', zu erlassen.*

'Umfassende Entwicklung' bedeutet für den Papst, jeden Menschen und den ganzen Menschen im Auge zu haben' (Nr. 14), jedes Volk und die ganze Menschheitsfamilie.

Die Konzilsformulierung aufgreifend, unterstreicht Paul VI. nachdrücklich, daß 'Entwicklung nicht einfach gleichbedeutend ist

mit wirtschaftlichem Wachstum' (ebd.): das heißt, sie besteht nicht im 'mehr haben', sondern im 'mehr sein'.
'Mehr haben ist also weder für die Völker noch für den einzelnen - sagt der Papst - das höchste Ziel der Entwicklung, der höchste Wert, der den Blick nach oben versperrt" (Nr. 19).
So berechtigt, ja notwendig 'das Streben nach materiellen Gütern' ist, es verhindert als ausschließliches Ziel 'das innere Wachstum' (ebd.).

Der Mensch, der Mensch in seiner Ganzheit - der dem Hunger, der Krankheit, dem Elend ausgesetzte Leib, der von Unwissenheit, von Unterdrückung, von mangelnder Achtung seiner Würde bedrohte Geist -, der Mensch muß im Mittelpunkt jeder Theorie und jeder praktischen Aktivität in bezug auf die Entwicklung stehen".

"*Die Sorge für die Entwicklung des 'ganzen Menschen' ist in 'Populorum progressio' ständig mit der Sorge für die Entwicklung 'aller Menschen' verbunden. 'Die allseitige Entwicklung des Einzelmenschen muß Hand in Hand gehen mit der Entwicklung der gesamten Menschheit'*" (Ansprache von Kardinalstaatssekretär Agostino Casaroli zur Eröffnung des von der Katholischen Universität "Sacro Cuore" in Piacenza veranstalteten Studienkongresses über das Thema "Die Entwicklung der Völker ist der neue Name für Frieden" am 7. April 1983, „L'Osservatore Romano", Nummer 26, 1. Juli 1983, S. 12 u.13).

1) Die Einführung der Weltfriedenstage durch Papst Paul VI.

Papst Paul VI. hat nach der Veröffentlichung der erwähnten Enzyklika im Jahr 1968 alle Menschen guten Willens aufgerufen, in aller Welt den ersten Tag des Kalenderjahres als "Tag des Friedens" zu begehen.

"Dieser Vorschlag...", schrieb Paul VI. damals, "soll nicht allein von uns, d.h. religiöser, katholischer Seite kommen. Er sucht vielmehr die Beteiligung aller, aller, die den Frieden wahrhaft lieben, geradeso als käme dieser Vorschlag aus ihren Reihen; er möchte sich nicht in bestimmten Formen festlegen, um in besonderer Weise auf jene einzugehen, die davon wissen, wie schön, ja wie wichtig es ist, daß alle Stimmen in der Welt, in dem bunten Zusammenspiel der modernen Menschheit, zu dem Preislied des einzigartigen Gutes aufklingen, das der Friede ist.

Die Katholische Kirche möchte ganz einfach, in der Absicht zu dienen und Beispiel zu geben, diese Idee vor Augen stellen, damit sie nicht nur weltweiten Beifall, sondern auch überall vielfache Unterstützung finde. Ihre Förderer sollen fähig und stark genug sein, dem ,Tag des

Friedens‘, in seiner Wiederkehr am Anfang jeden neuen Jahres, das unverfälschte und kraftvolle Gepräge von Menschen zu geben, die bewußt und innerlich frei von allem bedauerlichen Kriegsgeschehen, der Weltgeschichte eine verheißungsvollere Entwicklung in geordneter Zivilisation zu sichern wissen".

Paul VI. hat diese Initiative bis zu seinem Tod im August des Jahres 1978 fortgeführt.

Die Botschaften (11) dieses Papstes wurden im Jahr 1979 in einem Sammelband herausgegeben, der den Titel trägt "*Die Weltfriedensbotschaften Papst Pauls VI.*".

2) Papst Johannes Paul I. (26.8.-28.9.1978)

Papst Johannes Paul I. brachte das Anliegen des Friedens im „Programm seines Pontifikats“ mit den Worten zum Ausdruck:

"*Wir wollen ... alle guten und lobenswerten Initiativen unterstützen, die den Frieden in dieser aufgewühlten Welt wahren und fördern können...*
Wir sind alle verpflichtet, dafür zu sorgen, daß die Welt mehr Gerechtigkeit, dauerhafteren Frieden und aufrichtigere Zusammenarbeit findet" (Das Programm seines Pontifikats. Rundfunkbotschaft von Papst Johannes Paul I. an die Welt, „L'Osservatore Romano“, Nummer 35, 1. September 1978, Seite 4).

3) Papst Johannes Paul II. (16.10.1978 -)

a) Die erwähnte Initiative der päpstlichen Weltfriedenstage wurde von Papst Johannes Paul II. weitergeführt, wobei er sich entschloß - gleich seinem verewigten Vorgänger Papst Johannes Paul I. -, das von Papst Paul VI. aufgestellte Jahresthema 1979 "*Um zum Frieden zu gelangen, zum Frieden erziehen*" aufzugreifen.
Wie bei Paul VI. ist in der Weltfriedensbotschaft jedes Jahr ein anderer Aspekt in den Mittelpunkt der Betrachtung gestellt, dessen Beachtung notwendig ist, um zu einem gerechten Frieden zu gelangen.

Die 14 Themen der Weltfriedensbotschaften Papst Johannes Pauls II. von 1979 bis 1992 sind, gleichfalls mit Kommentaren versehen, in einen Sammelband gefaßt, der dem Papst durch eine Gruppe von Autoren persönlich überreicht wurde.

Aus Anlaß der Vorstellung des Sammelbandes führte Papst Johannes Paul II. aus:

"Vor fünfundzwanzig Jahren hat mein Vorgänger Paul VI. die Initiative ergriffen, zur jährlichen Feier des Weltfriedenstages eine Botschaft an die Katholiken und an alle Menschen guten Willens zu richten.

Trotz aller Veränderungen der letzten Jahre bleiben die Verkündigung der Botschaft vom Frieden und der Auftrag, den Frieden zu schaffen, unverändert unser aller Aufgabe. In der gegenwärtigen Zeit des Umbruchs erleben wir tagtäglich nicht fern von Euren Grenzen die Schrecken des Krieges. Symptome eines übersteigerten Nationalismus und Fremdenhaß, Erscheinungen, die wir längst überwunden glaubten, brechen in Europa neu auf...

Uns alle verpflichtet die Sorge um den Menschen. Deshalb bitte ich Euch, alle Eure Kräfte auf diese Sorge um ein friedliches Zusammenleben der Menschen zu konzentrieren und Euch im Gebet um den Frieden zu vereinen."

b) Am 16. Oktober 1978 wählten die Kardinäle des Konklaves in Rom einen polnischen Bischof, den Kardinal und Erzbischof Karol Wojtyla, zum Oberhaupt der Weltkirche.

Viele Menschen erblickten in der Wahl Johannes Pauls II. den Finger Gottes in der Welt- und Kirchengeschichte. Während der bisherigen 16 Jahre seines Pontifikats vollzog sich in den sogenannten "sozialistischen Ländern" des Ostblocks ein innerer Prozeß; es begann zu gären, es brachen verhärtete Strukturen auf, es hatten nunmehr hervorragende Persönlichkeiten mehr Mut und mehr Zuversicht, ihre Freiheitsideale auch nach außen hin zu zeigen und zu realisieren. Ein friedlicher, niemals gewaltsamer, aber stets entschiedener Widerstand begann Konturen und Formen anzunehmen.

Gegen Ende des Jahres 1989 entstanden neue staats- und gesellschaftspolitische Realitäten, die nun das Angesicht Europas und der Welt verändern.

Kaum jemand dürfte sich finden, der die Rolle des Papstes in der Gegenwartsgeschichte Europas wie in jener der übrigen Kontinente ignorieren wollte. Johannes Paul II. baute in seinen Prinzipien auf dem Fundament seiner Vorgänger auf; sie waren vor allem das Erbe der Päpste Johannes XXIII. und Pauls VI.

Konkret bedeutet dies, daß wir den Blick auf die Grundzüge sogenannter päpstlicher "*Ostpolitik*" zu richten haben.

Ihr sogenanntes "Erfolgsgeheimnis" bestand in der Kontinuität einer seelsorgeorientierten oder pastoralpolitischen Grundhaltung, die sich - wie es der heute emeritierte Kardinalstaatssekretär Agostino Casaroli wiederholt betonte - als ein kontinuierlicher Faden durch das Verhalten der Kirche gegenüber den Oststaaten zieht. Diese sogenannte "*Pastoralpolitik*" stand im Zeichen der Seelsorge, der Interessensabwägung zugunsten des Heils der Menschen. Der Kirche mußte es in ihrer Auseinandersetzung mit den Machthabern der marxistisch-leninistischen Staatsideologie um das "Überleben der Kirche" mit den Prioritätssetzungen "Kult, Lehre und Leben" gehen. Diese bewußte Option des Heiligen Stuhles hat sich als richtig erwiesen und das Wiederaufblühen des katholischen Lebens zeugt von der Richtigkeit dieser pastoralen Leitlinien der päpstlichen "Ostpolitik".

Die Aussagen des Heiligen Vaters sind dafür ein beredtes Zeugnis. Mit Sorge und in enger Verbundenheit weiß sich der Papst dem Schicksal aller Nationen, Völker, Kontinente verpflichtet und damit auch der ganzen Menschheitsfamilie. "Freude und Hoffnung, Trauer und Angst der Menschen von heute", besonders der Armen und Bedrängten aller Art, sind auch Freude und Hoffnung, Trauer und Angst des Papstes, wie der ganzen Kirche. Von den Entwicklungen und Ereignissen in Osteuropa sprach der Heilige Vater zu wiederholten Malen und zu verschiedensten Anlässen.
Das Ergebnis dieser Bemühungen Johannes Pauls II., die von vielen Menschen vor allem Osteuropas befürwortet wurden, ist der Aufbau diplomatischer Beziehungen zwischen dem Heiligen Stuhl und 22 Ländern aus dem ehemaligen kommunistischen Ostblock.

Es würde die mir zugemessene Redezeit empfindlich überschreiten, wollte ich auch nur einige ausgewählte Belege für das päpstliche Engagement zugunsten der friedlichen Umgestaltung in den Oststaaten zitieren.

Ich zitiere daher nur zwei Belegstellen Johannes Pauls II.: die eine aus der Weihnachtsansprache an die Mitarbeiter der Römischen Kurie vom 22. Dezember 1989; die zweite aus der Ansprache an die Teilnehmer der Vollversammlung des Päpstlichen Rates für die Kultur am 12. Jänner 1990.

"*Es gibt kein ideologisches System, kein politisches Projekt, kein Wirtschaftsprogramm, noch eine militärische Einteilung, die die Bestre-bungen von Millionen Frauen und Männern auslöschen könnten*" (Das Haus ist für den Menschen gemacht. Weihnachtsansprache Johannes Pauls II. an die Kardinäle, Bischöfe, Prälaten und Mitarbeiter der Kurie, „L'Osservatore Romano", Nummer 1, 5. Jänner 1990, Seite 9, Nr. 3).

"*Mauern sind gefallen. Grenzen haben sich geöffnet. Aber gewaltige Schranken sind noch aufgerichtet zwischen der Hoffnung auf Gerech-*

tigkeit und deren Erfüllung, zwischen dem Überfluß und dem Elend, indessen neue Rivalitäten entstehen, sobald der Kampf um das Haben die Achtung vor dem Sein in den Hintergrund drängt. Ein irdischer Messiasglaube ist zusammengebrochen, und in der Welt steigt der Durst nach einer neuen Gerechtigkeit auf. Eine große Hoffnung hat sich erhoben, Hoffnung auf Freiheit, auf Verantwortung, auf Solidarität und geistige Werte. In dieser bevorzugten Stunde, in der wir leben, rufen alle nach einer neuen, vollmenschlichen Zivilisation" (Die Ideologien zeigten ihren Mißerfolg. Ansprache des Papstes an die Teilnehmer der Vollversammlung des Päpstlichen Rates für die Kultur, „L'Osservatore Romano", Nummer 4, 26. Jänner 1990, Seite 9, Nr. 2).

c) In seiner Botschaft zur Feier des Weltfriedenstages am 1. Jänner 1993 schreibt Papst Johannes Paul II.:

"*Welcher Mensch guten Willens strebt nicht nach Frieden? Der Friede wird heute weltweit als einer der höchsten Werte anerkannt, die es zu suchen und zu verteidigen gilt. Doch während das Gespenst eines Vernichtungskrieges zwischen entgegengesetzten ideologischen Blöcken verschwindet, überziehen immer wieder schwere lokale Konflikte verschiedene Regionen der Erde mit vernichtenden Flammen. Allen steht besonders die dramatische Lage in Bosnien-Hercegovina vor Augen, wo das Kriegsgeschehen weiterhin jeden Tag gerade unter der wehrlosen Zivilbevölkerung neue Opfer dahinrafft und ungeheure Sach- und Umweltschäden verursacht. Nichts, so scheint es, vermag sich der sinnlosen Gewalt der Waffen zu widersetzen: weder die vereinten Bemühungen um einen wirksamen Waffenstillstand, noch der humanitäre Einsatz der internationalen Organisationen, noch das Flehen um Frieden, das einmütig aus den von blutigen Kämpfen heimgesuchten Ländern emporsteigt. Die irrige Logik des Krieges gewinnt leider immer wieder Oberhand über die wiederholten und maßgebenden Friedensaufforderungen.*

Außerdem macht sich in der Welt eine andere ernste Bedrohung für den Frieden immer besorgniserregender breit: Viele Menschen, ja ganze Völkerschaften leben heute in äußerster Armut. Der Unterschied zwischen Reichen und Armen ist auch in den wirtschaftlich hochentwickelten Nationen augenfälliger geworden. Es handelt sich um ein Problem, das sich dem Gewissen der Menschheit aufdrängt, da eine große Zahl von Menschen in Verhältnissen lebt, die ihre angeborene Würde verletzen und infolgedessen den wahren und harmonischen Fortschritt der Weltgemeinschaft gefährden.

Diese Wirklichkeit macht sich in zahlreichen Ländern der Welt in ihrer ganzen Schwere bemerkbar: in Europa ebenso wie in Afrika, Asien und Amerika. In verschiedenen Regionen müssen es Gläubige und Menschen guten Willens mit sehr vielen sozialen und ökonomischen Herausforderungen aufnehmen. Armut und Elend, soziale Unterschiede und bisweilen gesetzlich gebilligte Ungerechtigkeiten, Bruderkriege und repressive Regime appellieren an das Gewissen ganzer Völkerschaften überall auf der Welt" (Botschaft von Papst Johannes Paul II. zur Feier des Weltfriedenstages am 1. Jänner 1993, Nr. 1).

"*Ein zweites brennendes Problem ist das Drogenproblem: Die Beziehung der Droge zur Gewalt und zum Verbrechen ist allen schmerzlich und tragisch bekannt. Ebenso bekannt ist auch, daß in manchen Weltgegenden unter dem Druck der Drogenhändler gerade die ärmsten Volksgruppen sich auf den Anbau von Pflanzen für die Herstellung von Rauschgiften einlassen. Die ihnen versprochenen hohen Einkünfte - die übrigens nur einen sehr kleinen Teil der aus solchen Kulturen stammenden Gewinne ausmachen - stellen eine Versuchung dar, der alle jene kaum zu widerstehen vermögen, die aus den traditionellen Anbauformen ein Einkommen beziehen, das eindeutig zum Leben nicht ausreicht. Das erste, was getan werden muß, um den Bauern bei der Bewältigung dieser Situation zu helfen, besteht deshalb darin, ihnen die zur Überwindung ihrer Armut geeigneten Mittel zur Verfügung zu stellen.*

Ein weiteres Problem entsteht aus der von ernsten Wirtschaftsschwierigkeiten hervorgerufenen Lage in einigen Ländern. Sie begünstigen massive Auswanderungswellen in Richtung wohlhabenderer Länder, in denen dann im Gegenzug Spannungen entstehen, die das Sozialgefüge erschüttern. Um derartigen Reaktionen fremdenfeindlicher Gewalt entgegenzutreten, hilft es nicht so sehr, provisorische Notstandsmaßnahmen zu ergreifen, als vielmehr auf die Ursachen dadurch einzuwirken, daß mit Hilfe neuer Solidaritätsformen zwischen den Nationen der Fortschritt und die Entwicklung in den Herkunftsländern der Auswandererströme gefördert werden.

Eine heimtückische, aber reale Bedrohung für den Frieden ist also das Elend: Da es die Würde des Menschen zerstört, stellt es einen ernsten Anschlag auf den Wert des Lebens dar und trifft zuinnerst die friedliche Entwicklung der Gesellschaft" (ebd. Nr.3).

IV. DIE AUFGABE DER KIRCHE BEIM AUFBAU EINES

Auch wenn heute in Europa der Kommunismus als System untergegangen ist, bleiben doch seine Wunden und sein Erbe in den

Herzen der Menschen und in den neu entstehenden Gesellschaften. Die Menschen stehen vor Schwierigkeiten im rechten Gebrauch der Freiheit und der Demokratie; die zuinnerst verdorbenen sittlichen Werte müssen erneuert werden.

Der Zusammenbruch des Kommunismus ruft zu einem kritischen Nachdenken über den ganzen kulturellen, sozialen und politischen Weg des europäischen Humanismus, soweit er durch den Atheismus, nicht nur in seinem marxistischen Zusammenhang, gekennzeichnet ist, und beweist, daß es faktisch, und nicht nur prinzipiell, nicht angeht, die Sache Gottes von der Sache der Menschen zu trennen (vgl. "Seien wir Zeugen Christi, der uns befreit hat". Erklärung der Sondersynode für Europa in inoffizieller deutscher Übersetzung, Nr. 1, „L'Osservatore Romano", Nummer Nr. 51/52, 20. Dezember 1991, S. 11-14,).

Der Einigungsprozeß in Europa und in besonderer Weise die europäischen Einrichtungen und die neubenannte Organisation für Sicherheit und Zusammenarbeit in Europa (OSZE) bringen eine große Verantwortung der Kirchen mit sich. Denn das gemeinsame europäische Haus wird auf sicheren Fundamenten erbaut, wenn es nicht nur aus ökonomischen Gründen entsteht. Das neue Europa setzt bei seinem Aufbau stets den Konsens und die Anerkennung fundamentaler Werte voraus und fordert ein wirkliches Ideal. Unter diesem Gesichtspunkt ist der Beitrag der Kirche für das neue Europa keineswegs etwas Zweitrangiges; er muß die Bemühungen der christlichen Laien, die im sozialen und politischen Bereich tätig sind, begleiten.

Die Kirche darf also auf die Wahrnehmung eines eigenen öffentlichen Auftrags nicht verzichten. Durch den Anstoß der christlichen Offenbarung und durch langfristige geschichtliche Veränderungen hat die Zivilisation Europas die Unterscheidung, wenn auch nicht die Trennung von religiöser und politischer Ordnung entdeckt, die zum menschlichen Fortschritt beiträgt. Die Kirche darf durchaus eine recht verstandene Demokratie befürworten, ist jedoch an kein politisches System gebunden. Sie hat aber ihre eigene Ver-antwortung für die Gestaltung der Gesellschaft, die sie nicht zurückweisen kann und die sie besonders in ihrer Soziallehre, die auch die Aufgabe der Neu-Evangelisierung wahrnimmt, erfüllt.

Die Prinzipien der menschlichen Personwürde, die der Person als Fundamentalrechte vor jeder sozialen Zuerkennung zukommen und nicht - nicht einmal durch Mehrheitsbeschlüsse - verneint oder aufgehoben werden können, wie auch der Subsidiarität, welche die Rechte und Zuständigkeiten aller Gemeinschaften auf allen Ebenen berücksichtigt, und der Solidarität, welche ein Gleichgewicht zwischen

Bedürftigen und Stärkeren fordert, können gleichsam die Säulen einer neuen Gesellschaft beim Aufbau Europas bilden. Deshalb ist die Kenntnis der Soziallehre für alle, die in christlichem Geist am Aufbau des neuen Europa teilnehmen wollen, notwendig.

Friede ist kein Pazifismus; hinter ihm kann sich keine billige und bequeme Auffassung vom Leben verbergen; er verkündet vielmehr die hohen und allgemeingültigen Werte des Lebens: Wahrheit und Liebe, Gerechtigkeit und verantwortungsvolle Freiheit.

Auf dem Weg zum Jahr 2000

Festrede anläßlich der Verleihung der Opilio-Kardinal-Rossi-Medaille im Niederösterreichischen Landhaus in Wien, 14. Mai 1996

Gerne habe ich die Einladung der Arbeitsgemeinschaft Katholischer Verbände angenommen, zu diesem besonderen Anlaß das Wort zu ergreifen, um einige Gedanken zu jenen zwei Jubiläen darzulegen, die Österreich und die Kirche in der Welt betreffen: sie sind eine bedenkenswerte Fügung.

Der Eintritt Österreichs in das zweite Millennium seiner dokumentierten Geschichte und die Vorbereitung der Christenheit auf das Große Jubiläum der Menschwerdung des Erlösers berühren sich zeitlich: nämlich

- 1000 Jahre seit der Nennung des Namens Ostarrichi in einer Urkunde Kaiser Ottos III. vom 1. November 996 für Bischof Gottschalk von Freising und
- fast 2000 Jahre seit der Geburt des Erlösers des Menschen, der in die Welt kam, um die Liebe Gottes kundzutun.

Im Hinblick auf diese Jubiläen möchte ich über folgende Themen sprechen:

1. Christus und die Geschichte der Menschheit
2. Die Einheit der menschlichen Familie
3. Die Sendung der Kirche im Heilsplan Gottes
4. Die missionarische Verpflichtung
5. Die Neuevangelisierung
6. Die Arbeitsgemeinschaft Katholischer Verbände

1. CHRISTUS UND DIE GESCHICHTE DER MENSCHHEIT

Wer die Welt mit den Augen des Glaubens betrachtet, weiß um die Einheit der Geschichte. Sie liegt in Gottes Händen. Der Schöpfer des Himmels und der Erde lenkt sie nach dem Plan seiner ewigen Weisheit.

Aber er lenkt sie nicht sozusagen bloß von oben oder gar von außen; Gott tritt ein in unsere Geschichte, er hat unser irdisches, vergängliches Dasein mit seiner Ewigkeit vermählt, als er Mensch geworden ist.

Er hat in der Fülle der Zeit "leiblich" als Emmanuel, d.h. als "Gott mit uns" gelebt, und er ist wahrhaftig noch immer mit uns: "Seid gewiß: Ich bin bei euch alle Tage bis zum Ende der Welt" (Mt 28,20).

Papst Johannes Paul II. bemerkt in seinem Apostolischen Schreiben Tertio Millennio adveniente, das er zur Vorbereitung auf das Erlösungsjubiläum des Jahres 2000 verfaßt hat: "*Die Tatsache, daß, als die Zeit erfüllt war, das ewige Wort geschöpfliche Gestalt angenommen hat, verleiht dem, was sich vor zweitausend Jahren in Betlehem ereignet hat, eine einzigartige kosmische Bedeutung*" (TMA 3).

Die Kirche weiß sich von Christus selbst zu allen Völkern und allen Kulturen gesandt, um ihnen das Heil zu verkünden: "*Geht hinaus in die ganze Welt, und verkündet das Evangelium allen Geschöpfen!*" (Mk 16,15).

Sie muß daher allen die Hand reichen, muß den Dialog mit allen Geschöpfen suchen und muß sich jederzeit bewußt sein, daß der dreifaltige Gott, der Vater und der Sohn, durch den Heiligen Geist, in der Welt zum Heil der Seelen wirkt.

2. DIE EINHEIT DER MENSCHLICHEN FAMILIE

Das II. Vatikanische Konzil betont in Nummer 1 der dogmatischen Konstitution "Lumen gentium", daß das Ziel der universalen Sendung der Kirche die Einheit der ganzen "Menschheit in Christus" ist:

"*Christus ist das Licht der Völker. Darum ist es der dringende Wunsch dieser im Heiligen Geist versammelten Heiligen Synode, alle Menschen durch seine Herrlichkeit, die auf dem Antlitz der Kirche widerscheint, zu erleuchten, indem sie das Evangelium allen Geschöpfen verkündet (vgl. Mk 16,15). Die Kirche ist ja in Christus gleichsam das Sakrament, das heißt Zeichen und Werkzeug für die innigste Vereinigung mit Gott wie für die Einheit der ganzen Menschheit. Deshalb möchte sie das Thema der vorausgehenden Konzilien fortführen, ihr Wesen und ihre universale Sendung ihren Gläubigen und aller Welt eingehender erklären. Die gegenwärtigen Zeitverhältnisse geben dieser Aufgabe der Kirche eine besondere Dringlichkeit, daß nämlich alle Menschen, die heute durch vielfältige soziale, technische und kulturelle Bande enger miteinander verbunden sind, auch die volle Einheit in Christus erlangen*"
(LG 1).

Papst Johannes Paul II. bemüht sich, das Anliegen der Ökumene kraftvoll zu fördern. Gerade im Hinblick auf das kommende Jubiläum ruft er zu allen nur erdenklichen Anstrengungen auf, um *baldmöglich die volle Einheit zu erreichen in der Gewißheit, daß "bei Gott nichts unmöglich ist"* (TMA 16).

Der Papst lädt alle Verantwortlichen in der Kirche ein, den Dialog der Religionen fortzusetzen, um Völker und Kulturen einander näherzubringen.

In seinem nachsynodalen Apostolischen Schreiben „Vita consecrata" an den Episkopat und den Klerus, an die Orden und Kongregationen, an die Gesellschaften des apostolischen Lebens, an die Säkularinstitute und an alle Gläubigen über das geweihte Leben und seine Sendung in Kirche und Welt vom 25. März d.J. ermutigt der Papst zum Dialog mit allen, damit der Dienst in der Einheit der Wahrheit Christi geleistet werde:

"*Es ist also dringend geboten, im Leben der Personen des geweihten Lebens dem ökumenischen Gebet und dem glaubwürdigen Zeugnis des Evangeliums mehr Raum zu geben, damit die Mauern der Trennungen und der Vorurteile zwischen den Christen durch die Kraft des Heiligen Geistes niedergerissen werden können*" (VC 100).

Was der Heilige Vater für die Ordensleute sagt, gilt auch für die Mitglieder der Katholischen Verbände, um die Spaltungen des zweiten Jahrtausends zu überwinden (vgl. TMA 34).

"*Christus ruft alle seine Jünger zur Einheit*" (UUS 1).

Christus ist nach den Worten des Papstes daher *die Erfüllung der Sehnsucht aller Religionen der Welt und eben deshalb deren einziger und endgültiger Hafen* (TMA 6). Es ist die Religion der Erlösung, der Wiederherstellung der verlorenen Einheit der Menschheit mit Gott.

3. DIE SENDUNG DER KIRCHE IM HEILSPLAN GOTTES

Um seinem Erlösungswerk durch die Jahrtausende bei allen Menschen Bestand zu geben, hat Christus die Kirche gegründet, die die Gemeinschaft der an ihn Glaubenden ist.

Diese Gemeinschaft war am Anfang ihrer Geschichte in Jerusalem nur eine kleine Herde, die "*ein Herz und eine Seele*" (Apg 4,32) war, deren Mitglieder in der Lehre der Apostel verharrten und in der brüderlichen Gemeinschaft, im Brotbrechen und im Gebet (vgl. Apg 2,42).

Von Jerusalem aus haben die Christen - auch dank der damaligen politischen Umstände und trotz der Schwierigkeiten und Verfolgungen, denen sie ausgesetzt waren - in ganz Europa und vor allem in den Städten der damaligen zivilisierten Welt die Frohe Botschaft Gottes verkündet.

Allmählich ist die kleine Herde immer größer geworden. Die an Christus Glaubenden konnten die Gleichnisse vom Sauerteig, vom Senfkorn und von der Dynamik des Wachstums des Reiches Gottes immer klarer verstehen.
Das geschah zuerst in den Mittelmeerländern, dann in Mittel- und Nordeuropa.

Das Gebiet des heutigen Österreich zum Beispiel hat das Evangelium schon in den ersten Jahrhunderten der Geschichte der Kirche empfangen.

Es ist bekannt, daß bereits im 4. Jahrhundert in diesem Gebiet Diözesen existierten. Es gibt Dokumente aus dieser Zeit, die beweisen, daß im damaligen Noricum und heutigen Kärnten eine metropolitane Erzdiözese existierte, die mit anderen Diözesen eine Kirchenprovinz bildete. Tiburnia war gleichzeitig die Hauptstadt von Noricum und der Sitz der Erzdiözese derselben Provinz. Heute findet man dort nur noch die Ruinen von Kirchen dieser Zeit, da die Führer der Völkerwanderung alle Kirchen zerstörten und die ganze Gegend entchristianisierten. Bei den Ausgrabungen einer Kirche von Tiburnia wurde ein Mosaik gefunden, auf dem ein Baum mit vier Reihen von Zweigen dargestellt wird, der nach der Auslegung von Fachleuten das Wachstum der Kirche in vier Jahrhunderten symbolisiert.

Im 6. Jahrhundert kamen in dieses Gebiet Missionare aus Aquileia und Salzburg, die die neuen Bewohner christianisierten; aus dieser Zeit stammt der Sitz der Diözese Gurk, der heute mit der Stadt Klagenfurt verbunden ist.

Seit damals hat die Dynamik des Wachstums ihre Früchte gebracht. Und was einst in Europa geschah, geschieht noch heute in den Ländern anderer Kontinente,
- wo Christus bis vor einigen Jahrzehnten nicht bekannt war;
- wo die einheimische Bevölkerung sich heute vom Licht der Frohen Botschaft Gottes angezogen fühlt und von den Werten des Christentums überzeugt ist;

- wo der frische Wind des Glaubens weht, wollen die Menschen in die Kirche aufgenommen werden, wie uns schon in der Apostelgeschichte berichtet wird.

Wir können mit dem Heiligen Vater und seinem Apostolischen Schreiben *Tertio millennio adveniente* feststellen:

Die Kirche besteht seit zweitausend Jahren. Wie das Senfkorn im Evangelium wächst sie zu einem großen Baum heran, der mit seinen Zweigen ein Dach für die ganze Menschheit zu bilden vermag (vgl. Mt 13,31-32) (TMA 56).

Der Papst erläutert die *universale Einbindung der Menschen in den Plan Gottes* mit einem Passus aus der dogmatischen Konstitution Lumen gentium:
"*Zu dieser katholischen Einheit... sind alle Menschen berufen. Auf verschiedene Weise gehören ihr zu oder sind ihr zugeordnet die katholischen Gläubigen, die anderen an Christus Glaubenden und schließlich alle Menschen überhaupt, die durch die Gnade Gottes zum Heil berufen sind*" (LG 13, zit. in TMA 56).

Es ist uns nicht gegeben, in die innersten Zusammenhänge der göttlichen Heilsabsichten Einblick zu gewinnen, "*Zeiten und Fristen zu erfahren, die der Vater in seiner Macht festgesetzt hat*" (Apg 1,7). Aber der Glaube gibt uns Gewißheit, daß die von Christus gestiftete Kirche den göttlichen Auftrag erhalten hat, in die ganze Welt hinauszugehen und das Evangelium allen Geschöpfen zu verkünden (vgl. Mk 16,15), alle Völker zu erreichen und alle Menschen zu Christi Jüngern zu machen (vgl. Mt 28,19).

4. DIE MISSIONARISCHE VERPFLICHTUNG

Die Kirche, d.h. die Gemeinschaft der an Christus Glaubenden, wird nie ihrer missionarischen Verpflichtung enthoben, weil diese zu ihrem Wesen gehört.

In seiner Enzyklika "Redemptoris missio" betont der Papst die fortdauernde Gültigkeit des missionarischen Auftrags der Kirche:

"*Die Sendung Christi, des Erlösers, die der Kirche anvertraut ist, ist noch weit davon entfernt, vollendet zu sein. Ein Blick auf die Menschheit insgesamt am Ende des zweiten Jahrtausends zeigt uns, daß diese Sendung noch in den Anfängen steckt und daß wir uns mit allen Kräften für den Dienst an dieser Sendung einsetzen müssen. Der*

Geist ist es, der dazu ermuntert, die Großtaten Gottes zu verkünden: 'Ich kann mich deswegen nicht rühmen; denn ein Zwang liegt auf mir. Weh mir, wenn ich das Evangelium nicht verkünde!' (1 Kor 9,16)" (RM 1).

Die Mitglieder traditionsreicher Kirchen in der westlichen Welt entfalten noch heute wertvolle missionarische Tätigkeit in den Missionsländern.

Ich selbst kenne viele dieser tiefgläubigen, großzügigen und eifrigen Missionare. Gleichzeitig bin ich sicher, daß auch Sie, liebe Zuhörer, solche Mitchristen kennen, die alles verlassen haben, um die Frohe Botschaft Gottes zu verkündigen, auch unter Umständen, die einen tiefen Glauben, großen Mut und viel Kraft verlangen. Von der echten Liebe geleitet, können sie mit dem Völkerapostel Paulus sagen:

"*Was kann uns scheiden von der Liebe Christi? Bedrängnis oder Not oder Verfolgung, Hunger oder Kälte, Gefahr oder Schwert? In der Schrift steht: Um deinetwillen sind wir den ganzen Tag dem Tod ausgesetzt; wir werden behandelt wie Schafe, die man zum Schlachten bestimmt hat. Doch all das überwinden wir durch den, der uns geliebt hat. Denn ich bin gewiß: Weder Tod noch Leben, weder Engel noch Mächte, weder Gegenwärtiges noch Zukünftiges, weder Gewalten der Höhe oder Tiefe noch irgendeine andere Kreatur können uns scheiden von der Liebe Gottes, die in Christus Jesus ist, unserem Herrn*" (Röm 8,35-39).

In der Geschichte der Kirche waren es immer wieder vor allem innere Spannungen und Spaltungen, die den missionarischen Impuls gehemmt und die Leuchtkraft des Evangeliums verdunkelt haben. Wenn zu Zeiten der Apostel in Jerusalem das erste Konzil die Überwindung der Enge des mosaischen Gesetzes ermöglicht und die Türen für die Heidenmission geöffnet hat, und wenn den Konzilien im Laufe der Kirchengeschichte immer wieder eine ähnliche Rolle zugefallen ist - Klarstellung der Lehre und Öffnung zu einem neuen missionarischen Anfang -, so berechtigt uns dies zur Hoffnung, daß auch die gegenwärtigen innerkirchlichen Spannungen und Spaltungen durch die volle Rezeption der Lehren, Reformen und Weisungen des II. Vatikanischen Konzils schließlich überwunden werden können, sodaß jener Neuaufschwung der Evangelisierung möglich sein wird, zu dem Papst Johannes Paul II. unermüdlich aufruft.

5. DIE NEUEVANGELISIERUNG

Mit Blick auf das kommende dritten Jahrtausend möchte ich kurz auf die Erfordernis der Neuevangelisierung hinweisen.

Der Papst in der Ausübung seines Lehramtes spricht oft davon.

Die Sondersynode für Europa im Jahr 1991 hat ebenfalls dieses Thema behandelt und in ihrer Erklärung "*Seien wir Zeugen Christi, der uns befreit hat*" einzelne Punkte herausgestellt und zwar:
- die Bedeutung der Neu-Evangelisierung Europas,
- die Früchte der Evangelisierung und letztlich weiters
- die Träger der Evangelisierung und die vielen Wege einer Neuevangelisierung.

Um diese Anliegen zu vertiefen, bedarf es des sachlichen und gelassenen Dialogs. Deshalb haben die Bischöfe Europas von der Notwendigkeit des Dialogs gesprochen, um in den Elementen der europäischen Zivilisation die eigenen Wurzeln wiederzuentdecken.

Darin besteht eine Aufgabe der Kirche beim Aufbau eines neuen Europa, das für eine weltweite Solidarität offen sein soll.
Um diese Aufgabe mit Einsatz und Begeisterung zu erfüllen, ist es notwendig, jene unverzichtbare Bedeutung zu betrachten, die die Frohe Botschaft Gottes für das Leben, für den Sinn des Lebens und die Entfaltung des Lebens für uns selbst und für die Mitmenschen hat.

Die zentrale Aussage des Evangeliums Jesu ist in der Tat die Mehrung des Lebens. Christus selbst sagt uns und allen Menschen: "*Ich bin gekommen, damit sie das Leben haben und es in Fülle haben*" (Joh 10,10).

Es freut mich deshalb, daß die Empfänger der "Opilio-Kardinal-Rossi-Medaille" ihre Verantwortung als Laien in besonderem Maße in den Bereichen
- Schutz des ungeborenen Lebens (Em. o.Univ.-Prof. DDr. Heribert BERGER)
- Verantwortung für die Jugend (Sektionschef Dr. Josef FINDER) und
- Verantwortung für die Christen in den Reformländern (Ing. Dkfm. Georg KOPETZKY) entfaltet haben.

6. DIE ARBEITSGEMEINSCHAFT KATHOLISCHER VERBÄNDE

Diese Verantwortung hat auch zur Gründung der Arbeitsgemeinschaft Katholischer Verbände geführt:

a) Berufung und Sendung der Laien in Kirche und Welt

Die AKV entstand in der Tat aus der Notwendigkeit der Präsenz der katholischen Laien in Kirche und Gesellschaft.

Diese Notwendigkeit ist eine offenkundige Tatsache.

Die spezifische Aufgabe, die den Laien innerhalb der Sendung der Kirche zukommt, wurde vom Konzil (LG 33) und von der Sondersynode der Bischöfe von 1987 über die Berufung und Sendung der Laien in Kirche und Welt betont.

Der Papst hat im nachsynodalen Apostolischen Schreiben "*Christifideles laici*" *die Mitverantwortung der Laien für die Kirche in ihrer Sendung* in einem eigenen Kapitel besonders herausgestrichen und die wichtigsten Gebiete genannt, die den Einsatz der Laien heute vorrangig und dringlich erscheinen lassen:
- die Verteidigung der Menschenwürde,
- die Ehrfurcht vor der Unantastbarkeit des menschlichen Lebens von seiner Empfängnis bis zum natürlichen Tod,
- die Sicherung der Religionsfreiheit,
- der Schutz der Heiligkeit von Ehe und Familie,
- das Wirken in Politik und Wirtschaft gemäß den Prinzipien der christlichen Soziallehre,
- der Bereich der Kommunikationsmittel usw.

Was die Gründung der AKV motiviert hat, bleibt also auch heute ein vorrangiges Anliegen der Kirche: die Präsenz der katholischen Laien in Kirche und Gesellschaft.

b) Modalitäten der Teilhabe am Leben der Kirche

Die AKV sieht als erstes ihrer Anliegen das gemeinsame Wirken im kirchlichen Raum.

Im Dekret über das Laienapostolat hat das Konzil einerseits *die absolute Notwendigkeit des individuellen Apostolates* unterstrichen (AA 16), andererseits aber die Bedeutung dieses gemeinschaftlichen Apostolates auch gebührend herausgestellt.

In "*Christifideles laici*" erklärt Johannes Paul II. ergänzend:

"*In der letzten Zeit kennzeichnen besondere Verschiedenheit, Lebendigkeit und Vielfalt das Phänomen des gemeinschaftlichen*

Wirkens von Laien. Schon immer aber hat der Zusammenschluß von Laien eine kontinuierliche Linie in der Kirchengeschichte dargestellt" (CL 29).

c) Kriterien für die Zusammenschlüsse von Laien in der Kirche

Die Arbeitsgemeinschaft Katholischer Verbände betrachtet das Laienapostolat im Sinne des II. Vatikanischen Konzils als das Zentrum ihres Wirkens.

In der Bewahrung der kirchlichen communio "*muß auch die Notwendigkeit klarer und präziser Kriterien für die Unterscheidung und Anerkennung der Zusammenschlüsse von Laien, auch "Kriterien der Kirchlichkeit" genannt, verstanden werden*" (CL 30).

Der Papst nennt in "*Christifideles laici*" (CL 30) deren fünf:
1) *den Primat der Berufung eines jeden Christen zur Heiligkeit*;
2) *die Verantwortung für das Bekenntnis des katholischen Glaubens*;
3) *das Zeugnis einer tiefen und überzeugten communio, in kindlicher Ab-hängigkeit vom Papst, dem bleibenden und "sichtbaren Prinzip" der Einheit der Universalkirche, und vom Bischof, dem "sichtbaren Prinzip und Fundament der Einheit" in der Teilkirche, sowie in der gegenseitigen "Hochschätzung aller Formen des Apostolates in der Kirche"*;
4) *die Übereinstimmung mit der apostolischen Zielsetzung der Kirche, an der sie teilhaben*; und
5) *die Verpflichtung zu einer engagierten Präsenz in der menschlichen Gesellschaft.*

d) Die AKV vor den Herausforderungen unserer Zeit

Die AKV sieht in den Herausforderungen der Zeit einen Auftrag an die Kirche von heute.

Genau dies ist die Sicht des letzten Konzils, die in der Pastoralkonstitution "*Gaudium et spes*" dargelegt wird: "*Freude und Hoffnung, Trauer und Angst der Menschen von heute, besonders der Armen und Bedrängten aller Art, sind auch Freude und Hoffnung, Trauer und Angst der Jünger Christi* (GS 1).

Dies ist aber auch die Sicht des Heiligen Vaters, der oft darauf hinweist, daß diese Stunde der Geschichte gerade das Zeugnis der Laien fordert: "*Ihnen* (den Laien) *kommt es in besonderer Weise zu, Zeugnis zu geben vom christlichen Glauben als einzige und wahre Antwort - die alle mehr oder weniger bewußt erkennen und nennen -*

auf die Probleme und Hoffnungen, die das Leben heute für jeden Menschen und für jede Gesellschaft einschließt. Dieses Zeugnis wird möglich, wenn es den Laien gelingt, den Gegensatz zwischen dem Evangelium und dem eigenen Leben zu überwinden und in ihrem täglichen Tun, in Familie, Arbeit und Gesellschaft eine Lebenseinheit zu erreichen, die im Evangelium ihre Inspiration und die Kraft zur vollen Verwirklichung findet (CL 34).

Um Zeuge Christi zu sein, braucht es Mut und Vertrauen!

Daher tut es uns allen gut, jenen Aufruf erneut zu hören, den der Heilige Vater in seiner ersten Homilie bei der Übernahme des obersten Hirtenamtes an die ganze Welt gerichtet hat: "*Habt keine Angst! Öffnet, ja öffnet Christus weit die Türen! Öffnet die Grenzen der Staaten, die Wirtschaftssysteme und die politischen Systeme, die Bereiche der Kultur, der Zivilisation, der Entwicklung seiner heilbringenden Macht. Habt keine Angst. Christus weiß, 'was im Menschen ist'. Er allein weiß es!*" (CL 34).

e) Die Bedeutung der Jugend für die Zukunft

Die AKV sieht ihre Verantwortung darin, sich für die Festigung des Glaubens der Jugend von heute einzusetzen, die nach der Jahrtausendwende das Leben der Kirche und der Gesellschaft gestalten wird.

Dazu ist der aufrichtige Dialog zwischen den Generationen unbedingt notwendig.
In ihren "Christlichen Leitlinien zum österreichischen Millennium" zitiert die AKV den Heiligen Vater: *Die Zukunft der Welt und der Kirche gehört den jungen Generationen, die, noch in diesem Jahrhundert geboren, erst im nächsten, dem ersten Jahrhundert des neuen Jahrtausends, reife Menschen sein werden* (TMA 58).

Es ist klar, daß die Jugend zu allen Zeiten die Hoffnung der Kirche wie der Gesellschaft ist.

Der Heilige Vater weist häufig darauf hin, daß gerade in der Jugend die großen, endgültigen und entscheidenden Fragen immer gestellt werden, und daß nur Christus auf sie eine Antwort weiß: "*Christus nimmt sich der jungen Menschen an, wie er sich des jungen Mannes annahm, der ihm die Frage stellte: 'Was muß ich tun, um das ewige Leben zu gewinnen?' (Mt 19,16)... Die jungen Menschen, und zwar in jeder Situation, hören nicht auf, Fragen an Christus zu richten: Sie begegnen Ihm und suchen Ihn, um Ihn weiter zu fragen. Wenn sie dem*

Weg zu folgen vermögen, den Er angibt, werden sie zu ihrer Freude ihren Beitrag zu seiner Gegenwart im nächsten und in den darauffolgenden Jahrhunderten, bis zum Ende der Zeiten, leisten können. 'Jesus Christus ist derselbe gestern, heute und in Ewigkeit' (TMA 58).

Eine gewaltige Verantwortung für die Zukunft unserer Gesellschaft liegt auf uns. Denn der Glaube der Jugend von heute hängt ab von der Echtheit, der Lebendigkeit, der Anziehungskraft des Glaubens der Erwachsenen. Nicht eine Anpassung der Lehren der Kirche an die Säkularisierungsziele der hedonistischen Gesellschaft wird die Jugend und damit die Zukunft des Glaubens für Christus und seine Kirche sichern, sondern die lebendige Treue zur unveränderlichen und heilbringenden Botschaft des Evangeliums, wie sie unter dem Beistand des Heiligen Geistes vom Bischof von Rom und den mit ihm in Gemeinschaft stehenden Nachfolgern der Apostel verkündet wird. Die Jahrtausendwende muß in diesem Sinn eine Glaubenswende bei uns allen sein: die Rückkehr zur freudigen, uneingeschränkten und konsequenten Treue zur katholischen Kirche.

Die erwähnten Themen verlangen eine umfassende Vertiefung, die im Rahmen der vorhandenen Zeit nicht möglich ist.

Ich bin aber überzeugt, daß die Verantwortlichen der Arbeitsgemeinschaft Katholischer Verbände sich bemühen werden, diese Aufgabe weiterverfolgend zu erfüllen.

Abschließend möchte ich meinen aufrichtigen Wunsch dafür zum Ausdruck bringen, daß diese Anliegen der ganzen Kirche in die Tat umgesetzt werden, damit alle an Christus *Glaubenden echte Zeugen Christi seien, der uns befreit hat* (vgl. Erklärung der Sondersynode für Europa, 1991).

Friede und Gerechtigkeit

Vortrag an der Österreichischen Landesverteidigungs-akademie in Wien, 20. Juni 1996

Das Thema, zu dem ich als Vertreter des Heiligen Stuhles sprechen werde, lautet:

"Kirche und Politik".

Die Einladung, die Sie mir zukommen ließen, birgt offensichtlich den Wunsch, etwas über die Vorstellung der Kirche vom sittlichen Handeln der Christen in der politischen Gemeinschaft zu hören.

Diesem Wunsch folgend, will ich in meinen Vortrag über folgende Themen sprechen:

I. Kirche und politische Gemeinschaft im allgemeinen
II. Das Gemeinwohl und die Ausübung der politischen Autorität
III. Die Präsenz der Kirche in der Welt und in Europa

I. KIRCHE UND POLITISCHE GEMEINSCHAFT IM ALLGEMEINEN

Die Abhandlung dieses Themas ist von der Sendung der Kirche und der Aufgabe der politischen Gemeinschaft her zu verstehen.

Staat und Kirche sind nach Ursprung, Ziel und Verfassung verschieden.

Die Kirche ist göttlichen Ursprungs; die politische Gemeinschaft hingegen geht auf den freien Zusammenschluß der Menschen zurück.
Das Ziel der Kirche ist das ewige Heil aller Menschen; das Ziel des Staates die Verwirklichung des irdischen Gemeinwohles einer räumlich und zeitlich mehr oder weniger begrenzten menschlichen Gemeinschaft.

Die Verfassung der Kirche ist in ihrem Kern göttlichen Rechtes - wesentliche Strukturelemente ihres Gefüges sind daher unveränderlich -; staatliche Verfassungen sind hingegen zur Gänze menschlichen Ursprungs und daher in allen ihren Elementen veränderbar, wenngleich in jeder ihrer möglichen Ausformungen die Bindung an das natürliche Sittengesetz gewahrt werden muß.

Obwohl also die Sendung der Kirche auf das Heilswerk Christi zielt, während die Sendung der politischen Gemeinschaft auf das Zeitliche ausgerichtet ist, kümmern sich letztlich beide um denselben Menschen.

Die irdischen Probleme sind der Kirche nicht gleichgültig, ist doch der Mensch von seinem Schöpfer dazu berufen, durch sein zeitliches Tun, durch die Unterwerfung und Nutzbarmachung der Erde, durch sein Kulturschaffen, den ihm eigenen Gottesdienst zu vollziehen.

So hat die auf das übernatürliche Heil des Menschen ausgerichtete Tätigkeit der Kirche mannigfache Auswirkungen auf die gerechte und menschenwürdige Gestaltung des irdischen Gemeinwohls.

Die authentische Verkündigung der Kirche verweist den Menschen auf das letzte Ziel seines Tuns - die Verherrlichung Gottes -, sie mahnt ihn, in der Befolgung der göttlichen Gebote die Würde jedes Menschen zu achten, und gibt ihm die hoffnungsfrohe Gewißheit, daß der Lauf der Geschichte in den Vaterhänden Gottes liegt, der den verantwortungsvollen Einsatz der Christen wünscht und ihnen, wenn sie ihm treu sind, seinen Beistand nicht vorenthalten wird.

Die Kirche erinnert den Menschen also unermüdlich an die sittlichen Ansprüche, die Gott an dessen Handeln stellt, das sich in vielerlei Hinsicht auf den Mitmenschen und damit auch auf die menschliche Gemeinschaft bezieht, und sie gibt ihm Kraft, sich ihnen zu stellen.

Die Auswirkungen, die daraus für den Staat entstehen, können nur positiv und überaus wertvoll sein.

Das II. Vatikanische Konzil deutet sie an, wenn es an die moralische Verantwortung ihrer Glieder im Leben der Gesellschaft erinnert:

"Die Christen sollen in der politischen Gemeinschaft jene Berufung beachten, die ihnen ganz besonders eigen ist. Sie sollen beispielgebend dafür sein, insofern sie pflichtbewußt handeln und sich für das Gemeinwohl einsetzen. Sie sollen durch ihre Tat zeigen, wie sich Autorität mit Freiheit, persönliche Initiative mit solidarischer Verbundenheit zum gemeinsamen Ganzen, gebotene Einheit mit fruchtbarer Vielfalt verbinden lassen" (GS 75).

Von diesem Dienst abgesehen, den die staatliche Gemeinschaft dem spezifischen Eigenwirken der Kirche verdankt, erhalten viele humanitäre Aktionen wirksame Impulse vom religiösen Gewissen her. Denken wir an so manche Hilfsaktion in Krisengebieten, denken wir ganz konkret z.B. an "*Nachbar in Not*", eine Initiative von Caritas,

Rotem Kreuz und ORF, die im Mai vor vier Jahren gestartet wurde und viele Früchte gebracht hat.

Auch Bemühungen um echten Frieden und um Gerechtigkeit, um menschliches Zusammenleben in Würde usw. entsprechen den ethischen Forderungen christlicher Lebenshaltung. Der sittliche Anspruch, den die Kirche an den Gläubigen stellt, hilft diesem, zum Wohl des politischen Gemeinwesens beizutragen.

Das II. Vatikanische Konzil hat sich mit unserem Thema - Kirche und politische Gemeinschaft - ausführlich beschäftigt und seine Lehre im wesentlichen aus dem Evangelium entfaltet. Denn als die Pharisäer und Herodianer die Steuerfrage stellten, gab Jesus ihnen eine Antwort, die das Fundament für die Unterscheidung, die je eigene Autonomie und die gegenseitige Verbundenheit von religiösem und politischem Bereich im allgemeinen bildet:
"*Gebt dem Kaiser, was dem Kaiser gehört, und Gott, was Gott gehört*"
(Mt 22,21).

1) Unterscheidung zwischen Kirche und politischer Gesellschaft

Kirche und Staat sind in ihrem jeweiligen Bereich eigenständig und nicht einander untergeordnet, weder der Staat der Kirche noch die Kirche dem Staat.

Die Verantwortlichen in Kirche und politischer Gemeinschaft sollen daher ihre entsprechenden Tätigkeitsbereiche kennen, gegenseitig einander schätzen, miteinander sprechen, harmonisch zusammenarbeiten und sich ergänzen.

2) Die richtig verstandene Autonomie

Natürlich ist die Grenzziehung zwischen den Kompetenzen in concreto manchmal schwierig. Wie wir schon sagten, kümmern sich Staat und Kirche um denselben Menschen, und es ist Aufgabe der Kirche, ihm die notwendige Orientierung für die Erreichung seines letzten Zieles zu geben und folglich gegebenenfalls auch vor den Gefahren zu warnen, die aus politischen Gegebenheiten für das Heil der Seelen erwachsen können, wenn diese sich nicht am natürlichen Sittengesetz orientieren.

Das geltende Kirchenrecht gibt die unwandelbare Überzeugung der Kirche wieder, die sich auch in den Lehren des letzten Konzils wiederfindet, wenn es erklärt:
"*Der Kirche kommt es zu, immer und überall die sittlichen Grundsätze auch über die soziale Ordnung zu verkünden wie auch über menschliche Dinge jedweder Art zu urteilen, insoweit die Grundrechte der menschlichen Person oder das Heil der Seelen dies erfordern*" (CIC, can. 747 § 2).

Es kann also sein, daß die Kirche ihre Stimme erheben muß - und im gesamten Verlauf ihrer Geschichte bis in unsere Tage hat sie das immer wieder getan -, wenn die politische Gemeinschaft Wege beschreitet, die letztlich zum Unheil und Schaden des Menschen führen. So gesehen, ist die Kirche, die an kein politisches System gebunden ist, nach den Worten des Konzils "*zugleich Zeichen und Schutz der Transzendenz der menschlichen Person*" (GS 76).

In den zahllosen Fragen freilich, in denen für politische Entscheidungen von den Geboten Gottes her keine Vorgaben bestehen, übt die Kirche keine Lehrkompetenz aus. Es wäre ein Mißbrauch, würde sie sich zu jenen tagespolitischen Fragen autoritativ äußern, die vom Evangelium her für verschiedene Lösungen offen sind.

Das Konzil hat in diesem Zusammenhang eine sehr wesentliche Präzisierung vorgenommen, wenn es fordert, daß man gerade in der pluralistischen Gesellschaft das Verhältnis zwischen Staat und Kirche auch insofern richtig sehen muß, "*daß zwischen dem, was die Christen als Einzelne oder im Verbund im eigenen Namen als Staatsbürger, die von ihrem christlichen Gewissen geleitet werden, und dem, was sie im Namen der Kirche zusammen mit ihren Hirten tun, klar unterschieden wird*" (GS 76).

Und das Kirchenrecht gibt die konziliare Lehre wieder, wenn es im Zusammenhang mit den Rechten und Pflichten der Laien erklärt:
"*Die Laien haben das Recht, daß ihnen in den Angelegenheiten des irdischen Gemeinwesens jene Freiheit zuerkannt wird, die allen Bürgern zukommt; beim Gebrauch dieser Freiheit haben sie jedoch dafür zu sorgen, daß ihre Tätigkeiten vom Geist des Evangeliums erfüllt sind, und sich nach der vom Lehramt der Kirche vorgelegten Lehre zu richten; dabei haben sie sich jedoch davor zu hüten, in Fragen, die der freien Meinungsbildung unterliegen, ihre eigene Ansicht als Lehre der Kirche auszugeben*" (CIC, can. 227).

3) Notwendigkeit der Zusammenarbeit

Daß Konflikte zwischen Kirche und Staat nicht ausgeschlossen sind, zeigt umso deutlicher, wie wichtig eine gedeihliche, von beständigem Dialog getragene Zusammenarbeit beider im Dienst am Menschen ist.

Das Konzil hat erklärt: "*Diesen Dienst können beide zum Wohl aller umso wirksamer leisten, je mehr und besser sie rechtes Zusammenwirken miteinander pflegen; dabei sind jeweils die Umstände von Ort und Zeit zu berücksichtigen*" (GS 76).

Wenn die Kirche ihrem Wesen gemäß unermüdlich darauf hinweist, daß die Berufung des Menschen über die zeitliche Ordnung hinausreicht, dann erweist sie der menschlichen Gesellschaft einen unschätzbaren Dienst: "*In der Liebe des Erlösers begründet, trägt sie dazu bei, daß sich innerhalb der Grenzen einer Nation und im Verhältnis zwischen den Völkern Gerechtigkeit und Liebe entfalten. Indem sie nämlich die Wahrheit des Evangeliums verkündet und alle Bereiche menschlichen Handelns durch ihre Lehre und das Zeugnis der Christen erhellt, achtet und fördert sie auch die politische Freiheit der Bürger und ihre Verantwortlichkeit*" (GS 76).

Im Gegenzug beansprucht die Kirche einerseits überall und jederzeit das Recht, in wahrer Freiheit den Glauben zu verkünden, ihre Soziallehre kundzumachen und, wenn die Grundrechte des Menschen oder das Heil der Seelen betroffen sind, auch politische Angelegenheiten ihrem Urteil zu unterwerfen (vgl. GS 76).

Im Katechismus der katholischen Kirche heißt es darüber hinaus deutlich: "*Einzig die von Gott geoffenbarte Religion hat in Gott, dem Schöpfer und Erlöser, klar den Ursprung und das Ziel des Menschen erkannt. Die Kirche lädt die politischen Verantwortungsträger ein, sich in ihren Urteilen und Entscheidungen nach dieser geoffenbarten Wahrheit über Gott und den Menschen zu richten*" (KKK 2244).

4) Die Soziallehre der Kirche

Eine der Maßnahmen, die in jüngster Zeit getroffen wurden, um den Dialog zwischen der Kirche und den politischen Gemeinwesen zu fördern, war die Errichtung der Päpstlichen Akademie für Sozialwissenschaften durch Johannes Paul II. am 1. Jänner 1994. Diese neue Institution zielt darauf ab, die Soziallehre der Kirche stets auf die jeweiligen Umstände der Gesellschaft anzuwenden und zu entfalten.

Die Akademie fördert den Dialog mit Fachleuten dieses Bereichs auf internationaler Ebene. Unter den allen Kontinenten entstammenden Wissenschaftlern aus Wirtschaft, Politik, Finanzwissenschaft, Philosophie, Verfassungsrecht usw., die zu Mitgliedern der Akademie ernannt wurden, zählen auch bekannte Persönlichkeiten aus Österreich: der Jesuitenpater Univ.-Prof. Dr. Johannes Schasching und der Vizepräsident des Bundesrates Univ.-Prof. Dr. Herbert Schambeck.

Der Heilige Vater hat die Absicht, durch diese neue Akademie die Soziallehre der Kirche in neuer Weise mit den modernen Gesellschaftswissenschaften in Verbindung zu bringen. Die Soziallehre der Kirche ist ja bekanntlich - zumindest was ihre wissenschaftliche Ausarbeitung anbelangt - eine relativ junge Disziplin. Ihr Anfang wird mit der Veröffentlichung der Enzyklika "Rerum novarum" durch Leo XIII. im Jahr 1891 angesetzt.

Anläßlich des 100. Jahrestages der Veröffentlichung dieses historischen Dokumentes hat Papst Johannes Paul II. die Enzyklika "Centesimus annus" an alle Bischöfe, an den Klerus, die Ordensleute, die Gläubigen der katholischen Kirche und an alle Menschen guten Willens adressiert, in der er auch die Lehre des II. Vatikanums sowie die seiner Vorgänger Pius XI., Pius XII., Johannes XXIII. und Pauls VI. einbringt.

Was die Beziehungen zwischen der Verkündigung der Frohbotschaft und der Soziallehre der Kirche anbelangt, erklärt der Papst in diesem Schreiben:

"*In der Tat, die Verkündigung und Verbreitung der Soziallehre gehört wesentlich zum Sendungsauftrag der Glaubensverkündigung der Kirche; sie gehört zur christlichen Botschaft, weil sie deren konkrete Auswirkungen für das Leben in der Gesellschaft vor Augen stellt und damit die tägliche Arbeit und den mit ihr verbundenen Kampf für die Gerechtigkeit in das Zeugnis für Christus den Erlöser miteinbezieht. Sie bildet darüber hinaus eine Quelle der Einheit und des Friedens angesichts der Konflikte, die im wirtschaftlich-sozialen Bereich unvermeidlich auftreten. Auf diese Weise wird es möglich, die neuen Situationen zu bestehen, ohne die transzendente Würde der Person weder bei sich selbst noch bei seinen Gegnern zu verletzen, und sie zu einer richtigen Lösung zu führen*" (CA 5).

5) Förderung des Friedens

Sehr wesentlich ist auch der Beitrag der Kirche zu einem Grundanliegen des irdischen Gemeinwohls, zum Frieden.

Das II. Vatikanum hat dazu erklärt: "*In der Treue zum Evangelium, gebunden an ihre Sendung in der Welt und entsprechend ihrem Auftrag, alles Wahre, Gute und Schöne in der menschlichen*

Gemeinschaft zu fördern und zu erhöhen, festigt die Kirche zur Ehre Gottes den Frieden unter den Menschen" (GS 76).
Was diesen wichtigen Aspekt ihres Wirkens in den letzten Jahrzehnten betrifft, möchte ich die Initiative Papst Pauls VI. erwähnen, der im Jahr 1968 die jährliche Feier des Weltfriedenstages eingeführt hat. In seiner zu diesem Anlaß veröffentlichten Botschaft - zum 1. Jänner 1979 -, sprach der Papst einprägsam von den *echten Waffen des Friedens* im Gegensatz zu jenen, die zur Tötung und Vernichtung der Menschheit bestimmt sind. Er meinte damit v.a. *die moralischen Waffen, die dem internationalen Recht Kraft und Geltung verschaffen.* Ausdrücklich bezog er sich auf die Einhaltung der Verträge - *pacta sunt servanda*! -, auf die internationalen Institutionen und schließlich auf die umsichtige und - soll sie nicht Utopie sein - notwendigerweise gemeinsame Abrüstung.

Der Beitrag, den Paul VI. mit seinen insgesamt elf Botschaften geleistet hat, ist eindrucksvoll. Sie liegen übrigens gesammelt in einem von mir im Berliner Verlag Duncker & Humblot herausgegebenen Sammelband vor: "*Die Weltfriedensbotschaften Papst Pauls VI.*"

Papst Johannes Paul II. hat die Initiative der Weltfriedenstage fortgesetzt. Auch seine Botschaften - bis zum Jahr 1992 - liegen ebenso mit Kommentaren versehen und von mir im selben Verlag herausgegeben vor: "*Die Weltfriedensbotschaften Papst Johannes Pauls II.*"

Diesen ersten Teil unserer Ausführungen zusammenfassend, können wir sagen:
Die Beziehungen zwischen Kirche und Staat sollen immer geprägt sein von den Merkmalen recht verstandener Unabhängigkeit, gesunder Zusammenarbeit zum Dienst am einzelnen Menschen im Interesse seiner harmonischen Entfaltung sowie von eifrigem Bemühen um den Frieden - in jedem Menschen, in jeder Familie, in jeder Gemeinde, in jeder Gesellschaft, in jeder Nation, in der Welt!

II. DAS GEMEINWOHL UND DIE AUSÜBUNG DER POLITISCHEN AUTORITÄT

Es ist offensichtlich, daß der Einzelmensch, die Familie und die kleineren menschlichen Gemeinwesen für sich allein nicht in der Lage sind, ein in jeder Hinsicht menschliches Leben zu gewährleisten. "*Sie erfassen die Notwendigkeit einer umfassenderen Gesellschaft in der alle täglich ihre eigenen Kräfte zusammen zur ständig besseren*

Verwirklichung des Gemeinwohls einsetzen. So begründen sie denn die politische Gemeinschaft in ihren verschiedenen Formen" (GS 74).

Das ist die traditionelle, sozusagen naturrechtliche Argumentation, für die man auch im Neuen Testament eine klare Bestätigung finden kann. Die politische Gemeinschaft besteht um des Gemeinwohls willen. Im Gemeinwohl findet sie ihre Rechtfertigung und ihren Sinn. Aus ihm leitet sie ihr Eigenrecht ab.

Und wie definiert das Konzil das Gemeinwohl? Als "*die Summe aller jener Bedingungen gesellschaftlichen Lebens, die den einzelnen, den Familien und gesellschaftlichen Gruppen ihre eigene Vervollkommnung voller und ungehinderter zu erreichen gestatten*" (GS 74).

Weil die Menschen verschiedener Meinung sein können und dürfen, bedarf es im öffentlichen Gemeinwesen einer obrigkeitlichen Gewalt, die für ein einheitliches Zusammenwirken auf das Ziel des Gemeinwohls hin sorgt. Sie soll es nicht herrisch tun, sondern auch als moralische Autorität, die sich an den freien, aber pflichtbewußten Willen wendet.

Diese Lehre ist biblisch wohl fundiert. Wir lesen beim Apostel Petrus:
"*Unterwerft euch um des Herrn willen jeder menschlichen Ordnung: dem Kaiser, weil er über allem steht, den Statthaltern, weil sie von ihm entsandt sind, um zu bestrafen, die Böses tun, und die auszuzeichnen, die Gutes tun. (...) Handelt als Freie, aber nicht als solche, die die Freiheit als Deckmantel für das Böse nehmen, sondern wie Knechte Gottes. Erweist allen Menschen Ehre, liebt die Brüder, fürchtet Gott, und ehrt den Kaiser!*" (1 Petr 2,13-17).

Und in ähnlicher Weise schreibt Paulus:
"*Jeder leiste den Trägern der staatlichen Gewalt den schuldigen Gehorsam. Denn es gibt keine staatliche Gewalt, die nicht von Gott stammt; jede ist von Gott eingesetzt. Wer sich daher der staatlichen Gewalt widersetzt, stellt sich gegen die Ordnung Gottes, und wer sich ihm entgegenstellt, wird dem Gericht verfallen*" (Röm 13,1-3).

1) Ziel der Ausübung der politischen Autorität

Die politische Autorität ist also vom Wesen des Menschen her gefordert. Ihre Ausübung beruht, sofern sie in Gerechtigkeit erfolgt, auf dem Naturrecht. Die Regierungsform und die Auswahl der Regierenden bleibt dabei dem freien Willen der Staatsbürger überlassen (vgl. GS 74).

Das Konzil hat dazu weiter erklärt:
"*Ebenso ergibt sich, daß sich die Ausübung der politischen Gewalt in der Gemeinschaft als solcher oder in den für sie repräsentativen Institutionen immer nur im Rahmen der sittlichen Ordnung vollziehen darf, und zwar zur Verwirklichung des Gemeinwohls (...) und entsprechend einer legitimen juridischen Ordnung, die bereits besteht oder noch geschaffen werden soll. Dann aber sind auch die Staatsbürger im Gewissen zum Gehorsam verpflichtet. Daraus ergeben sich also die Verantwortlichkeit, Würde und Bedeutung der Regierenden*" (GS 74).

Selbstverständlich endet das Recht der staatlichen Autorität dort, wo diese den Boden des gerechten Gemeinwohls verläßt.

Als der jüdische Hohe Rat den Aposteln verbieten wollte, Jesus Christus und seine Lehre weiter zu verkünden, haben Petrus und Johannes geantwortet:
"*Ob es vor Gott recht ist, mehr auf euch zu hören als auf Gott, das entscheidet selbst. Wir können unmöglich schweigen über das, was wir gesehen und gehört haben*" (Apg 4,19-20).
Und als man ihnen wenig später vorwirft, daß sie dieses Verbot übertreten haben, prägen sie das klassisch gewordene Wort:
"*Man muß Gott mehr gehorchen als den Menschen*" (Apg 5,29).

Einer staatlichen Autorität gegenüber, die ihre Zuständigkeit überschreitet, bleiben die Bürger dennoch verpflichtet zu tun, was vom Gemeinwohl her objektiv gefordert ist. Nur für den Extremfall spricht ihnen die Kirche das Recht nicht ab, "*ihre und ihrer Mitbürger Rechte gegen den Mißbrauch der staatlichen Autorität zu verteidigen, freilich innerhalb der Grenzen des Naturrechts und des Evangeliums*" (GS 74).

Die Gestaltung der Verfassung eines Gemeinwesens und die Ausübung der politischen Gewalt "*kann entsprechend der Eigenart der Völker und der geschichtlichen Entwicklung verschieden sein. Immer aber muß sie im Dienst der Formung eines gebildeten, friedliebenden und gegenüber allen anderen wohlwollenden Menschen stehen, zum Vorteil der gesamten Menschheitsfamilie*" (GS 74).

2) Mitarbeit aller am Gemeinwohl unter Beachtung von Rechten und Pflichten

Die Verwirklichung des Gemeinwohls ist - das darf nicht übersehen werden - keineswegs alleinige Aufgabe der Träger der politischen Autorität. Die verantwortungsbewußte Mitarbeit der Bürger ist unbedingt erforderlich - nach Maßgabe der Fähigkeiten und Möglichkeiten jedes einzelnen.

Soll diese Mitarbeit erfolgreich sein, bedarf es einerseits einer sinnvollen Aufteilung der staatlichen Aufgaben, andererseits eines wirksamen Schutzes der Rechte des einzelnen.
Das Konzil hat erklärt: "*Die Rechte aller Personen, Familien und gesellschaftlichen Gruppen und deren Ausübung sollen anerkannt, geschützt und gefördert werden zusammen mit den Pflichten, die alle Staatsbürger binden. Unter diesen Pflichten muß ausdrücklich die Pflicht genannt werden, dem Staat jene materiellen und persönlichen Dienste zu leisten, die für das Gemeinwohl notwendig sind*" (GS 75).

Die Verhältnismäßigkeit zwischen den Maßnahmen der staatlichen Autorität und dem freien Wirken der Bürger ermöglicht die Beachtung des Subsidiaritätsprinzips, dem in der kirchlichen Gesellschaftslehre bekanntlich große Bedeutung beigemessen wird. Die Regierenden haben sich davor zu hüten, den freien Wirkungskreis der kleineren gesellschaftlichen Einheiten ohne berechtigten Grund einzuengen. Sie sollen die Initiative und Verantwortung der einzelnen bzw. sozialen Zusammenschlüsse nicht unterdrücken, sondern stützen und fördern.

Diese wichtige Forderung nach Freiheit und Selbständigkeit hat freilich eine Kehrseite, die das Konzil gebührend unterstreicht:

"*Aber auch die Staatsbürger, einzeln oder in Gruppen, sollen der öffentlichen Autorität nicht eine zu umfangreiche Gewalt zugestehen noch von ihr ungebührlich große Zuwendungen und Begünstigungen fordern, sodaß die Eigenverantwortung der einzelnen, der Familien und gesellschaftlichen Gruppen gemindert wird*" (GS 75).

Hier ist das schwierige Gleichgewicht zwischen Sozialisation und Autonomie angesprochen, das je nach dem Entwicklungsstand einer Gesellschaft auf sehr verschiedene Weise hergestellt werden kann. Konkrete Umstände können die staatliche Autorität dazu zwingen, intensiver in manche sozialen, wirtschaftlichen oder kulturellen Angelegenheiten einzugreifen, "*um geeignetere Voraussetzungen dafür zu schaffen, daß die Staatsbürger und gesellschaftlichen Gruppen wirksamer in Freiheit das Wohl des Menschen in jeder Hinsicht verwirklichen können*" (GS 75).

Sobald die Voraussetzungen für derartige dirigistische Maßnahmen wegfallen, soll allerdings die Freiheit baldmöglich wiederhergestellt werden. "*Unmenschlich ist - erklärt dazu das Konzil -, wenn eine Regierung auf totalitäre oder diktatorische Formen verfällt, die die*

Rechte der Person und der gesellschaftlichen Gruppen verletzen" (GS 75).

3) Der Schutz der Ordnung und des Lebens der Bürger

Im Interesse des Gemeinwohls aller Bürger ist eine staatsbürgerliche und politische Erziehung, insbesondere der Jugend, sehr wesentlich, um rechte Vaterlandsliebe zu gewährleisten, den Verantwortungssinn für die Gemein-schaft zu vertiefen und dafür zu sorgen, daß es integre Personen gibt, die sich unter Hintansetzung des eigenen Vorteils und des materiellen Gewinns dem Dienst an der *res publica* widmen.

Hauptaufgabe der politischen Autorität ist aber natürlich die Gewährleistung der öffentlichen Ordnung und der Schutz der Person.

In jeder Gesellschaft finden sich Menschen, die Unordnung und Unruhe stiften und das Leben anderer Bürger in Gefahr bringen.

Aus dem Bemühen, die öffentliche Ordnung und das menschliche Leben zu schützen, entstanden im Lauf der Geschichte Ordnungs- und Sicherheitskräfte mit dem Recht, von der Waffe Gebrauch machen zu dürfen.

Der Einsatz der Waffe darf jedoch nur zum Schutz des Menschen geschehen, wobei Verhältnismäßigkeit zwischen dem bedrohten Rechtsgut und den Verteidigungsmaßnahmen gegeben sein muß, d.h. der Gebrauch von Waffen und Gewalt muß der Bedrohung angemessen sein.

4) Die Unantastbarkeit des menschlichen Lebens

In diesem Zusammenhang scheint es mir wichtig, einige Überlegungen anzufügen, die den Wert und die Unantastbarkeit des Lebens betreffen.

"*Das menschliche Leben ist heilig, weil es von seinem Beginn an 'der Schöpfermacht Gottes' bedarf und für immer in einer besonderen Beziehung zu seinem Schöpfer bleibt, seinem einzigen Ziel. Nur Gott ist der Herr des Lebens von seinem Anfang bis zu seinem Ende: Niemand darf sich, unter keinen Umständen, das Recht anmaßen, ein unschuldiges menschliches Wesen direkt zu zerstören*" (KKK 2258).

Das Leben ist ein Geschenk der Liebe Gottes. "*Es weckt beim freien Menschen Staunen und Dankbarkeit und erfordert, mit lebendigem Verantwortungsbewußtsein angenommen, bewahrt und erschlossen zu werden: Gott fordert vom Menschen, dem er das Leben schenkt, daß er es liebt, achtet und fördert. Auf diese Weise wird das Geschenk zum Gebot, und das Gebot selbst offenbart sich als Geschenk*" (Evangelium vitae 52).

"*Das Leben wird dem Menschen anvertraut als ein Schatz, den er nicht zerstreuen, als ein Talent, das er verwalten soll. Darüber muß der Mensch seinem Herrn Rechenschaft ablegen*" *(ebd.)*.

"*Das menschliche Leben weist somit einen heiligmäßigen und unverletzlichen Charakter auf, in dem sich die Unantastbarkeit des Schöpfers selbst widerspiegelt. Eben deshalb wird Gott zum strengen Richter einer jeden Verletzung des Gebotes 'Du sollst nicht töten', das die Grundlage des gesamten menschlichen Zusammenlebens bildet*" (ebd. 53).

5) Das Notwehrrecht des Gemeinwesens

Aus der Heiligkeit des menschlichen Lebens leitet sich unmittelbar das absolute Verbot der direkten Tötung eines Unschuldigen ab. Die Worte dieses Satzes sind besonders sorgfältig gewählt: die Absolutheit des Verbots bezieht sich einerseits auf die Tötung von unschuldigen Menschen - es kann also Fälle geben, in denen die Tötung eines Schuldigen erlaubt ist; und sie bezieht sich auf die direkte Tötung - d.h. es kann Fälle geben, in denen die indirekte Tötung eines Unschuldigen erlaubt ist, eine in Kauf genommene Tötung also, die als Folge einer sittlich erlaubten Tat eintritt.

Genau in diesem Zusammenhang stellt sich die Frage nach der Erlaubtheit der Notwehr, bei der - wie erst kürzlich Johannes Paul II. dargelegt hat - "das Recht, das eigene Leben zu schützen, und die Pflicht, das Leben des anderen nicht zu verletzen, sich nur schwer miteinander in Einklang bringen lassen. Zweifellos begründen der innere Wert des Lebens und die Verpflichtung, sich selbst nicht weniger Liebe entgegenzubringen als den anderen, ein wirkliches Recht auf Selbstverteidigung. Selbst das vom Alten Testament verkündete und von Jesus bekräftigte anspruchsvolle Gebot der Liebe zu den anderen setzt die Eigenliebe als Vergleichsbegriff voraus: "Du sollst deinen Nächsten lieben wie dich selbst" (Mk 12,31). Auf das Recht, sich zu verteidigen, könnte demnach niemand aus mangelnder Liebe zum Leben oder zu sich selbst, sondern nur kraft einer heroischen Liebe verzichten, die die Eigenliebe vertieft und gemäß den Seligpreisungen des Evangeliums (vgl. Mt 5,38-48) in die aufopfernde Radikalität verwandelt, deren erhabenstes Beispiel der Herr Jesus selber ist" (EV 55).

"*Andererseits kann die Notwehr für den, der für das Leben anderer oder für das Wohl seiner Familie oder des Gemeinwesens verantwortlich ist, nicht nur ein Recht, sondern eine schwerwiegende Verpflichtung sein*" (KKK 2265, EV 55).

Folglich hat auch die Gemeinschaft und somit der Staat ein Notwehrrecht. Dieses Notwehrrecht, dessen Sinn ja der Schutz des Menschen ist, für den das Gemeinwesen Verantwortung trägt, umgreift nicht nur die Verteidigung gegen Angriffe von außen. Es kann auch Schutzmaßnahmen im Inneren eines Staates betreffen.

Der Schutz des Gemeinwohls der Gesellschaft erfordert, daß der Angreifer außerstande gesetzt wird zu schaden. Soweit unblutige Mittel hinreichen, um das Leben der Menschen gegen ungerechte Angreifer zu verteidigen und die öffentliche Ordnung und die Sicherheit der Menschen zu schützen, hat sich die Autorität an diese Mittel zu halten, denn sie entsprechen besser den konkreten Bedingungen des Gemeinwohls und sind der Menschenwürde angemessener.

6) Die Vermeidung des Krieges

Damit das Menschenleben geachtet wird und sich entfalten kann, muß Friede herrschen, den die Heilige Schrift *ein Werk der Gerechtigkeit* (Jes 32,17) nennt. Die Vermeidung des Krieges ist demnach ein Gebot, das jeden Bürger und jeden Regierenden verpflichtet.

Freilich hat das Konzil eingeräumt: "*Solange die Gefahr von Krieg besteht und solange es keine zuständige internationale Autorität gibt, die mit entsprechenden Mitteln ausgestattet ist, kann man, wenn alle Möglichkeiten einer friedlichen Regelung erschöpft sind, einer Regierung das Recht auf sittlich erlaubte Verteidigung nicht absprechen*" (GS 79, KKK 2308).

"*Die Bedingungen, unter denen es einem Volk gestattet ist, sich in Notwehr militärisch zu verteidigen, sind genau einzuhalten. Eine solche Entscheidung ist so schwerwiegend, daß sie nur unter den folgenden strengen Bedingungen, die gleichzeitig gegeben sein müssen, sittlich vertretbar ist:*

- Der Schaden, der der Nation oder der Völkergemeinschaft durch den Angreifer zugefügt wird, muß sicher feststehen, schwerwiegend und von Dauer sein.

- Alle anderen Mittel, dem Schaden ein Ende zu machen, müssen sich als undurchführbar oder wirkungslos erwiesen haben.
- Es muß ernsthafte Aussicht auf Erfolg bestehen.
- Der Gebrauch von Waffen darf nicht Schäden und Wirren mit sich bringen, die schlimmer sind als das zu beseitigende Übel. Beim Urteil darüber, ob diese Bedingung erfüllt ist, ist sorgfältig auf die gewaltige Zerstörungskraft der modernen Waffen zu achten" (KKK 2309).

Das sind die herkömmlichen Elemente, die in der Lehre vom "gerechten Krieg" angeführt werden.

"*Die Beurteilung, ob alle diese Voraussetzungen für die 'sittliche Erlaubtheit eines Verteidigungskrieges' vorliegen, kommt dem klugen Ermessen derer zu, die mit der Wahrung des Gemeinwohls betraut sind*"
(KKK 2309).

7) Wehrpflicht und Gewissensfälle

Die staatlichen Behörden haben das Recht, den Bürgern die zur nationalen Verteidigung notwendigen Verpflichtungen aufzuerlegen, und zwar naturgemäß nicht nur in Kriegs-, sondern auch in Friedenszeiten.
Eine generelle Ächtung des Militärdienstes ist niemals kirchliche Lehre gewesen.

Auch das II. Vatikanische Konzil hat erklärt: "*Wer als Soldat im Dienst des Vaterlandes steht, betrachte sich als Diener der Sicherheit und Freiheit der Völker. Indem er diese Aufgabe recht erfüllt, trägt er wahrhaftig zur Festigung des Friedens bei*" (GS 79).

Die staatlichen Behörden haben zur Wahrung des Gemeinwohls und zur Erhaltung des Friedens unter den Völkern das Recht und die Pflicht, die Bürger zum Wehrdienst einzuberufen.

Wie wir schon gesehen haben, kann Notwehr nämlich nicht nur ein Recht sein, auf das allenfalls verzichtet werden könnte, sondern eine Pflicht darstellen, der sich der Mensch nicht entziehen darf.

Das II. Vatikanische Konzil erinnert auch an die Tatsache, daß jeder Mensch das Recht hat, in Freiheit seinem gebildeten Gewissen entsprechend zu handeln, und sich dadurch persönlich sittlich zu entscheiden.

So heißt es in der Pastoralkonstitution: "*Ferner scheint es angebracht, daß Gesetze für die in humaner Weise Vorsorge treffen, die aus Gewissens-gründen den Wehrdienst verweigern, vorausgesetzt, daß sie zu einer anderen Form des Dienstes an der menschlichen Gemeinschaft bereit sind*" (GS 79).

Wie die Geschichte bis hin zu manchen traurigen Ereignissen unserer Tage zeigt, ist die Betonung der Gewissenspflicht gegenüber ungerechten Maßnahmen der staatlichen Autorität, insbesondere im Kriegsfall, zu allen Zeiten notwendig.

Denn "*Handlungen, die mit Wissen und Willen gegen das Völkerrecht und seine allgemeingültigen Grundsätze verübt werden, sowie Befehle, solche Handlungen auszuführen, sind Verbrechen. Blinder Gehorsam ist kein ausreichender Entschuldigungsgrund für jene, die sich solchen Befehlen fügen. So ist die Ausrottung eines Volkes, einer Nation oder einer ethnischen Minderheit als eine Todsünde zu verurteilen. Man ist sittlich verpflichtet, sich Befehlen, die einen Völkermord anordnen, zu widersetzen*" (KKK 2313).

8) Die Vereinten Nationen

1995 feierten die Vereinten Nationen das 50-Jahr-Jubiläum ihres Bestehens.

Diese zur Sicherung des Weltfriedens und zur Förderung der internationalen Zusammenarbeit gegründete internationale Organisation ist auch in Wien mit einigen Behörden vertreten.
Nach der Satzung richten sich die Ziele der Vereinten Nationen auf die Erhaltung des Friedens und der internationalen Sicherheit durch kollektiven Beistand gegen Angriffskrieg oder Gewaltanwendung, friedliche Schlichtung aller Streitigkeiten durch freundschaftliche Zusammenarbeit auf wirtschaftlichem, sozialem, kulturellem und humanitärem Gebiet sowie durch den Schutz der Menschenrechte und Grundfreiheiten ohne Ansehen von Rasse, Geschlecht, Sprache und Religion.

Insofern die Verantwortlichen der Vereinten Nationen um eine Beilegung oder zumindest Abschwächung der Konflikte in den Spannungsherden bemüht sind, setzen sie ein deutliches Zeichen hoffnungsvoller Perspektiven hinsichtlich der Herstellung eines dauerhaften, soliden und aufrichtigen internationalen Einvernehmens.

In seiner Botschaft an UNO-Generalsekretär Boutros Ghali schrieb Papst Johannes Paul II. am 1. März 1993:

"*Die Organisation der Vereinten Nationen ist heute das angemessenste Forum für die internationale Gemeinschaft, um die Verantwortung gegenüber verschiedenen ihrer Mitglieder zu übernehmen, die nicht in der Lage sind, selbst ihre eigenen Schwierigkeiten zu lösen. Die Autorität des Rechtes und die moralische Kraft der obersten internationalen Instanzen bilden die Grundlagen, auf denen das Recht zum Eingreifen beruht, um die Volksgruppen zu retten, die Opfer des tödlichen Wahnsinns der Kriegstreiber geworden sind*" (L'Osservatore Romano, Nr. 11, 19. März 1993, S.1).

Ich möchte zu diesem Anlaß auch die Bemühungen erwähnen, die in dieser Hinsicht für die Beilegung von Konflikten entfaltet wurden, wie z.B. in Bosnien-Hercegovina und in Tschetschenien.
Die UNO-Sicherheitskräfte, darunter das österreichische Militär, haben in diesen Gebieten besondere Verdienste erworben.

Anläßlich des 50. Jahrestages des Endes des Zweiten Weltkrieges in Europa hat der Papst eine Botschaft an die Welt gerichtet, in der er sagt:
"*Im besonderen wird es darauf ankommen, über wirksame Mittel zur Kontrolle des internationalen Waffenhandels zu verfügen und zugleich geeignete Strukturen zum Eingreifen im Krisenfall vorzusehen, die alle Parteien dazu veranlassen sollen, statt der bewaffneten Auseinandersetzung lieber den Verhandlungsweg zu wählen*" (Botschaft des Heiligen Vaters Johannes Pauls II. anläßlich des 50. Jahrestages des Endes des Zweiten Weltkrieges in Europa, Nr. 14).

Daraus resultieren weite Horizonte für den Fortschritt und die Entwicklung der Völker in den verschiedenen Teilen der Erde, welche die Aufmerksamkeit und die Zuversicht der ganzen Welt erwecken.
Wie schon erwähnt, ist die Kirche besonders bestrebt, im Bereich des Friedens, der Entwicklung und der Verständigung unter den Völkern tätig zu sein.

Eine unentbehrliche Aufgabe sieht die Kirche auch in der Betreuung von Heeresangehörigen während ihrer friedenserhaltenden Missionen.

Ich bin informiert, daß das Bundesheer bereits an 24 Friedenseinsätzen internationaler Organisationen teilgenommen hat.

Mehr als 36.000 Frauen und Männer haben sich freiwillig für diesen friedenserhaltenden Dienst gemeldet, und es war und ist für die Militärseelsorge eine selbstverständliche pastorale Verpflichtung, die Soldaten und Heeresangehörigen seelsorglich zu betreuen.

"Kirche unter den Soldaten" ist bei heutigen UNO-Einsätzen nicht mehr wegzudenken.

III. DIE PRÄSENZ DER KIRCHE IN DER WELT UND IN EUROPA

Nach den Überlegungen über Kirche und politische Gemeinschaft im allgemeinen und nach der Darlegung der kirchlichen Lehre über einige Aspekte der Ausübung der politischen Autorität möchte ich im dritten Teil meines Vortrages noch kurz von der Präsenz der Kirche in der Welt und in Europa sprechen - mit dem Blick auf das dritte Jahrtausend.

Der Heilige Stuhl unterhält nach Angaben des "Annuario Pontificio" von 1996 als Subjekt des Völkerrechts diplomatische Beziehungen mit 161 Staaten. Ferner hat der Heilige Stuhl 13 Apostolische Delegaten; diese sind seine Vertreter bei den Teilkirchen von 13 Ländern, mit denen noch keine diplomatischen Beziehungen bestehen (vgl. Annuario Pontificio 1996, S. 1315-1338).

Was die internationalen Organisationen betrifft, ist der Heilige Stuhl vertreten in:

- New York (beim UNO-Hauptquartier),
- Paris (bei der UNESCO),
- Genf (beim zweiten Amtssitz der UNO und zahlreichen Spezialorganisa-tionen),
- Wien (beim dritten Amtssitz der UNO, bei der UNIDO und bei der IAEA),
- Straßburg (beim Europarat),
- Brüssel (bei der Europäischen Union) und
- Rom (bei der FAO).

Die Beziehungen des Heiligen Stuhles zu diesen Organisationen sind von der Sorge um das *bonum commune humanitatis*, das Gemeinwohl der Menschheit, um den Frieden, um die Entwicklung in allen Ländern, um die Zusammenarbeit der Völker, um die Förderung des geistlichen, moralischen und wirtschaftlichen Wohles der gesamten Menschheitsfamilie getragen.

1) Die internationale Ordnung

Das II. Vatikanische Konzil ermutigt die an Christus Glaubenden, ihren Beitrag zur Schaffung einer internationalen Ordnung zu leisten, in der wahre Brüderlichkeit herrscht:

"Zum Aufbau einer internationalen Ordnung, in der die rechtmäßigen Freiheiten aller wirklich geachtet werden und wahre Brüderlichkeit bei allen herrscht, sollen die Christen gern und von Herzen mitarbeiten, und das um so mehr, als der größere Teil der Welt noch unter solcher Not leidet, daß Christus selbst in den Armen mit lauter Stimme seine Jünger zur Liebe aufruft. Das Ärgernis soll vermieden werden, daß einige Nationen, deren Bürger in überwältigender Mehrheit den Ehrennamen 'Christen' tragen, Güter in Fülle besitzen, während andere nicht genug zum Leben haben und von Hunger, Krankheit und Elend aller Art gepeinigt werden" (GS 88).

Es darf nicht übersehen werden, daß die Kirche schon durch die treue Erfüllung ihrer göttlichen Sendung einen wichtigen Beitrag zur Festigung des Friedens und zur Schaffung einer soliden Grundlage der brüderlichen Gemeinschaft unter den Menschen und Völkern leistet. Mit der Verkündigung des Evangeliums ist ja notwendigerweise die Förderung der Kenntnis des natürlichen Sittengesetzes verbunden, dessen Beachtung für die Erstellung jeder stabilen und gerechten Ordnung unter den Menschen unabdingbare Voraussetzung darstellt.

"Darum muß die Kirche in der Völkergemeinschaft präsent sein, um die Zusammenarbeit unter den Menschen zu fördern und anzuregen. Das geschieht sowohl durch ihre öffentlichen Institutionen wie durch die umfassende und aufrichtige Zusammenarbeit aller Christen, deren einziger Beweggrund der Wunsch ist, allen zu dienen" (GS 89).

2) Die Aufgabe der Christen in den internationalen Organisationen

"Eine hervorragende Form des internationalen Wirkens der Christen ist zweifellos die Mitarbeit, die sie einzeln und organisiert in den vorhandenen oder zu gründenden Institutionen zur Förderung der Zusammenarbeit unter den Nationen leisten.

Darüber hinaus können die verschiedenen katholischen internationalen Organisationen auf vielfache Weise zum Aufbau einer friedlichen und brüderlichen Völkergemeinschaft beitragen.

Schließlich ist zu wünschen, daß die Katholiken zur rechten Erfüllung ihrer Aufgabe in der internationalen Gemeinschaft eine tatkräftige und positive Zusammenarbeit anstreben mit den getrennten Brüdern, die sich gemeinsam mit ihnen zur Liebe des Evangeliums bekennen, und mit allen Menschen, die den wahren Frieden ersehnen" (GS 90).

3) Kirche und politische Gemeinschaft im vereinten Europa

Was die Kirche und die politische Gemeinschaft im vereinten Europa betrifft, ist die Erklärung der Sondersynode für Europa, die Ende November/Anfang Dezember 1991 in Rom stattgefunden hat, von Bedeutung.

In dieser Erklärung wird auf die Ereignisse des Jahres 1989 besonders für die Geschichte dieses Kontinents hingewiesen. Es handelt sich um eine Stunde von historischer Tragweite, die nicht verfehlt werden sollte.

Um diese Verantwortung in und für Europa jetzt zu nützen und fruchtbar werden zu lassen, gilt es, die christlichen Wurzeln der europäischen Zivilisation wiederzuentdecken, die ganz Europa so tief geprägt und viele Werte begründet haben, die bis heute präsent sind bzw. einer Wiederbelebung dringend bedürfen.

Das verlangt, die Gefahren des praktischen Materialismus zu überwinden und die religiösen Werte, die die europäischen Länder geprägt haben und ihre Identität bilden, auch mit dem Blick auf das dritte Jahrtausend der christlichen Ära zu fördern.

Um die europäische Situation zu besprechen, denkt Papst Johannes Paul II. an die Durchführung einer zweiten Synode für Europa. Die europäischen Bischöfe wurden vor kurzem eingeladen, spezifische Themen im Blick auf das Jubeljahr 2000 vorzuschlagen.

4) Der Prozeß der europäischen Einigung und die Gefahr des Nationalismus

Die Kirche schaut mit großem Interesse auf den Prozeß der europäischen Einigung.
Um die mit diesem Prozeß verbundenen Probleme zu kennen, zu prüfen und zu einer ausgewogenen Lösung beitragen zu können, ist die Kirche mit einem eigenen Vertreter bei der Organisation für Sicherheit und Zusammenarbeit in Europa (OSZE) vertreten.

In der Tat stellt sich, während der Weg zur europäischen Einheit beschritten wird, in einigen Teilen Europas wiederum akut das Problem der Beziehungen zwischen den Nationen.

Die Nationen sind lebendige kulturelle Ausformungen, die den Reichtum Europas zum Ausdruck bringen.

Die nationalen Differenzierungen sollen also nicht verschwinden, sondern vielmehr beibehalten und gepflegt werden als historisch gewachsenes Fundament der europäischen Solidarität.

Nach dem Zusammenbruch des marxistischen Herrschaftssystems, das mit der erzwungenen Gleichförmigkeit der Völker und der Unterdrückung kleiner Nationen gekoppelt war, taucht nun nicht selten die Gefahr auf, daß die Völker Europas in Ost und West wiederum zu alten nationalistischen Vorstellungen zurückkehren.

Die nationale Identität wird aber nur in der Öffnung auf andere Völker hin und in Solidarität mit ihnen vollendet.

Konflikte müssen durch Gespräche und Verhandlungen gelöst werden, nicht aber durch den Gebrauch von Gewalt zur Unterdrückung des anderen.

5) Österreich und Europa

Lassen Sie mich noch einiges besonders über Österreich und Europa sagen.

Dieser den Anwesenden wohl am nächsten liegende Aspekt unseres vielseitigen Themas wurde von Johannes Paul II. in seiner Ansprache vom 25. April 1992 an die österreichischen Bischöfe anläßlich ihres Adlimina-Besuches mit den folgenden Worten erwähnt:

"*Möge Österreich mit seiner großen Geschichte und seinem Reichtum an Weisheit beitragen zu einem 'Europa der Nationen'. Es kann helfen, die Mauern abzutragen, die durch Teilungen, Unverständnis und Streit entstanden sind; und es kann Achtung und Vertrauen fördern, um die vielschichtigen Probleme zu lösen, die vor allem nach den Ereignissen von 1989 entstanden sind.*

Für euer Land, das bald die tausendjährige Erinnerung des Namens 'Österreich' feiert, für seine verantwortlichen Politiker, um Wohlergehen und Frieden und für die Kirche will ich die besondere Fürsprache der Gottesmutter erbitten".

Und anläßlich der Millenniumsfeier am 19. Mai d. J. in Neuhofen an der Ybbs hat der Papst eine Botschaft übermittelt, in der es heißt:

"*Die historischen, kulturellen und religiösen Wurzeln Österreichs reichen tief nach Osteuropa hinein. Es war immer Drehscheibe und Bindeglied zwischen Ost und West. Diese Brückenfunktion auch künftig wahrzunehmen, wird von Bedeutung für die weitere Entwicklung in Europa sein*".

Dieser Wunsch Papst Johannes Pauls II. für Ost- und Westeuropa stimmt mit dem Auspizium überein, das auf einer in der Apostolischen Nuntiatur in Wien angebrachten Tafel aus dem Jahr 1630 steht:

IUNGAT DEUS ORTUM CUM OCCASU AD MAIOREM GLORIAM ...
Möge Gott den Osten mit dem Westen vereinigen zur größeren Ehre..."

6) Militärseelsorge

Im Rahmen dieser Vortragsreihe ist es sicher nützlich, die Ansicht der Kirche über die Militärseelsorge darzulegen:

a) Die Tradition der katholischen Kirche in der Militärseelsorge

Die Kirche erkennt der Militärseelsorge einen hohen Stellenwert zu. Das ist auch der Grund, weshalb es in der christlichen Welt immer eine beachtliche Tradition in der Militärseelsorge für das militärische Personal gab.

Der Respekt und die Achtung der katholischen Kirche gegenüber den Militärdienstleistenden ist klar in den Worten des Zweiten Vatikanischen Konzils ausgesprochen.

In der Pastoralkonstitution "Gaudium et spes" wird ihre Aufgabe als Dienst für Sicherheit und Freiheit der Völker und damit des Friedens so festgehalten:

"*Wer aber als Soldat im Dienste des Vaterlandes steht, soll sich als Diener der Sicherheit und Freiheit der Völker betrachten. Er trägt durch die rechte Ausübung seines Dienstes wahrhaftig zur Festigung des Friedens bei*"
(GS 79).

Nicht nur das Konzil, sondern auch das ordentliche Lehramt der Kirche haben wiederholt ihre positive Einstellung zur gerechten Verteidigung in diesem Sinn zum Ausdruck gebracht.

Papst Johannes Paul II., der seinen pastoral geprägten Pontifikat ganz unter das Zeichen des Friedens und der Völkerverständigung stellt, hat verschiedene Male Botschaften an Offiziere gerichtet, um besonders die friedensschaffenden Ziele des Militärdienstes zu betonen.

Seine wiederholten Friedensappelle und Aufrufe zum Dialog sind nicht zu überhören.

b) Die Apostolische Konstitution "Spirituali militum curae"

Einen besonderen Akzent für die Militärseelsorge setzte der Papst durch die Veröffentlichung der Apostolischen Konstitution "Spirituali militum curae" vom 21. April 1986, die die seelsorgliche Tätigkeit der Kirche im Bereich des Militärs regelt. Sie stellt die Militärordinariate den Diözesen gleich und vergleicht den geistlichen Beistand, den die Seelsorger in den Kasernen, Lagern, Militärschulen und -akademien geben, mit der in Pfarrein geleisteten Arbeit.

Der Papst beruft sich dabei auf das Zweite Vatikanische Konzil, das den Weg für geeignete Initiativen zur Durchführung besonderer pastoraler Aufgaben geebnet hat.

Bei der Audienz Papst Johannes Pauls II. an die Offiziersanwärter der Österreichischen Theresianischen Militärakademie am 13. September 1990 hat er die Offiziersanwärter der Theresianische Militärakademie als eine traditionsreiche Stätte der Ausbildung für den Offiziersnachwuchs bezeichnet. Viele ihrer Absolventen hätten Bedeutendes für ihr Land geleistet.

Der Papst verweist darauf, gemäß den Verhältnissen unserer heutigen Zeit ein waches Gespür für die große Verantwortung zu entwickeln, die sie zu übernehmen haben. So ist ihre erstrangige Verantwortlichkeit der Einsatz für den Frieden.

Denn, so Papst Johannes Paul II., die moralische Grundlage des Militärstandes liegt in der Forderung, die geistigen und materiellen Güter der nationalen Gemeinschaft, des Vaterlandes zu verteidigen und zu entfalten.

Allzu oft wird uns schmerzlich vor Augen geführt, daß ein dauerhafter Friede stets gefährdet ist und die Kräfte des menschlich Machbaren übersteigt.

Schlußwort

Sehr verehrte Damen und Herren! Die Fragestellung Kirche und Politik weist uns über das gegenseitige Verhältnis der Institutionen Kirche und Staat hinaus.

Sie verweist uns auch auf ethische Ansprüche, auf die Frage nach dem bonum commune der politischen Gemeinschaft und auf den dem

Staat aufgetragenen Schutz des menschlichen Lebens und der menschlichen Person.

Wenn die politische Autorität hiezu Macht hat oder - wie die Schrift sagt - *das Schwert trägt* (vgl. Röm 13,4), so handelt es sich um eine Macht, die ausschließlich zum Dienst gegeben ist und deren Gebrauch nur durch den Dienst an der Gerechtigkeit, am Frieden, an der Ordnung und Sicherheit des Lebens der Bürger in jeder Nation und in der Welt gerechtfertigt ist.

Das Herz Europas

Grußadresse an Bundespräsident Dr. Kurt Waldheim anläßlich des Neujahrsempfanges des Diplomatischen Corps in Wien, 11. Jänner 1990

Die Mitglieder des Diplomatischen Corps sind an der Schwelle des Neuen Jahres 1990, hier in diesem prächtigen und festlichen Saal der Wiener Hofburg versammelt, um Ihnen, Herr Bundespräsident, im Namen unserer Souveräne und Staatsoberhäupter und im eigenen Namen die respektvollsten und herzlichsten Wünsche zu überbringen.

Unsere aufrichtigen Gefühle, Gedanken und Wünsche richten sich in der Person des Staatsoberhauptes der Republik Österreich, an alle Bewohner dieses herrlichen Landes der Berge, der Seen, der Zivilisation und des Ausdrucks einer geistigen Kultur, der die wirtschaftliche Tüchtigkeit, der industrielle Fleiß und die Herzlichkeit des österreichischen Wesens entsprechen. Der österreichische Kulturphilosoph Friedrich Heer nannte die Summe aller Eigenschaften des österreichischen Menschen die Tugend der "clementia austriaca". Dies will besagen, daß dieses Land jene Milde und Ausgewogenheit der Lebensorientierung widerspiegelt, die eine Gewähr für Frieden, Freude und Fortschritt zu sein scheint.

Österreich, von dem gesagt wurde, es repräsentiere das Herz Europas, vermochte in besonderer Weise während der letzten Kalendermonate des vergangenen Jahres seine humane Ausstrahlung unter Beweis zu stellen.

Wir alle sind voll Hoffnung, aber zugleich erfüllt uns der Gedanke an Behutsamkeit, Weisheit und Vorsicht, wenn wir an den Umbau der Gesellschaft im Osten des europäischen Kontinentes denken.

Während des gesamten Jahres 1989 schien - trotz einiger traurigen Episoden - die auf der internationalen Szene festzustellende Entwicklung ermutigend und positiv.

Die Abschwächung der Konflikte in den Spannungsherden, die für die Völkerfamilie Anlaß zu Besorgnis waren, sind ein deutliches Zeichen der hoffnungsvollen Perspektiven hinsichtlich der Herstellung eines dauerhaften, soliden und aufrichtigen internationalen Einvernehmens.

Dadurch öffnen sich breite Horizonte für den Fortschritt und die Entwicklung der Völker in den verschiedenen Teilen der Erde. Im letzten Jahresdrittel waren es dann die bedeutenden Wandlungen, die noch immer in Osteuropa vor sich gehen, welche die Aufmerksamkeit und die Zuversicht der ganzen Welt erweckten

Die Respektierung der menschlichen Grundrechte deutet auf Versöhnung, Entspannung und den Aufbau demokratischer Staats- und Gesellschafts-ordnungen hin.

Diese befreiende Atmosphäre weitet sich auch dort aus, wo gestern noch künstliche Grenzen und Mauern Symbol der Trennung und des Mißtrauens gewesen sind.

Wir wissen, daß die verschiedenen Phasen der Konferenz für Sicherheit und Zusammenarbeit in Europa diesen Prozeß gefördert haben.

Es ist wünschenswert, daß das Einvernehmen zwischen den führenden Mächten, welche die globale politische Landschaft der zweiten Hälfte des Jahrhunderts prägten, noch stärker werde.

Besondere Sorge bereitet uns noch immer die Perspektive auf den mediterranen Raum, vor allem den Nahen Osten.

Die Hoffnung, daß das Mittelmeer ein Meer des Friedens werde, eine Region der Sicherheit, der Kommunikation zwischen dem alten Abendland und den benachbarten Kontinenten Afrika und Asien, hat sich noch immer nicht erfüllt

Mit besonderer Sorge erfüllt die Völker das Schicksal des aus tausenden Wunden blutenden Libanon und die permanente Herausforderung der unbeantworteten und daher ungelösten Palästinenserfrage

Erwähnenswert sind zu diesem Anlaß die erfreulichen Ereignisse, die trotz ihrer regionalen Begrenzung Signalwirkung auf den Frieden der Welt ausüben.

Wir denken dabei an die Unterzeichnung des Genfer Abkommens betreffend Afghanistan und die Einstellung der Kämpfe zwischen Irak und Iran trotz vieler schmerzenden Antagonismen, die die Genugtuung beeinträchtigen.

Auch die entscheidende Etappe Namibias auf dem Wege zu seiner Unabhängigkeit und Souveränität zählt zu diesen Ereignisse des Jahres.

Die breiten Horizonte der Hoffnung auf Koexisten in Freiheit erfuhren einen besonderen Akzent durch den Besuch des Staatsoberhauptes der Union der sozialistischen Sowjetrepubliken Michail Gorbatschow bei Papst Johannes Paul II. im Vatikan: im Haus des Papstes, das bekanntlich seit jeher das gemeinsame Haus für alle Repräsentanten der Völker der Erde ist.

Gerade im verheißungsvollen Lichte dieser Begebnisse beklagen wir die Insistenz eines ebenso blutigen wie unsinnigen, eines unmenschlichen und destruktiven Klein-Kriegs im Untergrund, den wir im Terrorismus zu fühlen bekommen.
Es ist recht, in diesem Kontext die Bemühungen der Organisation der Vereinten Nationen hervorzuheben, diese Geißel des 20. Jahrhunderts zu beherrschen.

Der Blick in die Zukunft sollte weniger an kaum erfüllbaren Wunschvorstellungen als an den Entfaltungsmöglichkeiten realer Gegebenheiten orientiert sein. Daher ist es der sehnliche Wunsch aller fried- und gerechtigkeitsliebenden Völker, daß die ersten Erfolge für den Aufbau einer besseren Welt nicht den Blick auf noch bestehende Not und Sozialprobleme in den vielen Regionen unserer Welt verstellen. Die Güter dieser Erde sind Eigentum aller ihrer Bewohner.

Dieser Grundsatz verweist auf die Zusammenhänge der Weltwirtschaft, der ökologischen Rettung unseres Planeten und der gesellschaftlichen Arbeit, um einen Frieden in Freiheit, Gerechtigkeit, Wahrheit und gegenseitigem Verständnis zu erzielen. Die Erde stellt wesentlich ein gemeinsames Erbe dar, dessen Früchte allen zugute kommen sollen.

Unsere Hoffnung für die Zukunft ist begründet auf dem Respekt und der Stärkung der drei notwendigen gesellschaftlichen Prinzipien, die für jeden einzelnen Menschen notwendig und nützlich sind: Freiheit, Brüderlichkeit, Gleichheit.

Die Freiheit des Menschen in Verantwortung, die aber auf der Basis der Wahrheit beruht; die Wahrheit macht wirklich frei und schafft die richtige Atmosphäre der Befreiung;

Die universale Brüderlichkeit der Mitglieder der Menschheitsfamilie, die durch ein weltweites gegenseitiges Verständnis und durch eine "Kultur der Solidarität" ihren humanen Ausdruck erhält.

Die Gleichheit, die von der Würde wie von Einsatzbereitschaft gekennzeichnet ist: das heißt, in Solidarität die eigenen privaten und nationalen legitimen Interessen mit den Interessen des Gemeinwohles der Völker und der Menschheitsfamilie zu verbinden.

Exzellenz ! Herr Bundespräsident !

Die ausgewählten Gedanken der Rückschau auf das vergangene Jahr, die Diagnose der Schwächen unserer Gegenwart und die Hoffnungen für die Zukunft, die ich Ihnen im Namen der hier anwesenden Missionschefs und in meinem Namen vortragen durfte, bewegen uns alle.

Möge der Erfahrungsschatz Ihres weltpolitisch so bedeutsamen Wirkens dazu beitragen, die Hoffnungen aller Menschen guten Willens zu verwirklichen: auf nationaler wie auch internationaler Ebene !

Ihnen, Herr Bundespräsident, Ihrer Frau Gemahlin und Ihrer ganzen Familie überbringe ich im Namen des Diplomatischen Corps, das ich die Ehre habe zu vertreten, sowie im eigenen Namen meine allerbesten Wünsche.

Diese Wünsche erstrecken sich auch auf die Bundesregierung der Republik Österreich, auf die Regierungen der Länder und auf alle Gemeinden, damit auf alle Österreicherinnen und Österreicher

Ein gesegnetes und glückliches Jahr 1990, Herr Bundespräsident !

Der Papst und die "Wende"

Kurzreferat beim Meeting des "Rotary-Club" Wien-West, 26. April 1990

Das Thema, zu welchem ich einige Gedanken formulieren sollte, lautet:

"Papst Johannes Paul II. und die Ereignisse
in den Ostblockländern".

I.

Lassen Sie mich einleitend eine Episode aus meinem Leben in Erinnerung rufen. Als ich als Sekretär der Apostolischen Nuntiatur in Bonn zugeteilt war, fiel der Termin des Baubeginns der Berliner Mauer in diese Zeit: es war der schicksalhafte 13. August des Jahres 1961, also nahezu vor dreißig Jahren.

Wie ein Damoklesschwert hing die Furcht vor einem Dritten Weltkrieg über dem Haupt der Europäer. Auch in der Bundesrepublik Deutschland und ihrer provisorischen Bundeshauptstadt Bonn lähmten die Ereignisse in Berlin nahezu den Atem auch vieler Persönlichkeiten, die Verantwortung für das öffentliche Leben trugen. Die Atmosphäre in dieser Epoche - getragen von intensiven Bemühungen des Wiederaufbaues des zerstörten Deutschlands - schien schwer bedrückt.

Damals stellte ich mir selbst einige Fragen:
- wie kann es sich eine politische Macht erlauben, eine solche Mauer der Schande und des Grauens zu errichten ?
- wie kann man auf Dauer Menschen einer großen Stadt, die zusammengehören, durch eine solche Mauer absolut voneinander trennen?
- wie kann sich eine Ideologie, von der solch unmenschliche Werke entspringen, auf Dauer behaupten ?
- wie kommt es, daß Menschen in den verschiedenen Erdteilen der Welt vom System des Marxismus begeistert werden?

In den sechziger Jahren waren tatsächlich ungezählte Menschen in aller Welt der Meinung, der Marxismus wäre am besten geeignet, soziale Spannungen aufzulösen, soziologische Probleme auszugleichen und drückende Fragen der Menschheit, vor allem auch in den Entwicklungsländern, zu lösen.

Von diesen meinen Fragen bewegt, suchte ich das Gespräch mit dem späteren Botschafter der Bundesrepublik Deutschland beim Heiligen Stuhl und damaligen Leiter der europäischen politischen Abteilung des Außenministeriums in Bonn, Joseph Jansen. Ich deponierte dieser bedeutenden Persönlichkeit der westdeutschen Außenpolitik meine Auffassung: Ich meinte, gerade die Bundesrepublik Deutschland sei dazu berufen, in friedlicher Weise die Menschen davon zu überzeugen, daß das System des Kommunismus der Menschenwürde und der sozialen Gerechtigkeit in offenkundiger Weise widerspricht. Die Menschen in der Bundesrepublik Deutschland, so sagte ich, kennen die marxistische Theorie und die Früchte dieser Ideologie und deswegen gebe es kaum Marxisten, Kommunisten in der BRD.

Mein Gesprächspartner antwortete in großer Gelassenheit: "Nein, Monsignore, wir Deutschen sind zu dieser Überzeugungsaktion kaum imstande".

Aber ich beharrte auf meiner Grundauffassung und wollte auf meine Ansicht nicht leichthin verzichten, indem ich replizierte: "In Westeuropa gibt es aber doch keine andere Nation, die so immunisiert ist gegen den Kommunismus wie die deutsche, wie die Menschen in der Bundesrepublik Deutschland. Deutschland wurde von den Pratikern des Marxismus-Leninismus eine schmerzhafte, große nationale Wunde beigebracht !"

Und abermals beharrte der spätere Botschafter Jansen auf seiner Gegenmeinung: "Nein, eine Ideologie wie jene des Marxismus kann nicht von unserem praktischen Materialismus entkräftet werden. Man braucht dazu Menschen, die eine tiefe moralische, seelische Kraft besitzen!"

Ich wurde dann begreiflicherweise neugierig und fragte: Welche Menschen, welche Völker, welche Nationen wären dazu imstande? Auf diese meine beharrliche Insistenz antwortete Dr. Jansen mit großer Ruhe und Überzeugungskraft: "Die polnische Nation, die Menschen in Polen werden diese Überzeugungsaktion entfalten. Die Polen kennen den Kommunismus von der theoretischen wie von der praktischen Seite, sie leiden darunter mehr als wir und sie sind nicht entkräftet vom praktischen Kosummaterialismus der westlichen Länder. "Diese Polen", so sagte Dr. Jansen wörtlich, "diese Polen haben einen Glauben, der die Welt überwinden wird".

Seit damals blieb mir diese wohlüberlegte und entschiedene Meinung des deutschen Diplomaten im Sinne.

II.

Heute, nach drei Jahrzehnten und nach den staunenswerten Ereignissen, die wir seit Jahresfrist in den Ostblockstaaten erleben, entnehme ich den zitierten Worten des deutschen Diplomaten und Kenners der Weltpolitik, wie weit er in die Zukunft zu blicken vermochte! Die Lehren aus der Geschichte, die profunde, analytische Befassung mit den Komponenten der oftmals sehr komplexen europäischen Wirklichkeiten, sein tiefer katholischer Glaube, der keine Grenzen kannte und keinem schwärmerischen Nationalismus nachgab, hatten einen Botschafter den richtigen Schlüssel zur Entzifferung der Zukunft finden lassen. Noch während der Erfüllung seiner Aufgabe als Botschafter beim Heiligen Stuhl war Dr. Joseph Jansen im Jahre 1965 von dieser Welt geschieden und heimgegangen. Wäre er heute noch unter uns, würde ich es ihm gerade jetzt sagen: Daß seine Worte mir damals fast wie eine Prophetie erschienen sind!

Die Geschichte hat seit der Errichtung der Berliner Mauer ihre konsequente Entwicklung genommen. Was ich so bemerkenswert einschätze ist das Anwachsen eines friedlichen Widerstandes.

Besonders in Polen trat er immer stärker ins Erscheinungsbild des politischen Lebens.

Am 16. Oktober 1978, 17 Jahre nach dem unseligen 13. August 1961, haben die Kardinäle des Konklaves in Rom einen polnischen Bischof, den Kardinal und Erzbischof Karol Wojtyla, zum Oberhaupt der Universalkirche erwählt.

Als Papst Johannes Paul II. trat er im Namen Gottes sein hohes und schweres Amt an, mit großem Vertrauen in die Fürsprache der allerseligsten Jungfrau und Gottesmutter Maria. Er, der vom polnischen katholischen Geiste so sehr geprägt war, der die Patronin seiner Heimat, Unsere Liebe Frau von Tschenstochau, so sehr verehrte, wurde Vicarius Christi, Nachfolger des Apostels Petrus, der das geheimnisvolle Schiff Gottes über die Meere dieser Erde führt. Der unerschütterliche Glaube des Papstes ist in Christus verankert, der immer der Eckstein der Kirche bleibt und der gesagt hat: "Ich bin bei Euch alle Tage bis ans Ende der Welt" (Mt 28, 20). Zur selben Zeit erfüllt er die Aufgabe, die Christus selbst dem Petrus und dessen Nachfolgern anvertraut hat: seine Brüder im Glauben zu stärken (Lk 22,32), der Fels zu sein, auf dem die Kirche gebaut ist (Mt 16, 18).

Und viele Menschen erblickten in der Wahl Johannes Paul II. den Finger Gottes in der Welt- und Kirchengeschichte. Während des Dutzend Jahre des Pontifikates des gegenwärtigen Heiligen Vaters reifte in den sogenannten "sozialistischen Ländern" des Ostblocks gewissermassen ein innerer Prozeß, begann es zu gären, brachen verkrustete Strukturen auf, gewannen hervorragende Persönlichkeiten mehr Mut, mehr Zuversicht, ihre Freiheitsideale auch nach aussen hin zu realisieren. Ein friedlicher, niemals gewaltsamer, aber stets entschiedener Wiederstand begann Konturen, begann Formen anzunehmen. Und in den späten Herbst- und Wintertagen des Jahres 1989 entstanden neue staats- und gesellschaftspolitische Realitäten, die das Angesicht Europas und der Welt verändern. Eine einzige Ausnahme blieb in gewissem Sinn Rumänien, doch glaube ich fast, daß auch in diesen schwer geprüften Lande die Macht der Freiheit, der Wahrheit, der Gerechtigkeit, der gegenseitigen Versöhnung größeren Raum gewinnen wird.

III.

Nach der Einbindung des Entwicklungsprozesses der vergangenen Jahre in eine korrespondierende Episode meines Lebens an der Nuntiatur in Bonn, nahezu drei Jahrzehnte zuvor, noch einige Überlegungen zum Thema: In den Ländern des geschlossenen Ostblocks von gestern ist das politische, soziale und religiöse Leben in einen Bewegungsfluß geraten, wie ihn niemand zu prognostizieren vermochte.

Mit dem Jahre 1989 hat eine neue Epoche in der Geschichte Europas begonnen, vor allem aber eine Wende in der Geschichte der erwähnten Länder.

Die Hoffnung, eine neue und bessere Gesellschaftsordnung einzurichten und aufzubauen, ist tatsächlich groß geworden.

Deren Entwicklungstempo bezeichnen allerdings viele Menschen als erstaunlich, unerwartet und sie sind daher fassungslos, mitunter auch skeptisch.

IV.

Und nun also zur Kernfrage der Themenstellung:

1. Hat Papst Johannes Paul II., der Nachfolger des hl. Petrus aus Polen, der als Bischof von Rom zugleich Universalbischof der katholischen Christenheit ist, aus der Perspektive der Vatikanstadt in den erwähnten Ereignissen eine Rolle gespielt?

2. Haben die Entwicklungen in Osteuropa in den Enuntiationen, den Ansprachen, Botschaften, Adressen Seiner Heiligkeit ihren Widerhall gefunden?

Kaum dürfte sich in der Öffentlichkeit der Welt jemand finden, der die Rolle des Papstes in der Gegenwartsgeschichte Europas wie der übrigen Kontinente ignorieren würde. Johannes Paul II. baute in seiner Grundhaltung auf dem Fundamente seiner Vorgänger auf, insbesondere auf dem Erbe von Paul VI. und Johannes XXIII.; konkret bedeutet dies einen Blick auf die wirklichen Grundzüge päpstlicher sogenannter "Ostpolitik" zu richten. Deren Erfolgsgeheimnis, um diesen schillernden Ausdruck zu gebrauchen, bestand in der Kontinuität einer seelsorgepolitischen oder pastoralpolitischen Grundhaltung, die sich - wie es Kardinalstaastssekretär Agostino Casaroli wiederholt betonte - wie ein geschlossener Faden durch die Verhaltensweise der Kirche gegenüber den Oststaaten zieht. Diese sogenannte "Pastoralpolitik" stand im Zeichen der Seelsorge, der Interessenabwägung zum Heil der Menschen: der Kirche mußte es in ihrer Konfrontation mit den Machthabern der marxistisch-leninistischen Staatsideologie um das "Überleben der Kirche" gehen, mit den Prioritätssetzungen "Kult, Lehre und Leben". Diese Einstellungsweise des Vatikans hat sich als richtig erwiesen und das Wiederaufblühen des katholischen Lebens, vor allem in den Staaten außerhalb Polens, zeugt von der Richtigkeit dieser moralischen Leitlinien der päpstlichen Ostpolitik.

Die Aussagen des Heiligen Vaters sind dafür ein sprechendes, ein beredtes Zeugnis. Mit Sorge und in enger Verbundenheit weiß sich der Papst dem Schicksal aller Nationen, Völker, Kontinente verpflichtet, und damit mit der ganzen Menschheitsfamilie. "Freude und Hoffnung, Trauer und Angst der Menschen von heute", besonders der Armen und Bedrängten aller Art, sind auch Freude und Hoffnung, Trauer und Angst des Papstes, wie der ganzen Kirche. Von den Entwicklungen und Ereignissen in Osteuropa sprach der Heilige Vater zu wiederholten Malen und zu verschiedensten Anlässen.

Ich werde nur - wegen des Zeitmangels - die wichtigsten Ansprachen zitieren, und als Anlage meines Kurzreferates beilegen, damit jene, die davon Kenntnis nehmen können und wollen, sie in Ruhe studieren können.

1) Weihnachtsansprache Papst Johannes Paul Ii. An Die Kardinäle, Bischöfe, Prälaten Und Mitarbeiter Der Römischen Kurie Am 22. Dezember 1989,

2) Weihnachtsbotschaft des Papstes vor dem Segen "Urbi et Orbi" am 25. Dezember 1989.

3) Ansprache an die in Rom wohnenden Polen: 23. Dezember 1989.

4) Ansprache Johannes Paul II. an die Teilnehmer der Vollversammlung des Päpstlichen Rates für die Kultur, am 12. Jänner 1990.

5) Ansprache des Papstes an Prof. Dr. Herbert Schambeck, Vizepräsident des Österreichischen Bundesrates, und an seine Begleitung, am 12. Jänner 1990.

6) Ansprache Johannes Paul II. an das Diplomatische Corps am 13. Jänner 1990.

7) Ansprache von Kardinalstaatssekretär Agostino Casaroli beim Neujahrsempfang des Diplomatischen Corps am 13. Jänner 1990.

Es würde die mir zugemessene Redezeit empfindlich überschreiten, wollte ich auch nur einige ausgewählte Belege für das päpstliche Engagement zugunsten der friedlichen Umgestaltung in den Oststaaten zitieren wollen.

Ich schließe nur mit zwei Zitaten Johannes Paul II.: das eine aus der Weihnachtssprache Johannes Paul II. an die Mitarbeiter der römischen Kurie vom 22. Dezember 1989; das zweite aus der Ansprache an die Teilnehmer der Vollversammlung des Päpstlichen Rates für die Kultur am 12. Jänner 1990:

I. "*Es gibt kein ideologisches System, kein politisches Projekt, kein Wirtschaftsprogramm, noch eine militärische Einstellung, die die Bestrebungen von Millionen Frauen und Männern auslöschen könnten*".

II. "*Mauern sind gefallen. Grenzen haben sich geöffnet. Aber gewaltige Schranken sind noch aufgerichtet zwischen der Hoffnung auf Gerechtigkeit und deren Erfüllung, zwischen dem Überfluß und dem Elend, indessen neue Rivalitäten entstehen, sobald der Kampf um das Haben die Achtung vor dem Sein in den Hintergrund drängt. Ein irdischer Messiasglaube ist zusammengebrochen, und in der Welt steigt der Durst nach einer neuen Gerechtigkeit auf. Eine große Hoffnung hat sich erhoben, Hoffnung auf Freiheit, auf Verantwortung, auf Solidarität und geistige Werte. In dieser bevorzugten Stunde, in der wir leben, rufen alle nach einer neuen, vollmenschlichen Zivilisation*".

Die Mächtigkeit der Wahrheit, die die Atmosphäre der echten Befreiung fördert, ist stärker als alle Systeme mit Zwangsherrschaft und Unterdrückung. Einmal mehr haben wir dies als Menschen und Christen erfahren in der Blickrichtung auf den europäischen Osten.

Möge es uns gegeben sein, uns dieser historischen Chance einer neuen Zusammenarbeit würdig, zu erweisen.

Die Kirche in Osteuropa nach der "Wende

Einführung zur ORF-Podiumsdiskussion zum Thema: "Die Ambivalenz der Freiheit im ORF-Funkhaus in Wien, 11. Mai 1990

Die Hauptabteilung Religion des ORF hat mich eingeladen, eine Einführung zur Podiumsdiskussion über das Thema:

"Die Ambivalenz der Freiheit -
Kirchen in Osteuropa im Kontext der neugewonnenen Freiheit"

zu halten. Dieser Einladung folge ich gerne und spreche meinen aufrichtigen Dank dafür aus.

I.

Als Einführung in eine solche Thematik möchte ich zuerst etwas über die Bedeutung der Worte des oben erwähnten Titels vorausschicken.

a) Ambivalenz bedeutet in seinem psycho-analytischen Sinn die Koexistenz, d.h. das gleichzeitige Bestehen von gegenteiligen Gefühlen, etwa gegenüber bestimmten Personen, Ereignissen oder Themen.

Aus dem heutigen Anlaß betrachten wir die Ambivalenz, die gegenteiligen Gefühle, die bezüglich der Ereignisse in den Ostblockländern in unserem Herz entstehen können.

b) Freiheit: Alle Menschen haben eine lebendige Sehnsucht nach Freiheit; alle Völker wünschen, die Freiheit in verantwortlicher Weise auszuüben.

Anläßlich einer Podiumsdiskussion, die von der Hauptabteilung Religion des ORF organisiert wird, lohnt sich auch die Frage:
Was ist die Idee der Kirche über die Freiheit im allgemeinen und dann über ihre verschiedenen Aspekte, das heißt: Freiheit in der politischen Gesellschaft; religiöse Freiheit; Freiheit des Glaubens, Freiheit der Kirche und in der Kirche.

Als Apostolischer Nuntius möchte ich diesbezüglich zusammenfassend die Lehre der Kirche erwähnen, die in den Dokumenten des Zweiten Vatikanischen Konzils vorgelegt wird.

Wie sehr die hohe Bedeutung der Freiheit hervorgehoben wird, lesen wir in der pastoralen Konstitution über die Kirche in der Weit von heute: "*Aber nur frei kann der Mensch sich zum Guten hinwenden. Und diese Freiheit schätzen unsere Zeitgenossen hoch und erstreben sie leidenschaftlich. Mit Recht. Oft jedoch vertreten sie sie in verkehrter Weise, als Berechtigung, alles zu tun, wenn es nur gefällt, auch das Böse. Die wahre Freiheit aber ist ein erhabenes Kennzeichen des Bildes Gottes im Menschen: Gott wollte nämlich den Menschen 'in der Hand seines Entschlusses lassen' , sodaß er seinen Schöpfer aus eigenem Entscheid suche und frei zur vollen und seligen Vollendung in Einheit mit Gott gelange. Die Würde des Menschen verlangt daher, daß er in bewußter und freier Wahl handle, das heißt personal, von innen her bewegt und geführt und nicht unter blindem inneren Drang oder unter bloßem äußeren Zwang. Eine solche Würde erwirbt der Mensch, wenn er sich aus aller Knechtschaft der Leidenschaften befreit und sein Ziel in freier Wahl des Guten verfolgt sowie sich die geeigneten Hilfsmittel wirksam und in angestrengtem Bemühen verschafft. Die Freiheit des Menschen, die durch die Sünde verwundet ist, kann nur mit Hilfe der Gnade Gottes die Hinordnung auf Gott zur vollen Wirksamkeit bringen. Jeder aber muß vor dem Richterstuhl Gottes Rechenschaft geben von seinem eigenen Leben, so wie er selber Gutes oder Böses getan hat*" (GS, 17).

Aus diesem Text, wie aus vielen anderen Konzilstexten, ergibt sich, daß die Kirche das Recht auf eine richtige Freiheit anerkennt (GS, 26).

Die Kirche sieht daher die Grenze der Freiheit der einzelnen in der Achtung der Rechte der anderen und des Gemeinwohls (LR, 7). Die Kirche fördert die Ausbildung zu einer verantwortlichen Ausübung der Freiheit, die vom Geist des Evangeliums beseelt sei (EC, 8).

Die Kirche verkündigt, daß die Freiheit der Kinder Gottes der Sauerteig der wahren Freiheit und des Fortschrittes in der Geschichte der Menschheitsfamilie ist (GS, 4).

Die bürgerliche und politische Freiheit ist auf diesem Naturrecht der Menschen aufgebaut. Die Kirche lehnt jene politischen Systeme ab, die ein Hindernis für die Ausübung der bürgerlichen und religiösen Freiheit darstellen (GS, 73). Die Kirche fördert den Aufbau einer Völkerrechtsordnung, in der die rechtskräftigen Freiheiten geachtet worden (GS, 88).

Die religiöse Freiheit hat ihre Wurzeln in der göttlichen Offenbarung

(DH, 9). Das Recht auf religiöse Freiheit muß auch dazu dienen, daß die Menschen bei der Erfüllung ihrer Pflichten im Leben der Gesellschaft mit Verantwortung handeln (DH, 8).
Unser Herr Jesus Christus ist in die Welt gekommen, "*um den Menschen zu befreien und zu stärken, indem er ihn innerlich erneuerte und 'den Fürsten dieser Welt'* (Joh 12,31) *hinauswarf, der ihn in der Knechtschaft der Sünde festhielt*" (GS, 13).

Das religiöse Leben ist die Quelle der Freiheit (LG, 43).

II.

Nach dieser kurzen Erwähnung der Lehre der Kirche über die wahre und verantwortliche Freiheit, nun einige Überlegungen über die „Kirchen Osteuropas im Kontext der gewonnenen Freiheit."

Die Kirche in Ost- und Westeuropa, wie in der ganzen Welt, fördert die oben erwähnten Ideen, die im Evangelium verwurzelt sind. Sie sind wie der Sauerteig, der in jedem Herzen einen bestimmten Gärungsprozeß entstehen läßt.

Sicher hängt von jedem Christen - wie auch von jeder Gemeinde, jeder Ortskirche - der Reifegrad dieses Prozesses, seine Wirksamkeit ab.

Was in Osteuropa in den letzten Monaten geschehen ist, ist die Auswirkung von Ideen, deren Gärungsprozeß gebremst oder verhindert worden war.

Heute, da die Freiheit wiedergewonnen ist, fragen wir uns, wie wird sie benützt: von jedem Bürger, von den Verantwortlichen der Nationen, von jedem Christen, von jeder kirchlichen Gemeinde, von jeder Ortskirche.
Daher die Ambivalenz gegenüber der neugewonnenen Freiheit!

III.

Hinsichtlich dieser so allgemeinen Problematik könnte jemand mich, als den Vertreter des Heiligen Vaters in Österreich, fragen: Welche Sicht vertritt Papst Johannes Paul II. in dem angesprochenen Thema?

Um eine Antwort auf diese Frage zu geben, die die Zukunft der Kirche in Osteuropa betrifft, scheint mir nichts angebrachter, als den Heiligen Vater selbst zu Wort kommen zu lassen, der in seiner

Ansprache an die Teilnehmer der Vollversammlung des Päpstlichen Rates für die Kultur am 12. Jänner 1990 unter anderem folgendes ausführte:

"Eine große Hoffnung hat sich erhoben, Hoffnung auf Freiheit, auf Verantwortung, auf Solidarität und geistige Werte. In dieser bevorzugten Stunde, in der wir leben, rufen alle nach einer neuen, vollmenschlichen Zivilisation.

Diese ungeheure Hoffnung der Menschheit darf nicht enttäuscht werden. Wir alle müssen auf die Erwartungen, die sich auf eine neue menschliche Kultur richten, Antwort geben. ... Es fehlt nicht an neuen Risiken zu Illusion und Enttäuschung. Die diesseitige Moral hat ihre Grenzen erwiesen und hat sich machtlos gezeigt gegenüber zweifelhaften Experimenten an menschlichen Wesen, die als bloße Laboratoriumsobjekte betrachtet wurden. Der Mensch fühlt sich in radikaler Weise bedroht angesichts von Handlungsweisen, durch die willkürlich über das Recht auf Leben oder den Augenblick des Todes entschieden wird, während die Gesetze des wirtschaftlichen Systems schwer auf seinem Familienleben lasten. Die Wissenschaft offenbart ihr Unvermögen, auf die großen Fragen nach dem Sinn des Lebens, der Liebe, des gesellschaftlichen Lebens und des Todes Antwort zu geben. Und selbst die Staatsmänner scheinen unschlüssig darüber, welche Wege einzuschlagen sind, um diese Welt so brüderlich und solidarisch innerhalb der Nationen wie auch auf kontinentaler Ebene aufzubauen,...

Frauen und Männer der Kultur kommt es zu, über diese Zukunft im Licht des christlichen Glaubens nachzudenken, der sie inspiriert. Die Gesellschaft von morgen wird anders sein in einer Welt, die keine unmenschlichen staatlichen Strukturen mehr duldet. Von Osten nach Westen und von Süden nach Norden stellt die in Bewegung geratene Geschichte eine Ordnung in Frage, die vorwiegend auf Gewalt und Furcht beruhte. Diese Öffnung hin zu neuen Gleichgewichten verlangt weise Überlegungen und kühnes Vorwärtsschauen.

Ganz Europa befragt sich über die Zukunft, da der Zusammenbruch totalitärer Systeme eine gründliche Erneuerung der politischen Handlungsweisen erfordert und stark die geistigen Bestrebungen der Völker wieder auf den Plan ruft. Europa sucht notwendigerweise seine Identität jenseits von politischen Systemen und militärischen Bündnissen neu zu bestimmen. Und es entdeckt sich als eine Kontinent der Kultur, eine Erde, die durchtränkt ist von tausendjährigem christlichen Glauben und zugleich gespeist von einem weltlichen Humanismus, den widersprüchliche Strömungen durchziehen.

In diesem Augenblick der Krise könnte Europa versucht sein, sich mit sich selbst zu beschäftigen und momentan die Bande außer acht zu lassen, die es mit der weiten Welt verbinden.

Laute Stimmen aus Ost und West fordern es jedoch auf, sich in dieser dramatischen und großartigen Stunde auf die Höhe seiner geschichtlichen Berufung emporzuheben..."

In dieser Ansprache hatte der Heilige Vater zunächst vom Zusammenbruch der "großen Ideologien" und von deren furchtbarem Versagen gesprochen. Wer aber seine Worte von der "großen Hoffnung", die sich nun erhoben hat, aufmerksam bedenkt, wird von Risiken und Gefahren hören, die heute schon für Ost- und Westeuropa gemeinsam sind: diesseitige Moral, zweifelhafte Experimente am menschlichen Wesen, Willkür über Leben und Tod des Menschen, schwere Belastungen der Familie, Unvermögen der Wissenschaften bezüglich der menschlichen Grundfragen, Ratlosigkeit der Staatsmänner, Beschäftigung Europas ausschließlich mit sich selbst u.a.

In vielen Ländern war die Kirche durch ihre Leidensfähigkeit, durch ihre Treue zum Glauben und auch durch ihre "Pastoralpolitik" entscheidend am Gewinn der neuen Freiheiten beteiligt. Systeme der Gewalt und tragische Utopien sind verschwunden. Ein Raum der Freiheit ist entstanden, der oft noch ein Vakuum ohne wahre Normen, Werte und politische Prinzipien ist. Es wäre ein Irrtum, würden wir meinen, die bessere Ökonomie und der größere 'Wohlstand könnten einfach jene Leere ausfüllen, die überwundene Systeme zurückgelassen haben. Es wäre aber auch Hochmut, wenn sich ein Europa ohne Christus und ohne sein Evangelium für fähig hielte, ein neues Gleichgewicht, eine neue Gerechtigkeit und eine neue Solidarität zu schaffen.

In der Vergangenheit waren die Aufgaben der Kirche in Ost- und Westeuropa oft verschiedene, aufgrund der unterschiedlichen politischen Situation. Mit jedem Tag neuer Freiheit wird die Aufgabe der Kirche in Ost und West eine gemeinsamere: d.h. die Bekehrung und Neuevangelisierung der Menschen und Völker Europas. Osteuropa braucht die Neuevangelisierung zum Leben und Gestalten der neugewonnenen Freiheit; Westeuropa braucht die Neuevangelisierung zur Bewahrung der Würde des Menschen, zur richtigen, vertieften Anwendung der Freiheit, zum Geben und Helfen in Selbstlosigkeit und in Dankbarkeit gegenüber Gott.

Die Zukunft wird uns sagen, ob die Christen in Ost- und Westeuropa, wie in der ganzen Welt, die Idee der Freiheit verantwortlich und wirksam behaupten werden können.

Möge diese Podiumsdiskussion dazu beitragen, daß alle Christen Gestalter eines neuen Europas, einer neuen Gesellschaft und einer erneuerten Kirche in der Welt seien, die allen Menschen die Freiheit sichert: eine Freiheit, die mit der Wahrheit und mit dem Hauptgebot der Liebe verbunden sei. Durch eine solche wahre und liebevolle Freiheit wird die Einheit der Menschheitsfamilie erreicht, die dem Heilsplan Gottes, dem höchsten Wunsch des Befreiers der Welt und dem Auftrag der Kirche in jeder Nation, in jedem Kontinent, in der Welt entspricht: daß alle Glaubenden eins seien, damit die Weit glaube (Joh 17,21).

Mögen alle Jünger Christi zur vollendeten Einheit gelangen!

Die schweigende Kirche hat ihre Stimme wieder

Vortrag bei der katholischen akademischen Verbindung "Danubia" in Wien, 29. Mai 1990.

Für den heutigen Anlaß habe ich, im Einvernehmen mit ihrem Senior, das folgende Thema gewählt:

Die Ereignisse der letzten Monate in den Ostblockländern Europas.

Was bedeuten die jüngsten Entwicklungen in Europa, vor allem in Osteuropa? Über diese Ereignisse ist viel geschrieben, gesprochen und kommentiert worden. Vieles davon ist uns allen bekannt. Dennoch müssen die tieferen Zusammenhänge, die Hintergründe und die Konsequenzen aufmerksam bedacht werden.

I.

Die angesehene Zeitschrift "La Civiltà Cattolica" (Leitartikel, Heft Nr. 3349 vom 6. Jänner 1990) spricht in ihrer Analyse der Ereignisse in Osteuropa vom dreifachen Scheitern des Kommunismus, d.h. vom politischen, vom gesellschaftlichen und vom wirtschaftlichen Scheitern:

Das politische Scheitern:

Der Kommunismus hätte eine Befreiungsbewegung sein sollen; er hätte den unterdrückten und ausgebeuteten Klassen die Freiheit von jeder Unterdrückung und Sklaverei bringen sollen. Aber genau das Gegenteil ist geschehen: Eine der härtesten Formen der Sklaverei in der Geschichte der Menschheit ist durch den Kommunismus entstanden. Aufgrund der inneren Logik seines Systems ist der Kommunismus ein tyrannisches und totalitäres System geworden.

Das gesellschaftliche Scheitern:

Der Kommunismus hätte die Teilung der Gesellschaft in die zwei Klassen der Ausbeutenden und der Ausgebeuteten beenden und die Gleichheit aller schließlich verwirklichen sollen. Wohl ist im Kommunismus die bürgerliche Schicht verschwunden, doch es entstand eine "neue Klasse" der Privilegierten. Die "Diktatur des Proletariats" war schließlich eine Diktatur der Partei und ihrer Privilegierten über das Proletariat. Anders als die Diktatur des Proletariats wurde diese Diktatur nicht vorübergehend, sondern dauerhaft ausgeübt. Im Kommunismus hätte der "Staat" schließlich verschwinden sollen; statt dessen ist der Staat nicht nur erhalten geblieben, sondern hat sich mit der Partei identifiziert, die alle Staatsgewalt an sich gerissen hat und so zur absoluten Beherrscherin des Landes geworden ist.

Das wirtschaftliche Scheitern:

Der Kommunismus hätte einen großen wirtschaftlichen Fortschritt bewirken sollen, sodaß der gemeinsame Reichtum auf alle gerecht hätte aufgeteilt werden können. Zu diesem Ziel sollten das Privateigentum und die kapitalistischen Produktionsformen beseitigt werden und Verstaatlichung und Planung der Wirtschaft eingeführt werden. Wäre der Kommunismus erfolgreich gewesen, hätte er das kapitalistische Wirtschaftssystem nicht nur in der Gerechtigkeit der Verteilung, sondern auch in der Produktivität übertreffen müssen. Doch selbst in hochindustrialisierten und an Ressourcen reichen Ländern, wie z.B. in der UdSSR, in der Tschechoslowakei oder in Ostdeutschland, bedeutete Kommunismus niedrige Produktivität, Rationierung der wichtigsten Güter über viele Jahre, Verlust des Geldwertes, Knappheit der notwendigsten Konsumgüter und manchmal sogar regelrechte Not. Gerade das wirtschaftliche Scheitern wurde den Menschen am meisten spürbar, da sie auch immer deutlicher den gewaltigen Unterschied zwischen kommunistischen und nichtkommunistischen Ländern feststellen konnten.

Es gibt Fakten, die der Kommunismus als einen gewissen Erfolg für sich reklamieren kann. Der besagte Leitartikel in "La Civiltà Cattolica“ zählt davon auf: das beachtliche Niveau des Schulsystems in der UdSSR; das neue Niveau der theoretischen und angewandten wissenschaftlichen Forschung; die Probleme der Beschäftigung und Wohnung wurden mit einer gewissen - wenn auch unvollkommenen - Ausgewogenheit gelöst. Doch auch diese Fakten konnten das allgemeine Scheitern des kommunistischen Systems nicht kompensieren.

"La Civiltà Cattolica" versucht auch dem Einwand zu entgegnen, der heute scheiternde Kommunismus sei nicht der Kommunismus schlechthin. Kann es eine andere Form des politischen: Kommunismus als die des marxistisch-leninistischen realen Kommunismus geben? Die Antwort: Der einzige Kommunismus, der bisher eine geschichtliche Umsetzung erfahren hat, ist jener von Marx und Lenin. Durch keinerlei Faktum ist bisher bewiesen, daß es einen weder marxistischen noch leninistischen Kommunismus geben kann.

III.

Das vorhin dargestellte Scheitern des politischen Kommunismus ist kein geschichtlicher Unglücksfall, sondern eine innere Konsequenz des Systems selbst. Uns Christen muß - über das Scheitern hinaus - im Kommunismus noch etwas anderes bewußt werden: Der Kommunismus ist eine Weltanschauung, die zu allererst Gott und der Religion den Kampf angesagt hatte. Karl Marx wollte nicht ein Philosoph sein, der die Welt "deutet"; Ziel des marxistischen Kommunismus ist es vielmehr, die Welt, die Geschichte, den Menschen zu verändern und so eine neue Welt, eine neue Geschichte, einen neuen Menschen zu schaffen (vgl. "La Civiltà Cattolica!').

Marx hielt es daher für notwendig, den Menschen von seinen "Entfremdungen" zu befreien; der "entfremdete" Mensch ist in sich gespalten und gehört nicht sich selbst, sondern Gott, dem Staat und dem Kapital. So ist für ihn Religion einerseits die Folge der wirtschaftlichen Entfremdung, aber andererseits ist die Religion das Opium, das den Menschen mit der Illusion der jenseitigen Glückseligkeit einschläfert und ihn davon abhält, sich für seine Befreiung aus dem wirtschaftlichen Elend einzusetzen. Die Religion ist daher zu bekämpfen, der Mensch ist von der religiösen Entfremdung zu befreien, von diesem illusorischen Gott, den er sich geschaffen hatte, der ihn aber nun zum Sklaven gemacht hat. Marx war allerdings der Überzeugung, daß mit dem Niedergang des Kapitalismus und mit der Diktatur des Proletariats die Religion von selbst verschwinden werde.

Es bestand also im letzten eine gewisse Vergleichbarkeit zwischen Kommunismus und Religion, wenngleich die ausgesagten Inhalte total entgegengesetzt waren. So war der Kommunismus nicht nur ein politisches oder ökonomisches System, sondern auch etwas, was den Idealismus, den Glauben und das Bekenntnis vieler Menschen ansprach und vereinnahmte. Auf der anderen Seite stand die christliche Religion, die als "Sonderorgan des Kapitalismus" denunziert wurde; die christliche Religion war - nach dem Urteil des Kommunismus - mit ihrem Liebesgebot nicht in der Lage, die Welt zu verändern; sie war eben einschläferndes Opium des Volkes.

IV.

Wenn heute die Ereignisse den Kommunismus in seinem politischen, gesellschaftlichen und wirtschaftlichen Scheitern schonungslos aufdecken, könnte leicht der Irrtum entstehen, der Kommunismus hätte seinen Kampf gegen die christliche Religion einfach als den Kampf gegen den Kapitalismus verstanden. Es war ein ganz besonderer

Kampf, den der marxistisch-leninistische Kommunismus gegen die christliche Religion austrug. Der Kommunismus wollte das Christentum sehr wohl überflüssig machen und verdrängen. Doch der Kommunismus wollte noch mehr: Er wollte selbst den Platz der Religion einnehmen. Er wollte selbst eine Welt ohne Gott und gegen Gott schaffen und den Idealismus, den Glauben und das Gewissen der Menschen damit in Beschlag nehmen.

Dies ist das Besondere des fürchterlichen Kampfes des Kommunismus gegen die christliche Religion: Der Kampf war nicht politischer oder wirtschaftlicher, sondern spiritueller und religiöser Natur. Auch wenn der Kommunismus heute noch viele Machtstrukturen besitzt, so hat er gerade den Kampf in der "religiösen" Dimension verloren. Es hat sich bewahrheitet, was Papst Paul VI. in "Populorum progressio" (Nr. 42) lehrte:

"*Sicherlich kann der Mensch die Erde ohne Gott organisieren. Der ausschließende Humanismus (d.h. der Gott ausschließt) ist ein unmenschlicher Humanismus*".

Die Geschichte der Menschheit widerlegt - nach Phasen scheinbarer Plausibilität - immer wieder das, was Marx so formulierte: "Der Mensch ist für den Menschen das höchste Wesen". Viele politische Systeme und viele Weltanschauungen versprechen als ihr Endziel den vollkommenen Humanismus. Wenn aber der Mensch sich in einem Humanismus ohne Gott und ohne den vollkommenen Menschen Jesus Christus versucht, läuft ein solcher atheistischer Humanismus Gefahr, schließlich zu einem System größter Inhumanität zu werden.

V.

Das II. Vatikanische Konzil hat die Aufgabe und Zuständigkeit der Kirche inmitten der politischen Welt so festgelegt: Die Kirche "ist zugleich Zeichen und Schutz der Transzendenz der menschlichen Person" (Gaudium et Spes, Nr. 76). In den vergangenen Jahrzehnten hatte die Kirche in Osteuropa oft schwere Prüfungen zu bestehen. Die in dieser Zeit vom Heiligen Stuhl entwickelte "Ostpolitik" war eine "Pastoralpolitik", die in der Auseinandersetzung mit den Machthabern der marxistisch-leninistischen Staatsideologie vor allem das überleben der Kirche in Kult, Lehre und Leben sichern wollte.

Für die Ausführung dieser "Pastoralpolitik" haben die Päpste (Johannes XXIII., Paul VI., Johannes Paul I. und Johannes Paul II.) einen weitblickenden Architekten gewählt: Agostino Kardinal Casaroli, dessen Wirken in hervorragender Weise in zwei von Prof. Herbert

Schambeck herausgegebenen Sammelbänden dargestellt wird, nämlich in:

- "Pro Fide et Iustitia", Festschrift für Agostino Kardinal Casaroli zum 70. Geburtstag, Berlin 1984; und
- "Der Heilige Stuhl und die Völkergemeinschaft", Reden und Aufsätze von Agostino Kardinal Casaroli, Berlin 1981.

Auch der seinerzeitige Apostolische Nuntius in Österreich, Kardinal Rossi, hat an diesen Aktivitäten des Heiligen Stuhls für Osteuropa entsprechend mitgewirkt. Wir dürfen aber auch des Beitrags der Kirche in Österreich durch Seine Eminenz Alterzbischof Franz Kardinal König dankbar gedenken.

VI.

Die "Ostpolitik" des Heiligen Stuhls wird viele neue Aufgaben und Fragen in der heutigen Situation und in Zukunft berücksichtigen müssen. Bleiben wird der Grundsatz: "Salus animarum suprema lex". Wie die Kirche in den vergangenen Jahrzehnten mit ihrer Pastoralpolitik einen besonderen Weg ging, so wird sie auch in Zukunft den Weg des Menschen mit besonderen Fragen und Aufgaben beschreiten. Der atheistische Kommunismus wollte den Platz der Religion besetzen. Auch wenn die Inhumanität den Kommunismus zum politischen, gesellschaftlichen und wirtschaftlichen Scheitern geführt hat, wird der kommunistische Atheismus nicht durch ein neues Wirtschaftssystem widerlegt. Es bleibt die Aufgabe der Kirche, durch ihre Frohbotschaft und durch ihr Handeln jene Dimension für Gott und für den Menschen zurückzugewinnen, die vom gescheiterten Welt- und Menschenbild des marxistisch-leninistischen Kommunismus besetzt gehalten wurde.

VII.

Die Aufgabe der Kirche, die sich in der Situation der Unterdrückung oft auf rein seelsorgliche Belange beschränken mußte, wird in einer Situation der Freiheit diese Grenzen überschreiten; denn die Kirche ist "zugleich Zeichen und Schutz der Transzendenz der menschlichen Person".

Der Kommunismus verkündete immer wieder die Gleichheit aller Menschen; doch diese Gleichheit ist mißlungen; nicht selten wurde die Gleichheit durch Privilegien und neue Unterdrückungsstrukturen in ihr Gegenteil verkehrt. Die Kirche hingegen spricht von der "Gleichheit der Würde" aller Menschen und begründet die Würde der menschlichen

Person im Willen des Schöpfers, der den Menschen liebt und zur Liebe fähig macht. Für die Kirche ist die Würde des Menschen die Gleichheit', die zur wahren Gerechtigkeit führt und den Menschen Person sein läßt, die in Gott und nicht im Kollektiv ihren Ursprung hat.

VIII.

Der neue Weg der Völker Osteuropas ist voller Hoffnungen, aber auch noch voller Gefahren und voll Ungewißheit. Eine der entscheidenden Fragen ist: Wie kann der in Gang gekommene Prozeß "unumkehrbar" gemacht werden?. Dafür gibt es viele politische Antworten: freie und demokratische Wahlen auf allen Ebenen, Einführung der Marktwirtschaft, gerechte Beurteilung und Verurteilung der Fehler und Vergehen der Vergangenheit, Freiheit der Meinung und der Information, Auflösung der militärischen Blöcke, Friedensverträge, Freiheit des Gewissens und des religiösen Lebens, Stärkung der Familie, Überwachung der Gefahren für die Menschenrechte. Wirtschaftshilfe, Beratung, endgültige Streichung der Führungsrolle gewisser politischer Gruppierungen, u.a.

Die größte Sicherheit gegen die Rückkehr einer unheilvollen Vergangenheit muß jedoch im Gewissen und im Herzen der Menschen grundgelegt werden. So gewinnt das Wort von der "Evangelisierung Europas" eine neue und lebenswichtige Bedeutung. Was wir bis vor kurzem vor allem als die Bekehrung des westlichen Europas verstanden haben, zeigt sich uns im östlichen Europa als die Garantie für die "Unumkehrbarkeit" des begonnenen politischen Wandels. So ist das von Gorbatschow am römischen Kapitol geäußerte Wort vom "gemeinsamen europäischen Haus" ein Bild neuer Verständigung. Papst Johannes Paul II. sagte in seiner Ansprache an das Diplomatische Corps am 12. Jänner 1990, daß der Augenblick günstig sei, die Steine der niedergerissenen Mauern zu sammeln und miteinander das gemeinsame Haus zu bauen (vgl. „L'Osservatore Romano“, 14.1.1990, S.6, Nr. 9).

IX.

Nach der Pilgerreise des Heiligen Vaters zum Gottesvolk in der Tschechoslowakei erwarten nun auch die anderen in Osteuropa zur Freiheit aufgebrochenen Menschen den Besuch und die Botschaft des Papstes. Er ermutigt stets die Gläubigen, ihren Lebensraum Kirche wieder aufzubauen und zu entfalten. Er ermutigt dazu, ein neues Verhältnis zum Staat, zur Politik und zum Gemeinwohl zu schaffen. Er ruft vor allem Laien zu politischer, kultureller und sozialer Verantwortung auf. Er kommt nicht als Experte, der Ratschläge über ein konkretes Wirtschafts- oder Verwaltungssystem gibt. Aber er spricht überall vom Menschen, den er durch Christi Wort und Gnade zu Gott zurückführen will.

Lange Zeit haben wir die Kirche in Osteuropa die "Kirche des Schweigens" genannt. Es war der Heilige Vater, der bei seinem Besuch in Prag zu den Priestern, Ordensleuten und Laien sagte:
"*Euer Schweigen war nicht das Schweigen des Schlafes oder des Todes. Aus der Sicht des Geistes ist das Schweigen jener Zustand, aus dem die kostbarsten Worte hervorgehen*" (L'Osservatore Romano, 22. April 1990, S.5, Nr. 2). Und er fährt fort: "*Mit dem, was in euch in den Jahrzehnten gereift ist, könnt ihr andere Völker bereichern. Ihr habt ein kostbares Gut: Das Kapital der Verdienste, das von jenen angesammelt wurde, die ihr Leben im Kampf für die Wahrheit geopfert haben. Unter ihnen waren sicher auch neue Heilige*" (ibid.)

X.

Am 22. April dieses Jahres hat der Heilige Vater im Wallfahrtsort Velehrad eine "Europa-Synode" angekündigt. Nicht nur die Kirche in Europa, sondern die Weltkirche wird mit Europa über das christliche Anliegen "Europa' beraten. Was heute in Europa sichtbar wird, ist von Bedeutung für den Frieden und für die Sache des Menschen in der ganzen Welt. So sagt der Heilige Vater mit Blick auf die Ereignisse in Osteuropa:

"*Die Welt entdeckt heute wieder, daß der Glaube an Christus - weit davon entfernt, das Opium der Völker zu sein - die beste Garantie und der Ansporn für deren Freiheit ist*" (Rede vor dem Päpstlichen Rat für die Kultur am 12. Jänner 1990; in O.R. vom 13. Jänner 1990, S.5, Nr. 1).

Die Kirche beantwortet die Fragen des Menschen und die Fragen des Gemeinwohls der Menschen auf ganz besondere und einzigartige Weise; denn die Kirche beantwortet diese Fragen vom Schöpfer und Erlöser der Menschen her. Die Begründung der Würde und des Wohls des Menschen im göttlichen Schöpfer und Erlöser ist es, die die "*Transzendenz der menschlichen Person*" sichert, von der das II. Vatikanum (vgl. Gaudium et Spes, Nr. 76) spricht. Es gehört zu den intellektuellen Gefahren des neuzeitlichen Denkens, die Immanenz als einzige Wirklichkeit anzusehen; dies war immer wieder die Wegbereitung des Atheismus und des Antitheismus, auch im Kommunismus.

XI.

Heute hat die Kirche mit ihrer Botschaft vom Schöpfer und Erlöser eine Bedeutung, die nicht auf eine rein religiöse Bedeutung reduziert worden kann. Mit ihrer Botschaft gibt die Kirche heute dem Menschen als Person die 'Transzendenz zurück und sichert damit neue menschenwürdige Ordnungen, den Frieden und die Gerechtigkeit, das Gemeinwohl und den Sinn des menschlichen Daseins. Wenn die Kirche heute das Wort und die Wirklichkeit Gottes überall in Europa einbringt, erfüllt sie eine religiöse, aber auch eine weltpolitische Notwendigkeit. In dieser Sicht ist auch zu bedenken, was der Heilige Vater an die Bischofskonferenz der Tschechoslowakei als Botschaft richtete: Die Bischöfe sollten vorausschauend für die Immunisierung gegen gewisse „Viren“ wie Säkularismus, Indifferentismus, Konsumismus, praktischen Materialismus und erklärten Atheismus - Sorge tragen (vgl. Botschaft an die Bischofskonferenz der Tschechoslowakei in L'O.R. vom 22. April 1990, S. 6, Nr. -3).

Zu allen Zeiten hat die Kirche ihren pastoralen Auftrag für das Heil der Seelen zu erfüllen. In diesen Tagen jedoch erkennt die Kirche ein besonderes "Zeichen der Zeit", das sie im Licht des Evangeliums Christi deutet (vgl. Gaudium et Spes, Nr. 4).

Auch in unserer Zeit sind die Christen durch das II. Vatikanische Konzil aufgerufen, "die Seele in der Welt“ zu sein (Lumen Gentium, Nr. 38): *"Jeder Laie muß vor der Welt Zeuge der Auferstehung und des Lebens Jesu, unseres Herrn, und ein Zeichen des lebendigen Gottes sein. Alle zusammen und jeder Einzelne zu seinem Teil müssen die Welt mit den Früchten des Geistes nähren* (vgl. Gal 5,22), *in sie hinein den Geist ausgießen, der jene Armen, Sanftmütigen und Friedfertigen beseelt, die der Herr im Evangelium seligpries* (vgl. Mt 5,3-9). *Mit einem Wort: 'Was die Seele im Leibe ist, das sollen in der Welt die Christen sein'* ".

Die „Seele der Welt" sein

Vortrag im St. Johanns-Club in Wien, 2. Oktober 1991

DIE BEDEUTUNG DER EREIGNISSE IN OSTEUROPA

I. Seit 1945 schweigen die Waffen auf dem europäischen Kontinent

Heute können wir feststellen, daß die Europäer seit 46 Jahren keinen großen Krieg wie in vergangenen Zeiten erlebt haben. Erinnern wir uns aber zuerst an das erlebte Geschehen der vergangenen Jahrzehnte.

a) Die Lage nach dem Zweiten Weltkrieg:
Es herrschten Spannungen zwischen Ost- und West-Europa. Der wahre Friede aber - daran sei erinnert - ist niemals das Ergebnis eines errungenen militärischen Sieges, sondern besteht in der Überwindung der Kriegsursachen und in der echten Aussöhnung unter den Völkern. Während vieler Jahre gab es in Europa und in der Welt jedoch eher eine Situation des „Nicht-Krieges“ als eines wahren Friedens. Die eine Hälfte des europäischen Kontinents geriet unter die Herrschaft der kommunistischen Diktatur, während die andere Hälfte darauf bedacht war, sich gegen eine solche Gefahr abzusichern: Viele Völker verlieren die Möglichkeit, über sich selbst zu verfügen. Sie werden in den bedrückenden Grenzen eines Machtblockes eingeschlossen, während man darauf hinarbeitet, ihr Geschichtsbewußtsein und die Wurzeln ihrer jahrhundertealten Kultur auszulöschen. Ungeheure Massen von Menschen werden als Folge dieser gewaltsamen Teilung dazu gezwungen, ihr Land zu verlassen, oder werden gewaltsam vertrieben.

b) Irrsinniger Rüstungswettlauf
Ein irrsinniger Rüstungswettlauf verschlingt die Mittel, die nötig wären, um die Entwicklung der eigenen Wirtschaft zu sichern und den am meisten benachteiligten Nationen zu helfen. Der wissenschaftliche und technologische Fortschritt, der zum Wohlergehen des Menschen beitragen sollte, wird zum Instrument für den Krieg. Man gebraucht Wissenschaft und Technik, um immer vollkommenere Waffen zur Massenvernichtung zu produzieren, während eine Ideologie, die eine Perversion echter Philosophie darstellt, die theoretische Rechtfertigung für den neuen Krieg liefern soll. Dieser Krieg wird nicht nur erwartet und vorbereitet, er wird auch mit ungeheurem Blutvergießen in verschiedenen Teilen der Welt geführt. Die Logik der Blöcke und Machtbereiche, die in den verschiedenen Dokumenten der Kirche und

jüngst in der Enzyklika „Sollicitudo rei socialis“ immer wieder angeprangert wurden, verfährt in der Weise, daß die in den Ländern der dritten Welt entstandenen Streitigkeiten und Unstimmigkeiten systematisch gefördert und ausgenützt werden, um dem Gegner Schwierigkeiten zu bereiten.

c) Förderung der Konflikte mit Waffengewalt

Extremistische Gruppen, die diese Konflikte mit Waffengewalt lösen wollen, finden politische und militärische Unterstützung. Sie werden mit Waffen versehen und für den Krieg ausgebildet, während jene, die sich unter Respektierung der legitimen Interessen aller Beteiligten um friedliche und menschliche Lösungen bemühen, isoliert bleiben und oft das Opfer ihrer Gegner werden. Auch die militärische Aufrüstung vieler Länder der Dritten Welt und die sie zerfleischenden Stammesfehden, die Ausbreitung des Terrorismus und der stets barbarischer werdenden Mittel der politisch-militärischen Auseinandersetzung stellen eine der Hauptursachen in der Brüchigkeit des Friedens nach dem Zweiten Weltkrieg dar. Über der ganzen Welt lastet schließlich die Bedrohung eines Atomkrieges, der die ganze Menschheit auslöschen kann. Die für militärische Zwecke angewandte Wissenschaft gibt dem von Ideologie geförderten Haß die entscheidenden Möglichkeiten. Der Krieg kann ohne Sieger und Besiegte im Selbstmord der Menschheit enden. Man muß deshalb die Logik, die dazu führt, radikal zurückweisen, nämlich die Idee, daß der Kampf zur Vernichtung des Feindes, die Gegnerschaft und der Krieg zur Entwicklung und zum Fortschritt der Geschichte beitragen. Wenn man die Notwendigkeit dieser Ablehnung einsieht, dann muß notwendigerweise die Logik des „totalen Krieges“ wie die des „Klassenkampfes“ in Krise geraten (vgl. Centesimus Annus, N. 18).

II. Förderung der Menschenrechte

a) Nach dieser Beschreibung der Situation in Europa und in der Welt kann man sich fragen: Was hat dazu beigetragen, die Evolution einer neuen Mentalität in Gang zu bringen ?

Darauf kann man antworten, "*daß sich nach dem Zweiten Weltkrieg als Reaktion auf seine Schrecken ein lebendiges Bewußtsein für die Menschenrechte verbreitete. Es hat in verschiedenen internationalen Dokumenten seinen Ausdruck gefunden, und ebenso in der Erarbeitung eines neuen Völkerrechtes, zu dem der Heilige Stuhl einen beständigen Beitrag geleistet hat*" (ebd., N. 21).

b) "*Der Angelpunkt dieser Entwicklung aber war die Organisation der Vereinten Nationen. Nicht nur das Bewußtsein des Rechtes des einzelnen ist gewachsen, sondern auch das der Rechte der Völker. Man erkannte klarer die Notwendigkeit, dahin zu wirken, die Unterschiede in den verschiedenen Regionen der Welt auszugleichen, die den Kernpunkt der sozialen Frage von der nationalen auf die internationale Ebene verlagert haben" (ebd.).*

c) *"Nimmt man auch diese Entwicklung mit Genugtuung zur Kenntnis, so kann man doch nicht die Tatsache übersehen, daß die Gesamtbilanz der verschiedenen Entwicklungshilfen keineswegs immer positiv ist. Den Vereinten Nationen ist es bis jetzt nicht gelungen, an Stelle des Krieges ein wirksames Instrumentarium zur Lösung internationaler Konflikte auszuarbeiten. Das erscheint als das dringendste Problem, das die internationale Gemeinschaft zu lösen hat" (ebd.).*

III. Das Jahr 1989: Tragweite der Geschehnisse der letzten Jahre

Die Bemühungen der Friedensstifter, die geduldige Tätigkeit der Förderer der Menschenrechte, das nicht immer anerkannte, beständige Wirken der Vereinten Nationen, die bedeutende Rolle der Kommunikationsmittel, der tiefgreifende Einfluß der Gläubigen, der Weitblick großer Persönlichkeiten, die in Gott gründende Liebe von vielen Leidenden - all das hat eine neue Epoche für die Menschheit reifen lassen. Diese neue Ära beginnt mit der unerwarteten und noch vielversprechenden Tragweite der Ereignisse der letzten Jahre.

a) Höhepunkt der neuen Epoche
"Ihr Höhepunkt waren sicher die Ereignisse des Jahres 1989 in den Ländern Mittel- und Osteuropas; sie umfassen aber einen größeren Zeitbogen und einen breiteren geographischen Horizont. Im Laufe der achtziger Jahre brechen nacheinander in einigen Ländern Lateinamerikas, aber auch Afrikas und Asiens diktatorische, von Unterdrückung gekennzeichnete Regimes zusammen; in anderen Fällen beginnt ein schwieriger, aber erfolgreicher Übergang hin zu gerechteren und demokratischen politischen Strukturen" (C.A., N. 22).

b) Beitrag der Kirche
"Einen wichtigen, ja entscheidenden Beitrag hat dabei der Einsatz der Kirche für die Verteidigung und die Förderung der Menschenrechte geleistet. In stark ideologisierten Milieus, wo eine völlig einseitige Beeinflussung das Bewußtsein von der gemeinsamen menschlichen Würde trübte, hat die Kirche klar und nachdrücklich geltend gemacht, daß jeder Mensch, welche persönlichen Überzeugungen er auch immer haben mag, das Ebenbild Gottes in sich trage und daher Achtung

verdiene. In dieser Aussage hat sich die große Mehrheit des Volkes oft wiedererkannt, und das hat zur Suche nach Kampfformen und politischen Lösungen geführt, die der Würde des Menschen mehr entsprechen" (ebd.).

c) Hoffnung auf eine bessere Zukunft

"*Aus diesem historischen Prozeß sind neue Formen der Demokratie hervorgegangen. Sie geben Hoffnung auf einen Wandel in den brüchigen politischen und sozialen Strukturen, die nicht nur von der Hypothek schmerzlicher Ungerechtigkeit und Verbitterung, sondern auch von einer geschädigten Wirtschaft und schweren sozialen Konflikten belastet sind. Während ich zusammen mit der ganzen Kirche Gott für das oft heldenhafte Zeugnis, das viele Bischöfe, ganze Christengemeinden und einzelne Gläubige und andere Menschen guten Willens unter diesen schwierigen Umständen gegeben haben, danke, bete ich darum, daß Er die Anstrengungen aller zum Aufbau einer besseren Zukunft unterstützen möge. Diese Verantwortung trifft nicht nur die Bürger jener Länder, sondern alle Christen und Menschen guten Willens. Es geht darum, zu beweisen, daß die umfassenden Probleme jener Völker auf dem Weg des Dialogs und der Solidarität eher gelöst werden können als durch die Vernichtung des Gegners und durch Krieg*" (ebd).

IV. Faktoren für den Zusammenbruch der unterdrückerischen Regime

Nach diesen Überlegungen stellt sich die Frage: Welche Faktoren führten zum Zusammenbruch der unterdrückerischen Regime ?

"*Unter den zahlreichen Faktoren des Zusammenbruches der von Unterdrückung gekennzeichneten Regime verdienen einige, besonders erwähnt zu werden*" (C.A., N. 23):

a) Verletzung der Rechte der Arbeiter

"*Der entscheidende Faktor, der den Wandel in Gang gebracht hat, ist zweifellos die Verletzung der Rechte der Arbeiter. Man darf nicht vergessen, daß die entscheidende Krise der Systeme, die vorgeben, Ausdruck der Herrschaft und der Diktatur der Arbeiter zu sein, mit den großen Arbeiterbewegungen beginnt, die in Polen im Namen der Solidarität stattfanden. Es sind die Massen der Arbeiter, die der Ideologie, die angeblich in ihrem Namen spricht, die Legitimation entziehen. Die gleichen Arbeiter stoßen in der harten Erfahrung der Arbeit und der Unterdrückung auf die Aussagen und Grundsätze der Soziallehre der Kirche, und dies bedeutet für sie eine Neuentdeckung*" (ebd.).

b) Gewaltloser Kampf mit den Waffen der Wahrheit und Gerechtigkeit

"*Es muß ausdrücklich betont werden, daß der Zusammenbruch dieser Machtblöcke überall durch einen gewaltlosen Kampf erreicht wurde, der nur von den Waffen der Wahrheit und der Gerechtigkeit Gebrauch machte. Der Marxismus war der Meinung, daß es erst nach Radikalisierung der sozialen Gegensätze möglich wäre, durch eine gewaltsame Auseinandersetzung zu einer Lösung zu gelangen. Die Kämpfe hingegen, die zum Zusammenbruch des Marxismus führten, bemühten sich mit Zähigkeit, alle Wege der Verhandlung, des Dialogs und des Zeugnisses der Wahrheit zu gehen. Man appellierte an das Gewissen des Gegners und man war bemüht, in ihm das Bewußtsein der gemeinsamen Menschenwürde zu wecken*" (ebd.).

c) Wirksamkeit der Zeugen der Wahrheit

"*Man konnte den Eindruck haben, daß die aus dem Zweiten Weltkrieg hervorgegangene und vom Abkommen von Jalta festgelegte Ordnung Europas nur durch einen neuerlichen Krieg erschüttert werden könnte. Statt dessen ist sie von dem gewaltlosen Engagement von Menschen überwunden worden, die sich stets geweigert hatten, der Macht der Gewalt zu weichen, und Schritt für Schritt wirksame Mittel zu finden wußten, um von der Wahrheit Zeugnis abzulegen. Das hat den Gegner entwaffnet. Denn die Gewalt muß sich immer mit der Lüge rechtfertigen. Sie gibt vor, auch wenn der Anschein trügt, die Verteidigung eines Rechts oder die Abwehr einer Bedrohung im Auge zu haben. Ich danke Gott dafür - sagt Papst Johannes Paul II. -, daß Er das Herz der Menschen in der Zeit der schweren Prüfung gestärkt hat, und bitte Ihn, daß dieses Beispiel auch an anderen Orten und in anderen Situationen zur Geltung komme. Mögen die Menschen lernen, gewaltlos für die Gerechtigkeit zu kämpfen, in den internen Auseinandersetzungen auf den Klassenkampf zu verzichten und in internationalen Konflikten auf den Krieg*" (ebd.).

V. Folgen der Ereignisse für Ost- und Mitteleuropa

Nachdem wir einige Gedanken über die Faktoren des Zusammenbruchs dargelegt haben, können wir nun fragen: Welche sind die Folgen der Ereignisse für Ost- und Mitteleuropa und für die gesamte Menschheitsfamilie?

Die Ereignisse von 1989 haben sich vorwiegend in den Ländern Ost- und Mitteleuropas zugetragen; sie haben jedoch eine weltweite Bedeutung, da von ihnen positive und negative Folgen ausgehen, die die ganze Menschheitsfamilie betreffen. Diese Folgen haben keinen mechanischen oder fatalistischen Charakter, sondern sind

Herausforderungen an die menschliche Freiheit zur Mitarbeit am Heilsplan Gottes, der in der Geschichte handelt.

a) Begegnung zwischen Kirche und Arbeiterbewegung

"*Die erste Folge war in einigen Ländern die Begegnung zwischen Kirche und Arbeiterbewegung, die aus einer sittlichen und ausdrücklich christlichen Reaktion gegen eine weitverbreitete Situation der Ungerechtigkeit entstanden war. In der Überzeugung, die Proletarier müßten sich, um wirksam gegen die Unterdrückung zu kämpfen, die ökonomistischen und materialistischen Theorien des entstehenden Kapitalismus aneignen, geriet diese Bewegung für ungefähr ein Jahrhundert unter die Vorherrschaft des Marxismus.*

In der Krise des Marxismus tauchen spontan die Formen des Arbeiterbewußtseins wieder auf, die eine Forderung nach Gerechtigkeit und Anerkennung der Würde der Arbeit zum Ausdruck bringen, wie sie der Soziallehre der Kirche entspricht. Die Arbeiterbewegung mündet in eine allgemeinere Bewegung der Werktätigen und der Menschen guten Willens für die Befreiung des Menschen und für die Bejahung seiner Rechte ein. Sie erfaßt heute viele Länder und weit davon entfernt, sich der katholischen Kirche entgegenzustellen, blickt sie mit Interesse auf diese Kirche.

Die Krise des Marxismus beseitigt nicht die Situationen von Ungerechtigkeit und Unterdrückung in der Welt; von ihnen holte sich der Marxismus seinen Zulauf, indem er sie als sein Werkzeug benutzte. Allen denen, die heute auf der Suche nach einer neuen und authentischen Theorie und Praxis der Befreiung sind, bietet die Kirche nicht nur ihre Soziallehre und überhaupt ihre Botschaft über den in Christus erlösten Menschen, sondern auch ihren konkreten Einsatz und ihre Hilfe für den Kampf gegen die Ausgrenzung und das Leiden an.

Das ehrliche Verlangen, auf der Seite der Unterdrückten zu stehen und nicht vom Lauf der Geschichte abgeschnitten zu werden, hat in jüngster Vergangenheit viele Gläubigen dazu verleitet, auf verschiedene Weise einen gar nicht möglichen Kompromiß zwischen Marxismus und Christentum zu versuchen. Unsere Zeit ist dabei, all das zu überwinden, was an jenen Versuchen unzulässig war, und neigt dazu, wieder den positiven Wert einer authentischen Theologie der umfassenden menschlichen Befreiung geltend zu machen. Unter dieser Hinsicht erweisen sich die Ereignisse des Jahres 1989 auch für die Länder der Dritten Welt als bedeutsam, die auf der Suche nach dem Weg ihrer Entwicklung sind, so wie es die Länder Mittel- und Osteuropas gewesen sind" (C.A., N. 26).

b) Die Völker Europas (C.A., N. 27).

Gerechtigkeit und Frieden fördern:

"*In den Jahren, in denen der Kommunismus herrschte und auch schon vorher wurden zahlreiche individuelle und soziale, regionale und nationale Ungerechtigkeiten begangen. Viel Haß und Groll hat sich aufgestaut. Es besteht die Gefahr, daß sich nach dem Zusammenbruch der Diktatur diese Gefühle des Hasses und des Zornes neu entladen und ernste Konflikte und Trauer auslösen, sobald die moralische Kraft und das bewußte Bemühen, von der Wahrheit Zeugnis zu geben, nachlassen. Es ist zu wünschen, daß vor allem in den Herzen jener, die für die Gerechtigkeit kämpfen, nicht Haß und Gewalt triumphieren und in allen der Geist des Friedens und der Vergebung wachse*" (ebd).

Stärkung der internationalen Strukturen: "*Es müssen jedoch konkrete Schritte unternommen werden, um internationale Strukturen zu schaffen bzw. zu stärken, denen es im Fall von Konflikten zwischen den Nationen möglich ist, durch den entsprechenden Schiedsspruch einzugreifen. Auf diese Weise werden jeder Nation ihre Rechte gesichert und gleichzeitig werden durch gerechte Übereinkunft und friedliche Schlichtung die Rechte der anderen gewahrt. Das alles ist besonders notwendig für die europäischen Nationen, die durch das Band der gemeinsamen Kultur und tausendjährigen Geschichte eng miteinander verbunden sind. Für den moralischen und wirtschaftlichen Wiederaufbau in den Ländern, die den Kommunismus aufgegeben haben, bedarf es einer großen Anstrengung. Über lange Zeit wurden die elementarsten Wirtschaftsbeziehungen verzerrt. Grundlegende Tugenden des Wirtschaftslebens, wie Zuverlässigkeit, Aufrichtigkeit, Fleiß, wurden entwürdigt. Es braucht einen geduldigen materiellen und moralischen Wiederaufbau. Gleichzeitig fordern die von jahrelangen Entbehrungen zermürbten Völker von ihren Regierungen greifbare und schnelle Erfolge, was den Wohlstand betrifft, und eine angemessene Befriedigung ihrer berechtigten Ansprüche*" (ebd).

Die Idee der gegenseitigen Abhängigkeit und Verbindung der Völker verbreiten: "*Der Zusammenbruch des Marxismus hatte natürlich Auswirkungen von großer Tragweite auf die Spaltung der Erde in voneinander abgeschlossene und miteinander eifersüchtig ringende Welten. Er rückt die Wirklichkeit der gegenseitigen Abhängigkeit der Völker klarer ins Licht und ebenso die Tatsache, daß die menschliche Arbeit von Natur aus dazu bestimmt ist, die Völker zu verbinden, nicht aber sie zu spalten. Friede und Wohlergehen sind Güter, die dem ganzen Menschengeschlecht gehören. Es ist nicht möglich, sie zu Recht und auf Dauer zu genießen, wenn sie zum Schaden anderer Völker und Nationen gewonnen und bewahrt werden, indem sie ihre Rechte verletzen oder sie von den Quellen des Wohlstandes ausschließen*" (ebd).

VI. Neuer Anfang in der ganzen Welt

Dieser Gedankengang lädt uns ein, uns zu fragen, ob wir nach den unerwarteten und sich so rasch entwickelnden Ereignissen ein neues Kapitel der Geschichte der Menschheit beginnen können.

Unsere Anwort darauf könnte positiv ausfallen. Hier einige Überlegungen dazu:

a) Aufgaben der Ostblockländer
"*Für einige Länder Europas beginnt in gewissem Sinne die eigentliche Nachkriegszeit. Die radikale Neuordnung der bisherigen Kollektivwirtschaften bringt Probleme und Opfer mit sich, die sich mit jenen vergleichen lassen, die die westlichen Länder des Kontinents für ihren Wiederaufbau nach dem Zweiten Weltkrieg auf sich nahmen. Es ist nur gerecht, daß die ehemals kommunistischen Länder in den derzeitigen Schwierigkeiten von der solidarischen Hilfe der anderen Nationen unterstützt werden. Natürlich müssen sie selbst die ersten Baumeister ihrer Entwicklung sein; aber es muß ihnen eine entsprechende Möglichkeit dazu geboten werden. Das kann nur mit der Hilfe der anderen Länder geschehen. Die derzeitige, von Schwierigkeiten und Mangel geprägte Lage ist die Folge eines historischen Prozesses, in dem die ehemaligen kommunistischen Länder meist Objekt und nicht Subjekt waren, Sie befinden sich also nicht auf Grund ihrer freien Entscheidung oder auf Grund begangener Irrtümer in dieser Situation, sondern infolge tragischer geschichtlicher Ereignisse, die ihnen gewaltsam aufgezwungen wurden und die sie daran gehindert haben, den Weg der wirtschaftlichen und gesellschaftlichen Entwicklung zu gehen*" (C.A., N. 28).

b) Auftrag der westeuropäischen Länder
"*Die Hilfe der anderen, vor allem der europäischen Länder, die an dieser Geschichte teilgenommen haben und dafür Mitverantwortung tragen, entspricht einer Verpflichtung der Gerechtigkeit. Aber sie entspricht auch dem Interesse und dem allgemeinen Wohl Europas. Europa wird nicht in Frieden leben können, wenn die vielfältigen Konflikte, die als Folge der Vergangenheit aufbrechen, sich durch*

wirtschaftlichen Niedergang, geistige Unzufriedenheit und Verzweiflung verschärfen" (ebd.).

c) Verpflichtungen aller ost- und westeuropäischen Länder gegenüber den Entwicklungsländern
"*Diese Forderung darf jedoch nicht dazu verleiten, die Bemühungen um Unterstützung und Hilfe an die Länder der Dritten Welt zu verringern, die oft unter noch schwereren Situationen der Not und Armut leiden. Es wird vielmehr außerordentlicher Anstrengungen bedürfen, um die Ressourcen, an denen es der Welt insgesamt nicht fehlt, für das Wirtschaftswachstum und die Entwicklung aller aufzubringen. Man wird die Prioritäten und die Werteskalen, auf Grund derer die wirtschaftlichen und poliischen Entscheidungen getroffen werden, neu definieren müssen*" (ebd.).

d) Entmilitarisierung und Rüstungskontrolle
"*Gewaltige Mittel können durch den Abbau des riesigen Militärpotentials, das im Ost-West-Konflikt aufgebaut worden war, verfügbar gemacht werden. Sie könnten noch wesentlich gesteigert werden, wenn es gelingt, anstelle von Kriegen wirksame Verfahren für die Lösung von Konflikten festzulegen und damit das Prinzip der Rüstungskontrolle und der Rüstungsbeschränkung in Verbindung mit geeigneten Maßnahmen gegen den Waffenhandel auch in den Ländern der Dritten Welt anzuwenden. Vor allem aber ist es notwendig, eine Denkweise aufzugeben, die die Armen der Erde - Personen oder Völker - als eine Last und als unerwünschte Menschen ansieht, die das zu konsumieren beanspruchen, was andere erzeugt haben. Die Armen verlangen das Recht, an der Nutzung der materiellen Güter teilzuhaben und ihre Arbeitsfähigkeit einzubringen, um eine gerechtere und für alle glücklichere Welt aufzubauen. Die Hebung der Armen ist eine große Gelegenheit für das sittliche, kulturelle und wirtschaftliche Wachstum der gesamten Menschheit*" (ebd.).

VII. Vollständige Entwicklung

Durch die Verwirklichung der zuvor erwähnten Grundsätze könnte eine neue und bessere Gesellschaft aufgebaut werden: eine neue Zivilisation der Wahrheit, der Gerechtigkeit, der echten Freiheit, des Friedens, der Solidarität, der Liebe zu Gott und zu den Mitmenschen.
"*Schließlich darf die Entwicklung nicht ausschließlich ökonomisch, sondern im gesamtmenschlichen Sinn verstanden werden. Es geht nicht einfach darum, alle Völker auf das Niveau zu heben, dessen sich heute die reichsten Länder erfreuen. Es geht vielmehr daraum, in solidarischer Zusammenarbeit ein menschenwürdigeres Leben aufzubauen, die Würde und Kreativität jedes einzelnen wirksam zu*

steigern, seine Fähigkeit, auf seine Berufung und damit auf den darin enthaltenen Anruf Gottes zu antworten. Auf dem Höhepunkt der Entwicklung steht die Ausübung des Rechtes und der Pflicht, Gott zu suchen, ihn kennenzulernen und nach dieser Erkenntnis zu leben. In den totalitären und autoritären Regimen wurde das Prinzip des Vorrangs der Macht vor der Vernunft auf die Spitze getrieben. Der Mensch wurde gewaltsam zur Annahme einer Weltanschauung gezwungen, zu der er nicht durch das Bemühen der eigenen Vernunft und die Ausübung seiner Freiheit gelangt war. Dieses Prinzip muß zum Sturz gebracht werden und die Rechte des menschlichen Gewissens, das nur der Wahrheit, sowohl der natürlichen wie der geoffenbarten, verpflichtet ist, müssen wieder voll zur Geltung kommen" (C.A., N. 29).

Grundlage jeder wirklich freien politischen Ordnung

"*In der Anerkennung dieser Rechte besteht die wesentliche Grundlage jeder wirklich freien politischen Ordnung. Es ist wichtig, dieses Prinzip heute aus drei Gründen neu einzuschärfen.*

a) Die alten Formen des Totalitarismus und Autoritarismus sind noch nicht vollständig besiegt und es besteht die Gefahr, daß sie neuen Auftrieb bekommen. Das drängt zu einem erneuerten Bemühen um Zusammenarbeit und Solidarität zwischen allen Ländern.

b) Es gibt in den Industrieländern bisweilen eine geradezu besessene Propaganda für die rein utilitaristischen Werte, verbunden mit einer Enthemmung der Triebe und einem Drang zum unmittelbaren Genuß, die ein Erkennen und Anerkennen der Werthierarchie im Leben geradezu unmöglich macht.

c) In einigen Ländern zeigen sich neue Formen eines religiösen Fundamentalismus. Verschleiert, aber auch offen wird den Bürgern eines anderen Glaubensbekenntnisses die freie Ausübung ihrer bürgerlichen oder religiösen Rechte verwehrt. Sie werden daran gehindert, sich voll am kulturellen Geschehen zu beteiligen. Der Kirche wird das Recht auf freie Verkündigung des Evangeliums eingeschränkt. Menschen, die diese Botschaft hören, wird verboten, sie anzunehmen und sich zu Christus zu bekehren. Ohne die Achtung des natürlichen Grundrechtes, die Wahrheit zu erkennen und nach ihr zu leben, gibt es keinen echten Fortschritt. Aus diesem Recht folgt als seine Verwirklichung und Vertiefung das Recht, Jesus Christus, der das wahre Gut des Menschen ist, frei zu entdecken und anzunehmen" (ebd.).

Zum Abschluß möchte ich hinzufügen:

Wir, die Christen von heute, sind berufen, die Seele der Welt zu sein, so wie es der Autor des Briefes an Diognet über die Christen des ersten Jahrhunderts sagte.

Versuchen wir, diesen Auftrag in Verantwortlichkeit gegenüber Gott und den Mitmenschen zu erfüllen!

Die historische Chance der "Wende"

Vortrag an der Diplomatischen Akademie in Wien, 2. Dezember 1992

Mit großer Freude komme ich - erstmals - einer liebenswürdigen Einladung aus meiner Nachbarschaft nach.

Ihr hochgeschätzter Direktor, Herr Botschafter Dr. Alfred Missong, der mich gewissermaßen in Ihrer aller Namen für diese Mittagsstunde eingeladen hat, stellte mir die Wahl des Themas für unsere Begegnung frei.

Wir alle stehen immer noch im Banne jenes Wendepunktes der europäischen Geschichte und damit auch des globalen Schicksals, den wir im Jahre 1989 erleben durften. Wir nennen nach allgemeiner Gepflogenheit die weltweit wirkenden Ereignisse mit ihrer erkennbaren Signalwirkung für die Entwicklung der Völker einfach die "Wende". Auch Papst Johannes Paul II. spricht in seinem jüngsten großen sozialen und weltpolitischen Rundschreiben "Centesimus annus" von dieser "Wende". Er knüpft daran Erwägungen, die jeden einzelnen Menschen in dessen gesellschaftlicher Mitverantwortung betreffen.

In diesem Jahr 1992, das nun zu Ende geht, drei Jahre nach dieser epochalen "Wende", haben wir mit einer mitunter beklemmenden Eindringlichkeit erfahren, daß wohl Schranken gefallen, Kerkertore geöffnet und ideologische Verhärtungen aufgebrochen sind, aber keineswegs ein gesamteuropäisches oder vielleicht sogar die ganze Welt umfassendes Paradies entstanden ist. Ungezählte Menschen sind nachdenklich geworden. Sie denken darüber nach, was in diesen Jahren richtig begonnen und vielleicht dann falsch weitergeführt worden ist. Sie widmen ihre Überlegungen sicherlich der zukünftigen Entwicklung Europas und jenen Kräften des Geistes und der sittlichen Werte, die vor einem Rückfall in eine Welt der Spaltungen, der Zerissenheit, der rivalisierenden kleinen Einzelstaaten mit ihren chauvinistischen und egoistischen Versuchungen bewahren sollten.

Vom Apostolischen Nuntius, der das Oberhaupt der Weltkirche, Papst Johannes Paul II., vertritt, werden Sie in der Rückschau auf das abgelaufene Triennium am Ende von 1992 mit Recht erwarten, daß er die Perspektiven im Lichte der Kirche und des Glaubens erschließt. Aus diesem Grund lautet mein Thema

"Papst Johannes Paul II. und die Ereignisse in den Ostblockländern", das heißt in jener auf Zwang begründeten blockartigen Staatenwelt des sozialistischen Staatenimperiums unter sowjetischer Hegemonie, die heute in eine Vielzahl von Staaten mit verschiedenartig gefaßter Souveränität zerfallen ist. Dieser Prozeß der Neuordnung scheint keinesfalls vor einem Endpunkt der Stabilisierung zu stehen, sondern befindet sich in einem Fließen, von dem wir alle hoffen, daß es sein "Strombett" bald auf Dauer finden wird.

Ich werde meine Gedanken in vier Abschnitte gliedern:

I. Verhältnisse in Europa in der Zeit des Baues der Berliner Mauer: 13. August 1961, vor mehr als 31 Jahren.
II. "Lehre aus der Geschichte"
III. Bewegungen in den ehemaligen "europäischen Ostblockstaaten" und
IV. Einige Fragen über den Zusammenhang zwischen dem Wirken Papst Johannes Pauls II. und den Ereignissen in den europäischen Ostblockländern.

I. Die Berliner Mauer

Ich erinnere mich an ein Gespräch über die Verhältnisse in Europa in der Zeit des Baus der Berliner Mauer.
Dieses Gespräch fand zwischen dem Leiter der europäischen politischen Abteilung im Außenministerium der damaligen Bundesrepublik Deutschland, Dr.Joseph Jansen, und mir, damals Sekretär der Apostolischen Nuntiatur in Bonn, statt. Es war gerade die Zeit des Baues der Berliner Mauer: Es war der schicksalhafte 13. August des Jahres 1961, also vor mehr als einunddreißig Jahren.

Wie ein Damoklesschwert hing die Furcht vor einem Dritten Weltkrieg über dem Haupt der Europäer. Auch in der Bundesrepublik Deutschland und ihrer provisorischen Bundeshauptstadt Bonn lähmten die Ereignisse in Berlin nahezu den Atem auch jener Persönlichkeiten, die Verantwortung für das öffentliche Leben trugen, darunter auch der damalige Bürgermeister von Berlin, Willi Brandt, der im Oktober d.J. verstorben ist.

In solcher Situation stellte ich mir persönlich einige Fragen:

- Wie kann man auf Dauer die Menschen einer großen Stadt, die zusammengehören, durch eine solche Mauer einfach voneinander trennen?
- Wie kann sich eine Ideologie, der solch unmenschliche Werke entspringen, auf Dauer behaupten?
- Wie kommt es, daß Menschen in den verschiedenen Erdteilen der Welt vom System des Marxismus begeistert sind?

In den sechziger Jahren waren tatsächlich unzählige Menschen in aller Welt der Meinung, der Marxismus wäre am besten geeignet, soziale Spannungen zu beseitigen, soziologische Probleme auszugleichen und bedrückende Fragen der Menschheit zu lösen. Auch in Entwicklungsländern, wo es schwierig war, die fremden philosophischen Theorien der westlichen europäischen Welt zu verstehen, schien der Marxismus-Leninismus die beste Grundlage dafür, eine neue modernere Gestaltung der Staaten zu verwirklichen.

Von diesen meinen Fragen bewegt, suchte ich das Gespräch mit Dr. Jansen, der später Botschafter der Bundesrepublik Deutschland beim Heiligen Stuhl war. Ich trug dieser bedeutenden Persönlichkeit der westdeutschen Außenpolitik meine Auffassung vor: Ich meinte, gerade die Bundesrepublik Deutschland sei dazu berufen, in friedlicher Weise die Menschen davon zu überzeugen, daß das System des Kommunismus der Menschenwürde und der sozialen Gerechtigkeit in offenkundiger Weise widerspricht. Die Menschen in der Bundesrepublik Deutschland, so sagte ich, kennen die marxistische Theorie und die Früchte dieser Ideologie; deswegen gäbe es auch kaum Marxisten bzw. Kommunisten in der BRD.

Dr.Jansen aber meinte mit großer Ruhe und Überzeugungskraft: "Der polnischen Nation, den Menschen in Polen wird diese Überzeugungsaktion gelingen. Die Polen kennen den Kommunismus von der theoretischen wie von der praktischen Seite, sie leiden darunter mehr als wir und sie sind nicht geschwächt vom praktischen Konsummaterialismus der westlichen Länder. Die Polen haben einen Glauben, der den Kommunismus überwinden wird".

Seit damals blieb mir diese überlegte und entschiedene Meinung des deutschen Diplomaten ständig in Erinnerung.

II. Lehre aus der Geschichte

Heute, nach einunddreißig Jahren, also nach mehr als drei Jahrzehnten und nach den erstaunlichen, ja geradezu zur Sorge Anlaß gebenden Ereignissen in den Ostblockstaaten, erkenne ich in den zitierten Worten des deutschen Diplomaten und Kenners der Weltpolitik, wie weit er in die Zukunft zu blicken vermochte! Die Lehren aus der Geschichte, die profunde, analytische Befassung mit den Komponenten der oftmals sehr komplexen europäischen Wirklichkeiten, sein tiefer Glaube - der keine Grenzen kannte und keinem schwärmerischen Nationalismus huldigte - hatten einen Botschafter den richtigen Blick zur Entschlüsselung der Zukunft finden lassen.

Anwachsen eines friedlichen Widerstandes

Die Geschichte hat seit der Errichtung der Berliner Mauer ihre konsequente Entwicklung genommen. Was ich dabei so bemerkenswert finde, war das Anwachsen eines friedlichen Widerstandes.

Besonders in Polen trat diese Resistance immer stärker in das Erscheinungsbild des politischen Lebens.

Am 16. Oktober 1978, 17 Jahre nach dem unseligen 13. August 1961, wählten die Kardinäle des Konklaves in Rom einen polnischen Bischof, den Kardinal und Erzbischof Karol Wojtyla, zum Oberhaupt der Universalkirche.

Viele Menschen erblickten in der Wahl Johannes Pauls II. den Finger Gottes in der Welt- und Kirchengeschichte. Während der bisherigen 14 Jahre seines Pontifikats vollzog sich in den sogenannten "sozialistischen Ländern" des Ostblocks ein innerer Prozeß; es begann zu gären, es brachen verhärtete Strukturen auf, es hatten nunmehr hervorragende Persönlichkeiten mehr Mut und mehr Zuversicht, ihre Freiheitsideale auch nach außen hin zu zeigen und zu realisieren. Ein friedlicher, niemals gewaltsamer, aber stets entschiedener Widerstand begann Konturen und Formen anzunehmen. Gegen Ende des Jahres 1989 entstanden neue staats- und gesellschaftspolitische Realitäten, die nun das Angesicht Europas und der Welt verändern.

Diese Ereignisse beweisen das Wort des berühmten römischen Staatsmannes Cicero, der schrieb: "Historia est magistra vitae" d.h. "die Geschichte ist die Lehrerin des Lebens".

III. Bewegungen in den ehemaligen europäische Ostblockstaaten

Zum Dritten nunmehr eine überlegende Bemerkung, die auf das Kommende gerichtet ist und die wenigen acht Kalenderjahre betrifft, die uns noch von der Jahrtausendwende in das Dritte Millenium nach Christi Geburt trennen.

Nach der Beurteilung des Entwicklungsprozesses der vergangenen Jahre anhand einer bedeutsamen Episode meines Lebens an der Nuntiatur in Bonn, vor mehr als drei Jahrzehnten, nun die Zukunftsperspektive: In den Ländern des monolithischen Ostblocks von gestern ist das politische, soziale und religiöse Leben in eine Bewegung geraten, wie sie niemand vorhersehen konnte.

Mit dem Jahr 1989 hat eine neue Epoche in der Geschichte Europas begonnen, vor allem aber eine Wende in der Geschichte der besagten Länder.

Die Hoffnung, eine neue und bessere Gesellschaftsordnung einzurichten und aufzubauen, ist tatsächlich sehr gewachsen.
Das Tempo dieser Ereignisse bezeichnen allerdings viele Menschen als erstaunlich und unerwartet; sie sind daher fassungslos und mitunter auch skeptisch.

Zu dieser "Fassungslosigkeit", die uns allenthalben begegnet, sowie zur Skepsis, ob und wie weit überhaupt "alles sinnvoll und richtig gewesen ist", in dem, was geschah, meine Überlegung:

a) Ungezählte Menschen, auch Träger höchster Verantwortung in den nunmehr freien und demokratisch strukturierten Staatswesen, haben die Zähflüssigkeit des "Faktors Zeit" nicht ins Kalkül gezogen und eine Haupttugend innerhalb der gesellschaftspolitischen Gestaltungsnormen zu gering geachtet: die notwendige Geduld im Rahmen eben dieser "Zeit-Räume", deren eine konsolidierende Entwicklung bedarf.

b) Unbegründeter Optimismus, der auf einfachen Wunschvorstellungen ohne "know-how" beruht, gefährdet menschliches Handeln, dessen Planung, seine Programmierung und Ausführung; ebenso wie resignierende Skepsis uns bedroht, weil sie zur Verzweiflung führt. Verzweiflung aber gebiert Gewalt, Gewalt schafft neues Unrecht. Sie trägt in ihrem Profil die Züge der Unmenschlichkeit und verleitet in den Rückfall zu neuen, alten Zwängen.

IV. Einige Fragen über die Verbindung zwischen Papst Johannes Paul II. und den Ereignissen in den europäischen Ostblockstaaten

Zum Schluß einige Fragen über den Zusammenhang zwischen der Tätigkeit von Papst Johannes Paul II. und den Ereignissen in den europäischen Ostblockländern.

1) Hat Papst Johannes Paul II., der Nachfolger Petri aus Polen, der als Bischof von Rom zugleich das Oberhaupt der gesamten Kirche ist, in den obenerwähnten Ereignissen Einfluß ausgeübt?

2) Haben die Entwicklungen in Osteuropa in den Aussagen, d.h. den Ansprachen, Botschaften, Adressen Seiner Heiligkeit ihre Widerspiegelung gefunden?

Kaum dürfte in der Öffentlichkeit sich jemand finden, der die Rolle des Papstes in der Gegenwartsgeschichte Europas wie in jener der übrigen Kontinente ignorieren wollte. Johannes Paul II. baute in seinen Prinzipien auf dem Fundament seiner Vorgänger auf; sie waren vor allem das Erbe der Päpste Johannes XXIII. und Pauls VI.

Konkret bedeutet dies, daß wir den Blick auf die wirklichen Grundzüge sogenannter päpstlicher "Ostpolitik" zu richten haben. Ihr - um diesen schillernden Ausdruck zu gebrauchen - "Erfolgsgeheimnis" bestand in der Kontinuität einer seelsorgeorientierten oder pastoralpolitischen Grundhaltung, die sich - wie es der heute emeritierte Kardinalstaatssekretär Agostino Casaroli wiederholt betonte - als ein kontinuierlicher Faden durch das Verhalten der Kirche gegenüber den Oststaaten zieht. Diese sogenannte "Pastoralpolitik" stand im Zeichen der Seelsorge, der Interessensabwägung zugunsten des Heils der Menschen. Der Kirche mußte es in ihrer Auseinandersetzung mit den Machthabern der marxistisch-leninistischen Staatsideologie um das "Überleben der Kirche" mit den Prioritätssetzungen "Kult, Lehre und Leben" gehen. Diese bewußte Option des Heiligen Stuhles hat sich als richtig erwiesen und das Wiederaufblühen des katholischen Lebens zeugt von der Richtigkeit dieser pastoralen Leitlinien der päpstlichen "Ostpolitik".

Die Aussagen des Heiligen Vaters sind dafür ein beredtes Zeugnis. Mit Sorge und in enger Verbundenheit weiß sich der Papst dem Schicksal aller Nationen, Völker, Kontinente verpflichtet, und damit auch mit der ganzen Menschheitsfamilie. "Freude und Hoffnung, Trauer und Angst der Menschen von heute", besonders der Armen und Bedrängten aller Art, sind auch Freude und Hoffnung, Trauer und Angst des Papstes, wie der ganzen Kirche. Von den Entwicklungen und Ereignissen in

Osteuropa sprach der Heilige Vater zu wiederholten Malen und zu verschiedensten Anlässen.

Das Ergebnis dieser Bemühungen Papst Johannes Pauls II., die von vielen Menschen vor allem Osteuropas befürwortet wurden, ist der Aufbau diplomatischer Beziehungen zwischen dem Heiligen Stuhl und 22 Ländern aus dem ehemaligen kommunistischen Ostblock:

Polen - 17. Juli 1989
Ungarn - 9.Februar 1990
Russische Föderation - 13. März 1990
Tschechoslowakei - 20. April 1990
Rumänien - 15. Mai 1990
Bulgarien - 6. Dezember 1990
Albanien - 7. September 1991
Baltische Staaten: Litauen, Lettland, Estland - 5. Oktober 1991
Kroatien - 20. Dezember 1991
Slowenien - 20. Dezember 1991
Ukraine - 8. Februar 1992
Mongolei - 4. April 1992
Armenien, Aserbaidschan, Georgien, Moldavien - 23. Mai 1992
Bosnien-Herzegowina - 20. August 1992
Kasachstan, Usbekistan - 17. Oktober 1992
Belarus - 11. November 1992

Es würde den Rahmen dieser mittäglichen Begegnung in Ihrer Diplomatischen Akademie im zeitlichen Sinne sprengen und auch das gesprochene Wort mit vielen "Aufzählungen" belasten, wollte ich nun eine Liste päpstlicher Enuntiationen und kirchlicher Wortmeldungen verlesen, die das Thema betreffen oder berühren. Im Zentrum steht ohne Frage das Weltrundschreiben Papst Johannes Pauls II. "Centesimus annus". Sein Anlaß war der 100. Gedenktag des ersten großen neuzeitlichen Sozialrundschreibens der Kirche, nämlich der Enzyklika Leo XIII. "Rerum novarum".

1891 ließ "Rerum novarum" die Welt aufhorchen, 1991 erweckte die Jubiläumsenzyklika ebenfalls eine Beachtung, die weit über die Grenzen der katholischen Christenheit hinausreicht. "Centesimus annus" enthält einen Hauptabschnitt, der direkt mit der Jahreszahl "1989" überschrieben ist.

Die Macht der Wahrheit, die das Geschehen der echten Befreiung fördert, ist stärker als alle Systeme mit Zwangsherrschaft und Unterdrückung. Einmal mehr haben wir diese Macht als Menschen und Christen in der Blickrichtung auf den europäischen Osten erfahren.

Möge es uns gegeben sein, uns dieser historischen Chance einer neuen Zusammenarbeit würdig zu erweisen.

Nie wieder Krieg! Ja zum Frieden!

Grußadresse an Bundespräsidenten Dr. Thomas Klestil anläßlich des Neujahrsempfanges des Diplomatischen Corps in Wien, 17. Jänner 1996

Zum vierten Mal haben die Mitglieder des in Wien akkreditierten Diplomatischen Corps die Ehre, Ihnen, Herr Bundespräsident, in diesem prachtvollen und geschichtsreichen Säulensaal die respektvollen und aufrichtigsten Wünsche für das begonnene Jahr im Namen ihrer Souveräne und Staatsoberhäupter wie auch im eigenen Namen zum Ausdruck zu bringen.

Bei dieser Gelegenheit seien einige Überlegungen gestattet:
Als entsandte Diplomaten erfüllen wir die Aufgabe, die Kenntnis, die Wertschätzung und die Zusammenarbeit zwischen Österreich und unseren völkerrechtlich anerkannten Staaten zu fördern und zu pflegen.

In dieser Position von Beobachtern und Vermittlern sind wir bemüht, die Interessen der Familie der Nationen zu fördern, um Verständnis und Solidarität, Respekt und Entgegenkommen unter allen Völkern zu schaffen!

Das Aufgabengebiet der Diplomatie hat sich gegenüber früheren Zeiten ausgeweitet, sodaß ihr in unseren Tagen außer den politischen auch juristische Aspekte zukommen.

Die Diplomatie am Ende des zweiten Jahrtausends ist in der Tat berufen, ihre Aufgabe in allen Bereichen menschlicher Tätigkeit und auf der ganzen Welt zu erfüllen. Ihre Präsenz erstreckt sich neben den erwähnten Aspekten auch auf kulturelle, ethnographische, psychologische, intellektuelle, ökonomische, soziale, religiöse u.a. Bereiche.
Dank der modernen Kommunikations- und Transportmittel ist die diplomatische Tätigkeit in unserer Zeit besonders wirksam.

Aus Anlaß unseres ehrenvollen Treffens mit Ihnen, verehrter Herr Bundespräsident, wollen wir einen Blick auf die Ereignisse des vergangenen Jahres werfen und dabei die Hoffnungen und Erwartungen für die Zukunft in Betracht nehmen!

Der mit 1. Jänner 1995 erfolgte Eintritt Österreichs in die Europäische Union hat das Willkommensein Österreichs und seine Bedeutung für ein werdendes vereintes Europa bewiesen.

Die Kultur, die Tradition und die Geschichte dieses im Herzen Europas liegenden Landes sind wesentliche Voraussetzungen für eine Mitgestaltung eines vereinten Europas.

Im vergangengen Jahr konnten wir festzustellen, mit welcher Freude am 8. Mai die 50 Jahre seit Beendigung des Zweiten Weltkrieges auf europäischem Boden gefeiert wurden!

Noch ist die Erinnerung an Angst und Not, an Gewalt und Grausamkeit lebendig, die Personen, Familien und Völker in den dreißiger und vierziger Jahren dieses Jahrhunderts erfahren haben!

Das Gedächtnis an die menschlichen Tragödien in Auschwitz, in Mauthausen und in anderen Konzentrationslagern möge vermeiden helfen, daß solche Schreckensbilder sich wiederholen.

Die Grausamkeit des Zweiten Weltkrieges war Anstoß, um die Geschichte des Hasses und des Krieges zu beenden und die Geschichte des Friedens und der Solidarität zu beginnen!

Durch die Entfaltung der Beziehungen zwischen West- und Osteuropa hat sich gezeigt, daß der II. Weltkrieg sowohl für die Besiegten als auch für die Sieger eine Niederlage war, sodaß allmählich Schritte in Richtung des Friedens gemacht wurden:
In der Tat gelang es aufgrund des Dialogs, vom "Kalten Krieg" zu anfänglich noch zurückhaltenden Kontakten überzugehen, die jedoch an Häufigkeit zunahmen und zur Konferenz von Helsinki führten, an der Nationen Europas, die USA und Kanada teilnahmen. Heute umfaßt die Organisation für Sicherheit und Zusammenarbeit in Europa (OSZE) mehr als 50 Nationen!

Die Unterzeichnung der Schlußakte der Konferenz über Sicherheit und Zusammenarbeit in Europa, die einen bedeutsamen Beitrag zur Beendigung des Kalten Krieges und zu der darauffolgenden Wende geleistet hat, jährte sich am 1. August 1995 zum zwanzigsten Mal.

Der Schrei *Nie wieder Krieg! Ja zum Frieden!* wurde immer mehr gehört und verstanden. Heute ist die Sehnsucht nach Überwindung des Hasses und des Todes spürbar, um eine Zivilisation der Wahrheit und der Freiheit, der Liebe und der Gerechtigkeit, der Einheit und des Friedens unter allen Völkern entstehen zu lassen!

Die Ereignisse im ehemaligen Jugoslawien wie auch in Tschetschenien scheinen diesem Streben zu widersprechen.
Doch läßt die Tatsache der Unterzeichnung des Friedensabkommens von Dayton hoffen, daß die Bemühungen um ein beiderseitiges Einvernehmen Erfolg haben!

Besondere Freude löste der Friedensschluß zwischen Israel und Palästina aus.

Gleichzeitig haben wir mit Trauer die Nachricht von der Ermordung des israelischen Ministerpräsidenten Ytzhak Rabin aufgenommen, der großzügig und weitblickend um den Frieden im Nahen Osten bemüht war.

Mögen seine Bemühungen durch das Opfer seines Lebens noch viele Früchte bringen.

Vor kurzem wurden zwischen Israel und Syrien Verhandlungen aufgenommen, um bestehende bilaterale Fragen zu prüfen und zu lösen. Wir wollen hoffen, daß auch der Libanon sobald als möglich an diesen Treffen teilnimmt, damit in dieser Region des Nahen Ostens ein globaler, wirksamer und dauerhafter Friede zustande kommt.

Auch für diese Gespräche wollen wir unsere Wünsche für einen vollen Erfolg zum Ausdruck bringen, der Zeit und Geduld, Versöhnung und Solidarität verlangt!

Möge das Motto, unter das Papst Johannes Paul II. die Feier des Weltfriedenstages 1996 gestellt hat, vor allem in Gebieten mit kriegerischen Auseinandersetzungen aufgenommen und befolgt werden: "Bereiten wir den Kindern eine friedliche Zukunft!"

Im vergangenen Jahr wurde das 50jährige Bestehen der Vereinten Nationen gefeiert.

Zum Abschluß der Gründungskonferenz von 50 Nationen hatte am 26. Juni 1945 in San Francisco die Unterzeichnung der "Charta der Vereinten Nationen" stattgefunden.

Ihr Land, sehr verehrter Herr Bundespräsident, kann selbst auf eine vierzigjährige Mitgliedschaft bei der UNO und ein entschiedenes Engagement zurückblicken.

Die bekannten Hauptziele dieser Weltorganisation umfassen die Herstellung und Erhaltung freundschaftlicher Beziehungen zwischen den Nationen auf der Grundlage der Gleichberechtigung und Selbstbestimmung der Völker und die Zusammenarbeit bei der Lösung internationaler Probleme.

Nützlichkeit und Erfolg dieser Institution sind allein schon durch die Tatsache bewiesen, daß die Zahl der Mitglieder von anfänglich 50 auf inzwischen 184 angestiegen ist.

Das erklärt zugleich, weshalb die UNO immer überzeugender "Familie der Nationen" genannt wird.

Wo der Geist einer Familie herrscht, dort werden die Probleme erkannt, geprüft und gelöst!

Wir wollen wünschen, daß die wachsende, neue Mentalität dazu beiträgt,

- das gemeinsame Erbe der Menschheit zu bewahren und es aufzuwerten,
- die Menschenrechte und Grundfreiheiten, einschließlich der Gedanken-, Gewissens-, Religions- oder Überzeugungsfreiheit für alle ohne Unterschied der Rasse, des Geschlechts, der Sprache oder der Religion zu achten,
- die moralischen Antriebskräfte des allgemeinen Strebens nach Freiheit harmonisch zu verbinden,
- die Rechte der Nationen zu schützen und zu verteidigen,
- die Verschiedenheiten der Völker in Betracht zu nehmen und sie zu respektieren,
- die echte Freiheit in Verbindung mit der Wahrheit sowie im Zusammenhang mit der Würde und Größe des Menschen zu sehen.

Die Zukunft der Gewährleistung der Freiheit hängt von dem richtigen Verständnis derselben ab!

Diese Überzeugung kann jeden Menschen und die ganze Menschheit von der Angst befreien, die eine Frucht der Willkür, der Präpotenz und der Aggressivität des einen gegen den anderen ist.

Es sei gestattet, diesen Überlegungen ein Zitat aus der Ansprache Papst Johannes Pauls II. in New York am 5. Oktober 1995 zum 50jährigen Bestehen der Vereinten Nationen anzuschließen:

"*Wir müssen unsere Angst vor der Zukunft überwinden. Wir können sie jedoch nur miteinander ganz überwinden. Die 'Antwort' auf diese Angst ist weder Zwang noch Unterdrückung oder Auferlegung eines einzigen Gesellschafts-'Modells' für die ganze Welt.*

Die Antwort auf die Angst, die die menschliche Existenz am Ende des 20. Jahrhunderts verdunkelt, ist die gemeinsame Anstrengung, um die Zivilisation der Liebe aufzubauen, die auf den universalen Werten des Friedens, der Solidarität, der Gerechtigkeit und der Freiheit gründet.

Und die "Seele" der Zivilisation der Liebe ist die Kultur der Freiheit: Freiheit der Individuen und der Nationen, gelebt in freigiebiger Solidarität und Verantwortlichkeit.

Wir dürfen keine Angst vor der Zukunft haben. Wir dürfen keine Angst vor dem Menschen haben. Es ist kein Zufall, daß wir uns hier befinden. Jeder einzelne Mensch ist nach dem 'Bild und Gleichnis' dessen geschaffen, der der Ursprung all dessen ist, was existiert. Wir haben in uns die Fähigkeit zur Weisheit und zur Tugend. Mit diesen Gaben und mit der Hilfe der Gnade Gottes können wir im kommenden Jahrhundert und für das nächste Jahrtausend eine der menschlichen Person würdige Zivilisation, eine wahre Kultur der Freiheit errichten.

Wir können und müssen es! Und indem wir es tun, werden wir uns bewußt werden können, daß die Tränen dieses Jahrhunderts den Boden für einen neuen Frühling des menschlichen Geistes bereitet haben".

(Die Menschheit braucht mehr Mut zur Zukunft, Johannes Paul II. vor den Vereinten Nationen zum 50jährigen Bestehen der Weltorganisation, Ansprache des Papstes in New York am 5. Oktober. „L'Osservatore Romano“, Nr. 41, 13. Oktober 1995, S. 1 ff, Nr. 18)

Als bedeutendes Ereignis des Vorjahres sei die "Weltgipfelkonferenz für Soziale Entwicklung" im März in Kopenhagen erwähnt.

Ziel dieser Konferenz war es, drängende soziale Probleme in unserer so stark in Veränderung stehenden Welt zu lösen, die trotz der immer neuen Errungenschaften von Wissenschaft und Technik entstehen.

Bei diesen Bemühungen sollten die menschlichen Aspekte den Vorrang haben, wie die Ausbildung der neuen Generationen, die Gesundheitsvorsorge und das Entgegenkommen den Armen und Notleidenden gegenüber.

In die Reihe Internationaler Konferenzen, die das internationale soziale Klima am Ende dieses und am Beginn des neuen Jahrtausends, dem wir entgegengehen, kennzeichnen werden, gehört auch die IV. Weltfrauenkonferenz, die im September 1995 in Peking über die Rechte der Frau stattgefunden hat.

Erwähnt sei hier auch die Überprüfungskonferenz der Vertragsstaaten des Abkommens aus dem Jahre 1980 über das Verbot oder die

Beschränkung des Einsatzes bestimmter inhumaner Waffen. Diese Überprüfungskonferenz, die vom 25. September bis 13. Oktober 1995 in Wien stattgefunden hat, konnte zwar in der Landminenfrage noch nicht die von vielen Vertragsstaaten gewünschten Resultate bringen, aber doch insoferne einen bedeutenden Fortschritt erzielen, als es gelungen ist, ein Verbot der Verwendung und der Weitergabe zu dauernder Erblindung führender Laserwaffen zu erreichen. Bemühen wir uns, im Rahmen der Fortsetzung dieser Konferenz im Neuen Jahr 1996 weitere Fortschritte zu ermöglichen.

Mit diesen Gedanken, die ich im Namen des in Wien akkreditierten Diplomatischen Korps dargelegt habe, möchte ich Ihnen, verehrter Herr Bundespräsident, und Ihrer Familie unsere tiefempfundenen Wünsche zum Ausdruck bringen!

Unsere Wünsche gelten auch der Österreichischen Bundesregierung, dem Herrn Bundeskanzler der Republik Österreich Dr. Franz Vranitzky, dem Herrn Bundesminister für auswärtige Angelegenheiten und Vizekanzler Dr. Wolfgang Schüssel, allen Bundesministern, den Verantwortlichen in den neun Bundesländern und allen Österreicherinnen und Österreichern vom Bodensee bis zum Neusiedlersee:

Ein erfolgreiches, friedliches und gesegnetes Jahr 1996!